マイルス・デイヴィスの真実

小川隆夫

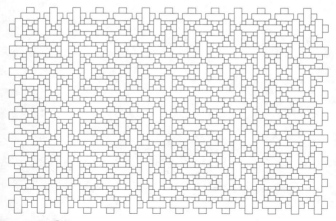

講談社＋α文庫
プラスアルファ

序章〜はじめに

「お前は何者だ?」(E)

鋭い視線がぼくをとらえている。目の前にいるのは、その問いを発した本人——マイルス・デイヴィスだ。突然そう問われて、ぼくは戸惑った。

「批評家なのか?」(E)

マイルスは続けて聞いてくる。彼の批評家嫌いは有名だ。ぼくは当時ジャズの雑誌にインタヴュー記事などは書いていたものの、批評家という偉そうなものではない。

「ただあなたと会って、いろいろ話をうかがっているだけですよ。いつかあなたの本を書きたいと思っているので、多くの関係者に話を聞いて回っているんです」

やっとの思いで、こう答えた。これは正直な気持ちから出た言葉だ。マイルスの話を書くことは、ジャズの仕事を始めたとき(1983年)からの願いだった。彼の伝記はいくつか出版されている。しかしそれらとは違い、ロバート・ジョージ・ライズナーが書いた『チャーリー・パーカーの伝説』(ミュージシャンをはじめとした関係者81人のコメントやエピソードをまとめた本。晶文社）のような、さまざまな関係者の証言だけで、そのひととなりを立体的に紹介する本が書きたいと思っていた。

幸いなことに、仕事を通じて多くのミュージシャンや関係者にインタヴューをするチャンスにも恵まれた（仕事として始める以前にも、いちファンとして何人かのひとには個人的興味から話を聞いていた）。その際、マイルスと少しでも関わりのあるひとには、彼についてのコメントやエピソードも聞くようにしたのである。それがすでに150人分ほどは溜まっていただろうか。そして1985年には、予想もしなかったことだが、マイルス本人にも会うことができた。

以来、嬉しいことに、彼には何度か会ってもらえたし、そのうちのいくつかではかなりの長時間にわたって興味深い話を聞くことができた。ただし顔を突き合わせての正式なインタヴューは、初めて会ったときの一度しかしていない。インタヴューになると、個人的なことをあまり話してくれないことがよく知られていたからだ。ぼくとしては、マイルスの人間的な面に接したかった。だから彼の問わず語りをひとことも聞き漏らすまいと、いつも聞き役に徹していた。

ところがその日は、マイルス本人に向かって、初めて自分の本心を打ち明けたのだ。それに対してどんな反応を示すか。聞いたとたん、心のドアを閉ざしてしまうかもしれないし、二度と会ってくれなくなるかもしれない――。

次にマイルスの口から出た言葉は、ぼくを予想以上に緊張させるものだった。
「お前は、オレのことならなんだって知ってるじゃないか。これ以上、なにが聞きたい？」(E)
彼の音楽的なキャリアについてなら多少は知っている。しかし、その背景にあるものやマイルス自身の考えがもっと知りたい。そう答えると、彼は「フーン」といって、トカゲを思わせる、ちょっと尖った唇をいっそう前に突き出し、それからニヤリと笑ってこういった。
「それをやると、オレにどれだけの得がある？」(E)
これにはドキリとさせられた。彼はことさらビジネスにうるさい人間だ。マイルスのことを題材にして本を書くとなれば、当然のことながらなんらかの権利を主張してくるかもしれない。そうはいっても、単に夢を話しているだけで、まったく現実味のないことだ。ぼくはツバをゴクリと飲み込んで、次の言葉を待った。こういうときは黙っているに限る。
「それなら誰にも書けない本を書けよ。なにしろ、ずいぶん間違って伝えられているからな。それと本ができたら、30冊、いや50冊、寄越せ。みんなに配らなくちゃいけないからな。サインも忘れるな」(E)
この瞬間、力がスーッと抜けてしまった。

「日本語ですよ、読めないでしょう」

安堵したせいか、そんな軽口を叩いてしまった。マイルスは苦笑している。

「50冊寄越せ」というのは、OKしてくれたことを意味している。

それからというもの、マイルスはぼくに会うたび、「オレの本はどうなった?」と聞いてきた。しかし、こちらにはなんの準備もできていない。「ぼくのライフ・ワークですから、すぐにはできませんよ」と答えているうちに、彼は天に召されてしまった。なんたることかと思ったが、それでもまだ準備が足りない。

マイルスの死を契機に、ぼくはさらに彼の話を集め始めた。もちろん聞きたくても話の聞けないひとが何人もいる。同時に、マイルスが残した演奏も聴き直してみた。彼の音楽を聴いているうちに、あのことを聞いておけばよかった、これも聞いておくんだったと、悔やまれることがいくらでも出てきた。

けれど、マイルスはもういない。そろそろこのあたりで彼のストーリーをまとめなくてはいけない。そういう気持ちになったのは、マイルスがこの世を去って4年がすぎたころだ。本人からも貴重な話がたくさん聞けたのだから、『チャーリー・パーカーの伝説』風のインタヴュー構成はやめにして、彼自身の言葉を織り交ぜながら、この本を完成させることにした。

巨星墜つ

〈ジャズの帝王〉マイルス・デイヴィスが肺炎と呼吸不全の悪化からこの世を去ったのは、1991年9月28日、午前10時40分のことだ。この瞬間、アメリカのポピュラー音楽史の幕がひとつ閉じられた。

9月30日付『朝日新聞』の社会欄には、晩年の演奏している姿を写した写真に、「マイルス・デイヴィス氏は新しい音の領域を開拓し続けた」というキャプションをつけて、以下の死亡記事を掲載した。

【ニューヨーク29日＝外岡秀俊】ジャズの伝説的トランペッター、マイルス・デイヴィス氏が28日、米カリフォルニア州サンタモニカの病院で、肺炎と呼吸不全などの合併症で死去した。65歳だった。麻薬などで体調を崩しながらも、次々に革新的なスタイルを生み出して〈帝王〉と呼ばれ、常にジャズの最先端の位置に身を置き続けた生涯だった。(中略)「わたしは、ひとと会わないために金を使う」と語るなど、素顔がなかなか見えず謎めいている一方で、「若いひとたちから新しい時代を教わる」といい、それを実行しながら自分を大きくしていったひとでもあったという。

マイルス・デイヴィス――その名はきわめて大きい。その彼が、わずかな闘病期間を経て永遠の旅立ちをしてしまった。マイルスの音楽に魅了され、30年以上にわたってそのすべてに熱い思いを寄せてきたぼくには、あまりにあっけない別れである。同じような無念さは、多くの方が感じたと思う。

もちろん、マイルスの体調がよくないことは以前から知っていた。そして、いつかはこのときが来るとも思っていた。しかし、それはあくまで漠然としたイメージでしかぼくの心にはなかった。それだけに、突然の現実に驚く以外、ぼくにはなにも考えることができなかった。ましてや直前まで、彼はいつになく大きなプロジェクトを連続して成功させていた。音楽にも変化の兆しが見えていた。これからマイルスはさらに大きな変貌を遂げるのでは？　そう感じていた矢先の悲報だった。

多彩な活動の最晩年

マイルスにとって、最後の年となった1991年を振り返ってみると、病床につくまでの8ヵ月間で彼は多くのことを成し遂げていた。1月には、現在までに発表されている最後のスタジオ録音アルバム『ドゥー・バップ』（ワーナー）のレコーディングを、ラッパーのイージー・モー・ビーにプロデュースを依頼し、スタートさせている。3月のヨーロッパ・ツアーでは、月末の27日にドイツのスタジオで、ツアー・メンバーと数曲のレコーディングも行なった（1）。内容は現時点でまったく不明だが、マイルスが外国のスタジオでレコーディングするのはきわめて異例のことだ。なにかを残しておきたい気持ちがそうさせたのかもしれない。その後に帰国した彼は、しばしのオフを取ったのち、6月から全米ツアーに出ている。

最後の数年に、マイルスはさまざまな吹き込みを残していた。リーダー作の『アマンドラ』（ワーナー）を録音したのが1988年末から翌年初めにかけてのことだ。その後に、ケニー・ギャレット（as）の『プリズナー・オブ・ラヴ』（ワーナー）とクインシー・ジョーンズ（arr）の『バック・オン・ザ・ブロック』（クエスト）にゲスト参加し、11月3日にはパリでビデオ作品の『マイルス・イン・パリ』（ワーナー）をライヴ収録している。1990年3月にミシェル・ルグラン（arr）のオーケストラと共演した『ディンゴ』（ワーナー）は、準主役で出演した同名映画のサウンドトラック盤だ。

しかしこれらのどれを聴いても、続いて録音された『ドゥー・バップ』に通ずるサウンドは認められない。本格的なラップやヒップホップ・サウンドにマイルスが身を委ねている『ドゥー・バップ』は、それまでの音楽に比べると、かなり様相を異にした内容となっていた。この変化はなにを意味しているのだろう？

マイルス最後のツアー

ここで、マイルスのバンドに最後まで参加していたサックス奏者ケニー・ギャレットの言葉を紹介しておこう。マイルスが亡くなる直前、すなわち1991年春から最後のヨーロッパ・ツアーに旅立つ6月末まで、ぼくは何度もケニーと話し合う機会を持っていた。それというのも、彼のアルバムをプロデュースする話があったからだ。これは残念ながら実現しなかったが、ケニーとの会話で印象に残っているのが以下の言葉だ。

「ここ数年、マイルスはラップに凝っている。ただ、彼の場合はラップでメッセージを伝えるのではなく、リズミックなところに興味を持っている。ぼくはサウンド・チェックのときに出鱈目な言葉を羅列したラップを冗談でたまにやるけど、マイルスはそんな感じでいいから自分の音楽の中でなにかできないかってよくいっていた。それであるとき、試しにそういう感じでレコーディングしてみた。そのときはマイルスもラップをやって、かなりご機嫌だった。それを基にして、ラッパーのイージー・モー・ビーにプロデュースを頼んだみたいだね。結果がどうなったかは知らないけど、そのうちアルバムになるんじゃないかな?」(2)

この時点で『ドゥー・バップ』のレコーディングは終わっていなかった。ケニーの言葉からわかるのは、マイルスがまだまだ新しい音楽に興味を向けていたことだ。この飽くなき探求心こそが彼の真骨頂だった。そして、ここからマイルスが次なるステップに踏み出そうとしていたことも窺える。

6月21日には、折から開催されていた「JVCジャズ・フェスティヴァル」の一環として、ニューヨークの「エイヴリー・フィッシャー・ホール」で彼はコンサートを行なう。ぼくが観た最後のマイルスだ。しかしこのときは体調がかなり悪く、なんとかステージで音を出している印象だった。

音楽的になにかを生み出すレヴェルに達していなかったマイルスのステージは、そのままいい知れぬ不安をぼくに抱かせる。翌日会ったケニーに、さっそくこの気持ちを伝えた。

「たしかにマイルスは最悪のコンディションだ。つい数日前のアトランタでもコンサートをキャンセルしているし、その前にも何回かできなかった日がある」(3)

ケニーも心配そうな顔をしているし、6月27日には夏のヨーロッパ・ツアーに向けてドイツへ出発するという。ツアーのスケジュール表を見せてもらったところ、翌日の28日からビッシリと日程が入っているではないか。大丈夫なのだろうか？　しかも7月8日にはスイスのモントルーで、かつてのギル・エヴァンス（arr）オーケストラとのコラボレーションを再現するコンサート（ギル・エヴァンスは故人となっていたため、指揮はクインシー・ジョーンズが担当）、その2日後にはパリで昔の仲間たちに囲まれて行なうライヴが予定されていた。どちらもいつもとはまったく違うセッティングだから、マイルスほどのひとにしても相当なプレッシャーを感じていたに違いない。

しかしこちらの不安を吹き飛ばすかのように、マイルスはヨーロッパで充実した日々をすごしていた。モントルーのライヴはワーナーからCDとビデオで発表されているが（『ライヴ・アット・モントルー』）、映像を観る限り、きわめて元気な様子だった。その2週間半ほど前にニューヨークで観た覇気のなさに比べれば、まったくの別人である。久々にギルのアレンジが再現されて、マイルスも張り切ったのだろう。しかし、演奏面での不安はあったようだ。

「昔、散々やった演奏のスタイルは、忘れようったって忘れられるものじゃない。いつだってストレートなジャズはプレイできる。ただ興味がなくなってしまったから、やらないだけだ」（H）

こう豪語したことのあるマイルスだが、一抹の不安は感じていたようだ。リハーサルを覗きに来たトランペッターのウォレス・ルーニーを見つけるや、マイルスは一緒にコンサートに出ようと彼を誘ったのである。

「あのときはびっくりした。ケニー（ギャレット）に頼んで、リハーサルを観せてもらいに行ったんだ。そうしたら、マイルスから『一緒にやらないか』といわれた。冗談かと思ったけど、譜面を渡されて、『とにかく横にいろ』ってね。なにがなんだかよくわからないうちに、本番までの時間がバタバタとすぎていった。あの歴史的なコンサートに出演できたって実感したのは、しばらく経ってからだ」（4）

〈マイルス命〉のウォレスにとって、この抜擢はまさに降って湧いたようなものだ。しかもこれには後日談があって、このときの助っ人ぶりがワーナーの重役たちに評価され、彼に同社から契約のオファーが舞い込んだのである。

話は逸れてしまうが、ワーナーとしては、マイルス亡きあとの穴をウォレスで埋める腹づもりだったらしい。彼にとってもこんな幸運はない。その結果、1994年に移籍1作目の『ミステリオス』がリリースされ、契約は1997年に発表された『ヴィレッジ』まで続いた。

さて、モントルーのステージではマイルスとギルのコラボレーションから代表的なレパートリーが再現されることになった。

「ギルから学んだ一番大切なことはヴォイシングについてだった。モードがどうだとか、リリシズムがどうだとか、みんながいうが、そんなことは関係ない。そんなものは無意識のうちに出てくるからだ。意識しなくちゃいけないのは、ヴォイシングだった。ギルはいつも意表を突くアレンジで、『さあ、どうだ』と迫ってきた」（H）

マイルスがギルの思い出を問わず語りに話してくれた言葉だ。このときの実況録音盤『ライヴ・アット・モントルー』では、その言葉を裏づけるような演奏を聴くことができる。たとえば『ポーギーとベス』（コロムビア）からの〈ゴーン・ゴーン・ゴーン〉や〈サマータイム〉でマイルスが吹くフレーズは、バックのアレンジと見事なコントラストを描いてみせる。それでいて、ひとつのテキスチャーの中でアンサンブルとソロが一体となったサウンドとして聴けるのだ。

ヴォイシングは彼ひとりの問題ではない。グループ、あるいはオーケストラ全体に関わることだ。マイルスのコンボが常に独特のグループ・サウンドを有していたのも、こうした発想があったからにほかならない。

かつて彼のグループでピアノを弾いていたハービー・ハンコックから、こういう話を聞いたことがある。

「音楽的なことはほとんどなにもいわれなかった。いつも自由に演奏させてくれた。でも、無言のうちにグループのバランスを考えていたんだろう。自分がどう演奏するかじゃなくて、バンドがどういうサウンドを出すかに大きな関心があったようだ。個々のソロはどうでもいい。ミスをしても、そのままＯＫになってしまう場合が多かった。その代わり、いくら自分がいいソロを弾いても、バンドのサウンドが悪ければ不機嫌になってしまう。逆もあったしね。マイルスの調子が悪くても、バンドがご機嫌なら、彼はニコニコしていたよ」（５）

そのハンコックたちマイルス・バンドの卒業生を迎えて、最初で最後の歴史的なコンサートがパリで開かれたのは、モントルーのステージからたった1日あいだを空けた7月10日のことだ（6）。

モントルーのライヴに続いて、〈オール・ブルース〉〈イン・ア・サイレント・ウェイ〉〈ドナ・リー〉〈フットプリンツ〉など、この日のマイルスも過去に吹き込んだ代表曲の数々を演奏している。ビバップから現在の曲まで、彼がまさにジャズ史の生き字引であることを、コンサートは見事な形で示すものとなった。

この模様はワーナーが映像も含めて収録したが、現時点で未発表のままである。しかし直後にWOWOWで放送されており、ご覧になった方も多いと思う。

テレビで観たマイルスには昔の強烈な存在感こそ薄れていたものの、それでも登場しただけで、シーンの中核を担っているミュージシャンたちがみな霞んでしまう。演奏に往年の輝きはなくても、信じられないほどのオーラを発散していたのである。

コンサートに出演したアルト・サックス奏者のジャッキー・マクリーンは、直後に来日した際、こう話してくれた。

「信じられないことだよ。ビバップなんて何十年も演奏していないはずなのに、素晴らしいプレイを披露したんだから。いまだにこの音楽をやっているわたしが、マイルスにかなわなかった。彼のフレーズはどれも新鮮そのものだったしね」（7）

少年時代にマイルスから可愛がってもらったマクリーンだけに、お世辞もあっただろうが、彼のことを褒めちぎっていた姿が印象に残っている。

記憶に関してもそうだが、マイルスは一度身につけたことはめったなことがない限り忘れない。彼より35歳も若いトランペッターのウイントン・マルサリスによれば、こういうことになる。

「体が覚えているんだよ。ただしいくら体が覚えていても、普通ならテクニックやアイディアがついていかない。だから、どうしても中途半端な内容になってしまう。でも、マイルスは例外だ。彼が普段やっている音楽とビバップとでは、リップ・コントロールの仕方がぜんぜん違う。普通なら、いつもと違う吹き方をすれば唇を傷めてしまう。そうならないから、マイルスは特別なんだろうね。精神的にも肉体的にも」（8）

そして、永遠の旅立ち

マイルスと彼のグループは、このあともツアーを継続し、オランダやイギリスを回り、7月後半に帰国した。そして再び『ドゥー・バップ』の録音を行なったのちの8月半ばから西海岸周辺へのツアーに出たのである。8月24日にはカリフォルニア州コンコードの「コンコード・パヴィリオン」でコンサートを行ない、翌日は「ハリウッド・ボウル」のステージに登場した。

会場には、その日が誕生日だったかつてのメンバーでサックス奏者のウエイン・ショーターも訪れている。楽屋でマイルスに会ったショーターによれば、このときの彼はすごく元気そうで、肌の艶もよく、昔やったオーケストラのスコアを基にそのうちコンサートを開こうといった話もしたという。しかし直後に体調を崩し、マイルスは緊急入院してしまう。

「音楽の話をしたことなんかめったになかったから、おや？　っと思った。でもそのときは元気そうで、まさかあんなことになるとは思わなかった。ステージでは、ぼくのために〈ハッピー・バースデイ〉の一節を演奏してくれたんだから」(9)

1996年になって、この最後のコンサートから1曲だけ〈ハンニバル〉が『ライヴ・アラウンド・ザ・ワールド』(ワーナー)で発表された。マイルスが残した最後のライヴがレコーディングされていたのだ！　その全貌もぜひ聴いてみたいが、いまだにこれは実現していない。それでもこの1曲を聴く限り、彼のパフォーマンスは表情に富んでいるし、音にも張りがある。そのまま長い演奏活動に終止符を打つとはとても思えない内容だ。

しかし、マイルスはそれから約1ヵ月後にこの世を去ってしまう。となれば、自分の寿命が長くないことを知って、過去を振り返るコンサートを開いたのだろうか？

そうは思わない。マイルスは、これらのステージを通し、ジャズがこれほど偉大な音楽で、「いまだってやればこんな演奏もできる」ということを誇りたかったのだろう。

そしてここからまた、『ドゥー・バップ』で始めた次なる世界に向かおうとしていたに違いない。

偶然のことだが、ぼくはマイルスの、おそらく最後となるインタヴューを行なうことができた。『エスクァイア 日本版』(10)のためだ。当初は、そこまで具合が悪いとは知らず、彼がインタヴューに応えてくれるなら指定の場所に出向くつもりでいた。しかしマネージメントから寄せられた知らせには、「マイルスの体調が思わしくないので、手紙で質問を送ってくれないか」と記されていた。

不覚にも、その時点で彼が死の床にいるとは知らなかった。いやな予感は常にあったものの、そういえば体調が悪かったし、ヨーロッパのツアーもハードだったからしばらく入院するのかな、ぐらいにしか考えていなかった。

質問状を送ったのは8月末のことである。9月10日すぎには返事が戻ってきた。となれば、マイルスは9月の初めに返事をしてくれたことになる。あとで知ったことだが、当時は一時的に退院していたようだ。その貴重な時間に返事をしてくれたマイルスの気持ちに、どんな言葉を返したらいいのだろうか? そこにはこんなことが書かれていた。

「今後はブロードウェイのステージに出てみたい。それから、世界中でコンサートと自分の絵によるエキシビションを同時開催したい。これから先、どのような音楽をやっていくかは、いままでもそうだったが、まったく考えていない。いつもそのときに自分が一番ヒップと感じるものをやるだけだ。いまも頭の中にはヒップな音楽が鳴っているが、それが具体的な音になるかはわからない」(11)

寄せられた返事からも、マイルスが常に前向きで創造力を発揮してきた姿が窺える。死の床となったベッドの横には、書きかけの楽譜があったという。そこにはシンセサイザーを主体とする音楽のモチーフも含まれていた。彼は最後の最後まで、『ドゥー・バップ』から始まったアプローチの次なるステップを見続けていたのだろう。

しかし残念ながら、その夢は突然の死によって打ち切られてしまう。それでもマイルスが残した遺産には、想像以上に大きなものがある。

彼のグループから育っていったミュージシャンたちが、いまやジャズ界のみならず、ポップス・シーンでも重要な役割を果たすようになってきた。もちろん、マイルスが残した音楽自体も大きな影響力を持つものだ。それらが渾然一体となって、今後のミュージック・シーンが展開されていくことは想像に難くない。

マイルスが音楽シーンで生きた50年の歳月は、彼を中心に、ジャズのみならず、広くポピュラー・ミュージック全体が大きな発展を遂げた時代だった。そしてマイルスが残した音楽とスピリットは、あとに続く多くのミュージシャンに受け継がれている。

マイルスが人生の最後にベッドで夢見ていたことはなんだったのだろう？　今後のこ

とだろうか? あるいは、かつての仲間たちに囲まれて演奏している姿だったのかもしれない。それとも、幼い日々をすごしたイースト・セントルイスの風景だったのか?

【序章~はじめに 注】

1. Jan Lohmann, The Sound of MILES DAVIS - The Discography. 1945-1991, JazzMedia Aps, 1992, p.337
2. ケニー・ギャレット 1991年、ニューヨーク
3. 2と同じ
4. ウォレス・ルーニー 1993年、ニューヨーク
5. ハービー・ハンコック 1986年、山中湖
6. このときのライヴはワーナーがレコーディングしている(未発表)。参加したミュージシャンは以下のとおり。

マイルスのグループ=マイルス・デイヴィス(tp)、ケニー・ギャレット、デロン・ジョンソン(key)、ジョー・フォーリー・マクリアリー(g、elb)、リチャード・パターソン(elb)、リッキー・ウェルマン(ds)

ゲスト=スティーヴ・グロスマン(ts、ss)、ビル・エヴァンス(ts、ss、fl、key)、チック・コリア(p、key)、デイヴ・ホランド(b、elb)、アル・フォスター(ds)、ウエイン・ショーター(ts、ss)、ジョー・ザヴィヌル(key)、ジョン・マクラフリン(g)、ジョン・スコフィールド(g)、ダリル・ジョーンズ(elb)、ジャッキー・マクリーン(as)、ハービー・ハンコック(key)

7．ジャッキー・マクリーン　1991年、東京
8．ウイントン・マルサリス　1995年、ニューヨーク
9．ウエイン・ショーター　1992年、ロサンジェルス
10．小川隆夫「MILES DAVIS　最後の姿、最後の言葉」『エスクァイア 日本版』1991年12月号、161―165頁
11．小川隆夫「MILES DAVIS　最後の姿、最後の言葉」『エスクァイア 日本版』1991年12月号、164頁

マイルス・デイヴィスの真実　目次

【凡例】

1．本文中に出てくる主な略号は以下の通り

アルバム・ビデオ・映画・書籍・雑誌・番組名は『　　』

曲名（または名称など）は〈　　〉

レーベル名（または会社名など）は（　　）

コンサート会場、ライヴ・ハウスなどの名称は「　　」

2．米国のレコード会社ColumbiaはCBSの表記も一般的だが、本書ではコロムビアで統一。なお、1988年に同社は日本のソニーに買収されている

3．国内発売されたアルバム（現在廃盤のものも含む）は日本語表記、国内未発売のアルバムについては英字表記とした

4．マイルス・デイビスという表記も一般に使われているが、本書はマイルス・デイヴィスで統一した

〈ラウンド・ミッドナイト〉について。コロムビアから出たアルバムのタイトルと、そのアルバムに収録されたこの曲に限っては、レコード会社の表記に合わせて『ラウンド・アバウト・ミッドナイト』、〈ラウンド・アバウト・ミッドナイト〉とした

マイルスのアルバム『ビッチェズ・ブリュー（Bitches Brew）』は、正しくは『ビッチズ・ブリュー』なので、本書では後者で統一した

【楽器等の略号】

arr：アレンジ
as：アルト・サックス
b：ベース
bcl：ベース・クラリネット
bs：バリトン・サックス
cho：コーラス
cl：クラリネット
ds：ドラムス
elb：エレクトリック・ベース
elp：エレクトリック・ピアノ
fl：フルート
flh:フリューゲルホーン
g：ギター
key：キーボード
p：ピアノ
per：パーカッション
ss：ソプラノ・サックス
tb：トロンボーン
tp：トランペット
ts：テナー・サックス
vib：ヴァイブラフォン
vo：ヴォーカル

【マイルス・デイヴィス　インタヴュー一覧】

※本文中のマイルスの言葉は、各アルファベットに記したインタヴュー時のもの

A．マイルス・デイヴィス　1985年、マリブ
B．マイルス・デイヴィス　1985年、東京（2回）
C．マイルス・デイヴィス　1986年、ニューヨーク
D．マイルス・デイヴィス　1987年、ニューヨーク
E．マイルス・デイヴィス　1988年、東京
F．マイルス・デイヴィス　1988年、ニューヨーク
G．マイルス・デイヴィス　1989年、ニューヨーク
H．マイルス・デイヴィス　1990年、ニューヨーク

第1章 生い立ちと少年時代

裕福な家に生まれて

北米大陸を東西に分断するように流れるミシシッピ川。この流域には南部の綿花地帯や中部のトウモロコシ地帯があり、早くから黒人たちが奴隷として入り込んでいた。裕福な白人階級と、社会の底辺で家畜のように扱われた黒人労働者たちとの共存。彼らの対立は根深く、人種差別はニューヨークやシカゴのような都会に比べると、考えられないほど大きかった。

セントルイスはミシシッピ川の港町として、19世紀後半から20世紀前半にかけて大きな発展を遂げたミズーリ州最大の都市である。しかも南部と北部の中間に位置していたことで、ニューオリンズからシカゴやカンザスシティへ北上するひとたちと、反対に南へ下って行くひとびとは、ここに宿をとることが多かった。この町では、まだ交通網が近代化されていなかった第一次世界大戦前後、移動中のミュージシャンと地元のミュージシャンによるジャム・セッションも盛んに行なわれていた。

商業も人的交流も文化の流入も、南部の綿花地帯ではミシシッピ川の存在がなければ成立しない。そしてこの川は、大雨によって氾濫することでも有名だ。そのため、周辺に住む黒人たちは常に自然からも生活が脅かされていた。

記憶に新しいところでは、1993年の大洪水がある。家や畑のみならず、セントルイスの飛行場まで水浸しにしてしまった自然の猛威に、改めてミシッピ川の存在が大きなことを思い知らされた。このとき、もっとも被害の大きな町として、日本でも何度か紹介されたのがイリノイ州のアルトンだ。

1926年5月26日、マイルス・デューイ・デイヴィス三世は、デイヴィス家の長男としてこの町に生まれた。アルトンは地図で見ると、イースト・セントルイスのやや北に位置する川沿いの小さな町だ。アーカンソー出身の父親（二世）はノースウエスタン大学に進み、歯科医としてアルトンで開業していた。当時の黒人を取り巻く状況を考えれば、これは破格の境遇といっていい。

マイルスの祖父にあたる一世は、デイヴィス二世によれば、「計算機もまだないころ、複式簿記ではアーカンソーで右に出るものはいないといわれたひとで、白人たちが帳簿を直してもらいに夜陰に乗じてやってきた」（1）ほどの人物だ。これで成功した彼は、アーカンソーに1000エイカーの土地を持つ地主となる。その結果、19世紀末の黒人としては例外的に裕福、かつ白人層との交流を持つ人物になっていた。財力と社会的な認知があったからこそ、息子の二世は大学を卒業し、歯科医になれたのだろう。

デイヴィス二世も父親譲りの勤勉家だった。一家はマイルスが生まれて1年もすると、アルトンから少し南に下ったイースト・セントルイスに引っ越してくる。これは歯科医として繁盛していた彼が、さらに広大な土地を求めた結果だ。

「アルトンでは黒人街で開業していたが、それだとオヤジの友人である白人の患者が来づらかった。そこでオヤジは、車で30分ほどのイースト・セントルイスに200エイカーの土地を買って、豚や馬を飼育しながら、白人街でも開業することにした。オレが1歳かそこいらのときだ。オレたち一家は、当時、白人街に住んでいた唯一の黒人だったらしい」（B）

こうしてデイヴィス二世は、アルトンで黒人を診察し、イースト・セントルイスで白人を治療する生活を始めた。ふたつの歯科医院に加え、農場まで持っていたデイヴィス家は、地元の名士として白人からも黒人からも親しまれていたようだ。黒人にして歯科医師の資格を持つだけでなく、多くの白人患者を得るにいたるとは、デイヴィス二世はよほどの尊敬と信頼を集めていたに違いない。

しかし人種差別の激しい南部地域において、すべてが順調とはいかなかった。デイヴィス家と仲のいい白人たちは問題なかったが、そうでない白人のほうが数は多い。イースト・セントルイスのブロードウェイと14丁目の角にあった「ダウト・ドラッグ・ストア」の上で開業し、一家はその裏に住んでいたが、白人たちの嫌がらせはあとを絶たなかった。ただし、幼い日のマイルスにそうした記憶はほとんどない。

アルトン時代に2歳年上の姉ドロシーとマイルスが生まれ、マイルスの誕生から3年後の1929年に弟のヴァーノンが生まれた。5人家族の一家は農場で馬に乗ったりピクニックを楽しんだりし、家では母親のヴァイオリンや姉のピアノがいつも流れていた。

父親も音楽家になりたかったほど音楽に造詣の深い人物だが、その時代、黒人が音楽家になるといえば旅芸人か売春宿で演奏するくらいの道しかなく、デイヴィス家の家風からしてそれは許されることでなかった。マイルスの母親クレオタ・ヘンリー・デイヴィスはヴァイオリンとピアノをマスターしており、アーカンソー時代は教会でオルガンを教えていた。

マイルスのことを考えると、彼はまさしく一家の血を受け継いでいる。先祖には芸術家、実業家、さまざまな分野の専門家、クラシックを演奏する音楽家などがいて、単に黒人社会の中に埋没して生涯を終えてしまうひとは少なかった。

マイルス少年も一家の一員らしく、利発で、ものごとを論理的に考えることを幼いころから身につけていた。それは、こんなエピソードからも窺い知れる。

「6つのとき、オフクロに、『どうしてなにも悪いことをしていないのに、教会はぼくたちのことを罪人《つみびと》って呼ぶの』って聞いたんだ。だけど、納得する答えが返ってこなかったから教会へ行くのはやめた」(2)

両親はマイルスのことを温かく見守り、放任主義とは違うが、自分の考えに基づく行動を優先させる教育方針を取っていた。同世代の黒人少年に比べるとずっと恵まれた生活を送っていたマイルスに、黒人であることを初めて強く認識させる事件が起こる。5歳のころに、近くに住んでいた白人の子供と遊んでいたときのことだ。

見知らぬ白人の大人から、「なにをしている。ここはお前のような黒んぼの来るところじゃない」といわれ、こっぴどく殴られたのだ。その結果、彼は初めて自分の肌の色が周りのひとと違うことを強く意識したという。しかしそれによって、マイルス少年は、白人の中にも黒人を認めるひともいれば認めないひともいる、という現実を知ることになった。

同じようなことは、小学校に進むころになると顕著な形でしばしば体験するようになってくる。白人居住区に住んでいたマイルスの家に、以前にも増して頻繁に嫌がらせがされるようになったからだ。

世界大恐慌の嵐が吹き荒れていた。並の白人以上に裕福だったマイルス一家への風当たりは強い。ましてやイリノイ州南部のことだ。1917年には、加工工場で黒人労働者が白人の職場を奪ったことから、多くの黒人が殺される流血の暴動が起こった土地柄である。物心がつくようになって、無邪気だったマイルス少年にもなんとなく人種差別についての認識が肌で感じられるようになってきた。

しかしこうした体験を得たからこそ、マイルスは生涯を通して、彼なりにフラットな人種観を示したのである。ただし人種で差別をすることはしなかったものの、自分が黒人であることを強力にアピールし、意識もしていたのがマイルスだ。白人ピアニストのビル・エヴァンスをグループに迎えたことで黒人ファンから反感を買ったときにはこんな発言をしている。

「もしお前があいつ以上のピアニストを連れてくるなら、オレはそいつがどんな色をしていたってすぐに使ってやる」(G)

ジャズに夢中だった少年時代

家ではクラシック音楽が流れていたが、マイルスの関心はもっぱらラジオから聴こえてくるジャズにあった。7歳か8歳のころに耳を傾けていたのは『ハーレム・リズムズ』という番組だ。この番組を通して、マイルスは、ルイ・アームストロング(tp)、ジミー・ランスフォード（sax）、カウント・ベイシー（p）、デューク・エリントン（p）、ボビー・ハケット（tp）などの音楽に馴染んでいく。

「最初のアイドルはルイ（アームストロング）だった。あんなふうにトランペットが吹けたら、どんなに気持ちがいいだろうと思ったものさ。ヤツの〈セントルイス・ブルース〉なんか最高だった。7つか8つのガキが、それに合わせて口真似でアドリブまでやっていたんだから、どれだけ入れ込んでいたかわかるだろう？」（B）

9歳になると、マイルスは小遣い稼ぎの新聞配達を始める。とくにお金に困っていたわけではないが、友だちの多くがなんらかのアルバイトをしていたし、独立心を養う意味で、両親は週末だけこのアルバイトを認めてくれた。

彼にしてみれば、自由に使えるお金が入ってくることに満足感を覚えていたようだ。これでキャンディやソーダ水を買ったり、子供たちの間で流行っていたオハジキやジャックス（玉遊びの一種）を手に入れたりしたという。そして10歳のころになると、気に入ったジャズのレコードも小遣いで買うようになる。

「初めて買ったレコード？　憶えてないが、ルイかデュークだった気がする。しばらくの間に10枚ぐらいは買った。それを擦り切れるまで聴いたな。オフクロはヴァイオリンを習わせたがっていたが、クラシックはどうにも好きになれなかった」（B）

両親はこのころから不仲になっていく（のちに離婚）。マイルスの教育方針も、ふたりが対立する種になっていた。それが彼には幸いするのだから、人生とは不思議なものだ。

デイヴィス家で音楽といえばクラシックを意味していた。しかし、マイルスが13歳の誕生日プレゼントにトランペットがほしいといい出したときに、ジャズをやりたい彼に味方してくれたのが父親だった。それも夫人へのあてつけだったのだろう。母親はヴァイオリンをプレゼントにしようと考えていたが、それを押し切って、父親がトランペットを買ってくれたのだ。

すでにレコードで聴いていた演奏のいくつかを口でなぞれるようになっていたマイルスは、トランペットを手に入れるや、他のことはなにも目に入らなくなってしまう。みんなと同じようにフットボールや野球の好きな少年だった彼が、そのとき以来、常に音楽を優先させるようになったのだ。

そのころのことを、たまたまニューヨークにあるマイルスのアパートに来ていた姉のドロシーが教えてくれた。シカゴの高校で数学を教えていた彼女はどこにでもいる黒人の中年女性だ。優しげな面差しのドロシーと、緊張感が滲み出ているようなマイルスの取り合わせだから、奇妙な光景ではある。しかしふたりは、当たり前ではあるけれど、いたって日常的な会話を交わしていた。どこにでもいる姉弟といった風情と雰囲気に、却ってぼくは、めったに接することができない貴重な空気を肌で感じてしまった。

「なんでも覚えるのが早かったし、一を聞いて十を知るタイプの子供だった。わたしのほうが年上なのに、算数を教わったこともあったわね。トランペットを手にしてからは、寝ても醒めてもトランペットだった。ベッドにまで持ち込んで、母親から叱られたことも再三なのよ。それに、ピアノなんかきちんと習ったこともないのに、上手に弾けたわ。わたしがピアノを弾いている横で、いつの間にかそれに合わせてトランペットを吹いていることもあった」(3)

横で聞いていたマイルスが、そんな子供のころの話なんかやめてくれといわんばかりに、飲み物を冷蔵庫に取りにいく。彼もひとの子だ。姉には逆らえないし、このときばかりは素顔に戻っていた。ちょっと照れたような、はにかんだような顔つきで、「その話はもう終わりだ」というように、マイルスは自分からそのころのことを話し始めた。

「得意だったのは数学と地理だ。音楽はまあまあだった。歌うのが好きじゃなかったから、それで点が悪かった。スポーツも得意だった。クラスで、野球とかフットボールの選手になったことだってある。しかし体が小さかったんで、動きは素早くてもパワーが不足していた。それで、自分じゃスポーツには向かないと思っていた。だから、いっそうトランペットにのめり込んだ」(C)

トランペットをプレゼントされる前から、彼は少しずつ学校にあったトランペットをいじっていたという。吹き方は自分なりにマスターしていたのだ。加えて、父親の患者で巡回教師をしているエルウッド・ブキャナンがきちんとした吹き方を教えてくれることになった。

マイルスは地元のアタックス中学に進学していたが、ブキャナンに習い始めてしばらく経ったころにはリンカーン中学に転校している。その後はリンカーン高校に進学し、この高校時代にトランペッターとしての基礎を築いたのだった。

この時期にブキャナンから学んだことでもっとも重要なものが、ヴィブラートをつけないでトランペットを吹くことだった。

「ヴィブラートをつけるのが好きだった。そのころのトランペッターはみんなそうやって吹いていた。ある日、ヴィブラートを目いっぱいつけて吹いていたら、ブキャナン先生がバンドの演奏を止めて、こういった。『マイルス、ちょっと聞け。ヴィブラートだらけのハリー・ジェイムス（tp）みたいな吹き方はやめるんだ。そんなに音を震えさせなくても、歳を取れば誰だって震えるようになる。ストレートに吹いて、自分だけのスタイルを作るんだ』」（4）

このときから、マイルスはヴィブラート抜きの軽やかなトランペットを吹くことを心がけるようになった。そして、この特徴は生涯にわたって持続される。しかもブキャナンの言葉に反し、彼は65歳になった最晩年でも音が震えることはなかった。これはこれで驚異的なことである。

少年時代のマイルスにとって、ブキャナンとの出会い同様、きわめて重要なのが、のちにカウント・ベイシーやデューク・エリントンのオーケストラで人気トランペッターになるクラーク・テリーと知り合えたことだ。彼を紹介してくれたのもブキャナンである。ブキャナンとテリーは、演奏仲間であると同時に飲み友だちでもあった。彼はマイルスより6歳年上（1920年12月14日生まれ）で、よい兄貴分といった年格好だ。

そのテリーが話してくれた。

「マイルスと初めて会ったのは、わたしがあるクラブで演奏しているときだった。ベニー・リードというピアニストがリーダーのバンドだ。マイルスが高校に入り立てのころかな？　ベニーは地元じゃちょっとした有名人で、片足のピアノ弾きだった。ヤツはとても大食らいでね。それでもって自分の足まで食っちまったっていう冗談があるほどだ。まあ、そんなことはどうでもいいか。マイルスは、ブキャナンからわたしのことを聞いたとかなんとかいって、近づいてきた」（5）

その日は、ちょっと話しただけで終わってしまう。テリーがマイルスのプレイを耳にするのはしばらくあとのことだ。

「次に会ったのは高校の陸上競技会で演奏したときかな？　あのころはこうした仕事がけっこうあってね。昼間に学校主催のダンス・パーティとか、フットボール試合での余興とかだ。たいていはその学校の生徒たちがバンドを組んで出るんだが、わたしたちのようなプロにもちょくちょく声がかかった。はっきりとは憶えていないが、いくつかの高校が集まった陸上競技会みたいなところで、わたしは演奏していた。そうしたら、そこにマイルスがやって来た」（6）

そのときのテリーは女の子との話に夢中で、マイルスを相手にしなかった。しかしマイルスは、タンギングやリップ・コントロールなどについての質問ばかりを彼に浴びせたという。

「そんなこんなで何回かマイルスと話をしたあとで、初めて彼のトランペットを聴いたんだ。それは、あのころよく行なわれていた学校対抗のバンド合戦みたいなコンテストだった。セントルイス中のバンドが集まって勝ち抜き戦をやっていた（7）。マイルスは、次々と相手を負かして優勝したバンドのメンバーだった。最初の印象は取り立てて感心するほどのものではなかったね。ヘタではないけれど、天才というプレイでもなかった。でも周りの連中に比べれば、アマチュアとしてはトップ・クラスの腕前だった。テクニックはたいしたことがなかったが、非常にストレートに演奏するというか、ノーブルな感じはしたな」（8）

テリーのトランペット・スタイルも、ブキャナン同様、ノン・ヴィブラートに特徴があった。マイルスは彼の真似を懸命にしたことでノン・ヴィブラート奏法を完璧に身につけた、といっていいだろう。

「クラークは本当にかっこよかった。演奏も服装もだ。クラークみたいになりたくて、いつも真似をしてた」(B)

それともうひとり、当時のマイルスが憧れていたひとにハロルド・ベイカーがいる。セントルイス出身のベイカーは、1930年代に、ドン・レッドマン(arr)、テディ・ウィルソン(p)、アンディ・カーク(p)などのバンドで名を上げたトランペッターだ。1938年にはデューク・エリントン楽団で演奏し、その後も長く同楽団に在籍している(1943〜51年、1957〜59年)。ベイカーの存在をマイルスに教えたのもブキャナンだ。彼は過小評価され続けたトランペッターの代表格だが、あらゆるテンポで素晴らしいテクニックを誇っていた。中でもバラードを吹いたときが天下一品で、それに触発されたのがマイルスだった。

以下は、ニューヨークで活躍していた作曲家のモート・グッドの言葉だ。

「デュークのバンドのジョニー・ホッジス(as)や多くのメンバーが、ニューヨークに出てきたばかりのマイルスについて、ベイカーに似ていると指摘していた。何度もその話をしていたことが思い出される」(9)

そのベイカーと結婚していたピアニストでアレンジャーのメアリー・ルー・ウィリアムスも、こう証言している。

「スロー・チューンを演奏したときのハロルドは本当に素敵だった。それで『ハロル

ド・ベイカーみたいに吹けたらいうことはない』って、わたしによく話していたのがマイルスなのよ」（10）

クラーク・テリーの話も興味深い。

「セントルイスは優れたトランペッターの多い街だった。〈キング・オブ・コルネット〉と呼ばれたチャーリー・クレフや、リヴァーボートで演奏していたデューイ・ジャクソンなんて懐かしいね。デューイの音は5マイル先でも聴き取ることができた。そのほか、レヴィー・マディソン、ハンク・デイヴィス、クラック・スタンレーなんてプレイヤーもいたっけ。彼らはとにかく美しいサウンドの持ち主だった。ほとんどセントルイスから出なかったんで一般に知名度は低いけれど、彼らのような隠れたトランペット・マスターが当時のセントルイスにはたくさんいた。マイルスがこうしたプレイヤーから言葉ではいえないほどの感化を受けたのは当然だろう。エンターテイナーとしてのベイビー・ジェイムス（tp）やハロルド・ベイカーの名前も忘れてはいけない。みんなマイルスのよき先生だった」（11）

プロとしての活動を開始

マイルスの伝記本の多くには、クラーク・テリーと例のコンテストで再会する直前（マイルスが15歳のとき）に、「マイルスはプロの音楽家が加入するミュージシャン・ユニオンの組合員になった」と記述されている。理由は、トランペッターのエディ・ランドール率いるブルー・デヴィルズに加入したからだ。このブルー・デヴィルズは、ジャズ・バンドというよりはR&B系のグループだった。彼らが出演していた「エルクス・クラブ」はジャム・セッションの場所としても有名で、そこにぶらりとテリーが立ち寄ったことからふたりは何度目かの出会いを果たした——これが一般的に知られているストーリーだ。

しかしテリーの話は違う。ジャム・セッションを仕切っていたのは、ブルー・デヴィルズではなく自分だったというのだ。どちらが真相なのか、いまとなってはわからないが、ぜひともこれだけは書いてほしいという本人の希望もあったので、以下にテリーが語ってくれた話を紹介しておこう。

「マイルスと知り合って半年ほどが経ったころかな？　わたしは『エルクス・クラブ』という小さな店でジャム・セッションを仕切ることになった。それは半年ぐらい続いたが、マイルスはセッションの常連で、いつも遅くまでプレイしていた。ある日のことだ。彼がいつものように吹いていると、ブルー・デヴィルズのリーダーだったエディ・ランドールがやって来た。彼もトランペッターだったが、マイルスの演奏を聴くやいなや、自分のバンドに入らないかといい出した。こうして、マイルスはブルー・デヴィルズのメンバーになった。『エルクス・クラブ』のジャムが、マイルスには成長の過程で

非常に重要だったから、その点だけははっきりさせておいたほうがいい。彼が15歳、わたしが21歳のときの話だよ」(12)

テリーとすっかり仲よくなったマイルスは、彼といつも一緒にいることでセントルイス周辺の音楽シーンで顔を売っていく。同時に、マイルスはテリーの影響でプレイヤーとしても急成長を遂げたのだった。

とはいっても右も左もわからないミュージシャン1年生のような彼は、テリーにくっついて回りながらいろいろなことを学んでいく。マイルスはニューヨークに出た当初、やはりチャーリー・パーカー(as)にくっついて、どこにでも出かけていった。テリーとのつき合いは、そうした行動様式に通じるものだ。のちにスーパースターとなるマイルスだが、若いときは憧れのミュージシャンと知り合えて、一緒にいるだけでわくわくしていたのだろう。

テリーの言葉を続けよう。

「最初のころは、こんなヘタクソなヤツがプロとしてやっていけるかな?　と思ったよ。ただ音だけは鋭かった。かなりシャープな音を出していたし、ビッグ・トーンも持っていた。意欲もあったね。研究熱心なんだ。いろいろ質問されて、こちらはいつも閉口したもんだ(笑)。繊細さ?　そんなものぜんぜんなかった(笑)。とにかく吹きまくるんだ。フレーズなんかメロメロだったけどね(笑)」(13)

行き交うミュージシャンたちのセッションで夜ごと盛り上がるセントルイス。高校生のマイルスはその中で揉まれていく。

「ブルースばかり吹いていた記憶がある。来る日も来る日もブルースだった。ブルースにもいろいろな種類がある。東部から来たヤツはソフィスティケートされたフレージングを使っていたし、南部のヤツは泥臭かった。オレは都会的なサウンドが好きだったな。そうやって表現の仕方を学んでいった」(B)

黒人の教会にはほとんど通わず、クラシック中心の白人的な家庭に育ったマイルス。貧しい家庭に育ち、教会を心の拠りどころとしていた典型的な黒人のテリー。彼らの出会いが重要なのは、テリーを通して、マイルスが考え方にしろ音楽的な面にしろ、さまざまなことについて、一般的な黒人の流儀を身につけていったことだ。

「ミュージシャンは当時から変わった人種だった。服装にしたって喋り方にしたって普通じゃない。人相風体を見れば、こいつはミュージシャンだなってすぐにわかったもんだ。オレは最初、ぜんぜんミュージシャンらしくなかった。それがクラークやブルー・デヴィルズの連中とつき合うようになって、どんどんミュージシャンらしくなっていった。オレはそれが嬉しかったけど、オフクロは眉をひそめてたな(笑)。服装や喋り方について、いつも文句をいわれてた」(B)

世界大恐慌から回復し、アメリカ経済に明かりが見え始めた矢先の1941年12月7

日（アメリカ時間）、日本との間に太平洋戦争が勃発した。アメリカでは軍需産業が経済の行方を大きく左右する。ある意味で、戦争はアメリカ繁栄のための必要悪だ。

マイルスにとって幸運だったのは、戦争のおかげで所属していたブルー・デヴィルズの先輩ミュージシャンたちが徴兵されたことだ。それと産業が活発になったため、ミュージシャンの行き来も賑やかになり、セントルイスに活況が訪れる。

16歳のマイルスは徴兵の年齢に達しておらず、当然のことながら高校生活を続けていた。バンドでは先輩が次々と戦地に向かったことから、彼が音楽監督に抜擢される。マイルスの場合は、経験や立場が持って生まれた才能にいっそうの磨きをかけた典型かもしれない。

黒人たちは、戦争になるとまっ先に激戦地へ駆り出される。死ととなり合わせの刹那的なムードが支配する中で、ブルー・デヴィルズの需要は高まっていく。彼らはクラブ出演以外にもさまざまな場所で演奏を行なうようになり、それに伴いマイルスの腕前も上がっていった。普通の高校生ならアルバイトで週に数ドルしか稼げないところを、彼はバンド活動で軽く80ドルは収入を得ていた。

それでも家に帰ればただの高校生だ。母親は、マイルスがプロのミュージシャンになることに大反対だった。せっかくブルー・デヴィルズ以上にいい仕事先を紹介されても、彼女の反対にあって、音楽活動にこれ以上の時間を割くことは許されなかった。高校を卒業するまでは音楽活動をセーヴするよう、マイルスは常にいわれていた。しかし、押さえつければ押さえつけるほど願望は膨れ上がっていく。ミュージシャンになりたいというマイルスの夢もどんどん広がっていった。

それに拍車をかけたのが、16歳の若さで結婚したことだ。アイリーン・バースという少女が妊娠してしまったのである。ここでも、デイヴィス家は白人的な解決をしてしまう。すなわち体面を慮《おもんぱか》った結果、マイルスとアイリーンは結婚する。その結果、生活費を稼ぐ名目を得て、高校生のマイルスはミュージシャンとしての活動に両親からある程度のお目こぼしを受けることになった。

しかし、実質的な内容を伴っていなかったのがこの結婚だ。長女シェリルが1943年に生まれ、1950年に離婚が成立するまでの間にもうふたりの子供をもうけたものの、マイルスとアイリーンはほとんど別居の状態だった。1944年9月にマイルスがニューヨークへ出ていくときも、アイリーンは子供とセントルイスにとどまっている。

しかしこの一件で、彼はそれまで以上にミュージシャンとしての活動に精が出せるようになった。おおっぴらに音楽活動を始めたマイルスの下には、さまざまなグループからの誘いがあったという。

クラーク・テリーがこう証言する。

「彼と知り合って1年が経ったころには、すでにセントルイスじゃトップ・トランペッターのひとりになっていた。マイルスを聴きに、ミュージシャンたちが彼の出演するクラブに来ていたし、あちこちのバンドからも声がかかっていた」(14)

そのマイルスが意識していたのは、次のようなひとたちの音楽だ。

「興味を持っていたのは、デュークにベイシー、それとベニー・グッドマン(cl)のスモール・コンボだった。とくにグッドマン・バンドのチャーリー・クリスチャンが弾くギターは新鮮だった。それからジェイ・マクシャン(p)のバンドにいたアルト・サックス奏者の(チャーリー)パーカー、トランペッターではディジー(ガレスピー)にもノックアウトされた。ディジーのソロは全部コピーしたが、最初はなにがなんだかまったくわからなかった」(D)

運命を決定したエクスタイン楽団

高校の2年生になってからは、学業に専念してほしい両親と、もっと演奏活動がしたいマイルスとの間でいつも諍いが起こっていた。晴れて1944年6月に高校を卒業した彼は、すぐにアダム・ランバート&シックス・ブラウン・キャッツなるニューオリンズのバンドに加入し、週給100ドルで2週間の仕事を行なう。ある日、仕事を終えて家に帰った彼に、ビリー・エクスタイン(vo)のオーケストラがセントルイスの「クラブ・リヴィエラ」に出演するというニュースが届く。

エクスタインのバンドに参加していたのが、大きな関心を寄せていたパーカーとガレスピーだ。彼らが出演する当日、マイルスはあるバンドでのリハーサルを終え、「クラブ・リヴィエラ」に顔を出す。エクスタイン楽団のサウンド・チェックを覗こうと思ったのだ。そして、そこで起こったことが彼の運命を変える。

「トランペットを小脇に抱えていたオレのところにディズ（ディジー・ガレスピー）が来た。こちらは話がしたくてチャンスを窺っていたのに、彼のほうからやって来た。そしてこういったんだ。『トランペットをやってるのか？』『イエス』。次にこういわれた。『ユニオン・カードは？』。それでまた『イエス』だ。『トランペッターが必要だ。楽譜は読めるだろうな？』。もちろん『イエス』。これで決まりだった。実際は、ヤツラの譜面がまったく理解できなかった。オレのやっていた音楽とはコンセプトが違ったし、理解しないうちに本番が始まった」（D）（15）

「あのときは誰でもよかった。契約の関係で、メンバーの数を揃えなければならなかったからだ。バンドに加わってくれるなら、音なんか出なくたって構わない（笑）。とにかくトランペットを持って、バンドスタンドにのぼってくれるヤツが必要だった。そうしたら、たまたまトランペットを持った少年がリハーサルを覗いていた。そこで誘ったまでの話だ。それがマイルスだったとは……」（16）

ガレスピーから誘われたマイルスは、結核で急遽入院したサード・トランペッターのバディ・アンダーソンに代わって、セントルイス周辺へ2週間ツアーに出るチャンスをものにした。彼にとっては天にも昇る心地の体験だったようだ。しかし、エクスタインはこのときのことをこう語っている。

「正直な話、彼のことはまったく憶えていない。その後、ニューヨークでマイルスから自己紹介されても、そんなヤツがいたかな？　というぐらいのものだった。とにかくすごいメンバーがバンドにたくさんいたから、目立つのは難しかったんだろう」(17)

エクスタインは、「バンドに加えたのは、ただ彼を傷つけたくなかったからで、音はひどいものだった。まあ、飛び入りといった感じで、満足な演奏なんかできなかった」というコメントも、別のインタヴューで残している。イースト・セントルイス時代のマイルスがどのようなプレイをしていたかは、録音が残されていないのでなんとも判断のしようがない。ただし、エクスタインの言葉からも、先のクラーク・テリーの回想からも、プロとしてやっていくにはテクニックも表現力もまだまだだったことが窺われる。それでも、マイルスは演奏することがこの上なく好きだった。その情熱がやがて実を結ぶ。

しかしこの時点で、ニューヨークのトップ・バンドから見れば、セントルイスで売り出し中の人気トランペッターも形なしだった。ところが、マイルスはこの体験によってニューヨークへ出ていく決意を固める。エクスタイン楽団が次の公演先であるシカゴに向かう際、一緒に行かないかとガレスピーから誘われた。しかし、バンドに加入してツアーに出ることは両親の断固たる反対によって断念せざるを得なかった。それがジャズの聖地、ニューヨークへの憧れをさらに駆り立てたようだ。ガレスピーのひとこともマイルスを強く刺激した。

「ビッグ・アップル（ニューヨーク）に来たら、顔を出せ」(18)

マイルスにこれ以上の言葉は必要ない。セントルイスでは学ぶものがないと感じていた彼は、両親を納得させるため、ニューヨークのジュリアード音楽院進学を宣言する。ジュリアードは、いってみれば日本の藝大みたいなところだ。音楽的な能力はもちろんのこと、学業も優秀でなくては入学できない。しかも当時は、黒人の学生が非常に珍しかった。こういったところに、デイヴィス家のブルジョワ的体質が認められる。

「あまり大きな声じゃいえないが、徴兵逃れの目的もあった。すぐにでもプロのミュージシャンになりたかった。だけど、オヤジが許してくれない。とにかく大学へ行けっていう。オレだって戦争になんか行きたくない。それでジュリアードに進むことを決めたが、戦時中で学生が少なかったから推薦で入れてもらえた」(D)

母親は、マイルスの姉であるドロシーがすでに進学していたテネシー州ナッシュヴィルにある黒人大学の名門、フィスク大学に入れたかったようだ。しかしここでもことごとく彼女と対立していた父親が（すでに離婚していた）、マイルスの希望を受け入れて、ジュリアードへの入学を許してくれたのだった。

そのとき、『エスクァイア』誌の熱心な読者だったマイルスは、ニューヨークのジャズについて書かれた記事を見ながら、姉にこう告げている。

「ニューヨークじゃいろんなことが起こっている。だから、オレはそこへ行くよ」（19）

魂胆は明白だった。頭の中にはガレスピーの言葉しかなかったのだ。

【第1章：生い立ちと少年時代　注】

1．イアン・カー『マイルス・デイビス物語』小山さち子訳、スイングジャーナル社、1983年、8頁
2．イアン・カー『マイルス・デイビス物語』小山さち子訳、スイングジャーナル社、1983年、10頁
3．ドロシー・デイヴィス・ウィルバーン　1986年、ニューヨーク
4．マイルス・デイビス、クインシー・トループ『完本マイルス・デイビス自叙伝』中山康樹訳、JICC出版局、1991年、38—39頁
5．クラーク・テリー　1986年、東京
6．5と同じ
7．正確にはイリノイ州の高校対抗野外競技会兼バンド・コンテストにマイルスが出場。
8．5と同じ
9．Jack Chambers, Milestones I: The Music and Times of Miles Davis to 1960, University of Toront

Press, 1983, p.10

10. 9と同じ

11. 5と同じ

12. 5と同じ

13. 5と同じ

14. 5と同じ

15. マイルスは他のインタヴューで、バンドのマネージャーから声をかけられたと語ったことがある。ただしガレスピーの証言（注16）からも真実は明白だ。

16. ディジー・ガレスピー　1985年、斑尾

17. ビリー・エクスタイン　1987年、東京

18. 16と同じ

19. レナード・フェザー「マイルス・デイビス物語」小川隆夫訳、『Oh! MILES』スイングジャーナルMOOK、1985年夏号、40頁

第2章 ニューヨーク修業時代

念願のニューヨークへ

「ニューヨークに出てきたその週に、(チャーリー)パーカー(as)を捜し回って、その月の生活費を全部使ってしまった」(1)

いってみれば田舎のお坊ちゃんであるマイルスは、初めて目のあたりにした大都会に圧倒され、ニューヨークのジャズ・シーンを右往左往してしまう。

「聞くと見るとは大違いってことだ。まずはジュリアードが手配してくれたホテルに泊まって、その後に同郷のひとが経営していた147丁目とブロードウェイの角にあった下宿屋へ移った。部屋代は週に1ドルだったな。これで足場ができた。当時のハーレムにはジャズ・クラブがあちこちにあった。『ミントンズ』、『スモールズ』、それから52丁目界隈の『オニックス』、『スリー・デューセズ』なんかに暇があると行ってみた。18歳に見られなくて、あちこちのクラブで中に入れてもらうのに学生証を出したもんだ。最初の2週間は、ディジー（ガレスピー）（tp）もパーカーもまったく手がかりなし。1週間で1ヵ月分の生活費を使ってしまったんで、オヤジに電報を打って金を送ってもらったほどだ。彼に会えたのは、ニューヨークに来て1ヵ月くらい経ったころかな？『ヒート・ウェイブ』というハーレムのクラブに出るのを知って、行ってみたら、本当にパーカーが吹いていた」（B）

マイルスもこのころは可愛かった。パーカーに寄せる憧憬は普通のファンと変わりがない。再会を喜んだマイルスだが、パーカーにしてみれば、「うるさいのがひとり来たな」くらいの感じだったのだろう。しかしその日の生活にも困っていた彼は、さっそくマイルスの部屋に転がり込んでくる。

「たまたま部屋にはベッドがもうひとつあった。バード（パーカーのニックネーム）はホテルを泊まり歩き、金がなくなると仕事をする。そんな気ままな生活を送っていた。だから一緒に住まないかと誘った。彼が居候だった話がまかり通っているが、実際は違う。金があるときはいくらか払ってくれた。折半ってほどではなかったが、代わりにいろいろなことを教えてもらった。本当はこちらが授業料を払いたかったくらいだ」（B）

マイルスとパーカーの奇妙なニューヨーク生活が始まった。1944年10月のこと

ルスもその渦中に身を投じていく。

ビバップの洗礼

あれはいま考えてもゾクゾクする体験だった。1985年8月7日、ぼくはマイルスが宿泊していた新宿「センチュリー・ハイアット」(現在の「ハイアット・リージェンシー東京」)のスイートルームにいた。それ以前に彼とは2度会っていたものの、いずれもふたりきりの会見ではなかった。それまでは借りてきた猫のようにしていたぼくだが、マイルスの振る舞いや考え方が少しずつ理解できるようになってきた。そこで勇気を振り絞り、面会を申し込んだ。

「なんの用がある」(B)

電話の向こうのマイルスは、言葉とは裏腹に機嫌がよさそうだった。畳みかけるように、彼はこう問いかけてきた。

「すぐに来られるのか?」(B)

こちらの目的や意向は関係ない。マイルスは常に自分の考えで行動している。ぼくに異存のあるはずがない。

彼は何事もすぐに決めたがる。世界一のジャズ・クラブと呼ばれる「ヴィレッジ・ヴアンガード」の名物オーナー、マックス・ゴードンから、マイルスの性格についてこんなことを聞いたことがある。

「1年以上わたしの店に出ていなかったマイルスに、あるときこう訊ねた。『今度はいつ出てくれる？　来月なら空いている』。どう答えたと思う？　彼はすかさずこういったんだよ。『明日の晩なら出てやる』。その場でなんでも決めてしまうのがマイルスなんだね」（2）

過去2回の面会で、彼が問わず語りの名人であることはわかっていた。一問一答の形でインタヴューをするより、問わず語りで話してくれる内容のほうがずっと面白い。こちらの質問に答えてもらうのではなく、同じ時間を共有し、その中で交わされる会話が魅力的なのだ。そこで、チャーリー・パーカーとの話である。

「バードには会えたし、一緒に住むようになったけれど、ヤツはほとんどアパートにいなかった。フラリと帰ってきたかと思うと、またいつの間にかいなくなっていた。一緒に住んでいても、いつだってバードを捜し回っていた」（B）

1944年9月からジュリアードに通い始めたマイルスは、トランペットと作曲のコースに籍を置く。

「学ぶことはなにもなかった。基礎の練習や楽理は無用だ。誰もが知ってることを、いまさら勉強してなんになる。オヤジの手前、最初の1年は真面目に通った。しかし、その後は面白そうな授業に出ただけだった。2年目が終わるころにはいつの間にか通うのをやめていた。それより、バードやディズから学ぶもののほうがはるかに大きかった」(B)

とはいうものの、マイルスよりやや遅れてニューヨークに出てきたクラーク・テリー(tp)によれば、当時の彼はかなり真面目にジュリアードへ通っていたようだ。

「わたしのところへ来ては、『こんなことを今日は習った』と、得意そうに披露してみせたもんだ。主に指使いやメロディ展開についてだが、ジャズではまったくといっていいほどやらない方法だった。わたしや仲間のミュージシャンにとってはそういうやり方が新鮮に思えたんで、マイルスを中心にちょっとした技術論を展開する場ができた」(3)

「ニューヨークへ出たときは、みんなが自分と同じか、それ以上に音楽を知っていると思っていた。しかしそうでもなかった。ほんのひと握りの連中だけだったな。ディジー、セロニアス・モンク(p)、コールマン・ホーキンス(ts)、バド・パウエル(p)、エディ・ロックジョウ・デイヴィス(ts)ぐらいだった。オレはクラークやディジーみたいに吹きたかった」(B)

マイルスは、アパートに近いハーレムの117丁目にあった「セシル・ホテル」内のジャズ・クラブ「ミントンズ・プレイハウス」によく顔を出していた。「セシル・ホテル」は地方から来たミュージシャンの多くが定宿にしていたことから、この店も仕事を終えた連中の溜まり場になっていた。

「あのクラブはハーレムじゃ最高にクールな場所のひとつだった。男はみなデューク(エリントン)(p)やジミー・ランスフォード(sax)を気取ってダブルのスーツを着ていたし、飛び切りの女たちも集まっていた。メシも美味かったな。ハウス・バンドはエディ・ロックジョウ・デイヴィスがリーダーで、ミルト・ジャクソン(vib)やファッツ・ナヴァロ(tp)がメンバーだった。そういう連中とジャムりにくるのがディジーやモンクで、音楽的にも最高の店だった。なんとか仲間に入りたかったが、とてもじゃないけど太刀打ちできない。みんなすごいプレイをしていたから、並のヤツはついていけなかった」(B)

ビバップは、「ミントンズ・プレイハウス」で行なわれていたジャム・セッションから生まれたといわれている。しかしこれはあくまで象徴的な比喩であって、実際は同時多発的にあちこちで似たような演奏が行なわれていた。たまたまギターのチャーリー・クリスチャンを中心にしたセッションが「ミントンズ・プレイハウス」で行なわれ、それをジャズ・マニアが録音しており(4)、ビバップのもっとも初期の演奏がのちに陽の目を見たことで、ビバップの「ミントンズ発祥説」が定説になったと思われる。

ところでホットな演奏に特徴があるビバップは、1940年代初頭、それまでのスウイートでダンサブルなスウィング・ジャズに飽き足らなくなった意欲的で創造的な若いミュージシャンたちによって生み出された新しいスタイルのジャズだ。スウィング・ジャズ以前のジャズを〈クラシック・ジャズ〉と呼ぶのに対し、ビバップ以降のジャズを〈モダン・ジャズ〉と呼ぶのは、この音楽の登場によって、ニューオリンズ・スタイルから端を発したジャズが終焉を迎えたからだ。とはいっても、スウィング・ジャズはビバップが登場してからもしばらくは人気を持続させている。

パーカー、ガレスピー、モンクといった若手が中心になって姿を整えていったビバップは、1940年代半ばになるとスウィング・ジャズに取って代わる主流となり、以後はほとんどのミュージシャンがビバップを演奏するようになっていく。中でもパーカーとガレスピーがビバップでは終始リーダーシップを握り、ハード・バップへと発展していく1950年代半ばまで、彼らがジャズの中心人物として強い影響力を発揮したのだった。

「わたしがビバップを作ったたって？　そういわれるのは嬉しいけれど、実際は、仲間全員で『ああでもない、こうでもない』といいながら、いつの間にかスタイルが形作られていった。パーカーのアイディアでもないし、モンクのアイディアでもない。強いて挙げるなら、ケニー・クラーク（ds）がリズム・パターンに大きな影響を与えたから、彼が一番重要な人物かもしれない」（5）

ガレスピーのこの言葉からもわかるように、日本ではそれほどとは思われていないが、ケニー・クラークへの信頼にはミュージシャンの間で絶大なものがあった。音楽的にひとより一歩先を行っていたこともあるが、面倒見のよさで多くの仲間から尊敬されていたのが彼だ。

クラークの周りにはいつも意欲的な若手ミュージシャンが集まり、そこから自然発生的にワークショップのようなものが出来上がっていた。そんな仲間が「ミントンズ」のアフターアワーズでも中心的存在だった。

マイルスも「ミントンズ」で腕を磨き、ニューヨークのジャズ・シーンで次第に名を売っていく。そうした時期に舞い込んできたのが、R&B畑で活躍していたテナー・サックス奏者ハービー・フィールズとのレコーディングだ。

初レコーディング

「あのレコーディングについては話したくない。どうしてお前はなにからなにまで聞こうとする」(G)

調子に乗って、触れてほしくない話題に触れてしまったようだ。1989年夏、ニューヨークのアパートで会ったマイルスは、こういって話題を打ち切った。この日の彼は、原色の派手なベストにボールド・ストライプのゆったりとしたパンツといういでたちだった。音楽同様、ファッションも先鋭的だ。この日はカメラマンを伴っていなかったのに、かなり気合を入れたお洒落をしていた。そのマイルスが、こちらの質問に顔を曇らせる。

マイルスと接するのはたいへんだ。望まないことはいっさい話してくれない。あらかじめこちらがそれを察していないと、厄介なことになる。けれど元来は話し好きのひとだから、気分がよければ問わず語りにいくらでも話をしてくれる。コツは、こちらからあまり直接的な質問をしないこと。一問一答の形になると、マイルスは概して本音を語らない。そして、このときは先を急いで失敗した。

クインシー・トループとの共著『完本マイルス・デイビス自叙伝』には、1945年4月24日に行なわれたこのセッションのことが、次のように語られている。

「緊張しまくって、ソロはなかったのに、アンサンブルすらろくに吹けなかった。レナード・ガスキンがベースで、ラバーレッグス・ウィリアムスという歌手がいたのは憶えているが、あのレコーディングのことは忘れようといい聞かせてきた。だから、ほかに誰がいたかわからない。オレの初レコーディングは本当にひどいものだった」(6)

このときのセッションを収録した『ファースト・マイルス』(サヴォイ)に耳を傾けると、たしかにマイルスのいうとおりで、聴くべき内容はあまりない。というより、トランペットの音は聴こえるが、うしろに引っ込んでいて小さい。これが、せめてハービー・フィールズのテナー・サックスと同じくらいの音量なら、受ける印象は違ったかもしれない。しかし、ヴォーカルのうしろでかすかに聴こえるミュート・トランペットは紛れもなく独特の音色とフレージングを持ったマイルスのものだ。

ことにハービー・フィールズのプレイと重なるパートもある〈ディープ・シー・ブルース〉では、ラバーレッグス・ウィリアムスが歌うバックで、マイルスがかなり長いオブリガートを単独で吹いてみせる。この曲を入れて、4つのマスター・テイク（不完全テイクや別テイクも含めて全部で4曲8テイクがこの日は録音された）におけるマイルスは、それでも大健闘した、とぼくは考えているのだが。

そしてこれだけで判断するのは乱暴だが、この時点で、彼はのちにトレードマークとなる独特の音色をある程度はものにしていた。アルバムの日本盤ライナーノーツ（7）を執筆した油井正一は、マイルスがレコーディングに参加したいきさつを次のように書いている。

「この吹き込みのときも、彼（ラバーレッグス・ウィリアムス）はディジー・ガレスピーの伴奏を希望したようだが、ディジーとパーカーの推薦でマイルスが入ることになったという。19歳の誕生日を1ヵ月後に控えた若いマイルスは、尊敬するフレディ・ウェブスター（tp）（8）に連れられてスタジオに入った。ウェブスターの助言にもかかわらず、緊張してあがりっぱなしのマイルスのプレイは、お聴きのとおりである。マイクが怖くて、なるべく遠ざかって吹くマイルスが、テイクを重ねるにつれて少しずつ力を発揮していく姿も微笑ましい」

「あのことは聞いてくれるな」とマイルスがいったのは、こんな思いでレコーディングに臨んだからだったのか？　ガレスピーは、ニューヨークに出てきたばかりの彼について、こう語っている。

「テクニックはぜんぜんなかった。でも、不思議とひとの心を引きつけるなにかを持っていた。それが、彼の特徴になるリリシズムだったのかどうか、いまとなっては判断できない。ただ、あの時代はトランペッターに限らず、どの楽器のプレイヤーもスピーディな演奏を競い合っていた。そんな中で、マイルスだけはわが道を行くというか、ゆったりとした、表情のある演奏を心がけていた」（9）

当時、マイルスと何度も共演したことがあるピアニストのデューク・ジョーダンはこう話す。

「たとえば1950年代のプレスティッジ・セッションなどと比べれば、あの時代にマイルスが行なっていたプレイはまったく頼りないものだった。表現したいソロが思いどおりにできないもどかしさ、みたいなものがあったからね。ただし、不思議なことに、そうした未熟な部分も彼は魅力にしてしまう。テクニックだけを取れば、もっとうまいトランペッターはいくらでもいた。それでも、またマイルスと演奏したくなる。そうい

うタイプのミュージシャンだったよ」(10)

マイルスの言葉からもわかるように、記念すべき初レコーディングはそれほどのものにはならなかった。しかしガレスピーとジョーダンのコメントに共通しているのは、テクニック不足は否めないものの、どこかひとを魅了するものがそのプレイにあったということだ。そしてその後、着実に彼の評価は高まっていく。

初レコーディングの直後(1945年5月)、ほとんどいつも飛び入りの形で演奏チャンスを窺っていたマイルスに本格的な仕事のオファーが舞い込んでくる。「ミントンズ・プレイハウス」でセッションを重ねていたエディ・ロックジョウ・デイヴィスが、52丁目の「スポットライト」に1ヵ月間出演することになり、声をかけてくれたのだ。これが、マイルスにとってはニューヨークに出て行なう初めての正式なクラブ・ギグとなった。

このときの演奏がどんなものだったかには強い興味がある。しかしメンバーはいっさい不明だし、エア・チェック(ラジオ放送の録音)も残されていない。おそらくマイルスのプレイは、半年後にパーカーのクインテットに加わって行なうレコーディングに準じた内容と推測ができる。

この時点で、ビバップは黒人ミュージシャンと白人ミュージシャンの一部でもっとも重要な演奏スタイルになっていた。しかしファンの間では、ようやく認知され始めた、といったところだろう。

その理由は、多くのファンや批評家が白人だったからだ。彼らはなかなかハーレムにまで足を運ぶことはしなかったし、行ったとしても、黒人がたむろしているクラブには出入りができなかった。ビバップの草創期（1940年代初頭）には、ほとんどハーレムでしかこの手の演奏は聴けず、52丁目界隈のクラブで広く演奏されるようになるのはしばらく先のことだ。

もちろん、散発的にはあちこちのクラブでビバップは演奏されていた。ただし、ミュージシャン以外のひとたちにまだこの音楽はあまり理解されていなかった。それが1945年あたりから、ミッドタウンやダウンタウンのクラブでも主流となり、それに伴いようやくパーカーやガレスピーの存在もファンの間でクローズ・アップされるようになってきた。

ところで、マイルスとパーカーの共同生活は1944年暮れに解消されている。ビバップが一般的な人気を得てパーカーの懐が潤い、パトロンが増えた結果、マイルスの部屋に同居する必要がなくなったからだ。一方のマイルスにも変化が起こっていた。イースト・セントルイスに残してきた妻のアイリーンが、義母の入れ知恵でニューヨークに出てきたのである。しかしパーカーとの緊密な交流は継続され、マイルスは相変わらず暇さえあれば彼のあとをついて回っていた。

この時期でもうひとつ見すごせないのが太平洋戦争の終結だ。ぼくはある時期、何人かのミュージシャンに、終戦の日（アメリカでは時差の関係で8月14日）はどこでなにをしていたか、という質問をぶつけてみたことがある。

たとえばガレスピーは、パーカーと一緒に「スリー・デューセズ」に出演していたという返事だった。マイルスは、はっきりした記憶はないようだったが、どうやらハーレムのクラブで仲間とどんちゃん騒ぎをやっていたらしい。アート・ブレイキー（ds）は、ビリー・エクスタイン（vo）のバンドでツアーをしていた最中にニュースを聞いて、「これで戦争に行かずに済んで安堵した」と語ってくれた。デクスター・ゴードン（ts）もエクスタインのバンドにいて、「このときはジーン・アモンズ（ts）と平和について真剣に語り明かした」といっている（彼特有の与太話と思うが）。さまざまな受け答えが返ってきたものの、これで仕事のチャンスが増えると、多くのミュージシャンが考えていたことは間違いない。

終戦後のニューヨークは、帰還兵のパレードが連日のように繰り返され、戦勝ムードに沸き返っていた。ナイト・クラブも空前絶後の賑わいとなり、ハーレムもミッドタウンも関係なくジャズ・クラブは大繁盛だった。そのときの情景は、ジャズ・ミュージシャンを主人公にした映画『ニューヨーク・ニューヨーク』（1977年、ライザ・ミネリ、ロバート・デ・ニーロ主演、マーティン・スコセッシ監督）でも、ハリウッド式の誇張はあるものの、なんとなく実感ができるだろう。

ライヴ活動が少しずつ軌道に乗り始め、マイルスもニューヨークでの生活に慣れてきた。

「ジュリアードの授業はつまらなかったが、そこで学んだものを、親しくしてもらっていたフレディ・ウェブスターに教えるようになった。彼は彼で、オレにジャズのもっとも新しい演奏の仕方を教えてくれた。昼はジュリアード、夜は『ミントンズ』や52丁目のクラブでコードやフレージングを学ぶ。そして、次の日はまた学校に行って、それを復習する」（D）

パーカーに学ぶ

マイルスは少しずつニューヨークのジャズ・シーンに溶け込んでいく。中でも、パーカーとガレスピーは彼をことのほか可愛がってくれた。ガレスピーによれば、「自分とはタイプの違うトランペッターだが、なかなか見どころがある若いヤツ」ということになる。

「ニューヨークに来たばかりのころは、住所を教えてあったから、毎日のように家へやって来た。それで、〈ホット・ハウス〉の中のあの音はなにを意味するのかと質問してくるんだ。わたしは、『とにかくピアノを勉強しなきゃ駄目だよ』といってやった。吹

きたいと思っている音の1音ずつではなく、全体像が見えるようにするためには、ピアノの弾き方を覚えなきゃならない」(11)

「スペース」(B)

パーカーから教わったもので一番印象に残ったものは？　という問いに、新宿の「センチュリー・ハイアット」でフライド・チキンとグリーン・サラダの遅い昼食をとりながら、マイルスはひとことボソッと呟いた。ここで、次の質問を発してはいけない。このままぼくは黙っている。するとマイルスは、「なんだこんなこともわからないのか？しょうがないな」といった顔で、首を2〜3度横に振り、さらに続けてくれた。

「よく『間を生かしたフレージングをしろ』といわれた。そんなにテクニックがなかったから、ディジーのように速いパッセージが吹けない。でも、ディジーみたいに吹きたくて、懸命に練習していた。そうしたらパーカーに、『ひとの真似をするぐらいなら、どうやったら自分の個性が表現できるかを考えろ。お前はスペースを生かしたフレージングにいいものがあるから、それに磨きをかけるべきだ』とアドヴァイスされた」(B)

ガレスピーの真似については、こんなことを語っている。

「ディズのことをみんなが真似していた。でも、オレにはできなかった……。クソったれと思うほど、ヤツのプレイは速かったからな。とてもじゃないが、同じようには吹けない。それで、フレディ・ウェブスターとオレは、毎晩ディズの演奏を聴きに行った。

もし聴けなかった日があれば、それはなにかをミスしたことになる。ディズを52丁目に聴きに行ったんだ。オレたちは必死になってプレイに耳を傾けた。バーでなにかを飲みながら、ヤツが吹く音を書き留める。速すぎてうまく書き留められなかったけど、オレたちは帰ってからその練習をした」(12)

当時のマイルスは、それこそパーカーのあとを鞄持ちのようにしてくっついて回ったという。同じ部屋に住んでいたときでも、彼は相変わらず神出鬼没だった。めったに会えないものの、一度見つけたら放さないつもりで、マイルスは彼と行動をともにする。

「ドラッグはやるし、オンナには目がないしで、とてもじゃないけどついていけそうになかった。あんなに目茶苦茶な生活をする人間も珍しい。でも、バードのやってる音楽は最高だった。特別に教えてもらったことなんてほとんどない。たいていは彼の演奏を聴いて学んだ。音楽に関しては本当に天才だった。人間としても魅力的だったが、偉大なミュージシャンとしても、心から尊敬できる人物だった。あるとき、オレのペットを吹かせろといって吹いたが、その見事なことといったらなかった。オレ以上にうまいトランペットを吹いたんだ。それで、彼にはかなわない気持ちになったこともある」(B)

「バードは、しょっちゅうオレに『怖がるな、どんどん出ていってプレイしろ』といってくれた。毎晩、覚えたばかりのコードをマッチ箱の裏に書き留めておくんだ。周りのみんながオレを助けてくれた。翌日には、授業に出ないでジュリアードの練習室で一日

中それを練習する」(13)

そうした生活の中から、マイルスは独自の演奏スタイルを育んでいく。ことにガレスピーが紹介してくれたセロニアス・モンクのプレイにはびっくりしたという。

「モンクのスペースの使い方と、不思議な響きのコード進行には、心底参った。なんだこりゃ、いったいこいつはなにをやってるんだ? そう思ったものだ。モンクのスペースの使い方は、オレのソロのスタイルに大きな影響を与えた」(B)

パーカーからスペースの重要性を学んだマイルスは、モンクのプレイからもスペースの使い方について触発されたのである。それが彼のスタイルを形成する上で重要な要素になっていることは、のちに残された演奏を聴けば明白だ。

ジュリアードの1年目が終わる1945年5月ごろになると、マイルスはニューヨークのジャズ・シーンでもそこそこ知られる存在になっていた。それはパーカーやガレスピーをはじめ、モンク、パウエル、エディ・ロックジョウ・デイヴィス、ファッツ・ナヴァロ、デクスター・ゴードンたちの知遇を得て、彼らと行動をともにすることが多くなったからだ。

特徴のあるゆったりとした喋り方で、テナー・サックス奏者のデクスター・ゴードンはこう話してくれた。

「マイルスに関するもっとも古い記憶は、1945年初夏のことだ。そのとき、わたしたちはパーカーのクインテットに参加していた。マイルス、レナード・ガスキン（b）、スタン・リーヴィー（ds）、それにわたしがメンバーだった。なぜ細かく憶えているかといえば、そのときにわたしはアパートを引っ越したばかりで、それを祝ってメンバーとパーティを開いたからだ。誰かが写真を撮ってくれて、それがあるから忘れないでいるんだよ。あのころのマイルスは才気煥発だったけれど、湧き出るアイディアにテクニックがついていかなかった。それでずいぶんと悩んでいたね。でも、そのうちに絶対いいライヴァルになると感じたよ」（14）

ビバップが盛り上がりを示していたその一角に、実力は十分といえなかったものの、マイルスも食い込み始めていた。

パーカー・クインテットに抜擢

夏の終わりまで、ガレスピーを含むパーカー・クインテットは「スリー・デューセズ」で長期の仕事をしていた。その後、ガレスピーがＪＡＴＰ（ジャズ・アット・ザ・フィルハーモニック）（15）のツアーに参加するため、パーカーのクインテットは解散となる。しかし、彼は引き続き同クラブに出演することを望んでいた。

「ディジーとの『スリー・デューセズ』出演が終わった夜、オレがバードとアップタウンに行こうと待っていたら、バードがオーナーのサミー（ケイ）に、このままバンドを率いて演奏したいと申し入れた。そうしたらサミーが、『トランペット奏者がいないじゃないか』といった。パーカーはすかさず『いるよ』と答えた。オレの顔も見ずにいうんだ。『ここにいるのがそうだ』ってね。オレはディジーが吹いていたことは全部理解できていたけれど、すべてを同じように吹けるわけじゃなかった。バードに、『えッ! オレだって?』と聞いたら、『お前さ』という。もしオレが『ノー』といえば、メンバーに仕事がこなくなる。それで『OK』って返事したのさ」(16)

このときのことを、ガレスピーはこう語っている。

「パーカーのバンドをやめたのは、JATPのツアーにノーマン・グランツ(JATPの主催者で、のちにノーグラン、クレフ、ヴァーヴ・レーベルを設立したプロデューサー)から誘われたことと、もうひとつ、バードがいつもいい加減だったんで、それに嫌気がさしたってこともある。ドラッグの問題もあったし、ステージに穴を空けることも多かった。ミュージシャンとして尊敬していたし、友人としても大切な人物だったけれど、仕事は別だ。責任を取らされるのは、その場にいるわたしたちだからね。そんなところにノーマンからオファーが来たし、クラブ出演の契約も切れたんで、ウエスト・コーストに向かった」(17)

『チャーリー・パーカー~モダン・ジャズを創った男』(水声社)で筆者のカール・ウオイデックは、パーカーがマイルスを抜擢したことについて、次のように考察している。

「デイヴィスは、パーカーと即興演奏を競演する相手としてではなく、パーカーの補完や対比をする相手として選ばれた。デイヴィスの発展途上期のごく初期の演奏を聴いたパーカーは、このトランペッターの演奏に将来性を感じたのだろう。デイヴィスを選んだのは、才能だけが理由でなく、パーカーがガレスピーからの独立を宣言しようとしたからかもしれない」(18)

パーカーが、マイルスのことを「自身のプレイの補完や、対比をする相手」として選んだという見解は興味深い。のちにマイルスがジョン・コルトレーン(ts)やウエイン・ショーター(ts)を自身のグループに迎えたときに、同じようなことをしているからだ。

ところで、このクインテット抜擢劇には面白いエピソードが残されている。それまではパーカーに小銭を貸していたマイルスだったが、夜ごとのどんちゃん騒ぎで、マイルスもだんだんとその日のお金に事欠くようになっていた。

「ジュリアードも実質的に休学していたし、オヤジにそのことを話したら、怒って生活費を止められてしまった。仕事である程度の収入はあったが、それではとても足りない。そこで羽振りのよかったバードに少し借金していた。『スリー・デューセズ』で仕事ができれば、生活も楽になることが頭に浮かんだのもたしかだ」(D)

マイルスが彼のグループに加わった背景には、こうした懐事情もあったようだ。このときのメンバーは、それまで同様、アル・ヘイグ(p)、カーリー・ラッセル(b)、マックス・ローチ(ds)で、マイルスだけが新入りだった。

「バードがメロディを吹くときは、バックでそっとプレイするだけにした。ヤツがメロディをたっぷり歌い上げて、すべてにおいてリードを取るようにした。オレがリードを取るなんて冗談じゃない。バードの前でそんなこと、できるわけがない。本当にビクついてた。クビになるのが恥ずかしくて、自分から辞める素振りを見せたこともあった。ところがヤツときたら、『明日も一緒にやるからな』とか、『お前が必要だ、気に入っている』なんていって、オレを奮い立たせやがる。バードがオレを雇ったのは、たぶんディズみたいに吹いていなかったからだ。ヤツは、ディズとは違うサウンドがほしかったんだ。オレには自分だけのサウンドを持つことが一番大事とわかっていたから、自分にできないことはやらなかった」(D)

この言葉も、カール・ウォイデックの考察に通じるのではないだろうか。

「マイルスとは何度も演奏したけれど、あのころはパーカーの陰に隠れている感じで、ソロを取るときでも自信なさそうにしていた。しかし1年ほどあとで聴いたときは、すっかり自分のスタイルが表現できるまでになっていた」(19)

こう語るのは、マイルスがニューヨークに出てきた直後からしばしば共演していたアル・ヘイグだ。

ドラマーのマックス・ローチも、こう振り返っている。

「マイルスは最初、ビバップのことがよく理解できていなかったと思う。わたしたちが演奏していたシンコペーションに、彼だけがいつの間にかずれていくこともあった。そうなると、ステージ上でバードが彼に向かって、腕や首を振ってリズムを教えてやっていた。バードは、マイルスを弟のように可愛がっていた。ディズも彼の面倒はよく見ていた。彼らの指導もあって、マイルスは短期間のうちにすごく成長した」(20)

10月の2週間、「スリー・デューセズ」に出演したパーカーのクインテットは、その後もマイルスを加えたまま、同じく52丁目にあった「スポットライト」に出演する。しかし「スポットライト」を含む周辺のクラブは、クスリの密売と酒類販売許可証不所持を理由にクローズさせられてしまう。そこで、マイルスは「スポットライト」で共演したピアニストのサー・チャールス・トンプソンと組んで、古巣の「ミントンズ・プレイハウス」に戻ってくる。ただ、ぼくが質問をしたときに、トンプソンはそのことをすっかり失念していた。

「マイルスとは仕事をした記憶がない。彼は、よく家にやって来ては、自分のアイディアをわたしにぶつけて意見を聞く、熱心な若者のひとりだった。いろんな若者が出入りしていたんだよ。マイルスはまだひ弱な感じでね。ただし、音楽的に新しいことをやろうとしているのもよくわかった。興味深かったのは、セッションをするとわたしのスウィング・スタイルにもマッチしたプレイをしていたことだ。オールド・ファッションなプレイにこそ真価が発揮できるタイプじゃないかと思ったほどだ」(21)

記録によれば、トンプソンと組んだバンドでマイルスは2週間ほどプレイしたことになっている。その後、コールマン・ホーキンスのグループで演奏していた彼に、再びパーカーから誘いの言葉がかかる。今度はサヴォイでのレコーディングだ。

パーカー・クインテットでの初レコーディング

1945年11月26日、この日、スタジオに顔を揃えたのは、パーカー、ガレスピー、マイルス、アーゴンヌ・ソーントン(のちのサディク・ハキム)(p)、カーリー・ラッセル、マックス・ローチである。1週間前に交わされた契約では、バド・パウエルがピアニストで参加することになっていた。

しかしプロデューサーのテディ・レイグが録音当日、パーカーのアパートへ行くと、「パウエルは、母親がフィラデルフィアで家を買うのにつき合って出かけてしまった」という話を聞かされる。そしてたまたまそこにいたガレスピーを、パーカーは「オレのピアニストだ」とレイグに紹介した。ガレスピーがトランペッターであることを知っていたレイグは、念のためアーゴンヌ・ソーントンに連絡を取り、スタジオに来てもらったのである。

レコーディングでは、マイルスがトランペットを吹くバックで、ガレスピーがピアノを弾いた〈ビリーズ・バウンス〉と〈ナウズ・ザ・タイム〉の2曲、それにソーントンが参加した〈スライヴィング・オン・ア・リフ〉が録音された。そのほか、マイルスが抜けてガレスピーがトランペットを吹いた3曲も収録されている。

当時のことを、かすかな記憶を頼りに振り返ってくれたのがアーゴンヌ・ソーントンことサディク・ハキムだ。

「そのレコーディングかどうかはわからないが、わたしがスタジオでピアノを弾いていたら、マイルスが近づいてきた。それで、こう質問された。『このブルースでCフラットを吹いてもおかしくないかな?』。それが〈ナウズ・ザ・タイム〉じゃなかったかと思う。わたしは、その曲の吹き込みに参加していなくて、隅にあったもう一台のピアノを使って自分の曲を書いていた。当時の常識からすれば、あそこでCフラットは使わない。しかし、彼はわたしのピアノでCフラットを含むフレーズを弾いてみせたんだ。なんとも新鮮な響きだった。それから数年のうちに、その音使いは常識になっていた。マイルスがひとより一歩先を行っているのは、こういうことだよ」(22)

マイルスの初吹き込みとなったハービー・フィールズのセッションは、1970年代にLP化されるまで、オリジナルのSP盤でしか聴くことができなかった。その録音を別にすれば、長い間、多くのファンに聴き継がれてきたもっとも初期のプレイが、このときにレコーディングされた3曲だ。

ただし、パーカーの名演でマイルスが残した初期の傑作とも呼ばれるこの吹き込みだが、当初の評判は芳しくなかった。以下は当時リリースされた〈ビリーズ・バウンス／ナウズ・ザ・タイム〉に対する『ダウンビート』誌のレコード評だ。

「これら2曲は、ガレスピーの猿真似の好例のようなものだ。ディジーのスタイルをただ真似ただけで、センスのかけらも見出せない。このトランペット奏者は、自分たちのアイドルをコピーしている多くの若者と同様、ガレスピーと同じ吹き方をしている。しかもそれらはミスが多く、自分を主張することに欠け、ただアクロバティックなテクニックのみに固執している。このような悪癖は、有能な若いミュージシャンを駄目にし、かつ取り返しのつかないものにしていくだろう」(23)

マイルスはこの『ダウンビート』誌の批評を読んで、おおいに憤慨したようだ。

「オレは批評家と名乗るヤツをほとんど信用していない。例外はレナード・フェザーだ。あいつは、いつだってミュージシャンと同じ感覚でものを書いてるからな」(E)

パブリックな形で受けた評価のきわめて初期のもののひとつがこれでは、マイルスが批評家嫌いになっても仕方がない。

「オレ以上にオレのことをわかっているヤツはいない」

それが彼の口ぐせだった。そういう気持ちが根底にあったから、マイルスはインタヴューになると相手を小馬鹿にした態度や発言も平然としてしまう。そんなところから も、〈傲慢〉という評判が生まれた。

実際のマイルスは、非常にオープンで柔軟な心の持ち主である。半面、依怙地《いこじ》なところや思い入れの激しいところもあった。だから一度信用できないとなれば、二度と受け入れてくれなくなってしまう。批評家に対する気持ちがこれだった。食べ物や服に対しても同じだ。ペリエが気に入ったら、飲み物はペリエしか飲まない。服もコーシン・サトウ（佐藤孝信）が気に入れば、そればかりになってしまう。そんなこだわりが、マイルスのライフ・スタイルを作っていたといっていい。

ガレスピーからの影響

『ダウンビート』誌のマイルス評は散々なものだったが、果たして本当にあのレコーディングでの彼は、ガレスピーのコピー・キャットだったのか？

〈ビリーズ・バウンス〉を聴いてみよう。パーカーとマイルスは、ハーモニーとユニゾンをほどよくミックスさせてテーマを演奏する。思った以上にテンポはスローだ。テーマに続いては、ゆったりしたパーカーの4コーラスにわたるソロとなる。続くマイルスも、パーカーに合わせて伸びのある悠然としたソロを綴っていく。起伏の少ないフレージングは素直にコード進行を追いかけたもので、稚拙さは否めない。しかしガレスピーのソロとは明らかに違って、メロディックなラインを求める姿も、わずか2コーラスではあるが示してみせる。「アクロバティックなソロ」などどこにも認められない。テクニック不足を揶揄されることの多かったマイルスには、アクロバティックなプレイがしたくてもできなかったのだ。

そもそも、マイルスがガレスピーのコピーをしていたという考えが正確ではない。この時期の彼は、たしかにガレスピーのプレイを参考にしていた。そのことについては、ふたりの間でこんな会話が残されている。

「あのころは、オレのスタイルもみんなとそれほど違わなかった。ただ、テクニックがないから(高音部が出せなくて)低音部を中心に吹いていただけだ。それでディジーに訊ねた。『あんたのように吹くには、どうすればいい?』ってね。そうしたら、こういわれた。『できるさ、わたしが吹いている高音部中心のプレイを低音部に置き換えれば、お前のスタイルになるじゃないか』」(24)

このときのマイルスは、ガレスピーからフレディ・ウエブスターの素晴らしさについても教えられた。その結果、彼はウェブスターのプレイに触発されるようになっていく。

ただし、ウェブスターのプレイを聴いてみたくても、ソロが聴ける作品はまとまったものが残されていない。その数少ない吹き込みのひとつが、『ザ・ベリー・ベスト・オブ・ジミー・ランスフォード』（デッカ）に収録された〈ストリクトリー・インストゥルメンタル〉だ。このトラックからは、スウィング・スタイルながらノン・ヴィブラートで朗々とトランペットを吹く彼のプレイが認められる。ここにビバップのシンコペーションと翳りのある響きをつけ加えると、初期のマイルス・スタイルになる。

〈ビリーズ・バウンス〉に続いて吹き込まれた〈ナウズ・ザ・タイム〉は、別テイクより微妙にテンポを落としてマスター・テイクが完成した（この日レコーディングされた3曲には、いずれもいくつかの別テイクが存在する）。テンポを落としたことが功を奏したのか、マイルスは創造性に富んだ2コーラスを聴かせてくれる。ことにセカンド・コーラスでの高音を多用したソロは、のちの姿を連想させるものだ。

それよりも、ここでのマイルスが当時のビバップ派とはまったく雰囲気の違うソロを吹いていることに驚かされる。早くも〈クール派〉を思わせるプレイをしているのだ。ただしこれは意識してのものではなく、当時の彼にはこうしたプレイしかできなかったと考えたほうが理にかなっている。

それと、なんといっても真価を発揮してみせるのが〈スライヴィング・オン・ア・リフ〉だ。冒頭から登場するスピーディなミュート・ソロは、未熟ではあるが、短いながらもガレスピーのコピーでは成しえないマイルスそのもののフレージングによるものだ。先のレヴューアー氏なら、この曲をどうコメントしただろうか?

ロサンジェルスに進出

1945年はマイルスにとって、ようやくプロのミュージシャンとしての第一歩を記すことができた年になった。そうこうしているうちに、12月にパーカーとガレスピーはセクステットを結成し、西海岸の「ビリー・バーグズ」で8週間のギグをスタートさせる。52丁目界隈のジャズ・クラブがクスリの密売と酒類販売許可証不所持でクローズされ、仕事が減ってしまったことから、JATPのツアーから戻ったガレスピーのマネージャーがロサンジェルスでの仕事をブッキングしたのだ。

マイルスは、しばらく前からニューヨークに滞在していた妻のアイリーンと娘のシェリルを連れて、故郷のイースト・セントルイスでクリスマス休暇をすごすことにした。アイリーンは2番目の子供グレゴリーを身籠もっていたし、ここで彼も少しのんびりしようと考えたのだろう。

しかし運命の悪戯というか、ついていたというか、故郷に戻ると、ベニー・カーター(as)のオーケストラが「クラブ・リヴィエラ」に出演していた。さっそくクラブに顔を出したマイルスを、カーターがバンドに入らないかと誘ったのである。カーターのオーケストラはこのまま中西部を回って、彼の地元であるロサンジェルスまで戻るという。ロスといえば、「ビリー・バーグズ」に長期出演中のパーカーがいるところだ。マイルスは家族を実家に残し、カーターのバンドでロスに旅立っていく。

「マイルスとは、それ以前にニューヨークで何度か一緒に演奏しているはずだが、彼との記憶で一番古いのが、『クラブ・リヴィエラ』でのものだ。あるとき、マイルスがひょっこり楽屋にやって来た。ちょうどトランペット・セクションにひとり欠員ができたんで、気楽な調子で誘ってみた。実際のところ、わたしの音楽はスウィング風のものだから、マイルスとは合わないが、彼は譜面が読めたんで入ってくれれば助かると思った。たいして期待はしていなかったけれど、驚いたことに、マイルスが入ってから徐々にオーケストラのサウンドが変わっていった。スウィング風はそのままだが、彼の影響を受けて、メンバーのソロがモダンになった。マイルスにはいわなかったけれど、このときのサウンドが、のちのわたしの音楽の上で大きなヒントになったんだよ」(25)

このインタヴューをした時点で（１９９１年）、カーターは83歳になっていた。「年齢を感じさせない若さの秘訣は？」という質問から派生して出てきたのが、この話だった。カーターは、「マイルスだって、60をすぎてもあんなに新しいサウンドを追求しているではないか。そのほうがもっとミステリアスだよ」とも、このときは語っていた。

サー・チャールス・トンプソンがマイルスのスウィング風プレイを褒めていたことと、カーターのこのコメントは興味深い。少年時代の彼は、ルイ・アームストロング

(tp) をかなり聴き込んでいた。そうしたバックグラウンドが、スウィング派のミュージシャンと共演したときに顔を覗かせたのだろう。常に斬新なプレイを追求してきたマイルスだが、底辺にはしっかりとジャズの伝統が息づいていた。その点を見すごしてはいけない。

ところでマイルスにいわせれば、このロス行きはパーカーがガレスピーとどんな音楽をやっているのかを聴いてみたかったから、ということになる。

「演奏が聴きたかっただけだ。まさか一緒にギグやレコーディングをやらせてもらえるなんて考えてもいなかった。それというのも、例のレヴューのことが頭の中にあったし、やはりパーカーはオレよりガレスピーを選んだんだなと思っていた」(G)

年が明けた1946年1月中旬から、カーター楽団はロスの「オーフュウム・シアター」で連日のコンサートを行なう。一方、パーカーとガレスピーのセクステットは、前年の12月10日に始まった「ビリー・バーグズ」の契約が2月3日に終了し、ガレスピーだけがニューヨークに戻っている。パーカーが現地にとどまったのは、100ドル相当だった帰りのエア・チケットを換金し、ヘロイン代にしてしまったからだ。そして、彼はリトル・トーキョーの「フィナーレ・クラブ」に地元のミュージシャンと出演することになった。

マイルスはカーター楽団での仕事を終えると、パーカーのコンボに加わり、「フィナーレ・クラブ」での共演を始める。しかし、これはふたつのグループをかけ持ちしてはならないというロスのミュージシャン・ユニオンが定めた規則に抵触し、そのため罰金を払わされるはめになった。こうした事件があったので、マイルスはカーターの楽団を辞めて、以後はパーカーのグループのみに参加する。

西海岸にいたパーカーのエージェントは、ハリウッドでレコード店の「テンポ・ミュージック・ショップ」を経営していたロス・ラッセルが務めていた。自分のジャズ・レーベル（ダイアル）でパーカーのレコーディングを行なおうと考えていたのが彼だ。パーカーのダイアルにおける初レコーディングは、当初「ビリー・バーグズ」に出演中のパーカー＝ガレスピー・セクステットに、テナー・サックス奏者のレスター・ヤングを加えて、1月22日に行なわれる予定だった。しかし理由は不明だが、その日はレスターが現れず、お流れになってしまう。次いで2週間後の2月5日に再びセッションが計画されたものの、このときもレスターは現れず、結局、彼を除いてガレスピーのリーダーシップの下に〈ディギン・ディズ〉1曲だけが録音されたのだった。

それから6日後の2月11日にガレスピーはニューヨークに戻り、マイルスが加わった「フィナーレ・クラブ」でのギグが始まる。そして、ここにパーカーの本格的なダイアル・セッションがスタートを切ることになった。

ダイアル・セッション

マイルスにとって、パーカーのグループに入って行なう2度目のレコーディングが、ダイアルにおける1946年3月28日のセッションだ。

レーベルを運営していたロス・ラッセルの言葉である。

「それ以前に、チャーリー・パーカーはダイアル・レコードとの専属契約を結んでいた。期限は1年間で、さらに1年、継続するかしないかのオプションつきの、ごく普通の契約だった」(26)

この日に録音された4曲はいずれもミディアム・アップ以上のテンポで、これらの演奏からはまだほとんどマイルスらしさが認められない。ただ、パーカーの周りをうろつく程度の短いソロ・スペースしか与えられていなかったからだ。

最初に吹き込まれた〈ムース・ザ・ムーチェ〉のテイク1では、ガレスピー風のビバップ・フレーズを吹くマイルスのソロが登場する。しかし、これだけで彼のプレイを判断するにはあまりにも演奏時間が短い。そしてテイク2では、かなりマイルスらしさが現れたミュート・ソロが登場し、これがマスター・テイクとなった。

その後に録音された〈ヤードバード組曲〉〈オーニソロジー〉〈チュニジアの夜〉にも2～3テイクが現存するものの(廃棄されたものも含めれば実際は4～5テイク録音さ

れた)、どれも彼のソロは短く、とても音楽性を云々する長さにはなっていない。当時のマイルスの実力からすれば、この程度の長さが精いっぱいだった。

トランペッターでもあるイアン・カーは、このときのプレイについて、著書の『マイルス・デイビス物語』でこう書いている。

「このセッションでマイルスは終始カップ・ミュートを用いているが、それでもまだディジーに似ている」(27)

しかし〈オーニソロジー〉のソロで代表されるように、マイルスのプレイは上下動に基づくものの、ガレスピーのように煽情的な内容ではない。むしろ、しばらくのちに録音される『クールの誕生』(キャピトル)で認められる抑制の利いたソロの萌芽といったものが、早くもここでは示されていたように思う。

このセッションについて、プロデューサーのロス・ラッセルは次のように述べている。

「マイルス・デイヴィスが一緒だったので、バードはとても嬉しそうにしていた。当時のマイルスは20代のごく初めだったに違いない(筆者注＝19歳と10ヵ月)。マイルスはトラヴェリング・バンド──おそらくビリー・エクスタイン(筆者注＝ベニー・カーター)のバンド──に加わって、ロサンジェルスに来ていた。そしていま思い出したのだが、彼はロサンジェルスでそのバンドを辞めている。自分のレコーディングにマイルスが参加することを、喜びと期待を込めてバードがわたしに語っていたのを覚えている。それと、レコーディングにはいろんなミュージシャンの中でもとくにマイルスに参加してもらいたいと、バードはあとになって話していた」(28)

マイルスの演奏とは直接関係ないが、このときのレコーディングでは、パーカーが〈チュニジアの夜〉のファースト・テイクで素晴らしいブレイク・ソロ（アドリブに入る直前にリズムをストップ＝ブレイクさせてソロを取ること）を聴かせてくれた。それがあまりに見事なプレイだったことから、このパートだけを抜粋したのが〈フェイマス・アルト・ブレイク〉とタイトルされたトラックだ。

「フィナーレ・クラブ」でのライヴやダイアルのレコーディングで、パーカーと共演するという順調な演奏活動を西海岸でスタートさせたマイルスだが、思わぬ事態が持ち上がってくる。ダイアルでセッションを終えたのちの4月上旬、突如「フィナーレ・クラブ」がクローズしたのだ。以前から怪しげな営業を続けてきたこの店が、当局の目に触れ、手入れされたのである。最終的に麻薬取引の容疑で1ヵ月の営業停止となり、マイルスたちは職を失う。

ところでこの時代、ウエスト・コーストでビバップはどのように受け止められていたのだろう？　プロデューサーのリチャード・ボックが次のように語っている。彼は、大学を卒業した1948年からディスカヴァリー・レコードで働き始め、1951年に同地のジャズ・クラブ「ヘイグ」でジャム・セッションをスタートさせた人物だ。これがきっかけとなって、翌年パシフィック・ジャズを設立し、以後はウエスト・コースト・ジャズの代表作を次々と制作することで、大きな貢献を果たしてきた。

新しいジャズにも積極的に耳を傾けていたボックは、このころのウエスト・コーストにおけるジャズについてこう語っている。

「ビバップを初めて聴いたのは1940年代半ばのことだった。最初は奇妙な音楽に響いたものだ。やたらとビートが強調されていて、騒がしい音楽に思えた。ウエスト・コーストでは、いわゆるウエスト・コースト・ジャズがまだ登場していなかった。こちらのミュージシャンがやっていたジャズには、どちらかといえばスウィングのリズムがモダンになった感じの、非常に洒落たサウンドに特徴があった。ビバップはエネルギッシュであったけれど、音楽的な完成度としてはまだまだの印象を受けた」(29)

ボックが経営するパシフィック・ジャズで、ジャケット写真の大多数を手がけたのがフォトグラファーのウィリアム・クラクストンだ。熱心なジャズ・ファンの彼は、このときにパーカーの写真を撮っている。

「学生だったわたしは、これがジャズ・ミュージシャンの写真を撮る初めての体験だった。スタジオでパーカーの写真を撮ったんだ。そのとき、彼はサックスも吹いてみせた。スウィング・ジャズやディキシーランド・ジャズに馴染んでいた耳には、ずいぶん奇妙なサウンドに響いた。その後、どこかのジャズ・クラブで彼らの演奏も聴いたけれど、マイルスのことはほとんど記憶にない。あまりにパーカーのプレイが傑出していたからだ。それで、マイルスの写真は写さなかった」(30)

パーカーの呪縛から解かれて

「フィナーレ・クラブ」の閉鎖に伴いバンドが空中分解したため、パーカーはクラブのオーナーでトランペッターのハワード・マギー宅に居候をしていた。そして5月になると、営業停止処分が解けてクラブは再開される。パーカーは「フィナーレ・クラブ」で演奏を始めたが、今回はトランペッターにマギーを雇ったため、マイルスには声がかからなかった。

一方のマイルスは、4月から5月にかけて、再びベニー・カーターのオーケストラで「トリアノン・シアター」に出演したり、パーカーの熱烈なるファンというベース奏者チャールズ・ミンガスのオーケストラやコンボに加わっている。そしてミンガスのオーケストラとコンボの両方で、マイルスはダイアル・セッションの前後に数度のレコーディングを行なう。

ヤン・ローマンが編纂したディスコグラフィー『The Sound of MILES DAVIS-The Discography. 1945-1991』によれば、マイルスは1946年3月(日にちは不明)に

3回ミンガスのレコーディングに参加し（うち2回はオーケストラ・セッション）、11曲の吹き込みを残したと記されている。しかしこのセッションは謎が多く、確認された音源（全曲ではない）からはマイルスのソロが認められず、彼が参加したかどうかは明言できない。

「春になって、パーカーとも再びギグをするようになった。ところがますますアルコールとドラッグに浸るようになっていて、まともなときがめったにない。だから、仕事といってもほんのたまにしかしていない。そのころ知り合ったのがミンガスだ。ヤツはパーカーと正反対で、なんでもきちんとしてないと癇癪を起こす性分だった。それで、バロンなんとかというグループを組んでいくつかのクラブ・ギグをした。ただし、ギグよりリハーサルの回数のほうが多かった（笑）。ミンガスらしいだろ。そのリハーサルを録音したこともあったように思うが、よく憶えてない」(G)

たいした仕事もなくブラブラしていたマイルスだが、8月になって、ダイアルのレコーディングで共演したテナーサックス・プレイヤーのラッキー・トンプソンからミンガスともども週に3日、「エルクス・ボウルルーム」でのクラブ・ギグをやらないかと誘われる。ちなみに、ミンガスのグループにマイルスが参加したのもトンプソンの紹介だった。

『ダウンビート』誌はニュース欄で、「先日、ベニー・カーター・バンドで出演した新進俊英トランペット奏者マイルス・デイヴィス」とこの出演を報じ、店側は「ラッキー・トンプソン・オールスターズ。トランペッターはベニー・カーター・バンド以来の来演、新進若手のマイルス・デイヴィス」と広告を打っている。このことからして、グループの目玉がマイルスで、彼に注目が集まっていたことは理解できるだろう。

バンドの評判はよかったものの、黒人居住区で営業していたため、ギャラはあまりいいとはいえなかった。メンバーに対する待遇も悪く、そんなことが理由でトンプソンは3週間ほど出演したのち、ボイド・レイバーン（sax）のオーケストラに参加することを理由に出演契約を打ち切ってしまう。

ところで、マイルスが「エルクス・ボウルルーム」に出演し始める直前の7月末、パーカーは常宿にしていたホテルで酔って煙草に火をつけたまま寝込んでしまい、ベッドを燃やす事件を起こしている。このアクシデントで警察に逮捕された彼は、精神に問題ありと診断され、カマリロ州立病院に約半年収容されることになった。

クラブ・ギグに展望が見出せなかったマイルスは、パーカー入院のニュースでいっそう暗い気持ちになってしまう。ほとんど無収入に近い状態だった彼は、事情を説明して実家から仕送りをしてもらったが、それも底をついてきた。

「あのときが初めてのロス行きだった。バードとディズの演奏が聴きたくてロスに行ったのに、いつの間にかロスで生活するはめになっていた。ニューヨークに帰りたくても金がないし、仕事がしたくてもなかなか回ってこない。あの街じゃ、オレたちのようなニューヨーク派の音楽は奇妙なものに見られていたようだ。理解できるヤツがほとんどいなかった。たまに仕事をしても、スタイルの違うミュージシャンと一緒だったりで、精神的に参っていた」（G）

マイルスはニューヨークが恋しくなっていた。そんなときに、ロスにやって来たのがビリー・エクスタインのオーケストラだ。このオーケストラとは、マイルスがイースト・セントルイスにいた時代、2週間一緒に行動をともにしたことがある。そして今回も、ファッツ・ナヴァロがツアーに出ることを拒んでニューヨークに残ったことから、彼の代わりでマイルスが現地採用されたのだった。

エクスタインの言葉だ。

「ニューヨークで何度か演奏を聴いて、マイルスをバンドに誘ったことがある。そのときは学校（ジュリアード音楽院）に行ってたこともあって、断られてしまった。そうしたら、今度は向こうから入れてくれって来たじゃないか。こちらはトランペッターがひとり必要だったし、入ってくれるなら高給で雇うといったんだ」（31）

バンドには、ソニー・スティット（as）、ジーン・アモンズ、セシル・ペイン（bs）、トミー・ポッター（b）、アート・ブレイキーなどの気鋭が含まれていた。マイルスは週200ドルで雇われている。ベニー・カーターの楽団に入ってロスに出てきたときが週145ドル、当時トップ・クラスのミュージシャンが100ドルから150ドルの間だったことを考えれば、破格だ。

「1年ほど前のマイルスとは別人のようだった。自信を持ってプレイしていたし、あのころは内気で自分からミュージシャンに話しかけることなんかめったにしなかったのに、今度は自分から積極的にみんなと口をきいていた」(32)

エクスタインのオーケストラでマイルスと仲よくなったアート・ブレイキーの感想だ。

もうひとり、このとき一緒だったソニー・スティットは次のように語ってくれた。

「マイルスのプレイには、すでに独特の雰囲気があった。エクスタインのバンドではビバップを演奏していたが、マイルスはホットな演奏より穏やかなサウンドに持ち味を発揮していた。エクスタインがバラードを歌ったときのオブリガートなんか絶品だったね。あの年齢で(このときマイルスは20歳)あれだけの歌心を持っていることに驚かされた」(33)

同じくエクスタイン楽団でマイルスと共演したことがあったサックス〜フルート奏者のフランク・ウエスの話も興味深い。彼はマイルスについて、こんなことを思い出してくれた。

「わたしはアレンジの勉強もしていたんで、マイルスからスコアについてよく質問された。『この音はこれでいいのか？』とか、『こういうハーモニーのほうが面白いんじゃないか？』といった類のものが多かった。だから〈研究熱心な若者〉の印象が強い。傑作な話がある。ステージでは、わたしのいるサックス・セクションが最前列、そのうしろにトロンボーン・セクション、それで最後部がトランペット・セクションになっているが、あるときうしろからメモが回ってきた。マイルスがトロンボーンのアール・ハンディか誰かに頼んで、わたしに回してきたんだ。演奏の最中にだよ。そのメモには、『君のサックスのチューニングが狂っている』って書かれていた。マイルスは耳もよかったんだ」(34)

9月の終わりにエクスタインのオーケストラに加わったマイルスは、10月5日と6日に行なわれたナショナル・レーベルのレコーディングに参加する。このときに録音された8曲10テイクはほとんどがストリングスを含むオーケストラをバックにエクスタインが甘く切なく歌うバラードで、マイルスのソロはフィーチャーされていない。

そのレコーディングを憶えていたのがセシル・ペインだ。

「マイルスの音はかなり大きかった。普通に吹いているだけで目立ってしまう。そこでエクスタインが彼のマイクだけ、少し離して置いたんだ。わたしはバリトン・サックスなのに音が小さくて、音の大きなマイルスを羨ましいと思った。それで憶えている」(35)

かつては自信の欠如からか、マイルスは小さな音でトランペットを吹いていた。それだけに、これは格段の進歩である。

次いで約2週間後の10月18日には、エディ・ラグアナが主宰する地元のサンセット・レーベルで録音するため、エクスタイン・オーケストラのピック・アップ・メンバーとふたりのシンガー、アール・コールマンにアン・ベイカーと一緒に、マイルスは再びスタジオ入りすることになった。

収録されたのは、〈ドント・シング・ミー・ザ・ブルース〉（2テイク）、〈ドント・エクスプレイン・トゥ・ミー・ベイビー〉（4テイク）、〈ベイビー・ウォント・ユー・メイク・アップ・ユア・マインド〉（3テイク）、〈アイヴ・オールウェイズ・ゴット・ザ・ブルース〉（3テイク）の4曲だ。

このときの録音を集大成した『バッピン・ザ・ブルース』（ブラック・ライオン）を聴くと、まずはマイルスの見事なプレイに驚かされる。ソロは取らないもののミュートによるイントロだけでそれまでにない自信を感じさせるのが、最初に吹き込まれた〈ドント・シング・ミー・ザ・ブルース〉だ。この曲を筆頭に、〈ドント・エクスプレイン・トゥ・ミー・ベイビー〉と〈アイヴ・オールウェイズ・ゴット・ザ・ブルース〉に聴くオープン・トランペットのスピーディで力強いソロ、〈ベイビー・ウォント・ユー・メイク・アップ・ユア・マインド〉でのミュートによるオブリガートなどで、マイルスは後年のプレイに通じる個性を示したのだった。

これらはマイナー・レーベルでの吹き込みだったことから、1987年に『バッピン・ザ・ブルース』として集大成されるまで、長い間ファンの耳に届くことがなかった。しかしカーター楽団で一枚看板として演奏するまでになっていたマイルスの姿をもっとも的確にとらえている点で、このアルバムは聴き逃せない。

この時期に、マイルスはアモンズから麻薬の味を覚えさせられている。それとシンガーのアン・ベイカーは、ロス時代のセックス・フレンドとして知られた女性だ。麻薬代ほしさと、ガール・フレンドに頼まれたのとで、このレコーディングを引き受けたマイルスの姿が連想される。

しかしそれでもやっつけ仕事ではなく、一所懸命にトランペットを吹いているマイルスが微笑ましい。パーカーの呪縛から解き放たれて、彼はこのセッションで伸びのびとしたプレイを展開したのである。マイルスが20歳、アモンズとコールマンが21歳という同世代のミュージシャンによるレコーディングだったことも、彼をリラックスさせたのだろう。歌伴という制約はあったものの、誰にも気兼ねをせず、やりたいことを思う存分にやってみせたマイルスの姿がここには見出せる。

再びニューヨークへ

エクスタイン・オーケストラは2〜3ヵ月ロス周辺で活動したのち、東海岸に向けて楽旅を開始する。そして年が明けた1947年2月ごろにニューヨークに戻り、解散となった。エクスタインからの給料があまっていたので、マイルスは2ヵ月ほどシカゴに逗留する。同地には、姉のドロシーが高校の先生となって赴任していた。

彼女のアパートを根城に、マイルスはサウスサイドの「ジャンプタウン」でエクスタイン・バンドの仲間だったソニー・スティットやジーン・アモンズらと連日ジャム・セッションを繰り広げる。

そのときのことを、スティットが教えてくれた。

「エクスタイン楽団のときとは違って、スモール・グループで演奏するマイルスは本当にすごかった。楽団ではアップ・テンポの曲が苦手のように思えたが、シカゴでプレイしたときはスピーディなフレーズも難なくこなしていた。ジーンとのサックス・バトルがメインだから、演奏はどうしてもヒート・アップする。それをクールなプレイでマイルスが締めるんだ。彼には、演奏をまとめる才能もあったようだ」(36)

ほとんどのときをロスですごした1946年は、マイルスにとって不本意な1年だった。仕事は概して満足できるものでなかったし、ようやくスタートを切ったレコーディングのキャリアも十分なものとは思えない。それでも、１９４６年度の『ダウンビート』誌における批評家投票で新人トランペッターのポール・ウィナーに輝いている。この程度の業績で新人賞受賞は出来すぎの嫌いがなくもない。これはマイルスの実力が際立っていたというより、パーカーとの共演で目立ったことに加え、ほかに優れた新人トランペッターがいなかったための受賞だろう。

しかし、評価は確実に高まりつつあった。いよいよマイルス時代の到来である。それが１９４７年以降のニューヨーク・シーンでのことだ。シカゴでリフレッシュした彼は、ニューヨークに帰るや、ひと足先に同地で活動を再開していたパーカーのグループに再び参加する。

【第2章：ニューヨーク修業時代　注】

1. Down Beat, 6 March 1958
2. マックス・ゴードン　１９８３年、ニューヨーク
3. クラーク・テリー　１９８６年、東京
4. 『ミントン・ハウスのチャーリー・クリスチャン』（エソテリック）　１９４１年5月録音
5. ディジー・ガレスピー　１９８５年、斑尾
6. マイルス・デイビス、クインシー・トループ　『完本マイルス・デイビス自叙伝』　中山康樹訳、ＪＩＣＣ

出版局、1991年、86頁
7．油井正一『ファースト・マイルス』（サヴォイ／日本コロムビア COCY-9822）ライナーノーツ 1992年
8．フレディ・ウェブスター：1916年オハイオ州クリーヴランド生まれ。1940年にニューヨークへ進出し、直後から「ミントンズ・プレイハウス」でプレイ。一般的な評価を得ないまま1947年4月1日シカゴで死去。ジミー・ランスフォード、ビリー・エクスタイン、ルイ・ジョーダン（as、vo）、アール・ハインズ（p）、サラ・ヴォーン（vo）などの作品で演奏が聴ける。
9．5と同じ
10．デューク・ジョーダン 1991年、東京
11．5と同じ
12．Dizzy Gillespie with Al Fraser, to BE or not to BOP, Doubleday, 1979, p. 226
13．ビデオ作品『マイルス・デイヴィス／マイルス・アヘッド』（ビデオアーツ・ミュージック VALJ-3331） 1993年
14．デクスター・ゴードン 1982年、ニューヨーク
15．大会場を巡演するオールスターズの一座。
16．12と同じ
17．5と同じ
18．カール・ウォイデック『チャーリー・パーカー～モダン・ジャズを創った男』岸本礼美訳、水声社、2000年、130頁
19．アル・ヘイグ 1978年、ニューヨーク

20. マックス・ローチ　１９８３年、ニューヨーク
21. サー・チャールス・トンプソン　１９９２年、横浜
22. サディク・ハキム　１９８０年、東京
23. Down Beat, 22 April 1946
24. Dizzy Gillespie with Al Fraser, to BE or not to BOP, Doubleday, 1979, p. 227
25. ベニー・カーター　１９９1年、東京
26. ロバート・ジョージ・ライズナー『チャーリー・パーカーの伝説』片岡義男訳、晶文社、１９７２年、３０３頁
27. イアン・カー『マイルス・デイビス物語』小山さち子訳、スイングジャーナル社、１９８３年、41頁
28. ロバート・ジョージ・ライズナー『チャーリー・パーカーの伝説』片岡義男訳、晶文社、１９７２年、３０４頁
29. リチャード・ボック　１９８６年、東京
30. ウィリアム・クラクストン　２００２年、東京
31. ビリー・エクスタイン　１９８７年、東京
32. アート・ブレイキー　１９８８年、ニューヨーク
33. ソニー・スティット　１９８２年、ニューヨーク
34. フランク・ウエス　１９８４年、ニューヨーク
35. セシル・ペイン　１９８２年、ニューヨーク
36. 33と同じ

第3章 マイルス時代の始まり

パーカー・クインテットに復帰

マイルスがパーカーのクインテットに復帰したのは1947年3月末か4月初旬のことだ。この参加は短期間の予定だったが、最終的に1年半以上にわたって継続されている。そして彼は、この時期に最初の充実した演奏活動を繰り広げることになった。

直前の3月、マイルスはイリノイ・ジャケー（ts）のオーケストラでレコーディングをしている。

ジャケーの言葉だ。

「イースト・セントルイスにいたときに、マイルスをバンドに誘ったことがある。まだ高校生なので断られてしまったが、ニューヨークに出てきたら、彼も来ていたんでびっくりした。それで再びバンドに誘ったら、レコーディングには参加してくれたが、パーカーのグループに加わったんで、ツアーには出られないと断られた」(1)

ぼくが嬉しかったのは、このオーケストラでマイルスと一緒だったビッグ・ニックニコラスと1982年に会えたことだ。彼は伝説的なテナー・サックス奏者で、レコーディングもほとんど残していない。ニコラスがファンの間で知られているのは、ジョン・コルトレーン(ts)が〈ビッグ・ニック〉なる曲を彼に捧げているからだ。しかし、日本ではニコラスの消息を知ることができなかった。それがニューヨークに行ってみたら、けっこうあちこちで演奏していたのである。何度か彼のプレイを聴くうちに顔見知りになって、このときはコルトレーンの思い出話に花を咲かせているところだった。それで話がマイルスにおよんだのだが、そこで思いがけないことが聞けたのである。

「あるとき、アパートのとなりから素晴らしいトランペットの音が聴こえてきた。それから毎日、聴こえるようになった。タダ者じゃない音がしてたから、誰だろう？　と思っていた。あれだけの音が出せるのはプロだ。しかし仕事がないのか、いつも部屋で吹いているばかりだった。一日中吹いていたね。あるときなんか、アフターアワーズのジャム・セッションが終わって夜中の3時か4時に帰ってきたら、まだ吹いていた。素晴らしいのは、その音が少しもうるさく聴こえないことだ。音が聴こえ出してから1週間ほどがすぎたところで、ようやくその人物の姿を見ることができた。マイルスとは、そのときが初対面だった。その話をイリノイにしたら、彼のことは知っているっていうじゃないか。『暇ならバンドに入らないだろうか？』というんで、それじゃ話してみようとなった」（2）

こんな面白い話が聞けるのだから、この仕事はやめられない。少しずつだが、ぼくの中でマイルスの足跡が埋まっていく。

そんなことがあって、マイルスはジャケーとレコーディングをしたのだが、このしばらくあとからパーカーのクインテットに参加する。デューク・ジョーダン（p）、トミー・ポッター（b）、マックス・ローチ（ds）がスタート時のメンバーだ。パーカーは、このコンボでこれまでにないグループ・サウンドを確立していく。

「当時のわたしは新しいリズムを作るのに懸命だった。だからパーカーのクインテットに入ったことで、リズムに関するアプローチをいっそう飛躍させることができた。パーカーはリズムのマスターだからね。彼と演奏していると、次々にアイディアが湧いてきて、いつの間にか斬新なリズムが演奏できるようになっていた」（3）

マックス・ローチが語ってくれた言葉だ。

同じバンドでピアノを弾いていたデューク・ジョーダンは、パーカーのクインテットについてこう回想している。

「クインテットに参加したのはバド・パウエル（p）の推薦だった。本当はローチに誘われた彼が入るはずだった。でも、バドは自分のトリオでどこかのクラブと契約していたから、パーカーのクインテットで演奏するのは時間的に無理だった。それで、お鉢が回ってきた。パーカーはメンバーになにも音楽的なことはいわなかった。けれど、わたしたちサイド・ミュージシャンは、メンバー同士でいつも、『この曲はああやろう、あの曲はこうやろう』と話し合っていた」(4)

ジョーダンはこう語ってくれたが、パウエルがグループに加わらなかった実際の理由は、ときどき出始めていた精神病からくる情緒不安定に、パーカーが懸念を抱いたからだ。麻薬で身をすり減らしていた彼が、自分のことは棚に上げて、パウエルに対してこう判断したのは皮肉な話である。

それでこのときのパーカーは、「スリー・デューセズ」に出演していたテディ・ウォルターズ(g)・トリオのピアニストで無名の新人だったジョーダンをスカウトしたのだ。ポッターとローチについては、マイルスの推薦がものをいった。

ところで彼らの話からは、パーカーがメンバーに向かってグループ・サウンドに言及している姿が見えてこない。それより、周りのミュージシャンがいつの間にかクインテットのサウンドを作り上げていったような印象を覚える。とはいっても、そこにはパーカーが発散する強力な磁場のようなものがあり、それに引き寄せられたメンバーが彼の音楽に刺激されて、いつの間にかオリジナリティ溢れるサウンドを生み出したということのようだ。

「バードは40通りもの違ったスタイルを吹いた。ひとつのことに甘んじていられる男じゃなかった。バードがときおりリズム・セクションをひっくり返すあのやり口を思い出す。みんなでブルースをやっているだろ。バードは11小節目から入ってくる。リズム・セクションはそのまま、バードもそのまま吹いている。するとリズム・セクションが2拍目と4拍目でなく、1拍目と3拍目で前乗りしているように聴こえるんだな。そこで、決まってマックス・ローチがデューク・ジョーダンに向かって、『バードにつくな、そのまま行け』と怒鳴る。それでいつの間にかバードが仕組んだとおり、オレたちはまた元に戻るわけさ」(5)

マイルスのこの言葉からもわかるように、彼はパーカーとの共演でさまざまなことを身につけていく。後年になって自分のグループを結成したとき、パーカー同様、マイルスも音楽的なアドヴァイスはメンバーに対し、めったにしなかった。レコーディングのときですらそうだ。メンバーはスタジオに入るまで、なにをやるのか知らされていない。ときには、誰が来るのかわからないままスタジオ入りすることもあった。こうしたやり方は、パーカーから受け継いだものだ。

マイルスの言葉を続けよう。

「いつもハプニングを期待している。演奏には白紙で臨みたい。それは他のミュージシャンも同じことだ。だからリハーサルはしても、打ち合わせはしない。メンバー個々の力量に任せることで、いいサウンドが生まれる。これはパーカーとの経験でわかっていた」(G)

「マイルスから音楽的に指示された記憶はない。いつも自由にやらせてくれた。だから、逆にぼくたちで考えちゃう。どうやれば、マイルスの音楽を最良のものにできるか。リズム・セクションはこのことについてよく話し合った。サウンド・チェックのときなんかに、前もって打ち合わせていたことを試してみたりもした。マイルスの顔をこっそり覗くと、その顔つきで満足しているかどうかがわかる。それで、これはOK、これは駄目と判断してた」(6)

1960年代にピアニストとしてマイルスのクインテットに参加したハービー・ハンコックの言葉である。

これは、デューク・ジョーダンが話してくれたこととまったく同じだ。マイルスは、パーカーのいい加減なやり方を踏襲したのだろう。いい換えるなら、優れたミュージシャンはそれでもリーダーの音楽性を把握してなにかを表現することができるのだ。当初こそメンバーは混乱するものの、そのうち自分の持ち味を発揮しながら、リーダーの音楽性を尊重するようになってくる。

パーカーのクインテットは、1947年4月に「スリー・デューセズ」と4週間の契約を結ぶ。当時のジャズ・クラブはダブル・ビル（メインのバンドと対バンドの2グループが出演すること）が一般的で、このときの対バンドはレニー・トリスターノ（p）のトリオだった。

ひと足早くロスから戻っていたガレスピーの演奏が『ニューヨーク・タイムズ』などの一般紙で取り上げられ、〈ビバップ〉という言葉はファンの間で定着し始めていた。それとしばらくニューヨークを留守にしていたことが重なり、パーカー率いるクインテットは連日多くの聴衆を集めるようになった。「スリー・デューセズ」は、グループに出演契約の無期延長という異例の申し出をする。

クインテットがどれだけ充実していたかは、クラブに出演を始めて約1ヵ月が経った1947年5月8日にサヴォイで行なわれたレコーディングからも窺い知れる。この日は、当初からパーカーがメンバーに迎えたがっていたバド・パウエルが、レギュラー・ピアニストのデューク・ジョーダンに代わって参加した。吹き込まれたのは、〈ドナ・リー〉（5テイク）、〈チェイシン・ザ・バード〉（4テイク）、〈シェリル〉（2テイク）、〈ブジー〉（5テイク）だ。マイルスのプレイは、これまで以上にガレスピー離れというか、独自のスタイルを示すようになっていた。加えて、この日の演奏ではパーカー・クインテットとして独特のサウンドも確立されることになった。

グループ・サウンドへの目覚め

それまでに多くのミュージシャンが残していたさまざまなビバップの演奏に比べ、パーカーとマイルスの２ホーンはそれらのどれより有機的な結びつきを示す最初のものとなっていた。この傾向は以前から認められたが、ここにいたって明瞭な形となり、それはグループの大きな特徴に繋がった。

具体的にいうなら、爆発的なパーカーのプレイに対し、マイルスが抑制されたスタイルでカウンター的なプレイをつけ加えていくくだりだ。こうした動と静のコントラストを絶妙な形で表現してみせたのは、マイルスの功績である。

ビバップを演奏するコンボは、一般にホーン奏者による火花を散らすホットなソロ合戦が売りものだった。その中で、パーカー・クインテットが示したセンシティヴなサウンドは、それゆえパーカーのすごさとグループの素晴らしさとの両方を際立たせるものとなった。

パーカー作とクレジットされているが、実際はマイルスがスタンダード・チューンの〈バック・ホーム・アゲイン・イン・インディアナ〉のコード進行を拝借して書いた〈ドナ・リー〉（マイルスにとって記念すべきオリジナル楽曲の初録音）をはじめ、この日に録音された４曲は、それまでの吹き込み同様、パーカーのソロが中心になっている。しかし短いソロ・スペースにもかかわらず、シャープな音色を駆使するマイルスが着実に個性を発揮していた点で、いずれのトラックからも彼の成長が認められる。

余談だが、この日録音された〈ドナ・リー〉はベース奏者カーリー・ラッセルの娘にちなんだタイトルで、〈シェリル〉はマイルスの娘、〈ブジー〉はサヴォイのオーナー／プロデューサーであるハーマン・ルビンスキーの息子の名前から取られている。そして〈チェイシン・ザ・バード〉は、スタンダードの〈アイ・ガット・リズム〉のコード進行にパーカーが新しいメロディをつけた曲だ。

これら4曲に比べると、これ以前に残されたパーカーの演奏からは、ガレスピーが参加したときを除けば、基本的にパーカーのワンマン・バンドというか、彼だけが突出した存在で、あとはどうでもいいといった印象を受けるものが多かった。それはメンバーの資質にもよるのだろうが、パーカーを含めてほとんどのミュージシャンが個人技を競い合っていたからだ。そこに、ビバップの面白さもあった。個人技の競争からこの音楽が発展してきたという原点を考えれば、それも当然の成り行きだったのだろう。

しかしここにいたって、パーカーのクインテットはグループとしてのサウンドにも重点を置くようになってきた。ただし、それは先のインタヴューからもわかるように、パーカー自身のアイディアによるものではない。彼はこうしたことに最初から最後まで無頓着だった。注目すべきは、マイルスがグループ・サウンドに、このころから大きな関心を寄せていたことだ。

「ただのジャム・セッション・バンドなんかやりたくなかった。どこを向いてもジャム・セッション・バンドばかりじゃないか。ミュージシャンが集まって、ブルースやスタンダードを演奏する。ワーキング・バンド（レギュラー・グループのこと）も、やっていることは同じだ。そんなものをやってどんな意味がある。オレはごめんだね。だからパーカーのところでも、このグループにしかできない音楽をやってみたかった。そういう気持ちが、のちのノネット（9重奏団）を結成させた」（G）

ローチに代わって何度かパーカー・クインテットに参加したアート・ブレイキー（ds）はこう回想している。

「グループを仕切っていたのはマイルスだ。彼が音楽監督だった。あのころはグループのサウンドに関心がなかったんで、最初はおおいに戸惑った。譜面はないが、テーマ・パートやソロのバックで決めのフレーズがあったり、このコーラスはこういうアクセントにしてくれとか、マイルスの指示によるいくつかの約束ごとがあった。パーカーはそれについてわれ関せずだったけどね。わたしがオクテット（8重奏団）でブルーノートでレコーディングしたのも（7）、このときのやり方に刺激されたからだ」（8）

クインテットの中で、もっとも音楽に造詣の深い人物がマイルスだった。ジョーダンとポッターはパーカーが新しいことをやるとさっぱり理解できない様子だったし、ローチもビートの途中で置き去りにされてしまうことが多かった。ほんの1年前には、ビートのずれをローチから指摘されていたマイルスが、いまでは逆転しているのだ。それでも完璧にパーカーのやっていることを理解していたわけではなかったが、音楽的にはマイルスが知識と感性において一番優れていた。

当時、ジャズ・ミュージシャンの間では、ことにマイルス周辺のミュージシャンの間では、彼のような理論派がほとんどいなかった。向上心旺盛なマイルスは、仲間と高いレヴェルで音楽談義ができないことに大きな不満を抱いていた。そんな欲求を満たしてくれたのが、やがて出会うことになるギル・エヴァンス（arr）だが、彼についてはあとで触れることにしよう。

パーカーのクインテットは「スリー・デューセズ」を本拠地にしながら、ときにはニューヨークを離れて地方で演奏することもあった。当初こそまともに仕事をしていたパーカーだが、徐々に悪癖が顔を覗かせるようになり、再び麻薬の虜になってしまう。演奏は出来不出来の差が激しく、挙動不審や暴言はまだしも、仕事の約束はすっぽかす、ギャラは払ってくれないで、メンバーたちとも険悪な関係になっていく。結局、1948年の終わり近くになって、クインテットは解散してしまう。

この間に、彼らはサヴォイで数種類のレコーディングを行ない、「スリー・デューセズ」や「ロイヤル・ルースト」での演奏はエア・チェックされている。これらは『ザ・

コンプリート・チャーリー・パーカー・オン・サヴォイ・イヤーズ』（サヴォイ）など、いくつかのアルバムで聴くことが可能だ。

初リーダー・レコーディング

パーカーとマイルスのコンビは、最後のレコーディングとなった1948年12月18日までに、サヴォイで9セッション、29曲85テイクを残している。これには、マイルスがリーダーとなって、パーカーがテナー・サックスを吹いたセッションも含まれている。それが1947年8月14日に行なわれた、マイルスの初リーダー・レコーディングだ。

契約問題（9）のいわくはあったものの、そろそろメインとなってもやっていける実力とネーム・ヴァリューが彼には備わっていた。これは、そのことを周囲が認めた証と考えていい。そこでサヴォイは、予定していたクインテットのレコーディングを、スケジュールはそのままにして、マイルスの名義で行なうことにした。

このときはメンバーもパーカー・クインテットのままであることから、パーカーがアルト・サックスを吹いたのではクレームがつけられる懸念があった。スタジオにあったウォーレン・ラッキーのテナー・サックスを吹くことにしたのは、それが理由だ。その昔、パーカーはアール・ハインズ（p）のオーケストラでテナー・サックスを吹いていた。セッションをプロデュースしたテディ・レイグがそのことを思い出し、このアイディアが採用されたのだった。

しかし周囲の思惑とは別に、マイルスは自分が初めてリーダーとなってレコーディングできることに張り切っていた。そのために、彼はメンバーを招集して2回のリハーサルを敢行したほどだ。当時は、レコーディングのリハーサルなどめったにするひとはいなかった。ましてや、ワーキング・バンドとして毎日のように演奏している仲間との吹き込みである。マイルスはこのセッションで録音した〈マイルストーンズ〉〈リトル・ウィリー・リープス〉〈ハーフ・ネルソン〉〈シッピン・アット・ベルズ〉のうち、〈マイルストーンズ〉(10)以外の3曲を自作の曲で固める熱心さだった。

ただしいずれの演奏でも、マイルスに限っていうなら少々肩に力が入っていたように思われる。いい意味でも悪い意味でも、パーカー・クインテットによる演奏はルーズ、緊張感の中にも遊び心が溢れていた。しかしこのときの演奏では、音楽的に高度なものを求めようとしたのか、マイルスは終始テンションの高いプレイを連続させている。

興味深いのは、テナー・サックスを吹いたときのパーカーがレスター・ヤング(ts)ばりのスウィンギーなプレイを繰り広げていることだ。それによって、いつも以上に寛いだ彼のソロが、マイルスの鋭いアタックを効かせたフレージングと好対照を示すものとなった。それまでのマイルスは常にパーカーのプレイを追随していた。それがリーダーを任されたことで、マイルスは敢えてパーカーのプレイとコントラストを描こうと考えたのかもしれない。

　別テイクも含めてこのときの4曲から感じられるのは、ビバップのスタイルを取りながらもホットな演奏ではなく、マイルスが洒落た響きのサウンドを追求していることだ。ビバップのスタイルとサウンドは残しつつ、そして実体はパーカー・クインテットであったにもかかわらず、内容はいつものパーカー・クインテットとは明らかに異なっていた。そこに、マイルスの考えるジャズが反映されていた。

　残念ながら、このときの話をマイルスからは聞いていない。うっかりしてしまったといえばそれまでだが、彼と会うときはいつもアットランダムな話題の集積で時間がすぎていく。そのため、重要な話を聞き逃してしまうこともあった。マイルスに関する伝記をいくつかひも解いてみても、このセッションについて、自身が言及した個所は認められない。彼は初レコーディングのときと同じように、このときのことも話したくなかったのだろうか？

　ところで、このころからマイルスはパーカー・クインテットで自己のプレイを大きく発展させると同時に、グループのサウンド面に関しても個性を示すようになってきた。最初はビバップについてほとんど理解していなかったマイルスだが、クインテット在籍中に大きな成長を遂げ、早くも次なる方向を模索し始めている。彼が常に音楽シーンをリードしていった背景には、この飽くなき探求心がおおいに作用していた。

「同じところにずっといたくない。クリエイティヴなことができないなら死んだほうがましだ。生きてる意味がないじゃないか。利己的だってことはわかってる。でも、天才はいつだって利己的なものだからな（笑）」（11）

ビバップ・トランペッターとして注目を集めるようになったマイルスに、その座はもう興味がなかった。どんなときでも他人と違ったことをやりたいと考えていた彼は、パーカーとの演奏ですら魅力を感じなくなっていた。そしてギル・エヴァンスとの出会いが、新たな音楽を追求するのにいっそうの拍車をかけていく。きっかけを作ったのが〈ドナ・リー〉だ。

ギル・エヴァンスとの運命的な出会い

戦争が終わった数年間、ジャズの世界はあらゆる意味で活況を呈していた。ニューヨークでは多くのジャズ・クラブがオープンし、新しいスタイルのビバップも一般的な認知を受けるようになった。ハーレムの一角で演奏されていたビバップは、このころから52丁目界隈のジャズ・クラブでも聴けるようになり、この新しいジャズは白人ファン層にも受け入れられていく。

しかし生来のへそ曲がりというか、ひとと同じことをやるのが極端に嫌いなマイルスは、早くもビバップに飽き足らなくなっていた。パーカー・クインテットのメンバーとして活躍していた1948年夏に、彼は自身のコンボで「ロイヤル・ルースト」に出演している。このときはメンバーが一定せず、パーカーをはじめ、カイ・ウィンディング(tb)、アレン・イーガー(ts)、ソニー・ロリンズ(ts)など、多彩な面々がバンドスタンドを去来した。豪華な顔ぶれもあって、ライヴは大成功を収める。その結果、クラブ側は出演の延長を申し入れてきた。

「ブッキング担当のモンティ・ケイに、『9月も頼む』といわれた。オレはクインテットみたいな編成でビバップを演奏するのはいやだった。それで、『ジャム・セッションのような演奏はごめんだ』といってやった。するとヤツは、『好きなことをやっていい』というじゃないか。それなら悪くないと思った。オレにはアイディアがあったんだ。編成を大きくして、アンサンブルを重視した音楽がやりたかった。出たとこ勝負のジャム・セッションみたいな演奏じゃ、ろくなものはできないからな」(H)

ディスク・ジョッキーでMCも務めるシンフォニー・シッドと組んで、「ロイヤル・ルースト」のブッキングを担当していたプロモーターがモンティ・ケイだ。彼はマイルスをことのほか可愛がっていたひとりで、なにかとこの若いトランペッターにチャンスを与えていた。その期待に応えようと、マイルスもひとつのアイディアを実行に移す。彼にはなんとなく新しい方向性が見えていた。アレンジャー、ギル・エヴァンスとの共演である。

ギルがマイルスと初めて顔を合わせたのは、それより1年ほど前のことだ。カナダのトロントで生まれた彼は、１９４１年にカリフォルニアからニューヨークに移ってくる。その後は、ソーンヒル楽団で主任アレンジャーを務めていた。

「マイルスに会ったのは『スリー・デューセズ』かそこらだ。１９４７年の夏かな？うだるような暑い夜だった。わたしは、発売されたばかりのパーカー・クインテットによる〈ドナ・リー〉をクロード・ソーンヒル楽団で演奏しようと考えていた。作曲者のクレジットがパーカーだったんで、彼に会って、楽譜を見せてもらうつもりだった」（12）

しかしパーカーは、「作曲者は自分でなくマイルスだ」とギルに告げ、その場でとなりにいたマイルスを紹介してくれた。

ギルがさらに続ける。

「痩せて貧弱な若者、というのが最初の印象だった。わたしが〈ドナ・リー〉の譜面を貸してほしいと頼むと、すかさず『〈ロビンズ・ネスト〉（13）の譜面を見せてくれ』といってきた。このころから、マイルスは交換条件を持ち出すのがうまかった（笑）。驚いたのは、彼がソーンヒルの音楽を聴いていたことだ。あの時代、ソーンヒル楽団は一部のひとにしか知られていなかったし、それもダンス・バンドと思われていたんだから」（14）

そうはいっても、当時のソーンヒル楽団には、主任アレンジャーのギルをはじめ、リー・コニッツ（as）、ジェリー・マリガン（bs）、ジョン・カリシ（arr）、レッド・ロドニー（tp）など、錚々たるプレイヤーが参加していた。このメンバーを中心に、やがてマイルスとギルが行なう演奏のプロトタイプ的なものを実践していたのが、この時期のソーンヒル楽団だ。

「ギルを最初に意識したのは、どこかのボウルルームでクロード・ソーンヒル・オーケストラの演奏を聴いたときだ。実際に会う2～3ヵ月前だな。そのときは名前しか知らなかった。オーケストラで演奏していたレッド（ロドニー）に、『誰のアレンジだ？』と聞いたら、『ギルだ』と教えてくれた。それで気になって、レコードを何枚か買った」（H）

マイルスは、しばらく前からアレンジに興味があったようだ。それが証拠に、オーケストラを率いていたディジー・ガレスピー、ベニー・カーター（as）、ビリー・エクスタイン（vo）といった先輩に、チャンスさえあればいろいろな質問を繰り返している。代表的なものは、カーターへの質問だ。

「あるときマイルスがこういったんだ。『ソロイストをヒップなプレイヤーにしてくれるのが最高のアレンジだ。デューク（エリントン）（p）は最高だ。彼は、常にソロイストのことを考えてアレンジしている。オレもああいうアレンジャーを見つけたい。誰

か知らないか?』」(15)

この言葉からもわかるように、マイルスは自分にとって理想のアレンジャーとしてギルを見つけたのだろう。

クール・ジャズの萌芽

マイルスがパーカー・クインテットで「スリー・デューセズ」に出演していたとき、対バンドで同じクラブに出ていたのがレニー・トリスターノだ。トリスターノはクール派の代表的なピアニストとして知られる存在だった。同じ〈クール〉といっても、マイルスのスタイルとは趣を異にするが、彼のプレイを聴いて、マイルスが触発されたことは想像に難くない。

そのトリスターノにやがて弟子入りをする、ソーンヒル楽団のアルト・サックス奏者リー・コニッツはこう語る。

「マイルスと会ったのは、1945年か46年のことだ。親しく話すようになったのは、その後、『スリー・デューセズ』に彼が出演していたときで、トリスターノのトリオも出ていた。マイルスと会っているうちに、トリスターノとも親しくなって、彼の影響を受けるようになった。そのうちギルも仲間に入ってきて、さまざまな音楽談義をするようになった。あのころは、みな新しい音楽に燃えていた。ビバップが誕生する直前のようなムードが漂っていた。わたしたち4人はビバップのホットな演奏に飽きあきしていたから、もっと知的で情感を抑制したクールな響きがほしいと考えていた」(16)

「スリー・デューセズ」を舞台に、マイルスとギル、トリスターノとコニッツの交流が始まり、マイルスはトリスターノが実践していたクール・サウンドに傾倒していく。熱狂的(ホット)な演奏を主体にしたビバップが全盛を極めていた1940年代末に、アンチテーゼの形で登場してきたのがクール・ジャズだ。これはとくに系統だったスタイルではなく、ホットなサウンドに対してクールな響きを伴ったサウンドというイメージから名づけられている。その中心人物がマイルスやトリスターノだった。

残念なのは、彼がトリスターノについて発言した記録が残されていないことだ。ぼくがマイルスに会っていた時点で、このことを重視しなかったのは大きな失敗である。

彼はあるとき、こう語っていたのだ。

「ギグが終わったあと、何度かトリスターノに、その日、彼がやっていたハーモニーについて質問したことがある。どれもユニークで、オレにはヤツが白いセロニアス・モンク(p)に思えた」(H)

この話をこれ以上進めなかったことが悔やまれる。マイルスは、トリスターノからかなりのアイディアを得ていたはずだ。しかしその後の彼は、ギルの斬新で思索的な響きを有するブラス・アレンジに傾倒していく。

マイルスの言葉を続けよう。

「ギルからは多くのことを学んだ。ヤツとデューク・エリントンは、さまざまな楽器から誰にも出せない音を生み出す。ギルが書いた譜面のひとつをじっくり勉強すれば、わざわざ学校に行く必要はない。ヤツの音の作り方、その変化、対立する動きを見るだけでいい。それと、自分たちの楽器のサウンドを。ヤツはその面でのマスターだ」(17)

〈ドナ・リー〉がきっかけとなって、マイルスとギルの交流が始まる。当時のギルは55丁目に住んでおり、ほどなくしてマイルスもそのアパートに出入りをするようになった。そこには、ソーンヒル楽団のメンバーであるマリガンやコニッツ、ガレスピー・オーケストラでピアノを弾いていたジョン・ルイスなどが集まっていた。マイルスは、パーカー・バンドで一番気が合っていたマックス・ローチを誘ってギルのアパートへ通い始める。

その模様を、ギル同様に革新的な作・編曲家のジョージ・ラッセルが描写する。

「ギルのアパートには小さなアップライト・ピアノが1台あるだけだった。それを囲んで、居合わせた全員がハーモニーの勉強をしたり、アンサンブル・ワークのアイディアを出し合ったりしていた。まるでワークショップだ。ピアノを弾くのはジェリー・マリガンやジョン・ルイスで、ギルは横にある椅子にすわって、それらの音を譜面に書いていく。それでひと段落つくと、彼が質問したり解説をしたりして、また盛り上がる。あの時代、わたしもギルからいろいろ学ばせてもらった。それから、彼はジャズのレコードよりクラシックや民族音楽からアイディアを得ていたようだ」(18)

マリガンも、このアパートについては次のような文章を残している。

「ギルは55丁目と5番街の交差点近くにあった建物の地下に部屋を持っていた。中国人が経営するランドリーの裏手で、流しやベッドやピアノやレンジとともに、配管も剝き出しになっている部屋だった。集まってくる面々には次のようなひとたちがいた。ジョン・カリシ、ジョン・ルイス、ジョージ・ラッセル、ジョン・ベンソン・ブルックス(p)、デイヴ・ランバート(vo)、ジョー・シュルマン(b)、バリー・ガルブレイス(g)、スペックス・ゴールドバーグ(b)、シルヴィア・ゴールドバーグ(vo)、ブロッサム・ディアリー(vo)、それにマイルスだ」(19)

マイルスはテクニシャン・タイプではない。自分の個性を存分に表現する上で、ビバップは性に合わないと思っていた。

「もっと繊細な音楽がやりたかった。キチッとした規範を持って、その中で自由に演奏する——そんな音楽がやりたくなっていた。バンドスタンドで、他のプレイヤーと火花を散らすようなことは卒業したかった。もっと繊細で、サウンド的にも十分に練られた音楽をやってみたかった。そんなことを考えていたときに、ギルと出会った」(H)

マイルスは、既成の概念にとらわれずに演奏する方法を模索していた。ビバップ特有のハードなプレイから離れ、パーカーやモンクの音楽から示唆された、スペースのあるリラックスした演奏がしたかったのだ。その方法論として、彼はソーンヒル楽団でギルが実践していた微妙で繊細な響きのホーン・アンサンブルを、自分の音楽に取り込みたいと思うようになっていた。

そこから始まって、やがてふたりにマリガンを加えた3人で、ニュー・グループ結成の話が持ち上がってくる。しかし、それ以前からギルとマリガンにはスモール・オーケストラ結成の構想があった。その編成を用いてどんなスタイルの音楽を演奏するのか——その具体的なアイディアを出したのがマイルスだ。

トランペット、トロンボーン、アルト・サックス、バリトン・サックス、フレンチホーン、チューバ、ピアノ、ベース、ドラムスがノネットの楽器構成である。6ホーンに3リズムだけでもユニークだが、ジャズではめったに使われないフレンチホーンにチューバを加えたところに、グループの特徴があった。これらの楽器をジャズのオーケストレーションに導入したのがギルである。

メンバーとしてマイルスが考えていたアルト・サックス奏者は、エクスタイン楽団で一緒だったソニー・スティットだ。しかしスケジュールが合わない。そこで、マリガンがソーンヒル楽団のリー・コニッツを推薦する。当時のマイルスは、「バードのいたビリー・エクスタイン楽団を別にすれば、リー・コニッツのいたソーンヒル・オーケストラが最高のバンドだ」と語っていたほどで、このアイディアには異存がなかった。またトロンボーンにはJ・J・ジョンソンに加わってほしいと思ったものの、彼もツアー中だったため、ガレスピーのグループからマイケル・ツワーリンを迎え入れる。こうして、ノネットの陣容が整っていく。

マイルスは、そのころパリにいたジョン・ルイスにも手紙でオリジナルの楽曲提供と編曲の依頼をしている。それに応えて、ルイスは〈シル・ヴ・プレ〉と〈ルージュ〉の作・編曲、〈ヴードゥ〉と〈ムーヴ〉の編曲を提供したのだった。〈シル・ヴ・プレ〉は、キャピトルから発表されたノネットのスタジオ録音盤である『クールの誕生』には収録されておらず、エア・チェックを集めた『ザ・リアル・バース・オブ・ザ・クール』（バンドスタンド）他でしか聴くことができない（筆者注＝現在はキャピトル盤『COMPLETE クールの誕生』にも収録されている）。

マイルスとルイスの関係はどんなものだったのだろう？

「ジョンとは、バードのグループで仲よくなった。ヤツはクラシックに興味を持っていて、質問にはなんでも答えてくれた。ギルに勝るとも劣らない知識と理論の持ち主がジョンだ。それでいて本物のブルースが弾けたから、なにかをやるときは絶対に頼もうと思っていた。だから最初のリーダー・レコーディングもジョンがピアノを弾いたし、『ロイヤル・ルースト』での仕事（ノネットに先だつ1948年夏のギグ）もジョンに

頼みたかった。けれど、あのときはパリにいた。そこで手紙を書いて、ノネットのための作編曲を依頼した」(H)

一方のルイスは、当時のマイルスをこう振り返る。

「パーカー時代から彼のことは知っているが、非常に勉強熱心だった。理論派だ。感覚で演奏してしまうひとが多いジャズ・ミュージシャンの中で、彼は理論的に納得しないと満足できないタイプだった。やりすぎると音楽がつまらなくなってしまうが、マイルスはそのバランスが絶妙だった。最初は頭でっかちの印象だった。ところがノネットが動き出すころには、はっきりした音楽観を持つようになっていた。手紙をもらったかどうかは憶えていないが、彼からは、『こういう曲を書いてほしい』とか、『こんなアレンジが必要だ』とかの注文を出されている。マイルスには具体的な音楽のイメージがあった。わたしはその手伝いをしただけだ」(20)

マイルスは新しい音楽に意欲を燃やしていた。みずからリハーサルの段取り、譜面の準備、そしてミュージシャンの手配までしたのだ。意気込みは、初リーダー・レコーディングのとき以上だった。そこからも、ノネットに懸ける熱意が汲み取れる。

ギルの話に耳を傾けてみよう。

「マイルスが加わってくる前から、ジェリー(マリガン)とわたしにはひとつのサウンド・イメージがあった。そこにマイルスがクラシックの響きもつけ加えたいといい出した。4本くらいのホーンでどうか? ってね。わたしも少ないホーンで豊かなアンサンブルを表現したいと思っていたから、彼の意見を参考に、譜面を書いた」(21)

もうひとりの当事者であるジェリー・マリガンも同じようなことを語っている。

「マイルスがギルのアパートに出入りする前から、ギルとわたしは何度もスモール・オーケストラでなにかやりたいと話していた。ソーンヒル楽団を縮小したもので、それでいてサウンド的にはあのオーケストラに匹敵するようなものをね。メンバーの人数? そう、10人前後を考えていた。それで、バンドのコンセプションを完全なものにしたのがマイルスだ」(22)

リハーサルは3週間近くにわたって実施されている。メンバーはこの間、それまでにない音楽を体験することになった。音域の広いアンサンブルをバックに、マイルスが抑制の利いたソロを重ねる。ホーン同士の熱いバトルはいっさい登場しない。ただしこのリハーサルが行なわれていた期間も、マイルスは自身のグループを率いて「ロイヤル・ルースト」で連日ビバップに根ざした演奏を繰り広げていた。

両者の間にあった音楽的なギャップについては、どちらのグループにも参加したマックス・ローチが振り返ってくれた。

「音楽が天と地ほど違う。ノネットではシンバルを中心にビートをキープした。テーマ・パートでは細かい指示もあった。一方、『ロイヤル・ルースト』での演奏はなんの取り決めもなくすべてが即興的だった。音楽的なアイディアではノネットがはるかに上を行っていた。3分くらいの演奏なのに、ビートにしてもリズムにしても、さまざまなアイディアが詰め込まれていた。あのセッションを経験したから、わたしはのちに多彩なドラミングができるようになった。あれは、ビバップとは対極の音楽だった」(23)

準備は万端、あとは「ロイヤル・ルースト」に出演するだけだ。クラブの看板には、「マイルス・デイヴィス・バンド。編曲＝ギル・エヴァンス、ジェリー・マリガン、ジョン・ルイス」と書かれていた。

「ロイヤル・ルースト」での歴史的なライヴ

1948年8月31日、マイルスはノネットを率いて「ロイヤル・ルースト」に登場した。このときのメイン・アクトはカウント・ベイシー(p)の楽団である。ウィークエンドには、マイルスを含むパーカー・クインテットが出演するトリプル・ビルの日もあった。格からいえば、ベイシー楽団がメインで、ノネットが前座の対バンドとなるのは致し方ないところだ。出演契約は2週間である。

対バンドは、基本的に2週間の契約からスタートする。その間に、ある程度の評判を獲得すれば延長されることがあった。しかしマイルスのノネットは、1週間の延長だけで契約が打ち切られている。

「音楽にはやや不満が残ったものの、理想に近いサウンドが出せた。しかし、聴衆の大半はベイシーのオーケストラを聴きに来ていた。だから、オレたちの演奏は受けなかった。ただ、あの時代に演奏されていた多くのジャズを考えれば、バードやディズのファンにだって、オレたちの演奏は受けなかっただろうな」(H)

マイルスはこう振り返ってみせたが、口調に無念さはほとんど感じられなかった。やや不満が残ったというのは、ライヴの場では音が聴き取りにくく、繊細なアンサンブルが理想的な形で再現できなかったことについてである。彼はノネットのライヴを誇りに思っていた。

同じような不満と充足感の入り混ざった思いは、ギルの話からも窺える。

「リハーサルをかなり積んだから、音楽的に満足のいくものが表現できた。ただし、どの曲でもソロ・スペースが少なかった。ライヴで聴く音楽としては、物足りなかったかもしれない。わたしたちの音楽は、エキサイトメントの面で見れば、それとは対極に位置するものだったからね。ベイシー楽団がスウィンギーなサウンドで受けに受けて、次にわたしたちが出ると、場内はシーンと静まり返る。この繰り返しだった」(24)

客の入りはベイシー人気で悪くなかった。とはいえ、マイルスの音楽に注目していたひとは、ベイシー・ファンに比べればものの数でなかった。そのため、出演は3週間で打ち切られたとされている。真相はどうだったのか?

それについては、リー・コニッツが打ち明けてくれた。

「クラブ側は、マイルスの音楽を高く評価していた。しかし契約を延長するには、ギャラを含めて経費が通常の3倍以上かかる。これでは大きな冒険になってしまう。だから3週間で打ち切られた。商業的に失敗したかどうかの判断は難しい。ベイシーの人気だと思うけれど、クラブの入りはいいほうだった。問題は、どちらのバンドもメンバーの数が多いから、クラブとしては経済的にきつかったことだ。それが証拠に、ベイシー楽団の契約も3週間で打ち切られている」(25)

しかし、このときのライヴは大きなチャンスに繋がった。

「大半はベイシー目当ての客だったが、キャピトルでプロデューサーをしていたピート・ルゴロが演奏を気に入ってくれた。ヤツは毎晩のように来ては、オレたちのサウンドにエキサイトして帰っていった。ピートは自分でもビッグバンドを持っていたし、アレンジャーとしても活躍していたから、ノネットのサウンドがどれだけほかと違うかがわかっていた。ヤツは、『この音楽をなんとかレコーディングしたい』といってくれた。ただし、当時は2度目のレコーディング・スト(26)に入っていた。『いつになるかわからないが、ストが終わったらレコードを作ろう』といってくれた。これが大きな励みになった」(H)

こうして実現したレコーディングが、のちにキャピトルで行なわれた『クールの誕生』(27)セッションである。そして、ルゴロのほかにもマイルスの音楽を認めてくれたのが、メイン・アクトを務めたベイシーだった。彼は繊細なアンサンブルに大きな興味を持ち、仕事が終わったあとに、何度かマイルスに譜面を見せてくれるよう頼んだという。

「ロイヤル・ルースト」の出演は3週間で終わり、ノネットは解散となった。しかし、このあとに1週間だけ「クリーク・クラブ」(「バードランド」の前身)に出演した記録が残されている。『クールの誕生』の第1回目のレコーディングが行なわれた1949年1月前後のことだ。しかし、このライヴに関しては詳細がまったくわからない。

マイルスに訊ねても、明快な回答は得られなかった。

「(ライヴを)やった記憶はあるが、ノネットではなく、ノネットに準じた編成のグループだったかもしれない」(H)

この答えからして、見すごしてもいい内容だったのだろう。

幸運なことに、「ロイヤル・ルースト」での演奏はエア・チェックされていた。バンドスタンド盤『ザ・リアル・バース・オブ・ザ・クール』や1998年になって発売されたキャピトル盤『COMPLETE クールの誕生』(28)に、このときの模様が収録されている。「ロイヤル・ルースト」では、毎週土曜日にラジオの実況中継が行なわれていた。これらの作品には、9月4日と18日の放送が収められている。

大のエア・チェック・マニアに、ボリス・ローズなる青年がいた。彼はニューヨークで受信できるありとあらゆるジャズの放送を、１９４０年代から７０年代にかけて録りまくっている。ローズは、それらを１９７０年代に入って、オゾン、アルト、セッションといったレーベル名で発売したのだった。その中に、ノネットの「ロイヤル・ルースト」ライヴも含まれていた。

こうした海賊盤の制作は褒められたことではない。けれど、ノネットのように歴史的な意味で重要なライヴは、正規の録音が残されていない限り、この手の音源を聴く以外に方法がない。

それにしても、このときの演奏は「よくぞ録音してくれました」といいたくなるほど貴重だ。キャピトルで行なわれた『クールの誕生』以外、ノネットのパフォーマンスは聴くことができないからだ。しかも、スタジオで録音された『クールの誕生』に先だつライヴ・レコーディングである。これは、完成度がきわめて高い同作の原型を記録した創造のドキュメントといっていい。

ノネットによる「ロイヤル・ルースト」の演奏は、１９７０年代にオゾン盤の『Charlie Parker - Miles Davis - Lee Konitz』で9月4日の5曲、アルト盤の『The Persuasively Coherent』で18日の４曲が初めて陽の目を見た。それらをひとまとめにして１９８８年に発売されたのが、バンドスタンド盤の『ザ・リアル・バース・オブ・

ザ・クール』だ。

それから10年後の1998年になってリリースされたキャピトル盤の『COMPLETE クールの誕生』には、このときの9曲に加え、それまで未発表だった9月4日収録の〈バース・オブ・ザ・クールのテーマ〉（筆者注＝この時点で〈バース・オブ・ザ・クール〉の名称はなかったので、曲名はあとづけと考えられる）と〈ムーヴ〉が追加されている。スタジオ録音盤の『クールの誕生』に、現存するすべてのライヴ音源を併録したのがこちらの作品だ。しかも、この『COMPLETE』盤には、クラブの専属司会者だったシンフォニー・シッドによるふたつのアナウンスメントも収録されている。知る限りで、シンフォニー・シッドのアナウンス（一部が割愛されたもの）と〈ムーヴ〉は、1990年にデンマークのJeal Recordsから出た『Nonet 1948 - Jam 1949』で発表されているが、〈バース・オブ・ザ・クールのテーマ〉はこれまでに一度も紹介されたことのない音源だ。

『クールの誕生』に収録されたスタジオ演奏に比べれば、このときのライヴは粗削りだ。「どの曲もソロ・スペースが少なかった」とギルは回想しているものの、各曲のソロ・パートは比較的長い。しかし、アレンジャーの名前を看板に張り出しただけあって、ギル・エヴァンス、ジェリー・マリガン、ジョン・ルイスが編曲（29）したアンサンブルは、コンパクトなサイズによるオーケストラ・サウンドが現出されたことで、聴くべき内容になっていた。

ライヴ収録されたこれらの曲の中で、『クールの誕生』に収録されていない演奏が3曲ある。マリガンがアレンジしたジェローム・カーン（作曲）とオスカー・ハマースタイン二世（作詞）のコンビが書いた〈ホワイ・ドゥ・アイ・ラヴ・ユー〉、ルイスの作・編曲による〈シル・ヴ・プレ〉、そしてギルの作・編曲による〈バース・オブ・ザ・クールのテーマ〉だ。ただし最後の1曲は17秒ときわめて短い。こちらはアンサンブルにノネットならではの特徴が表出されているものの、曲というほどの内容は伴っていない。

〈ホワイ・ドゥ・アイ・ラヴ・ユー〉では、マイルスが輝きのあるトランペットでテーマ・パートのアンサンブルをリードする。その後に、ちょっと頼りなさげな彼のソロが登場し、それをケニー・ハーグッドのヴォーカルが受け継ぐ。ヴォーカルに続くアンサンブルは乱れがあるものの典型的なノネット・サウンドで、当時のビッグバンドを思い浮かべれば、リード楽器（トランペット）とアンサンブルの対比、およびハーモニーの組み合わせがいかに革新的なものかがわかるだろう。

〈シル・ヴ・プレ〉はビバップ風の熱狂的なビートに乗って、テーマ・パートでトランペットとアンサンブルが緩急をわけた対位的な動きを示す。ソロの先発はコニッツだ。彼のクールなプレイは、当時ならかなりユニークなものとして受け入れられたと思われる。その後に登場するマイルスは、抑制したエモーションを躍動感溢れるビートに乗せ、独特の境地を表現していく。アンサンブルを計算に入れたプレイは見事としかいいようがない。続くマリガンのソロも、マイルスと同レヴェルの素晴らしい内容だ。

これらの曲以外は『クールの誕生』で取り上げられたレパートリーだが、いずれもマイルスやギルの言葉から推測されるように、アンサンブルにしてもソロにしても、未消化な状態であることは否定できない。ただし、いたるところにビバップとはまったく異なるサウンドがちりばめられており、その試みたるや相当なチャレンジ精神の賜物だったことが推測できる。

非人種差別

あまり指摘されたことはないが、ノネットはマイルスが人種に関してまったくフラットだったことを示した典型的な実例でもある。この時代、白人と黒人の間には厳然とした差別が存在し、黒人バンドに白人が混ざることは基本的にタブーだった。もちろん逆も同様だ。

ベニー・グッドマンが、かつて自分のグループにライオネル・ハンプトン(vib)やテディ・ウィルソン(p)を入れたときはあちこちから非難を浴びたという。1940年代の終わりといえば、トイレからバスの座席まで、白人と黒人はわけられていた。そんな時代だから、マイルスがグループに多くの白人を入れたことで、彼は黒人たちから非難を浴びたのである。しかし、マイルスはそんな連中に負けていない。

ビル・エヴァンス（p）をグループに入れたときもそうだったが、今度はリー・コニッツをメンバーにしたときの言葉を紹介しておこう。そのときのマイルスは、「リーと同じくらいの腕を持ったヤツなら、黒人でなくとも雇う。そいつの腕が緑色で、赤い息を吐いていたって一向に構わない」（30）と応じている。

１９６０年代末、マイルスがロックのビートを取り入れ、エレクトリック・サウンドを追求し始めた時代にも、次のような言葉を残している。

「ジミ・ヘンドリックスは、白人をふたり使って、ヤツらにものすごいプレイをさせている。グループを作る場合は混ぜないと駄目だ。持ち味が違うからな。オレは、混ざったグループじゃないと駄目だ」（31）

マイルスは黒人であることにひと一倍の誇りを持つ一方、人種差別をする人物でもなかった。音楽だけでなく、私生活においても同様だ。彼は、ことあるごとに「自分の音楽をジャズとは呼ぶな」と発言していた。音楽のジャンルにはまったく関心がなかったのだ。いいものはいい。それだけである。だからこそ、あれだけさまざまなサウンドを、ぼくたちに聴かせることができたのだろう。

こうしたこだわりのなさは人間関係にも認められる。「ジャズと呼ばずに、音楽と呼んでほしい」といったように、彼は黒人であろうと白人であろうと、相手が優れていて、素晴らしい人物なら、肌の色などお構いなしにつき合ってきた。だから、カナダ生まれの白人であるギルとの友情も終生続いたのだろう。

ノネットは、黒人（マイルス）がリーダーとなって、白人的なジャズ・サウンドを追求したバンドだった。メンバーにも多くの白人が混ざっていた。そのために、マイルスは黒人主体のビバップとまったく違うサウンドを現出させることができたのだ。

「（白人の）ギルやジェリーやリーを使ったのは、グループを結成する以前から、彼らがすでにオレのほしいサウンドを身につけていたからだ。肌の色なんて関係ない。誰が人種差別なんて下らないことを考えたんだ。オレは生まれたときから白人の間で育ってきた。彼らはみな優しかった。自分が黒人だなんて、5つか6つになるまで意識したこともなかった。大切なのは、肌の色を考える以前に、人間同士のつき合いができるかどうかだ。相手の音楽を理解するのは、その人間を理解することじゃないか。肌の色なんか関係ない」（B）

こうしたマイルスの考えは、その音楽を理解する上で重要だ。彼には、他の黒人ミュージシャンと違って、持って生まれた才能のほかに、音楽や人種に対するおおらかな気持ちがあった。それは、マイルスを育んだ家庭環境の賜物でもある。裕福な黒人の家に生まれ育った生い立ちは、当時の一般的な黒人とはかなり違う。家ではいつもクラシックが流れていたし、そうした家庭環境に彼の音楽の原点があったようだ。ノネットの3週間で、マイルスはいくつかのことに自信を持ち、それらはやがて確信に繋がっていく。オリジナリティを表現することの楽しさ、クールなサウンドの中にビバップでは出せない独自の感性が表出できること、アンサンブルの重要性、繊細なソロはホットでエキサイティングなプレイに勝る説得力を持っていること、そしてエモーションの抑制がソロのイメージを膨らませること。これらが、身をもって実践できたのだ。

こうした体験は、マイルスが持っていた本質にすべて繋がっている。テクニック不足を指摘されたが、それを逆手に取る形でポジティヴなものに変換する発想がノネットの試みから芽生えてきた。それを最良の形で、かつ完成されたフォームとして表現したのが『クールの誕生』だ。

レコーディング・ストは1948年12月に終結し、年明けの1月からピート・ルゴロが提案したノネットの吹き込みが行なわれる。その前に、ひとつの別れもあった。年内をもって、マイルスは正式にチャーリー・パーカーのグループを退団したのである（その後もゲスト的な形での共演は行なわれている）。これを機に、彼は本格的な独立を図ることにした。マイルス22歳の冬のことだ。

クール・ジャズの誕生

キャピトルにおけるノネットのレコーディングが始まった１９４９年、アメリカでは北大西洋条約が結ばれ、ハリウッドを巻き込んだ赤狩り旋風が強まりつつあった。マイルスは、年が開けた1月3日にメトロノーム・オールスターズによる2曲（〈オーヴァータイム〉と〈ヴィクトリー・ボール〉）の吹き込みに参加する。これは、音楽雑誌の『メトロノーム』が１９３９年から始めた批評家投票に基づくポール・ウィナーズを中心に編成されたオーケストラのレコーディングだ。

マイルスはこのとき3位に選出されている。トランペット部門の1位はディジー・ガレスピー、2位はファッツ・ナヴァロだ。レコーディングされた2曲で、マイルスは短いながらもソロを披露する。とはいえ、それは取るに足らない内容だった。しかしガレスピーやナヴァロと肩を並べている事実が、この時代のポジションをなにより雄弁に物語っている。

このオーケストラ・レコーディングがほどよいウォーム・アップとなって、マイルスとノネットは、1月21日に第1回目のレコーディングに臨む。契約上の理由から、チャーリー・パーカーに代わってマイルスがリーダーとなった１９４７年8月14日のサヴォイ・セッションを別にすれば、このときこそが本当の意味での初リーダー・レコーディングだった。誰にも増して張り切っていたのが当のマイルスだ。

「あの日のことは明確に憶えている。ジェリー（マリガン）とマックス（ローチ）を夕クシーで拾い、スタジオに行ったんだ。レコーディングが始まる3時間くらい前だった。まだ、前のグループがレコーディングしていた。その連中が終わるやいなや、オレたちはレコーディングする曲目の最終的な打ち合わせを始めた。ジェリーとオレとで、ジェリーの書いたアレンジの細かいところをチェックして、マックスが脇で椅子をドラムスに見立ててリズム・パターンをつけていく。このレコーディングで一番大切なのがリズムだ。ハーモニーじゃない。ハーモニーについては、ジェリーやギルがすでに納得いくものを作っていた。だから、そこにいままで誰もやったことのないリズムを持ち込みたかった。本当はベースのジョー（シュルマン）にも早めに来てもらいたかったが、ヤツには約束があって、レコーディングが始まるぎりぎりまで来られなかった。だからオレがピアノを弾いて、ジェリーが同じピアノの低音部でベース・ノートを示し、マックスがリズムをつけていく。そうやって、オレが考えているリズムの最終確認を、マックスとした」（H）

これ以前から、マイルスとローチは何度もリズム・アプローチと拍子の取り方についての打ち合わせをしていた。その結果、ノネットによる前年のクラブ・ギグである程度の完成は見ていた。それでも、その後にパーカーのグループで顔を合わせた際の楽屋やアフターアワーズでさまざまな試行錯誤が継続され、この日を迎えたのである。

マイルスは、レナード・フェザーが行なったインタヴューで、こんな発言も残している。

「評論家がいう〈クール・ジャズ〉は、単なるソフトなサウンドのことだと思う。奥行きのない、リラックスするための演奏だ。ビートを遅らせたいなら、３連音符を使わなきゃいけない。正しいことをやってりゃ、リズム・セクションが戸惑うことなんかありゃしない」(32)

「ノネットのレコーディングではリズムにこだわった」というマイルスの話を聞き、それまでの疑問が氷解した。その活動において、マイルスには、リズムを重要な要素としてまっ先に考えていた節がある。彼はリズムを変化させることで、おのれの音楽を発展させてきたのだ。

１９５１年に吹き込まれた『ディグ』(プレスティッジ)から始まるハード・バップにしても、その後のモードや新主流派ジャズにしても、マイルスはストイックなまでにリズムの追求をしている。『ビッチズ・ブリュー』(コロムビア)以降のフュージョン／ファンク路線はいうまでもない。ハーモニーやメロディも大切にしてきたが、彼の場合は、常にリズムありきだった。

ただしノネットに関していうなら、例外的にリズムよりハーモニーを優先させている。そんな印象を覚えていた。しかしマイルスにとっては、このときも一番の関心事はリズムにあった。ハーモニーについてはアレンジャーたちに任せていたのである。マイルスはリズム面での革新を目論むことによって、ノネットでクールなサウンドを表現してみせたのだった。

「あの時点で〈クール〉というコンセプトはなかった。当時のビバップとは異なるサウンドを追求したかっただけだ。だから、ビバップのリズムとはまったく違うものをノネットで表現したかった。そもそも、〈クール〉はあとからレコード会社が勝手につけた名称だ。おかげで、妙なレッテルを貼られて迷惑した」(H)

マイルスの言葉どおり、このときの吹き込みが『クールの誕生』のタイトルで発売されたのは1954年のことだ。それまではSP盤で発売されていたため、アルバム・タイトル自体が存在しなかった。1954年になって、キャピトルがノネットの演奏を集めて10インチLPとして発売した際に、初めて『クールの誕生』というタイトルがつけられたのである(12インチ化されたのは1957年になってから)。タイトルを考えたのは、プロデュースを務めたピート・ルゴロだ。

このレコーディングにはもうひとつ、見落とされがちだが重要なポイントがある。一連のノネット・セッションでは、マイルスとギルの関係にスポットをあてることが多い。しかしマイルスを除けば、このセッションで一番大きな活躍をしたのはジェリー・

マリガンだった。あまり語られていないが、アレンジした曲数からもこれは明らかだ。マリガンはバリトン・サックス奏者ながら、アレンジにも優れた才能を発揮した人物である。彼は、このレコーディングを終えた直後にニューヨークからロスに移り、同地で新進トランペッターのチェット・ベイカーを含むカルテットを結成して評判を呼ぶ。そのマリガンやベイカーが中心となって、やがてウエスト・コースト・ジャズと呼ばれるスタイルが生まれてくるが、そのサウンドに大きな影響を与えたのがマイルスのノネットによる演奏だった。

話を戻そう。ライヴとスタジオでレコーディングされたノネットのレパートリーは全部で15曲ある。編曲者の内訳は、マリガン6曲、ルイス5曲、ギル3曲、ジョン・カリシ1曲だ（33）。これから見ても、マリガンの重要性がわかるだろう。しかも、初日にレコーディングされた4曲（〈ムーヴ〉〈ジェル〉〈ヴードゥ〉〈ゴッドチャイルド〉）には、ギルのアレンジが1曲も含まれていない。

「ギルは、スランプでアレンジがぜんぜん書けないっていう。だいぶ苦労して〈ムーンドリームス〉のアレンジを書き上げ、なんとかクラブ・ギグには間にあわせた。アイデイアはあったし、わたしなんかから見れば、それだけで十分素晴らしいものに思われた。でも、彼は納得しない。結局、最初のレコーディングには1曲も間にあわなかった。〈ムーンドリームス〉にしたって、完成していたのに、『レコーディングするなら、

もっといいものに直すから待ってくれ』というほどで。だから、あの曲も次の吹き込みまで持ち越しになってしまった」(34)

マリガンがこういうように、ギルには完璧主義者のところがあって、一度出来上がったアレンジでも書き直しをすることがしばしばだった。「譜面を書くのが趣味」と、彼はよく口にしていた。こんなことを憶えている。

1983年、ギルはニューヨークの人気ジャズ・クラブ「スウィート・ベイジル」でマンデイ・ナイトのシリーズ・ライヴを始める。その直前の話だ。ミッドタウンにあった彼のスタジオを訪ねたときである。そこいら中に散らばった譜面の中で、彼はフェンダー・ローズ(エレクトリック・ピアノの機種)を前に、すべての古い楽譜に新たな書き込みをしていた。

「そのときどきで音楽は変わっていくからね。悪い癖だとわかっているけど、昔の譜面を見ると、あちこちに手を加えたくなってしまう。バンドのメンバーに合わせて直したくなるんだ」(35)

このとき、ぼくはギルの秘密を覗き見た気がした。彼が何度も同じ曲をレコーディングし、そのたびに新鮮なサウンドを聴かせてくれた理由がここにある。そして、これははるか昔、ノネットの時代からの習性だった。ギルのこうした音楽に対する姿勢は、マイルスがベニー・カーターに語った、「デューク・エリントンが理想だ」という言葉と符合する（エリントンはバンドのメンバーを想定していつも曲を書いていた）。

話を戻そう。ノネットがキャピトルでレコーディングした最初の4曲、すなわち〈ムーヴ〉（編曲＝ルイス）、〈ジェル〉（編曲＝マリガン）、〈ヴードゥ〉（編曲＝ルイス）、〈ゴッドチャイルド〉（編曲＝マリガン）は、流れるようなラインと穏やかなリズムが当時のビバップとまったく違うサウンドを表出していた。

〈ムーヴ〉では、乾いた音色のマイルスを中心にテーマのメロディが演奏される。このテーマ・パートでノネットのサウンドを大きく特色づけているのが、ビル・バーバーのチューバとマックス・ローチの小気味よくスウィングするドラミングだ。ローチはほとんどスネアを用いず、シンバルの強弱でアクセントを加えていく。こうしたプレイひとつを取っても、従来の熱狂的なビバップとは異なるものを、このセッションでは試みていたことが理解できる。

一方、マイルスのトランペットとチューバの中間に位置する音域を埋めているのがブラス・セクションだ。マイルスとバーバーが速いパッセージを演奏するのに対し、ブラス陣はゆったりとしたフレーズで対象的なラインを描いていく。

ノネットのサウンドがクールに響く最大の理由は、ブラス陣によるこのカウンター的なラインと、ローチの抑制を利かせたドラミングにある。マイルスのトランペット自体がクールな響きを有していることも見すごせない。しかしそれ以上に重要なのが、彼に絡むメンバーのサウンドだ。

残る3曲にも似たような構成と編曲が施されている。とはいえ、ルイスが編曲した〈ムーヴ〉や〈ヴードゥ〉に比べると、マリガンの〈ジェル〉と、テーマ・パートでチューバを用いた〈ゴッドチャイルド〉はもっと優雅というか、簡明なアンサンブルでありながらビッグバンド・サウンドを現出させたパフォーマンスになっている。

もう少し具体的にルイスとマリガンの編曲に関する違いを説明するなら、〈ムーヴ〉と〈ヴードゥ〉はどこかでまだビバップ的なサウンドを引きずっていた。それがルイスの個性かもしれないが、ビバップをデフォルメすることでクールなサウンドを作った感じがしないでもない。それと、これはコンボの演奏を拡大したサウンドでもある。

それに比べると、マリガンのアレンジは、コンボの拡大ではなくオーケストラのスモール化を図ったところからサウンドが作り出されている印象だ。それは〈ジェル〉と〈ゴッドチャイルド〉のテーマ・パートで明瞭に感じられるし、続いて登場するマイルスのソロをバック・アップするブラス陣の何気ないオブリガートからも明らかだ。ここでは、ギル譲りの色彩感豊かなハーモニーも登場する。ただし、ルイスの編曲もマリガンの編曲も、クロード・ソーンヒル楽団でギルが示したカラフルなホーン・アレンジを踏襲したものだ。

マイルスはノネットでなにをやりたかったのだろう?

「ロマンチックな音楽だ。エキサイティングなものにもロマンは感じるが、静かなところでガール・フレンドを口説くイメージを、このときは追求したかった。ビバップのうるさいサウンドの中じゃ、甘い言葉を囁くわけにいかないだろ？」（Ｈ）

マイルスの場合、いつの時代の音楽にも、共通するのはロマンチックな響きである。ビバップを演奏しても、彼は常にロマンチックなサウンドを目指していた。それが、たぐい稀なリリシズムやエモーション豊かなバラード・プレイに繋がった。

この言葉はそんな本質を示している。そして、これこそがノネットによる音楽のイメージを表現した言葉でもあった。マイルスはこのグループで、誰にでも口ずさめる平易なメロディ・ライン、恋人たちが夢見心地になれるスウィートなサウンド、人間性を感じさせる表現といったものを追求したかったのだ。考えてみれば、その後の彼が体現していく多くの要素が、ノネットの音楽には含まれていた。

大評判を呼んだ初のパリ公演

それまでのジャズにはないクールなサウンドを追求してみせたノネットだったが、それはレコーディング上の話であって、マイルスは相変わらずビバップのセッションに顔を出している。その中で、彼は、ノネットでの抑制されたソロを中心とするリリシズムを追求しようとしていた。

1949年4月22日にノネットによる2回目のレコーディングを終えたのち、マイルスはピアニストのタッド・ダメロンが率いるクインテットの一員としてパリへと旅立つ。これは、5月8日から15日にかけて開催された「第1回パリ国際ジャズ・フェスティヴァル」出演のためだ。

このときのメンバーには、ヨーロッパのミュージシャンに加えて、チャーリー・パーカー、ニューオリンズ・ジャズの巨匠シドニー・ベシェ（cl）、スウィング派のホット・リップス・ペイジ（tp）、ブルース・シンガーのレッド・ベリーなどがいた。ダメロン・クインテットには、マイルスのほか、ジェームス・ムーディ（ts）、ピエール・ミシェロ（b）もしくはバーニー・スピーラー（b）（日によって交代）、ケニー・クラークが顔を揃えている。

マイルスがダメロン・クインテットの一員としてパリに渡ったのは、1回目のノネットによるレコーディングを終えた直後に、ダメロンのクインテットに参加したからだ。前年末にパーカーのグループを辞めたマイルスは、まだレギュラー・コンボを組んで活動ができる状況になかった。

ダメロンのグループにはファッツ・ナヴァロ（tp）が参加していたものの、麻薬による体調不良のため、とても吹ける状態になかった。そこでマイルスが誘われ、「ロイヤル・ルースト」に出演したのである。その後、グループはシカゴで数週間演奏し、空いた時間にはオスカー・ペティフォード（b）のバンドでニューヨークの「スリー・デューセズ」にもマイルスは登場している。

シカゴからニューヨークに戻ったしばらくあとの4月21日、ダメロンは自身のアレンジで3曲のオリジナルとスタンダードの〈ホワッツ・ニュー〉をキャピトルで吹き込んでいる。マイルスのノネットに近い10人編成でありながら、両者のサウンドには大きな隔たりがあった。それが理由とは思えないが、彼はこのセッションで1曲もソロを取っていない。

ダメロンは典型的なビバッパーだが、これ以前にもマイルスはたびたび彼と共演している。それもあって、ダメロンのグループに加入したのだろう。ノネットで新しいサウンドを模索していたマイルスだが、日常的な演奏活動の中でクールなサウンドが追求できる機会はそれほど多くなかった。

「パリに向かう直前、ノネットの（最初の）レコードが出た。ミュージシャンの間では割と話題になっていたけれど、一般的な関心は呼ばなかった。パリ行きの飛行機の中で、わたしたちはとなり同士だったが、マイルスはその話をしなかった。ボクシングや女性や服のことで話がはずんだ。音楽のことでマイルスがいってたのは、ビバップのグループでもスウィートな演奏をするバンドでも、常に自分は自分だ、ということだった。それが印象に残っている」（36）

ダメロンのクインテットで一緒になったジェームス・ムーディの言葉である。

彼はマイルスからノネットの話を聞きたかったそうだ。けれど、そちらに話を持っていこうとすると、マイルスは別の話題にすり替えてしまったという。触れられたくない理由があったのだろうが、それがなにかはムーディにはわからなかった。ダメロンのクインテットは、マイルスのクール・サウンドとはまったく違う旧態依然としたビバップを演奏していた。それに抵抗があって、ノネットについては触れられたくなかったのかもしれない。

そのダメロンは、マイルスについてこう語ったことがある。

「デイヴィスは、あの世代のもっとも進んだミュージシャンだ。そして〈ノネットによる〉〈パプリシティ〉は、わたしがこれまでに聴いたスモール・グループで最高のサウンドだ」(37)

数年前には、ダメロンから音楽についてさまざまなことを教わっていたマイルスだが、この成長には、ダメロンも大きな驚きを覚えたのだろう。彼にとって、マイルスの参加は歓迎すべきものだった。4月21日にダメロン・グループ、翌日にはノネットでのレコーディングを終え、マイルスは2週間後にパリでエッフェル塔を眺めていた。

マイルスが受けた歓迎は、それまでの彼からは到底信じられるものでなかった。どこに行っても、マイルスは一緒に渡仏したパーカーともども、センセーショナルな出迎えを受けたのである。前年の1948年に、ガレスピーのビッグバンドとハワード・マギー（tp）のクインテットがフランス・ツアーで大成功を収め、同地ではビバップに対する興味が急速に膨れ上がっていた。

その真っ只中に、ビバップの代名詞といっていいパーカーが、前途洋々のマイルスとともに海を渡ってきたのだから、ただならぬ騒ぎになったのも当然だ。これは、1961年にアート・ブレイキーとザ・ジャズ・メッセンジャーズが初来日し、一夜にしてモダン・ジャズ・ブームがわが国で巻き起こった状況とそっくりだ。

どこに行っても質問攻めにあい、絶えずサインをせがまれ、彼らは大スター並みのもてなしを受ける。ジャズを低俗なエンターテインメントにしか見ないアメリカとは大違いだ。フランスでは、ジャズが立派な文化として評価されていた。

「初めての海外旅行で、ものごとの見方を完全に変えられた。パリという街も、オレに対する待遇も気に入った。シドニー・ベシェと並んで、オレたちのバンドがパリ・ジャズ・フェスティヴァルの人気グループだった。ジャン゠ポール・サルトルとパブロ・ピカソとジュリエット・グレコにも会えた。あんなに素晴らしい思いはしたことがない」(38)

マイルスによれば、このとき、歌手のジュリエット・グレコとは互いに恋愛感情を抱いたという。彼にとっては白人女性、しかもパリジェンヌが相手である。張り切ったことは想像に難くない。ジュリエットもマイルス同様、かなり癖のある人物といわれている。共通の性格がふたりを近づけたのだろうか。互いに惹かれ合い、マイルスは充実したパリの日々をすごしたようだ。

「ある日、彼女がリハーサルに来たんで、ひとさし指を出して、こっちに来いと手招きした。とうとう彼女と話したとき、彼女は、男は嫌いだけど、オレに関しては別だといった。このときから、オレたちはいつも一緒だった。あんな気持ちになったことは、それまで一度もなかった。フランスにいる解放感と、重要人物としての待遇のせいもあったんだろう。バンドや演奏した音楽ですら、いつもより素晴らしく聴こえたし、匂いまで違っていた」(39)

まさしく恋する男の心情を吐露した言葉だ。

マイルスは滞在中、どこに行くときでもジュリエットを伴い、それまでの人生にはなかった充実した気分を味わう。彼女に会うまでは音楽が最優先だった。しかし、音楽以上にひとを愛することがどういうことなのかを、この体験で知ったのだ。同じような思いをしたケニー・クラークは、そのまましばらくパリに住み着いてしまう(40)。

しかしマイルスの場合、現実を考えればニューヨークに妻子がいたし、ノネットによるレコーディングの契約も残っていた。パリでは言葉も通じないハンデがある。心残りはあったが、2週間後には機上のひととなった。

フェスティヴァルの模様は、フランスの国営ラジオ局が実況中継していた。28年後の1977年に『マイルス・デイヴィス＝タッド・ダメロン・クインテット／パリ・フェスティヴァル・インターナショナル』（コロムビア）として発表されたアルバムは、そのテープを基にしたものだ。

このフェスティヴァルを実際に観た人物の話を聞くことができた。かつてニューヨークの「スウィート・ベイジル」でブッキングのマネージメントをしていたホルスト・リーポルトだ。彼はオーストリアの生まれで、当時は軍隊に入ってフランスに駐留していた。仲間とジープに乗って会場に向かったホルストの話は、マイルスの存在感を浮き彫りにしてくれる。

「彼の名はヨーロッパにも轟いていた。パーカーのレコードに参加していたからね。そのころは注目の新人ととらえられていた。しかしパリに着いたとたん、マスコミがあれこれ取り上げるものだから、あっという間にスターになった。多くの新聞や雑誌に写真が載り、インタヴューが掲載された。コンサートが始まる前に、こういう状況が整っていた。会場は超満員だった。わたしが行った日は、前座がダメロンのクインテット、そしてメインがパーカーのグループだった。パーカー人気で会場は満員になったのだろうが、マイルスが登場するや、聴衆はその演奏に釘づけになってしまった。あんなにクールなプレイは聴いたことがない。ダメロンのグループは典型的なビバップ・バンドだったんで、マイルスの演奏はとても際立っていた。ホットなバンドの中に、ひとりだけ繊細な演奏をするトランペッターがいる。リリカルでエモーショナルで、それでいて鋭いソロを展開する。その後に登場したパーカーもすごかったけれど、一緒に行った仲間は、全員がマイルスの虜になった。ジャズのイメージを一新させるほど、そのプレイは新鮮だった」(41)

ダメロン・クインテットのプレイは、アルバム化された9曲が現在では聴ける。その他では、海賊盤として発表されたダメロン・クインテットによる〈ザ・スクイレル〉や、パーカーを含むジャム・セッションでの〈フェアウェル・ブルース〉が現存する記録だ(42)。

総じて、このときの演奏はビバップの概念で説明するには無理がある。あまりに新鮮な響きを有していたからだ。ライヴということもあって、その場のやり取りで自然に盛り上がったホットな要素も認められる。それでも、ムーディやダメロンが示す典型的なビバップ・プレイとは一線を画していた。それがマイルスの演奏だ。

ムーディがそのことを説明する。

「マイルスはテクニックも安定していたし、それまでとは違ったプレイを試みていた。典型的なビバップ・チューンを演奏しても、彼はまったく別の解釈を示す。コード進行を独特のものに変えていたし、ビートやアクセントもありきたりのビバップとは違っていた。バラードでは突如コードから離れてフリー・ブローイングをしてみたり、アップ・テンポの曲ではビートをポリリズミックなものにしたりして、ひとりで自在に演奏してみせた」（43）

前記のアルバムに収録された演奏の中で、前半の4曲は5月8日の録音、残り5曲は日にちが特定できないものの、9日以降15日までの間に収録されたものだ。それら5曲の中からバラードとして演奏される〈エムブレイサブル・ユー〉とアップ・テンポの〈オーニソロジー〉を参考にしてもらえばいい。

これらの曲で、マイルスはパーカー・グループにいたころとはまったく違ったアプローチを示している。彼自身は、自分のスタイルを模索中だった。それでも、ここには他のミュージシャンとは違った演奏手法を身につけたマイルスがいる。

「まるでインプロヴィゼーションの限界に挑んでいるようだった。テクニック的に完璧とはいえなかったものの、試みは、わたしを十分に感動させるものだった。単なるジャズ・ファンにすぎなかったわたしだが、それでも、マイルスが誰とも違う音楽を演奏しようとしていることだけは理解できた。一番強く記憶に残っているのは、艶やかな音色と鋭いフレージングだ。グサリと突き刺さってくるような鋭さ、といえばいいだろうか」（44）

これは、そのときに受けたホルスト・リーポルトの印象だ。

ぼくにも同じような体験がある。マイルスが1964年に初めて来日したときのことだ。当時は中学2年生で、ジャズを本気で聴いていたわけではない。ひょんなことから彼のコンサートに連れていかれたぼくは、新宿「厚生年金会館大ホール」の一番うしろの席にすわって、米粒のように小さなマイルスの姿を見ていた。

マイルスが何者かもほとんどわかっていなかったが、そのときのことで心に残っているのが、彼の鋭いトランペット・サウンドだ。「繊細なプレイこそマイルスの個性」、と多くのひとがいう。けれど実際の彼は、迫力あるサウンドの中で独特のリリシズムを発揮していた。マイルス体験の最初がこれだったから、彼のことを「リリカルなトランペッター」と多くのひとが呼ぶことには(自分も便宜上そうした表現を用いるが)違和感を覚えていた。

ニューヨークでの挫折

パリから戻ったマイルスは、なにも変わっていないジャズ・シーンの現実を強く実感させられる。パリでは大スターのような歓迎を受けたが、ニューヨークでは一般には無名の若者だった。新聞もラジオも、マイルスのことなどレポートしてくれない。

このころになると、東海岸における戦後の好景気にも翳りが見えてきた。そこで目先が利くミュージシャンは、映画産業で盛り上がっていたハリウッドに仕事を求め、西海岸に移っていく。マイルスは、パリでの夢のような待遇から転じて日雇いに近い仕事の現状に、孤独と絶望感を覚えたのだろう。1946年に、ロスでジーン・アモンズ(ts)からその味を教わった麻薬にのめり込むことで、現実逃避の道を求めるようになった。

「両親がうるさかったから、セントルイス時代は麻薬なんかやったことがなかった。ヘロインをやるようになったのは、そのあとだ。あのころのミュージシャンはほとんどみんなやってたな。バードはとくにすごかった。フレディ（ウェブスター）(tp)が麻薬のやりすぎで死んでしまったのも知っている。バードは自分がやってたくせに、ひとにはうるさかった。オレが手を出したのを知ると、烈火のごとく怒ったもんだ」(G)

ミュージシャンの間では、麻薬が当たり前のようにはびこっていた。その味は覚えていたものの、それまでほとんど手を出さずにいたマイルスも、自分の置かれた立場への失意と、ジュリエットに寄せるかなわぬ思いを紛らわせようと、悪癖に染まっていく。

当時のジャズ・シーンを振り返ってみよう。1949年は、モダン・ジャズをメインに録音するレーベルのプレスティッジが、ボブ・ワインストックによって設立された年だ。年末には52丁目に「バードランド」がオープンしている。ブルーノートも本格的にモダン・ジャズの録音を始めるようになっていたし、グリニッチ・ヴィレッジの「ヴィレッジ・ヴァンガード」はこのころからジャズをメインにブッキングするようになった。

こうした事実を眺めてみると、一見ジャズは好調のように映る。しかし、ニューヨークは戦後の不安定な経済状況によって、不景気になってきた。ましてや、知名度の低い若いミュージシャンに割のいい仕事は回ってこない。マイルスも例外でなかった。『クールの誕生』のレコーディングが始まり、最初のレコードが世に出たことは出た。ミュージシャンの間で、マイルスは着実に認知度を高めていたが、商業的なレヴェルで考えるなら、まだ商売になるミュージシャンでなかった。そこにジレンマもあったのだろう。

マイルスはかなりの自信家だ。以前、デザイナーの石岡瑛子に聞いた話でこういうのがあった。彼女は、1986年にマイルスが発表した『TUTU』(ワーナー)のジャケット・デザインで、「グラミー賞」の〈ベスト・アルバム・パッケージ賞〉を獲得した人物だ。その石岡がマイルスに誘われ、マイケル・ジャクソンのコンサートに行ったときである。彼は、真顔でこういったそうだ。

「あいつの音楽よりオレの音楽のほうがはるかにいいのに、どうしてヤツの人気が高いんだ?」(45)

同じような話がもうひとつある。「ヴィレッジ・ヴァンガード」のオーナー、マックス・ゴードンの回想録に紹介されていたエピソードだ。

「去年、パリに行ったときだが、オレの最新アルバムが2、3枚入用だった。友だちとか評論家とか女どもに1枚ずつくれてやるためにね。それで、ニューヨークのジャック（ウィットモア＝マイルスのエージェント）に電話した。『ホテルの部屋まで、1ダースばかり届けさせるよう、コロムビアに連絡しろ』って、ね。そしたら、ヤツはなんていったと思う？『お前、何様だと思ってるんだ。フランク・シナトラ（vo）のつもりか？』って、こうさ。もう、あんちくしょうとは縁を切ってやる。オレとフランク・シナトラとどこが違うんだ」（46）

マイルスは自分が考えているとおりにならないと、疑問を感じる性格だった。それが嵩じて、ある意味での人間不信になっていた。ぼくがマイルスから聞いた中でも、こんな話があった。

「音楽自体はグッドだ。売れないのはプロモーションが悪いか、黒人だからって、ラジオで流さないようにしているヤツがいるかのどちらかだ。ジャズのレッテルを貼られてしまうのもよくない。オレの音楽はポピュラーなものだからもっと売れるはずだが、みんなに足を引っ張られていた気がする」（H）

このとき話題に上がったアルバムは、マイルスが1989年に発表した『オーラ』である。この作品は、彼が1986年にワーナーへ移籍したあと、古巣のコロムビアから発売された。それが理由で、プロモーションに力が入らなかったことはたしかだ。けれど『オーラ』はオーケストラ作品だし、ラジオ向きの内容でもない。マイルスのいっていることに一理はあっても、なかば被害妄想のようなものだ。

1940年代末のジャズ・シーンに話を戻そう。音楽面では、数年前からビバップが完全に主流となり、そこに亜流というか、少々毛色の違ったジャズが登場してくる。まだハード・バップは生まれていなかったものの、この時期にディジー・ガレスピーを中心に話題を呼んだのが、ビバップにラテンの要素を取り入れたアフロ・キューバン・ジャズだ。

「アフロ・キューバン・ジャズに興味はあったか、だって？　どうしてそんな馬鹿げた質問をする？　ああいう派手な音楽は好きじゃない。トランペットを吹きまくるタイプじゃないからな。ディジーはああいう音楽が好きで、いつも陽気に振る舞っていた。でも、オレはクールに振る舞いたかった。ビバップは音楽の本質を見失わせる。アフロ・キューバンも同じだ。熱狂的になって、本質を忘れてしまう。自分がなにを演奏したいか、ホーンを通してなにを伝えたいか。そういうことを熱狂的なムードがスポイルしてしまう。なにを表現するか。それをキッチリやるにはクールでいることだ」(G)

ガレスピーを兄のように慕っていたマイルスだから、いくらクール派を気どっても、ひょっとしたら、たまには誘われて熱狂的なアフロ・キューバン・ジャズを演奏したことがあったのでは？　そんな下衆《げす》の勘繰りで聞いてみたのだが、彼は呆れ顔でこう答えたのだった。

「せいぜい譲って〈チュニジアの夜〉を演奏したのが、自分ではホットな部類に入るプレイだ」（G）

このときのマイルスは、こう語っていた。

ビバップが熱狂的な演奏を主体としたものなら、その究極がアフロ・キューバン・ジャズだった。一方で、ビバップの対極にあるようなクール派も登場してくる。ピアニストのレニー・トリスターノが、設立されたばかりのプレスティッジに、クインテットでレコーディングしたのは１９４９年1月11日のことだ。

このときの吹き込みは、のちに行なわれたリー・コニッツ名義のセッションと併せて、『リー・コニッツ／サブコンシャス・リー』のタイトルでアルバム化されている。そして、過小評価の極みに甘んじていたトリスターノは、この演奏によってクール派の教祖的存在に躍り出る。マイルスが『クールの誕生』の1回目のレコーディングを行なったのが、これより10日後の1月21日であったことを考えると、トリスターノの吹き込みは、象徴的ななにかを感じさせる。

しかしクール派といっても、両者の間には音楽的にかなりの隔たりが認められた。それでも、ビバップの躍動的な演奏に対するアンチテーゼのようなところから音楽の発想が生まれた点では、共通した認識を持っていたようだ。ただし、マイルスとトリスターノがクールな音楽を追求したといっても、東海岸のジャズ・シーンにおいてはほとんど影響力を持たなかった。マイルスのクールな演奏スタイルが花を咲かせるのは西海岸でのことだ。

西海岸のミュージシャンを触発

先にも触れたが、ニューヨークの景気は停滞し始めており、それに見切りをつけたミュージシャンがウエスト・コーストへ移動していった。『クールの誕生』で大きな働きをしたマリガンもそのひとりだ。

彼らは当初、映画音楽の仕事に携わっていたが、休みを利用してジャム・セッションに興じ始める。スタジオ・ミュージシャンだけあって、彼らは譜面に強い。そこで、ちょっとしたアレンジを持ち寄って、ジャム・セッションを始めたのである。

そんなミュージシャンの手本となったのが『クールの誕生』だ。東海岸ではほとんど見向きもされなかったマイルスの音楽だが、マリガンがスタジオ・ミュージシャンの中心人物のひとりになっていたことと、発売元のキャピトルが本社をロスに置いていたこともあって、同地ではかなりの話題になっていた。

「影響を受けたのは、マイルスのサウンドだ。あの音数が少ないプレイに強いインパクトを受けた。それまでのトランペッターは、ディジーをはじめとして、全員が全員といっていいほどホットにブローしていた。でも、マイルスは違った。それと『クールの誕生』。あんな音楽は聴いたことがなかった。たしか、1950年か51年のことだ。聴いたとたん、『これだ！』と思ったね。わたしはその後にアレンジもやるようになったけれど、『クールの誕生』から学んだものはとてつもなく大きい」(47)

マイルスから強い影響を受けたウエスト・コースト派のトランペッター、ショーティ・ロジャースのコメントだ。

彼が1953年に録音した4曲（RCA盤『モーボ』に収録）は、ウエスト・コースト・ジャズ版『クールの誕生』といった評価を受けている。前記の言葉は、ロジャースがマイルスから強く影響されていたことを物語るものだ。

その彼とコンビを組んでいたアルト・サックス奏者のバド・シャンクも『クールの誕生』からヒントを得ていた。

「わたしたちは休日になるとジャム・セッションを、『ヘイグ』やあちこちのクラブで開いていた。そんなときの参考になったのが『クールの誕生』だ。あの洒落たアレンジには参ったよ。だから、ショーティやチェット（ベイカー）には、いつもマイルスみたいに吹いてくれって頼んだものさ。わたし自身は、あの作品に参加していたリー・コニッツより、レニー・トリスターノと一緒のときのコニッツのプレイ（『サブコンシャス・リー』での演奏）に影響を受けている。わたしたちに〈クール〉の概念はなかったけれど、ニューヨークのビバップとは違う演奏をしようというのが、西海岸じゃミュージシャンの間で暗黙の了解だった。だから、アレンジを重視してアンサンブルを前面に打ち出すようにした。それには『クールの誕生』が格好のテキストだった」(48)

「初めて会ったのは1953年か54年のことだ。ロスにやって来たときのジャム・セッション(49)で、そのときにマイルスを認識した。その前に、レコードは聴いていたかもしれない。バンドを組んでいたジェリー(マリガン)が彼の噂をしていたからね。けれど、マイルスのプレイを意識したのはそのジャム・セッションが最初だ」(50)

ウエスト・コースト・ジャズを代表するトランペッター、チェット・ベイカーの言葉だ。

意外なことに、マイルスから音楽的な影響を受けたことはないとのことだった。

「クールな音色は元々のものだし、サウンド面でもマイルスのような冷たさはない。マイルスから影響を受けたといわれるのは、不本意だ」

これがベイカーの言い分だ。

それならマイルスは、自分の音楽がウエスト・コースト・ジャズに影響をおよぼしたことについて、どう感じていたのだろう。

「〈ウエスト・コースト・ジャズ〉という言葉は知っているが、オレには関係ない。ショーティ・ロジャースはオレの真似をしているところがあるな。フレーズの繋ぎ方や息継ぎ、ブレスの仕方が似ている。でも、ハートがまったく違う。音楽はハートでやるものだ、わかるか？　だからいくら音が似てたって、音楽はまったく違うものになる。ヤツにはヤツのハートがある。サウンドは似ていても、音楽はショーティの音楽になっている。それに、オレはバド・シャンクなんかと演奏する気になれない。だから、ああいう音楽はやらない」（H）

「チェットはクレイジーだけど、いいヤツだ。あいつには誰より素晴らしいハートがあった。ヤツがホーンを吹いているところを眺めて、オンナはみんなため息をついてたよ。でも、オレだって負けていなかった。一緒にプレイしたことはないが、音楽も服装もいい勝負だった。でも、みんな昔のことだ。最近のプレイは悲惨だ。悲しいまでに吹けていない。あんな状態なら、オレだったらとっくに引退してるな」（B）

こんな辛辣な意見を吐くマイルスだが、パリから戻ってしばらくの間は、彼もひどい状態にあった。麻薬中毒はかなり進むし、仕事は来ない。以前のように、ハーレムのクラブで飛び入り演奏するようなことも少なくなっていた。

ビバップは音楽的なピークを迎え、1950年にはパーカーとガレスピーが、バド・パウエル、カーリー・ラッセル、バディ・リッチ（ds）のリズム・セクションで、傑作『チャーリー・パーカーの神髄／バード＆ディズ』（ヴァーヴ）を吹き込んでいる。

結局、マイルスのノネットは評価らしい評価もされないまま、この年の3月13日に3

度目のレコーディングを迎える。そして、これをもってグループは活動に終止符を打つ。1950年にマイルスが行なった正式なレコーディングは、この吹き込みと、あとはサラ・ヴォーン（vo）の歌伴（コロムビア盤『サラ・ヴォーン・イン・ハイ・ファイ』）に加わった8曲だけである。

しかしマイルスの天才的な感性は、いつもひとより先を彼に歩かせていた。麻薬でボロボロになりながら音楽のことをかたときも忘れなかったのは、パーカーと同じだ。ビバップは行き着くところまで行き、あとはその形骸が残っているだけだった。しかし多くのミュージシャンは、それに気づいていない。その中で、マイルスはビバップやクールなサウンドに続く音楽を考えていた。それは、さらなるリズムの革新を目指すものだった。

【第3章：マイルス時代の始まり　注】

1. イリノイ・ジャケー　1984年、斑尾
2. ビッグ・ニック・ニコラス　1982年、ニューヨーク
3. マックス・ローチ　1987年、東京
4. デューク・ジョーダン　1991年、東京

5. Esquire, March 1959

6. ハービー・ハンコック　１９８６年、山中湖

7. 『New Sounds』（ブルーノート）の中にオクテットによる２曲が収録されている（１９４７年12月12日録音）。これがブレイキーの初リーダー・レコーディング。

8. アート・ブレイキー　１９８８年、ニューヨーク

9. 当時パーカーにはダイアルとの契約が残っていた。そこで彼とサヴォイのハーマン・ルビンスキーは、ダイアルと契約する以前にサヴォイともレコーディングの約束があったという書類を作り、偽装工作を図った。

10. かつてはマイルス作とされていたが、その後にジョン・ルイスの作曲と訂正された。

11. ベン・シドラン「独占！　マイルス・デイビスの告白」小川隆夫訳、『スイングジャーナル』１９８７年７月号、１０１頁

12. ギル・エヴァンス　１９８３年、ニューヨーク

13. マイルスとギルが１９４７年の夏に会ったのは確実だが、〈コゴンズ・ネスト〉が録音されたのは１９４７年10月17日のこと。マイルスはこの曲をライヴで聴いて知っていたのだろう。マイルスの譜面を基にギルがアレンジした〈ドナ・リー〉は１９４７年11月６日に吹き込まれており、現在はどちらも『ザ・リアル・バース・オブ・ザ・クール／クロード・ソーンヒル』（ソニー）で聴ける。

14. 12と同じ

15. ベニー・カーター　１９９１年、東京

16. リー・コニッツ　１９８５年、ニューヨーク

17. ビデオ作品『マイルス・デイヴィス／マイルス・アヘッド』（ビデオアーツ・ミュージック VALJ-3331）１９９３年

18. ジョージ・ラッセル　1983年、ニューヨーク
19. ジェリー・マリガン『COMPLETE クールの誕生／マイルス・デイヴィス』（キャピトル／東芝EMI TOCJ-6200）ライナーノーツ　1998年
20. ジョン・ルイス　1990年、ニューヨーク
21. 12と同じ
22. ジェリー・マリガン　1983年、ニューヨーク
23. 3と同じ
24. 12と同じ
25. 16と同じ
26. アメリカ音楽家連合会（AMF）がミュージシャン保護のためメジャーのレコード会社に対して行なった。第1次のストが1942年8月1日〜1944年11月、第2次のストが1948年1月1日〜12月15日。
27. 全部で3回のレコーディングが行なわれた（1949年1月21日、1949年4月22日、1950年3月9日）。これらは当初SP盤で発売され、1954年に10インチ盤として発売された際に初めて『クールの誕生』というタイトルがつけられた。
28. 『クールの誕生』はスタジオ録音のみの収録だが、COMPLETE盤には「ロイヤル・ルースト」で残されたライヴ演奏も併録されている。
29. 『クールの誕生』にはジョン・カリシも編曲者に加えられているが、ライヴが行なわれた時点で彼が編曲した〈イスラエル〉はレパートリーに加えられていなかった。
30. Playboy, September 1962
31. ドン・デマイケル「初公開！ 伝説のローリング・ストーン・インタビュー」中山啓子訳、『GQ

Japan』１９９９年12月号、67頁

32. レナード・フェザー「マイルス・デイビス物語」小川隆夫訳、『Oh! MILES』スイングジャーナルＭＯＯＫ　１９８５年夏号、43頁

33. 〈ヴードゥ〉に関しては、ヤン・ローマンのディスコグラフィーでアレンジャーがルイスと初めて記載された。それ以前の資料には、この曲だけアレンジャー名がなく不明とされていた。ただし『ザ・リアル・バース・オブ・ザ・クール』には、この曲の〈ファースト・ヴァージョン〉と〈セカンド・ヴァージョン〉が収録されており、前者のアレンジがルイス、後者がギルとクレジットされている。この〈ファースト・ヴァージョン〉に準拠したアレンジが聴けることから、ローマンの表記どおりアレンジャーはルイスと考えていいだろう。

34. 22と同じ

35. 12と同じ

36. ジェームス・ムーディ　１９８７年、斑尾

37. Down Beat, 6 April 1967

38. マイルス・デイビス、クインシー・トループ『完本マイルス・デイビス自叙伝』中山康樹訳、ＪＩＣＣ出版局、１９９１年、１８１頁

39. マイルス・デイビス、クインシー・トループ『完本マイルス・デイビス自叙伝』中山康樹訳、ＪＩＣＣ出版局、１９９１年、１８２頁

40. その後ケニー・クラークは１９５６年にパリへ移住する。

41. ホルスト・リーポルト　１９９０年、ニューヨーク

42. 前者は『Sensation '49/A Document From The Paris Jazz Festival』(Phontastic NOST-7602)、後者

は『Bird In Paris』(Spotlite SPJ-118) に収録。

43. 36と同じ

44. 41と同じ

45. 石岡瑛子　1990年、東京

46. マックス・ゴードン『LIVE at the VILLAGE VANGUARD (ジャズの巨人とともに……ビレッジ・バンガード)』中江昌彦訳、スイングジャーナル社、1982年、235頁

47. ショーティ・ロジャース　1992年、東京

48. バド・シャンク　1992年、東京

49. 1953年9月13日に「ザ・ライトハウス」で行なわれたセッションのことと思われる。このときの模様は『マイルス・デイヴィス&ザ・ライトハウス・オールスターズ』としてCD化されているが、マイルスとチェット・ベイカーの共演は収録されていない。

50. チェット・ベイカー　1987年、東京

第４章　新たなる音楽への旅立ち

ハード・バップの萌芽

マイルスに新たな時代が開けてきた。挫折感から麻薬にのめり込み、心身ともにボロボロになった彼は、いくつかのレコーディングを除くと、１９５１年から５３年にかけてほとんど仕事らしい仕事をしていない。それでも過去の作品や活動が評価され、『メトロノーム』誌の人気投票で３年連続「トランペット部門」の首位に輝いている。

仕事が来ない現実と、一方で人気や評価が高まっていくギャップに苦しみもがき、そのことから逃避したくて、マイルスはさらに麻薬にのめり込む。しかしそうした状況の中でも、プレスティッジと契約して、注目すべきレコーディングを残していた。

「マイルスはキャピトルとの契約が切れたところだった。『クールの誕生』はあの時点で一般に受け入れられていなかった。その失意でシーンから姿を消して、誰も彼がどこにいるのか知らなかった。わたしはシカゴのコネを利用して、マイルスを捜してもらった。彼はイースト・セントルイスにいた。わたしたちは契約を結び、ニューヨークに戻るための旅費を送金した。わたしたちの基本的な考えは、周辺にいる最高の人材を起用して、さまざまなひととレコードを作ることだった。彼がレギュラー・クインテットを結成するまで続けたのが、まさにこれだ」(1)

プレスティッジのオーナー兼プロデューサーであるボブ・ワインストックの言葉だ。

旅費を受け取ったマイルスは、1951年が明けるとニューヨークに戻り、1月17日に3種類の象徴的なレコーディングを残す。

ひとつは、午後からヴァーヴのために行なわれたチャーリー・パーカーのレコーディングだ(『スウェディッシュ・シュナップス』に収録)。1948年末をもって、マイルスはパーカーのグループを退団していた。この日は、特別にオールスター・クインテットが結成されてのレコーディングだった。その後もマイルスは彼との共演をいくつか残しているが、パーカー・グループで両者が顔を合わせた公式の吹き込みはこれが最後である。

そして夕方から行なわれたのが、マイルスをリーダーにしたプレスティッジでの初レコーディングだ。こちらのセッションでは、参加していたソニー・ロリンズ(ts)の記念すべき初リーダー吹き込みも１曲だけだが残されることになった。マイルスのレコーディング（『マイルス・デイヴィス・アンド・ホーンズ』に収録）が早く終わったため、残った時間でロリンズをリーダーにして〈ユー・ノウ〉が急遽録音される。

「あれはハプニングだった。わたしのことを気に入ってくれていたマイルスの発案で、彼のリーダー・セッションが行なわれることになった。理由は覚えていないけれど、そのレコーディングが終わったところで、ピアニストのジョン・ルイスが帰ってしまった。それで、マイルスがピアノを弾いてくれた。時間がなくて１曲しか録音できなかったけれどね。マイルスの頭の中には、チャーリー・パーカーのレコーディングで、ディジーがピアノを弾いたイメージがあったみたいだ。わたしとしては、リーダーになってレコードを出したい気持ちはあったけれど、レコードが売れるほど自分に力があるとは思っていなかった」（２）

その後のマイルスは、リー・コニッツ（as）とのレコーディングを経て（『コンセプション』に収録された３月８日の演奏）、この時期に残されたもっとも重要なアルバムとされる『ディグ』を10月５日に吹き込む。マイルスはこのとき、セッションに参加したアート・ブレイキー（ds）に、スタジオでひとつの提案をしている。

「ハイハットとキック（ベース・ドラム）でビートをキープし、シンバルとスネアを中心にアクセントをつけていく。それまでの平均的なドラミングがこれだ。このときは

『ハイハットでビートをコントロールし、他のドラムでアクセントをつけてほしい』といわれた。『シンバルはソロイストのフレーズと連動させて、細かく叩け』って。『ドラミング全体をうねるようなサウンドにしろ』ともね」（3）

同じセッションに参加していたピアニストのウォルター・ビショップ・ジュニアも、この日のことは鮮明に覚えていた。

「リハーサルをやっていたときだ。どの曲だったかな？　マイルスがそばに来て、バッキングについてアドヴァイスされた。『リズムは無視して、コードと経過音の流れで起伏の少ないフレーズを組み合わせろ』ってね。それで適当にフレーズを混ぜながらバッキングをつけていたら、今度は『音数が多い』といわれた。コード自体がビートを刻んでいなくちゃいけないって。リズムは無視して、音数の少ないコードをアクセントにして、それ自体がビートを刻むってどういうことだ？　そう思ったけれど、彼の意向に沿うよう、精いっぱい努力した」（4）

このレコーディングには参加しなかったものの、ライヴの場で何度か共演したことがあるピアニストのケニー・ドリューも、そのころに同じようなことをいわれている。

「マイルスは『コードがビートにもなってなくちゃいけない』っていう。元々コードはリズミックに弾くものだから、最初は意味がわからなかった。でも、しばらくしたら、多くのピアニストがそういうスタイルでバッキングをつけ始めた」（5）

もうひとり、『ディグ』のセッションに参加したアルト・サックス奏者のジャッキー・マクリーンは、次のように話している。

「わたしにとって、本格的な初レコーディングが『ディグ』のセッションだった。ただし、その前にR&Bのグループでレコーディングは体験している。そこで吹いたのはバリトン・サックスで、アルト・サックスじゃなかったし、ソロも取っていない。ジャズでもなかったし。だから、ジャズでは『ディグ』が最初になる。マイルスとは2年前から共演していたけれど、スタジオではナーヴァスになった。初レコーディングだったし、チャーリー・パーカーも来ていたからね。マイルスから特別な指示があったかだって？　なにもいわれなかった。でも、リズム・セクションにはビートやアクセントについて注文を出していた。そのため、わたしが書いた〈ディグ〉も、自分がイメージしていたものとは少し違う雰囲気の演奏になってしまった」(6)

私見だが、このセッションでマイルスが試みたことこそ、ハード・バップの原型ではなかったのか？　ビバップとは異なる斬新なリズム。そこにハード・バップの萌芽を認めることが可能だ。

ハード・バップはビバップの発展形で、ビートをより細分化し、ビバップ以上にメカニカルなフレーズを特徴にしたジャズである。マイルスは、クール・ジャズを追求することでビートを細分化してみせたが、ビバップの対極をいくクール・ジャズのコンセプトが、結果としてハード・バップの原型に繋がったのだから面白い。

多くのひとの証言によれば、マイルスはめったなことがなければミュージシャンに音楽上の注文はつけなかった。それがこのときは、リズムについてかなり明確な指示を出している。それだけに、なにか期するものがあったようだ。

当事者のマクリーンは、それについてなにか感じていただろうか？

「あのころから、マイルスは従来のビバップと異なる演奏を目指していた。そして、のちの音楽に繋がる内容がこのレコーディングでは実践されていた。ただし、それはあとになって考えてみればの話だけど」（7）

実際、それ以前の1月17日に行なわれたプレスティッジ・セッションで起用されたドラマーのロイ・ヘインズは、マイルスからなにもアドヴァイスされていない。

「いつものようにビバップ・ドラミングをしただけだ。他のメンバーも、彼からはなにもサジェスチョンをされなかったと思うが、そのことについてはわからない」（8）

この言葉から察するに、1月の時点では、リズム面での革新が実行に移されていなかったようだ。マイルスがリズムに関してそれまでと違ったアプローチを試みるのは、これ以降のことと考えていい。

もうひとつ、見落とせないことがある。プレスティッジでは『ディグ』のレコーディングから、片面3～5分しか収録できないSPに代わって、15分前後の演奏が収録可能な10インチLPにフォーマットが移行した（20分前後の演奏を収録可能にした12インチLPが実用化されるのは1955年）。前年の12月に、デューク・エリントン・オーケストラがコロムビアで吹き込んだ『マスターピーセズ』がきっかけとなって、ジャズの世界には10インチLPの時代が到来しようとしていた。これも、それまでとは違う演奏をマイルスが実践する動機になった。

1951年に、プレスティッジは、ズート・シムズ（ts）、ジェリー・マリガン（bs）、そしてマイルスのセッションをレコーディングしている。その際に、ワインストックは「長時間収録のレコード（LPのこと）を作ってもいい」という許可を3人から取っていた。将来のことを見据え、10インチLPでそれらの演奏を発表する目論見があったからだ。

マイルスはマイルスで、長時間の録音が可能になったことを利用して、それまでの単調なリズムに変化をもたらそうと考えていた。『クールの誕生』で試みたブラス・アンサンブルのリズミックなアプローチを、今度はピアノ〜ベース〜ドラムスの一般的なリズム・セクションに置き換えてみようとしたのだ。スタジオでブレイキーとビショップに告げた言葉は、そのことを強く窺わせる。

それともうひとつ、マイルスはこの日のセッションで、それまでのレコーディングでは示したことがないロング・ソロを吹いている。ノネットでの演奏が〈3分間芸術〉とするなら、こちらはそれを根底から覆す内容になっていた。

ハード・バップの誕生は、長尺の演奏が可能になったことと無縁でない。短い時間であらゆる表現を行なおうとしたのがSP時代のビバップである。それに対し、LP時代のハード・バップは、収録時間が延長されたことで、もっと悠然とした演奏が可能になった。これは、性急な表現が得意でなかったマイルス向きの変革である。

リズム面での新しい試みに加え、『ディグ』では〈イッツ・オンリー・ア・ペイパー・ムーン〉で示した歌心や、〈マイ・オールド・フレーム〉でのゾクゾクするような叙情性も、マイルスのプレイに新しい魅力をつけ加える要素となった。味わい深いリリシズムは、クールな響きを追求したノネットでのプレイに根源的なところで通じている。

アルフレッド・ライオンとの友情

麻薬でボロボロになっていたこの時代、マイルスに温かい手を差し延べたひとがいる。ブルーノートのオーナー／プロデューサーであるアルフレッド・ライオンだ。マイルスが仕事にあぶれていたこの時期に、ライオンは彼のために年に一度のレコーディングをセッティングした。

それが、1952年5月9日、1953年4月20日、1954年3月6日の3セッシヨンだ。実際、1952年には、ブルーノートでしかマイルスの録音は行なわれていない。そして、これらのブルーノート・レコーディングは、彼の音楽的な発展を辿っていく上で見すごせないものになっている。この間に、マイルスが『ディグ』で試みたハード・バップのスタイルを完成させたからだ。

ライオンの話を聞こう。

「マイルスの才能には以前から敬服していた。レコーディングの話は、わたしから持ちかけた。ほとんど仕事をしていないというし、マイルスにはなにか音楽的なアイディアがあったように見えたからね。そこで、年に1回のセッションをシリーズ化しようということで話がまとまった」(9)

ライオンはこう語っていたが、実際はマイルスの窮状を見かねて、救いの手を差し延べたのである。

このことは、マイルスも痛いほどに感じていた。ここで気になるのが、プレスティッジとの契約だ。そちらはどうなっていたのか？　ライオンの話を続けよう。

「マイルスはプレスティッジと契約していたが、そこは話し合いで、ブルーノートでもレコーディングができるようになった。ところが、1955年に彼が契約したコロムビアはメジャー・レーベルなんで、制約が厳しい。それで、ブルーノートで年に1回の録音をする計画は打ち切りになった。でも会うたびに、マイルスはブルーノートでいつかまたレコーディングしようといってくれた。だから、キャノンボール・アダレイ（as）の『サムシン・エルス』に参加したのも、彼からの申し出だった（10）。昔の約束を覚えていて、それを実行してくれたんだ」（11）

「セロニアス・モンク（p）のレコーディングを覗きにいったのが最初かもしれない。ヤツは本当に音楽がわかってた。だから気が合ったんだ。会うたび、いろいろな話をした。知ってるか？　アルフレッドはドイツからの移民だ。ヒットラーにはかなりの悪感情を持っていた。『アメリカに渡る最後の移民船に乗ってニューヨークに出てきた』といってたことを覚えている。プロデューサーとミュージシャンの関係以前に、オレたちは仲のいい友人だった。それであるとき、『レコーディングしないか？』といってきた。オレが仕事もなくブラブラしているのを見かねて、声をかけたんだ。それはわかっていたが、ひとの施しを受けるなんて真っ平ごめんだ。そこで、こういってやった。『好きにやらせてくれるならＯＫだ』」（Ｇ）

ライオン夫人だったロレイン・ゴードン（当時）（12）のコメントも紹介しておこう。

「アルフレッドが、レコーディングを終えて興奮しながら帰ってきたことを覚えているわ。『これこそ新しいジャズだ』って。彼はマイルスを心から信頼していたし、尊敬していたし、愛してもいたの。ふたりの信頼関係があったからこそ、歴史に残るレコーディングができたんじゃないかしら」（13）

しかし、ブルーノートに残された3つのレコーディングを聴き比べてみれば、明らかに最初の2セッションからはマイルスの不調が窺える。麻薬にのめり込んだ結果と断言するのは酷かもしれないが、影響があったことは否定できない。

それでも、マイルスは1回目のレコーディングから注目すべきプレイをしていた。そのときに吹き込まれた〈ドナ〉は、プレスティッジで録音した〈ディグ〉と同じ曲である。〈ディグ〉よりテンポを遅くしたこの演奏で、ケニー・クラーク（ds）はブレイキーに比べて起伏の少ない細分化されたビートを示す。この細分化されたビートこそが、やがてハード・バップの大きな特徴になるものだ。

このときの録音にも参加したジャッキー・マクリーンは、次のように語っている。

「マイルスのグループに誘われたのは1949年のことだ。『バードランド』にバド・パウエル（p）が出ていて、そこに飛び入りしたのを、偶然マイルスが聴いたんだ。それで、グループに誘ってもらった。サックスを始めたのが14歳のときで、それから4年しか経っていない。ほとんど経験がないのに、ラッキーだった。プレスティッジでのレコーディング（『ディグ』）は、リハーサルもないままにスタジオで簡単な打ち合わせをして、テープが回された。しかしブルーノートのレコーディングではきちんとリハーサルをやらせてもらえたから、音楽的にまとまりがよかった。コンセプションも新しいものになっていたしね。メンバーみんなに、最先端のジャズをやっている自覚があった。

このレコーディングに限らず、マイルスと演奏するときはいつもそうした気持ちになれた。彼はあのころ、あまり仕事がなかったんで、レコーディングに張り切っていた。麻薬で調子が悪かったかって？　そんなことはなかった。いつもと同じで、素晴らしいプレイをしていた」(14)

マクリーンはそういうが、1954年の吹き込みに比べて、このときの演奏は発展性や構成力など、いくつかの点で一段も二段も劣っていたように思う。ぼくの考えだが、音楽の発展性なら、1952年、53年、54年、マイルスの充実度なら、1953年、52年、54年の順で上向きになっていた。それはそれとして、残り2回の吹き込みに参加し、セッションを重ねるごとに細分化したビートに激しい響きを伴わせるようになったブレイキーの意見も聞いてみよう。

「そのころはマイルスとあまり演奏しなくなっていたが、彼の求めているものは理解していた。それで、簡単なリハーサルと打ち合わせ程度でレコーディングに入ったと記憶している。ただ、1953年と54年のレコーディングは、自分の中でごっちゃになっていて、よくわからない」(15)

1953年と54年の違いを聞きたかったのだが、当事者の話はえてしてこういうものだ。ブレイキーは、多くの若手を育てたことでジャズ界に大きな貢献を果たしたザ・ジャズ・メッセンジャーズを率いて、ジャズを牽引したジャイアンツのひとりである。

この話を聞いたころ（1982年）の彼は、ぼくが住むグリニッチ・ヴィレッジのアパートのとなりのアパートに住んでいた。よく遊びにいかせてもらったが、そんな折々に聞かせてくれたのが、マイルスとの昔話だ。ブルーノート・セッションにおけるブレイキーの特徴的なスタイルは、1953年の〈CTA〉や1954年の〈ザ・リープ〉に顕著な形で認められる。

〈CTA〉を作・編曲し、レコーディングにも参加したテナー・サックス奏者のジミー・ヒースは、そのときの様子をかすかな記憶をたぐりながら、こう語ってくれた。

「アレンジというほどのものではなかった。マイルスのアイディアを譜面化しただけだ。彼は編曲にも興味があって、わたしがアレンジを勉強していたと知るや、いろいろ質問をしてきた。だから、見本のつもりで〈CTA〉の譜面を作ったんじゃなかったかな？」（16）

ジミー・ヒースの兄でベーシストのパーシー・ヒースは、ブレイキーと一緒に1953年と翌年のレコーディングに名を連ねている。その彼は、2回のレコーディングにおけるマイルスの違いを次のように憶えていた。

「約1年ぶりに会ったマイルスは、まるで別人のように素晴らしかった。トランペットの艶が違うというか、音の張りがまったく違うことにびっくりした。それしか思い出せないがね」（17）

このふたりをぼくに引き合わせてくれたのは、ジミー・ヒースの長男で、1970年代にマイルスのグループでパーカッション奏者として活躍したエムトゥーメだ。3人はこのとき、ヒース・ブラザーズというグループで、ニューヨークの人気クラブのひとつ、「セヴンス・アヴェニュー・サウス」に出演中だった。

その楽屋で、エムトゥーメの協力を得て、ふたりが一所懸命に当時のことを思い起こしてくれたのだ。ジミー・ヒースは1960年代にも短期間マイルスのグループに参加しており、そのときの話も聞いているが、それについては後述することにしよう。

さて、問題は麻薬である。

コールド・ターキー

「マイルスは、パーカーと共演していた時代、数少ないクリーンな生活を送っていたミュージシャンのひとりで、麻薬とは無縁と思っていた。だから、1947年に麻薬で逮捕されたニュースを新聞で読んだときは、強いショックを覚えた。彼もやっぱり駄目だったか、とね。それ以来、マイルスは徐々に麻薬にのめり込んでいった。しかし1953年に、彼は父親の農場に12日間こもって、ひとりで麻薬と手を切ることができた。ブルーノートに残された最初の2セッションは、マイルスが麻薬に浸っていた時代の演奏で、それもあってか、どことなく指の動きがにぶかったり、ソロの構成にまとまりがないように感じられた。しかし、麻薬と縁を切った直後に残された1954年の録音はほとんど完璧な内容といっていい。当時のわたしは、ブルーノートの顧問のような立場だった。それで、そのときもスタジオにいたが、レコーディングが終わってアルフレッドと抱き合い、続いてマイルスと抱き合ったことを覚えている」(18)

こう語るのは、ジャズ評論家の重鎮レナード・フェザーだ。

ぼくは1985年にニューヨークで初めてアルフレッド・ライオンと会っている。1966年にブルーノートをリバティ・レコードに売却し、数年後にはジャズの世界から完全に身を引いてしまったのが彼だ。そんなライオンが、15年ほどの空白を経てニューヨークのジャズ・シーンにひょっこりと姿を現した。

生きているのかどうかさえ、ほとんどの関係者は知らなかった。ライオンは、しばらく活動を休止していたブルーノートの再開を祝い、ニューヨークの「タウン・ホール」で開かれた「ワン・ナイト・ウィズ・ブルーノート」コンサートに、特別ゲストとして招待されていた。このチャンスを逃してなるものかと、彼にインタヴューを行なった際、後見人のような感じで同席していたのがフェザーである。そのときに、彼の口から聞かされたのが前記の話だ。

マイルスは、これらのレコーディングを通し、ビバップをベースにしながらも、着実にそこから離れたスタイルを模索していた。衆目の一致するところは、「ブルーノートのレコーディングでは１９５４年の吹き込みが最高」という点だ。それにはまったく異論がない。最大の理由として挙げられるのが、麻薬との決別である。そのきっかけは、ある日、偶然に聴いたクリフォード・ブラウン（tp）の演奏に触発されたからだ。

「ブラウニーのクラブ・ギグを目撃した。ショックだった。ヤツはどんなに速いパッセージでも軽々と吹いていた。音楽的な充実は元より、体力が違うと思った。アイディアでは負けていない。でも、オレは問題を多く抱えていたし、音楽に集中できる状態じゃなかった。ここから抜け出せないと駄目になると、本気で意識したのがあのときだ」（G）

「あのとき」とマイルスが振り返るのは、１９５３年秋のことだ。当時のことは、あまり思い出したくない様子だった。こちらにも遠慮があって、麻薬についての直接的なことは聞きづらい。そこでこのときは、「ブラウンを聴いて触発されたことがありましたか？」と、質問してみた。察しのいいマイルスには、ピンときたのだろう。そこで、あたらずとも遠からずの返事をしてくれたのだ。

尊敬するフレディ・ウェブスターをはじめ、ファッツ・ナヴァロやソニー・バーマンなどのトランペッターが麻薬で命を落としていたことも、マイルスは知っていた。パーカーやガレスピーは、再三再四、麻薬の常習に関して、彼をたしなめている。賢明なマイルスには、麻薬が百害あって一利なしであることもわかっていた。

しかし、その悪癖から抜け出すことができない。そんなときに、ブラウンの颯爽としたプレイを耳にして、決意を固めたのだ。日ごろは自信家で通っていたマイルスの考えを変えさせたのだから、ブラウンのプレイはさぞかし素晴らしかったのだろう。

麻薬と縁を切るきっかけを作ってくれたもうひとりが、同郷で先輩のクラーク・テリー（tp）だ。

「ブロードウェイにハム・エッグとトースト専門のコーヒー・ハウスがあった。あるとき、店の前の車道にマイルスがすわり込んでいた。顔つきを見て、これはいけないと思った。それで彼を抱えて、わたしが泊まっている47丁目のホテルに担ぎ込んだ。わたしはベイシー楽団でツアーに出るところだった。マイルスに好きなだけここで寝ているようにと話して、ベイシー楽団がチャーターしたバスに乗ろうと外に出た。しかし、バスがなかなか来ない。マイルスのことも気になっていたから、部屋を覗きに戻ったら、もういなくなっていた。このまま放ってはおけないと思い、イースト・セントルイスに残してきた家内に電話した。『ドクター・マイルスにニューヨークまで迎えに来てもらったほうがいい』ってね。だけど、ドクターはそれを聞いて、怒って電話を切ってしまったそうだ。父親の彼にしてみれば、優秀な息子がジャズ・ミュージシャンなんかとつき合うから、そんなことになったってことだろう」(19)

それでどうしたかといえば、テリーはすぐさまパーカーに連絡して、マイルスを諭すよう頼んだという。それでやっとマイルスは実家に帰り、尊敬するボクシングの世界チャンピオン、シュガー・レイ・ロビンソンのやり方を真似て、父親が持つ農場のゲスト・ハウスに閉じこもったのである。麻薬と完全に縁を切るためだ。こうした麻薬からの解脱法を、スラングでコールド・ターキーと呼ぶ。

マイルスはコールド・ターキーで非常に苦しい思いをしたに違いない。そのときの気持ちを、「悪性のインフルエンザをこじらせたみたいに体中が汗でぐっしょりになり」「涙も鼻水も止まらず」「なにかを口に入れればすぐに吐き出してしまう状態だった」と語っているほどだ。

「麻薬との闘いが終わった日は、そんな感じだった。歩いて外に出て、オヤジの家のところまで行った。そこで彼と目が合った。笑顔と涙で顔が歪んでたな。それからふたりで抱き合って、泣いた」(20)

一度は息子を突き放した父親だが、そこはやはり親子である。まるで、情景が目に浮かぶようだ。

さて、イースト・セントルイスの実家で麻薬と縁を切ったマイルスだが、すぐにニューヨークに戻るのが不安で、数ヵ月間、デトロイトに滞在している。ここで心身ともに社会復帰を果たした彼が、ニューヨークに帰ってきたのは1954年2月のことだ。そしてこの年、マイルスはいくつかの重要なレコーディングを残している。

〈喧嘩セッション〉の真相

麻薬から離脱したマイルスにとって、1954年は久々に充実したレコーディングを重ねることができた年だ。そのひとつが、復帰直後の3月に行なった3回目のブルーノート・セッションである。続いて、プレスティッジで『ブルー・ヘイズ』（1953年の録音を含む）、『ウォーキン』（4月の2セッションを収録）、『バグス・グルーヴ』（6月と12月のセッションを収録）を吹き込み、クリスマス・イヴにはセロニアス・モンクとの共演を果たしている。モンクとマイルスの公式なレコーディングは、これが最初で最後だ。

注目すべきは、マイルスと共演したふたりのピアニストである。ブルーノートのセッションから『バグス・グルーヴ』までをつき合ったホレス・シルヴァーと、クリスマス・イヴ・セッションに参加したセロニアス・モンクだ。

マイルスとシルヴァーは一時期、5番街の25丁目にあった長期滞在者用の「アーリントン・ホテル」（21）に住んでいた。マイルスにシルヴァーを紹介したのは、『ディグ』に参加したアート・ブレイキーだ。この時期、ブレイキーはシルヴァーとの共演を繰り返しており、この年の秋に両者はザ・ジャズ・メッセンジャーズの前身となったシルヴァー・クインテット結成にいたっている。

シルヴァーの言葉だ。

「デトロイトから戻ったマイルスに、ブレイキーがわたしのいたホテルを紹介した。マイルスとは気が合ったんで、すぐに仲よくなった。わたしの部屋にはピアノがあったから、彼は暇があるとそのピアノで曲を書いていた。マイルスの曲は、シンコペーションとスペースに特徴があって、それはビバップよりかなり複雑なものだった」(22)

マイルスは、シルヴァーとブレイキーに独特のシンコペーションとビート感覚を伝授する。『ディグ』や、その後に行なわれた一連のブルーノート・セッションなどで示されたリズム・フィギュアをさらに発展させたものだ。具体的にいうなら、ピアニストのタッチに、バスタムとスネアを連動させることだった。この年、シルヴァーとブレイキーが共演した作品の多くに、こうしたアプローチが認められる。

たとえば、2月にブレイキー名義で吹き込まれた『バードランドの夜』(ブルーノート)(23)、3月に行なわれたマイルスのブルーノート・セッションと『ブルー・ヘイズ』、さらにはシルヴァーがブレイキーと組んで11月と翌年(1955年)の2月に録音した『ホレス・シルヴァー&ザ・ジャズ・メッセンジャーズ』(ブルーノート)などが、こうしたリズム・コンセプトに基づいてレコーディングされた作品だ。

シルヴァーとの一連のレコーディングを終えたマイルスは、次にセロニアス・モンクと共演する。これはプレスティッジのオーナー、ボブ・ワインストックのアイディアだった。12月はレコーディングが忙しくなる。クリスマスをすごすのに、ミュージシャンが懐を暖かくしておきたいからだ。

これが理由で、ワインストックは売り出し中のモンクとモダン・ジャズ・カルテットを合体させたリズム・セクションにマイルスをはめ込んで、クリスマス・イヴにレコーディングを行なうことにした。モダン・ジャズ・カルテットからは、ピアノのジョン・ルイスを除く３人、ミルト・ジャクソン（vib）、パーシー・ヒース、ケニー・クラークが迎えられる。ヒースとクラークは、それ以前にマイルスと何度か録音をしていたし、モンクとジャクソンも彼とは旧知の間柄だ。しかし、レコーディングは緊張感漂うスリリングなものとなった。

この〈クリスマス・イヴ・セッション〉は、『バグス・グルーヴ』と『マイルス・デイヴィス・アンド・ザ・モダン・ジャズ・ジャイアンツ』（後者には１９５６年のセッションも収録）で聴くことができる。中でも2テイク録音された〈ザ・マン・アイ・ラヴ〉は、マイルスとモンクの〈喧嘩セッション〉と呼ばれるもので、今日までジャズ史を飾るエピソードのひとつとして知られている。

マイルスは〈ザ・マン・アイ・ラヴ〉を録音するにあたって、モンクに、自分がソロを吹いているときは、バックでピアノを弾かないように依頼する。プライドの高い彼は、それに腹を立て、マイルスがソロを終えても演奏をしようとしなかった。レコードには、そんなモンクに、マイルスがトランペットで「今度はお前が弾くんだ」と促す様子まで記録されている。両者の一触即発的な緊張感が、このときの演奏をこの上なくスリリングなものにした——これが伝えられるエピソードだ。

しかし、マイルス、およびレコーディングでスーパーヴァイザー（実質的なプロデューサー）を務めたアイラ・ギトラーに聞いた話は、ニュアンスの点で、それとは少し異なるものだった。

マイルスによればこうだ。

「スタジオで〈ザ・マン・アイ・ラヴ〉をリハーサルしていたら、セロニアスが急に席を外した。それで、ヤツを抜いて練習したらしっくりいった。だから戻ったときに、『オレのバックではピアノを弾かないように』といったんだ。ヤツのピアノはホーン楽器、とくにトランペットとの相性が悪い。サウンド的に交わらないからな。オレとはシンコペーションの感覚が違う。だから、バックでコードを弾かれるとスペースが埋められてしまったり、タイミングが狂ってしまったりする。ただし、セロニアスのピアノはある面で最高だ。あんなに独特なフレージングと間の取り方ができるヤツはいない。だから、レコーディングに呼んだんだ」（F）

ギトラーは、リハーサル中にモンクが抜けた理由を教えてくれた。

「トイレに行ったのさ。モンクは勝手に演奏をやめてしまうことが多く、このときもリ

ハーサルの途中だったが、自分だけ演奏を抜けて、トイレに行ってしまった」(24)

ワインストックの言葉も紹介しておこう。

「マイルスが、自分のバックでモンクにピアノを弾かないようにいったことから喧嘩になった、といわれている。そんなのはデマだ。マイルスが、彼にバックで弾かないでほしいといったのは1曲だけだった。いい争いもなければ、殴り合いもなかった。何度もその話を読んだけれど、彼らは互いを深く尊敬し合っていた仲なんだから」(25)

このセッションのことを簡潔な言葉で表しているのは、ジャズ研究家のダン・モーゲンスターンだ。

「この日のセッションについては、マイルスとモンクの間に生じたとされる緊迫状態ばかりがやたらと重大視されてきた。強烈な個性を持つふたりの気性や音楽的なアプローチの違いを思えば、実際にはなにもかも驚くほどうまくいった。ただし、マイルスから自分のソロのバックで弾かないようにといわれて、モンクが気を悪くしたのは本当だ。いずれにせよ、どんなに張り詰めた空気がその場で流れようと、それが結果的に極上の演奏を生み出したことは事実だ」(26)

マイルスとモンクの間に喧嘩などなかった。どこかで誰かが勝手な憶測をして、〈喧嘩セッション〉などといい始めたのである。そのほうが、事実よりはるかにドラマチックだ。ジャズはそもそもがドラマだから、この程度の脚色があってもいい。したがって、マイルスには、このあともモンクと共演することになんの問題もなかった。「誰が喧嘩したといったんだ。セロニアスがオレをどう思っていたかはわからない。オレはヤツを尊敬していたし、レコーディングの現場で喧嘩したことなんて一度もない。それが証拠に、次の年のニューポートでは一緒のステージに立ってるじゃないか」(F)

レコーディングは、結果として大成功だった。マイルスは、1954年の時点で、音楽的に誰より先を走っていた。ハード・バップはまだほとんど一般的でなかったものの、彼に限っては完成の域に達していた。そして、マイルスは早くも次なるサウンドに興味を向けていた。それがアーマッド・ジャマルのコンセプトだ。

アーマッド・ジャマルの影響とパーカーの死

マイルスがアーマッド・ジャマルの存在を知ったのは1953年のことである。シカゴに住んでいる姉のドロシーが教えてくれたのだ。ある日、彼女から素晴らしいピアニストが「パーシング・ラウンジ」に出演しているといわれ、マイルスはさっそく出かけていく。その彼の心をとらえたのが、クラブでピアノを弾いていたジャマルだ。

それからは、シカゴへ行くたびに彼の演奏を聴くようになる。マイルスはジャマルのプレイに接し、間に対するコンセプト、タッチの軽さ、控えめな表現、音譜や和声や楽節のアプローチを学ぶ。

「ジャマルの間の使い方は誰にも真似ができない。優雅だし、圧迫感がない。できるだけ、それに近づきたかった」(F)

たとえば、翌年の〈クリスマス・イヴ・セッション〉で、マイルスはさっそくジャマルの特徴のひとつである、スペースを生かした演奏を試みている。これは、チャーリー・パーカーから受けた教訓とも合致する。ジャマルのレパートリーだったことから、レコーディングで取り上げた〈ザ・マン・アイ・ラヴ〉は、そのことを実践してみせたパフォーマンスだ。スペースを生かすために、マイルスは、モンクにピアノを弾かないようにと頼んだのである。

このスタイルが、やがて名バラード・プレイヤーとしてのマイルスを生み出すことに繋がっていく。そして、このスタイルを追求する上で、さらなる拍車をかけることになったのが、1955年に結成された初めてのレギュラー・クインテットだ。

ところで、マイルスがニューヨークのジャズ・シーンに復帰した1年後の1955年3月12日、ひとりの天才がこの世を去っている。チャーリー・パーカーの人生は、マイルスにきわめて大きな影響をおよぼすものだった。過激なまでに破滅的な生きざまに接し、マイルスはなにを学んだのだろう?

「音楽と人生は同じということだ。プレイすることこそ、ミュージシャンの生きざまをなにより雄弁に物語っている。言葉や説明はいらない。そんなもので補足しなけりゃい

けない音楽なんて、オレには意味がないしな」(G)

「パーカーから学んだもので一番大切なことはなんですか?」

この質問に、マイルスは雑多に束ねられた写真の中から、彼と一緒に写った1枚を手にして、そう答えたのである。そこには、本当に嬉しそうな笑顔のマイルスが写っていた。ニューヨークに出て間もないころに撮った写真なのだろう。

インタヴューを盛んに受けるようになった1980年代以降を別にすれば、「言葉や説明はいらない」といったとおり、マイルスはめったなことがない限り、自分の音楽について好んで語ることはしなかった。それは無愛想すぎるほど無愛想なステージや、アルバムにほとんどライナーノーツがつけられていないことにも通じている。

別の機会に、この点についても聞いてみた。

「ステージは演奏するところじゃないか。話をする場じゃない。話をするなら、別のところでやるよ。メンバー紹介も不要だ。コンサートに来る連中は、メンバーのことを知ってるはずだ。曲名もいいたくない。知りたきゃ、勝手に調べればいい。余計なことに煩わされるより、演奏に集中していたい。そのほうが、オーディエンスにとってもいいはずだ。みんなはオレの話を聞きに来るんじゃなくて、音楽を聴きに来るんだから」(E)

「ヴィレッジ・ヴァンガード」のオーナーであるマックス・ゴードンとマイルスのやり

取りも紹介しておこう。

「『曲のタイトルぐらい紹介したらどうだい？　それに、終わったら会釈するもんだ。メンバーを紹介したり、マイルス・デイヴィスだ、ぐらい名乗ってみても悪くないと思うね。名前を聞いたこともない曲だってあれば、中には初めての客だっているんだぜ』。するとマイルスは、疑うような妙な目つきでわたしを見て、こういったものだ。『オレはミュージシャンなんだぜ。コメディアンと一緒にしないでもらおうじゃないか。お喋り野郎を使いたかったら、オレはよすんだな。オレは笑わないぜ。お辞儀もしない。客に背中も向けるしな。どうして、あんたは、そう、客のことばかり気にするんだ？　白人は、黒人なら誰でも笑顔を見せて、お辞儀するもんだと思ってやがる。いいか、覚えといてくれよ。オレはな、音楽を演奏するために、ここに来てるんだ。ミュージシャンなんだぜ』。こんな演説を聞かされたら、もう放っておくしかなかった」(27)

こうはいっているが、ステージ上での無愛想は照れ隠しでもあった。マイルスは本来シャイな性格だ。人見知りはするし、非常な照れ屋でもある。ぶっきら棒で、ときに傲慢な振る舞いをするのも、照れ隠しの変形だ。だからステージでアナウンスをしなかったし、オーディエンスに背中を向けてトランペットを吹いたのである。

ライナーノーツに関する意見はこうだ。

「あんな下らないもの、誰が考えたんだ？　プレスティッジのアルバムには妙なライナーノーツがつけられていた。それによって、音楽に先入観が生じてしまった。だからコロムビアに移ってからは、いくつかの例外を除いて、いっさいライナーノーツをつけないようにした。オレの音楽を本当にわかっているのはオレしかいない。ほかのヤツが知ったかぶりでオレの音楽について書くなんて、我慢ならない。そんなものにどんな意味がある？」（E）

ところで、マイルスはパーカーの死をどこで知ったのか？

「アイリーンから扶養義務不履行で訴えられて、ライカース島の刑務所にぶち込まれていた。で、バードの死は、ハロルド・ラヴェット（28）から聞かされた。そのときは、本当に気が滅入ってしまった。そもそも、すべてがうまくいき始めたと思ったとたん、どうしようもない連中と一緒に監獄に入れられ、落ち込んでいた。最後に見たときのバードは生活が荒れて、健康状態も悪かった。それでも、死んでしまったのはショックだった。３日間監獄にいる間に、突然逝ってしまったんだからな」（29）

パーカーの死によって、マイルスはひとつの決意をする。

「バードは、知る限り、いつもワーキング・バンドにこだわっていた。いくつかの理由でメンバーが一定しないこともあったが、基本的にレギュラー・メンバーでクインテットを維持するようにしていた。レギュラー・グループを持つ大切さはわかっていたが、オレにはオレで事情があって、なかなかグループを持つことができなかった。でもバー

ドの死を耳にして、今度はオレがレギュラー・グループを組む番だって、強く自覚した」（F）

マイルスからこの話を聞くまで、レギュラー・クインテット結成の動機を知らなかった。単に機が熟したから結成したとばかり思っていた。クインテット結成の裏には、パーカーにトリビュートする気持ちがあったのだ。

しかし、それならどうして彼と同じアルト・サックス奏者ではなく、テナー・サックス奏者を加えたのだろう？

「パーカー以上のアルト奏者がいるわけないだろ。それに、パーカー・クインテットの真似をしようなんて、これっぽっちも思ったことがない」（F）

「なんでこんな下らない質問をするんだ」とばかりに目玉をぐるりと回して、マイルスは呆れ顔をしている。これはいけない。失点を取り戻さなくては。

「アルト奏者なら、その後にキャノンボール・アダレイやソニー・フォーチュンやケニー・ギャレットが、あなたのバンドには入っているじゃないですか」

あやうくこう質問をしそうになって、口をつぐんだ。こんなことを聞いたら絶体絶命だ。マイルスにしてみれば、答えるのもばかばかしいと思うだろう。口を開きかけた直前、ぼくにも答えがわかってしまった。この質問をしたら、「音楽が違う」のひとことで、その日の面会を終わりにしただろう。彼と会えるのも、それで最後になったかもしれない。

マイルスとの時間は緊張の連続だった。少しでも気を抜いたら、こちらがノックアウトされてしまう。ばかな質問も3回まで、スリー・カウントでおしまいだ。次に彼がなにを話すのか、なにを話したいのか、それをいち早く察知し、気持ちと記憶の準備をしておかなくてはならない。

それはきわめて緊張を強いられる心理ゲームで、知的な言葉遊びでもあった。もっとも、こちらはマイルスに対抗できる語学力もなければ、機転も利かない。だから、さぞかし物足りない相手だったとは思う。それでも、何度かつき合ってくれたことには、感謝する以外ない。

さて、マイルスだが、『ディグ』でハード・バップの原型と思われるサウンドを確立したのちは、その路線を次の段階へ発展させようとしていた。それが、アーマッド・ジャマルから影響されたリリシズムと間の追求である。セッションのたびにメンバーを選ぶ難しさも感じていた。そのためにもグループを固定して、明確なサウンドを追求したい欲求が芽生えてくる。

「マイルスとは2回レコーディングした。最初は、有名なクリスマス・イヴのセッションで、2回目は1955年夏（8月5日）のことだ。彼はバンドを組んでツアーに出たがっていた。そのころは、地方に行くと、地元のリズム・セクションと共演することが多くて、それにうんざりしていたようだ。わたしはモダン・ジャズ・カルテットのメンバーだったから、マイルスとツアーに出ることは不可能だった」(30)

プレスティッジからリリースされた『バグス・グルーヴ』『マイルス・デイヴィス・アンド・ザ・モダン・ジャズ・ジャイアンツ』『マイルス・デイヴィス・アンド・ミルト・ジャクソン』に、マイルスとの共演が収録されているヴァイブ奏者ミルト・ジャクソンのコメントだ。

もうひとり、その8月のセッションに参加していたピアニストのレイ・ブライアントからは、こんな話を聞くことができた。

「マイルスはアーマッド・ジャマルのプレイに執心で、わたしにも『間を生かしたスウインギーなプレイをするように』といっていた。細かいリズムについてはなにもいわなかったが、『スウィングして、ブルージーにピアノを弾いてほしい』といわれたことは覚えている」(31)

レギュラー・バンド結成は目前に迫っていた。

レギュラー・クインテット結成

きっかけは、これより少し前に生まれている。1955年7月16日と17日に行なわれた「第2回ニューポート・ジャズ・フェスティヴァル」でのことだ。

当初、このフェスティヴァルにマイルスの名前は含まれていなかった。組まれていたのは、ズート・シムズ、ジェリー・マリガン、セロニアス・モンク、パーシー・ヒース、コニー・ケイ（ds）からなるオールスター・クインテットだ。しかし直前になって、マイルスにも参加の要請が舞い込んでくる。演奏に華がほしいことから、トランペッターの参加をプロデューサーのジョージ・ウエインが希望したのだ。

2日目のトリを飾ったステージでは、最初にマイルス抜きで2曲が演奏され、3曲目の〈ハッケンサック〉から、司会のデューク・エリントンに紹介されたマイルスが加わる。そして、次の〈ラウンド・ミッドナイト〉では、前年のクリスマス・イヴのレコーディングでモンクの伴奏を拒否したマイルスが、そのモンクとのデュオでテーマ・パートからトランペット・ソロまでを吹いてみせたのだ。

「いつもと同じように吹いただけなのに、すごい拍手をもらった」（F）

この演奏は、ジャズ・ファンの間で「マイルスの運命を変えるほどの名演」といわれている。このパフォーマンスがきっかけとなって、コロムビアと契約を結び、スーパースターの道を歩むようになったのは事実だ。

客席にいた評論家のレナード・フェザーは、ステージの様子をこう教えてくれた。

「麻薬と縁を切って以来、マイルスは健康維持のため、ボクシング・ジムに通うようになっていた。健康を取り戻し、引き締まった体を誇示するかのように、ストライプのジャケットに黒のボウ・タイを締めて、ステージに颯爽とした姿で登場してきたことを覚えている。素晴らしいプレイだった。ゲスト的な扱いだったが、マイルスが加わると、バンドは彼のグループのようになった。個性の強いモンクでさえ、マイルスに合わせて演奏しているように思えた」(32)

現在では、この歴史的なパフォーマンスが海賊盤の『Miscellaneous Davis 1955-1957』(Jazz Unlimited)で聴ける(筆者注＝2015年にコロムビアから出た『ニューポートのマイルス・デイヴィス1955－1975 ブートレグ・シリーズVol.4』で全貌が陽の目を見た)。たしかにこのときのプレイは、当時のマイルスが身につけていたリリシズムを良好な形で表現したものだ。彼が参加したのは、〈ハッケンサック〉〈ラウンド・ミッドナイト〉〈ナウズ・ザ・タイム〉の3曲だが、中でもモンクのピアノをバックに、マイルスがリリカルなフレーズを綴る〈ラウンド・ミッドナイト〉が、多くの聴衆を感動の渦に導いたとされている。

しかしその場に居合わせていないぼくには、この演奏がそこまでの名演とは思わない。この程度の内容なら、マイルスはすでに何度もレコーディングで残しているし、以後の演奏でこれを超えたものなどいくらでもあるからだ。しかし、このときの演奏が聴衆に強い感動を与えたことは間違いない。

会場にいたコロムビア・レコーズのプロデューサー、ジョージ・アヴァキャンも、この演奏に強く感動したひとりだ。彼はこみ上げてくる思いに駆られ、楽屋にマイルスを訪ね、契約の話を切り出したという。演奏については、こう記している。

「マイルスの演奏は〈ハッケンサック〉から始まった。続いてモンクの〈ラウンド・ミッドナイト〉が演奏される。マイルスのソロが中盤に差しかかったところで、(弟の)アラムが話しかけてきた。『マイルスのいっていることは正しい。彼とサインすべきだ——いますぐに。明日になったら、みんな彼のカムバックを知ってしまう(33)』。〈ナウズ・ザ・タイム〉が終わるまでに、わたしは楽屋に向かっていた」(34)

しかし、楽屋での会話は打診程度で終わっている。後日、きちんとした契約の話がアヴァキャンから提示され、マイルスはその条件を飲むのだが、その前にひとつの問題があった。プレスティッジとの契約だ。

マイナー・レーベルの常識としては、そのたびごとのワン・ショット契約が一般的だった。ただしプレスティッジは、マイルスに前渡し金を支払ったことで、望めば優先的に彼のレコーディングができる権利を有していた。この権利があったことから、コロムビア側は、同社がアルバムを発表するようになってからも、さらに複数枚のアルバムをプレスティッジが出せるという条件を飲むことになった。

「あのときは、プレスティッジがマイルスの作品を優先的に作れることになっていた。法的な拘束力がどのくらいあったかは知らないが、狭い世界のことだから、コロムビアは紳士的に問題を解決したがっていた。そこで、プレスティッジは、コロムビアでのレコーディングをＯＫする代わりに、その後も何度かレコーディングを行なって、複数枚のアルバムを発売するという条件を出した」(35)

プレスティッジでレコーディングのスーパーヴァイザーを務めていたアイラ・ギトラーの言葉だ。

同社にはマイルスの契約を満了させるためのレコーディングを認め、コロムビアには１９５７年から始めるアルバム発売のためのマテリアルを録音していい、という妥協案で決着したのである。結果としてプレスティッジで行なわれたのが、１９５６年5月と10月の〈マラソン・セッション〉だ(36)。

そのことも含めて、マイルスはかねてより念頭にあったレギュラー・クインテットの結成に踏み切っている。コロムビアとの契約で経済的な余裕ができたのと、ニューポートの成功が喧伝されて、あちこちから仕事が舞い込むようになったからだ。それが、メンバーを固定して活動に乗り出すことに拍車をかけたことはいうまでもない。

マイルスはドラマーをジミー・コブにしようと考えていた。しかし彼は、人気シンガーで夫人でもあるダイナ・ワシントンのツアーで忙しい。そこで、コブの推薦もあったことから、マイルスとギグを行なうためしばしば一緒にツアーをしていたフィリー・ジョー・ジョーンズにお鉢が回ってくる。

ピアニストには、シカゴで活躍していたお気に入りのアーマッド・ジャマルを考えていた。しかしマイルスの度重なる勧誘にもかかわらず、彼はその誘いを断っている。

「マイルスからの誘いはあったが、そうなるとシカゴで生活するのが難しくなってしまう。子供が生まれたばかりだったし、よその土地に行ったり、長いこと家を留守にしたりするのがいやだった。それで、彼には悪いと思ったが、断ってしまった。マイルスが、わたしの演奏を気に入っていたのは知っている。シカゴのクラブで演奏しているときに、何度か聴きに来てくれたからね。いつも、ピアノの横でわたしの手元を見ていたのが忘れられない。ちょっとやりづらかったよ。ミュージシャンに手の動きを見られるのって、あまりいい気分じゃないものね」(37)

ジャマルに断られたマイルスは、フィリー・ジョーが連れてきたジャマル・タイプのピアニストを思い出す。1955年4月にフィラデルフィアの「ブルーノート」で行なったクラブ・ギグと、6月のレコーディング(プレスティッジで録音した『ザ・ミュージングス・オブ・マイルス』で共演したピアニストのことだ。それがレッド・ガーランドである。ボクサー出身の彼は、ボクシング好きのマイルスにとって、コーチとしても都合がよかった。

話は逸れるが、マイルスはミドル級とウエルター級で6度も世界チャンピオンになったシュガー・レイ・ロビンソンの熱狂的なファンだった。ボクシングをする理由については、こんなことを語っている。

「ボクシングをするのは、トランペットに効果的で、体力をつけ、体調を整え、身のこなしを軽くするためであり、ミュージシャンは、演奏を左右する体調を整えておく必要がある」(38)

ポール・チェンバースの加入については、フィリー・ジョーがこう明かしてくれた。

「クインテットに入ったのは、わたしとレッドが最初だった。マイルスはテナーをソニー(ロリンズ)にする心積もりだったようで、あとはベーシストを誰にするかで悩んでいた。いつだったかは覚えていないが、マイルスと『カフェ・ボヘミア』にジョージ・ウォーリントン(p)のクインテットを聴きに行ったんだ。そこでベースを弾いていたポールのことを、彼はいたく気に入ってしまった。ポールはデトロイトから出てきたばかりで、わたしたちは彼と面識がない。そこで、ウォーリントンのバンドでアルト・サックスを吹いていたジャッキー・マクリーンに紹介してもらった」(39)

マイルスが5人目のメンバーに考えていたソニー・ロリンズは、麻薬中毒の療養を兼ねて、この時期(9月中旬)に最初の雲隠れをしている。シカゴに逗留していたのだ。

そのときのことを、ロリンズはこう明かしてくれた。

「マイルスとは1955年に何度かクラブ・ギグをやっている。あのころの彼とわたしは、音楽的にとても近しいものを持っていた。そこが気に入られたんだろう。そんなとき、ある雑誌に『自分のバンドにわたしを入れたい』という彼のコメントが載ったんだ。だけどそれだけで、なにも起こらなかった。シカゴにいることは多くのひとが知っていた。けれど、住所はほとんどのひとに教えていなかった。それではコンタクトの取りようがない。その後もすぐにはニューヨークに戻らなかったし、そのあとはクリフォード・ブラウンとマックス・ローチ（ds）が結成したクインテットに参加したんで、マイルスのグループには入らなかった。ニューヨークに戻ったら、ジョン・コルトレーン（ts）が彼のバンドに加わっていたし」（40）

実際は、コルトレーンが参加してくる前に、短期間、ロリンズがグループで演奏していた記録も残されている。ただしそれは、彼がシカゴに向かう少し前の話だ。

コルトレーンの加入

「たしか、最初はフィラデルフィアだったと思う」（41）

レッド・ガーランドが、マイルスと行なった最初のクラブ・ギグについて、ゆっくりと語り始めた。

マイルスのグループを退団したしばらくのちに、彼は故郷のダラスに引っ込み、めったなことではニューヨークのジャズ・シーンに戻ってこなかった。そのガーランドが、10年以上のブランクを経て、ニューヨークのジャズ・クラブ「ラッシュ・ライフ」に出演したのは1982年6月のことだ（10月にも出演）。当時、ニューヨークで留学生活を送っていたぼくは、アパートの目と鼻の先にあったこのクラブに通いつめ、彼とも何度か話をしている。

ガーランドは、遠い日々の記憶をまさぐるようにして、紳士的な態度で、懸命にぼくの質問に答えてくれた。しかし、ずいぶん昔のことで、記憶がはっきりしないようだ。ただ、ある日、突然マイルスから電話がかかってきて、一緒にツアーにいかないかと誘われたことは明確に憶えていた。

「リハーサルもなにもなかった。数日後に34丁目の駅でメンバーと落ち合って、そのまま汽車に乗った。そこにはポールとフィリーがいた。サックスはソニーだったと思うが、どうだったか。ジョンでなかったことはたしかだ。汽車の中でも、マイルスは音楽についてなにも喋らないし、こちらも聞かなかった。考えてみれば、マイルスと音楽の話なんかほとんどしたことがない。彼が話すのは、ボクシングや服や女のことばかりだった。それと、パーカーの話もよくしたね。とても尊敬していたようだ。死んで間がなかったこともあって、最初のころはパーカーの曲をいつも演奏した。ボクシングの試合をマディソン・スクエア・ガーデンまで観に行ったこともある。いまの場所じゃなくて、もっと南の方にあった時代だけどね。マイルスときたら、大きな試合があるときなんか、仕事をキャンセルしちゃうんだ。それも1回や2回じゃない。一緒にスパーリングもやったよ。彼はハーレムにあったシュガー・レイのジムに通っていた。わたしはミドル級のボクサーとして試合に出たこともあったから、よく誘われてね。マイルスはいいボクサーだった。ちょっと絞れば、フェザーかライト級の選手になれたんじゃないかな？」(42)

ガーランドがいうように、クインテットにはロリンズが参加していた。それが4月18日から24日まで行なわれたフィラデルフィアの「ブルーノート」におけるギグだ。のちにレギュラー・クインテットを結成するメンバーの4人までが顔を揃えていたのである。マイルスがレギュラー・クインテット結成の意思を固めて動き出すのは7月に行なわれた「ニューポート・ジャズ・フェスティヴァル」以後のことだが、それ以前に、臨時編成とはいえ、ほとんどのメンバーが集まっていたことは興味深い。

記録によれば、「ニューポート・ジャズ・フェスティヴァル」を終えた直後の「カフェ・ボヘミア」にも、このメンバーからなるクインテットが出演している。その後は、9月までロリンズがグループにとどまり、例の麻薬療養のため彼がシカゴに移ったことで、グループには新しいテナー・サックス奏者が必要になった。

そのために、フィリー・ジョーがサン・ラ(p)・アーケストラ(サン・ラは自身のorchestraをarchestraと表記する)のジョン・ギルモア(ts)を連れてくる。続く1週間は、ギルモアでクラブ・ギグをこなしたものの、彼はマイルスの求めている人材ではなかった。次いでフィリー・ジョーは、フィラデルフィアで音楽仲間だったジョン・コルトレーンのことをマイルスに教える。この時点で、コルトレーンに関するマイルスの認識は、数年前に「オウデュボン・ボウルルーム」で聴いたセッションぐらいのものしかなかった。

そして、9月27日に行なわれたメリーランド州「クラブ・ラスヴェガス」のギグから、コルトレーンが1週間単位の契約でクインテットに加入してくる。1週間契約にしたのは、マイルスがまだロリンズの復帰を考えていたからだ。

そうこうしているうちに、クインテットで吹き込む1回目のレコーディングが迫ってくる。マイルスを除くメンバーは、コルトレーンが一番よかったと口々にいう。そんなときに、あるクラブでコルトレーンと親しいテナー・サックス奏者のベニー・ゴルソンと顔を合わせたことが、マイルスの気持ちを固めた。

「マイルスが『コルトレーンをどう思う？』と聞いてきた。だから、こういってやったよ。『いまは未熟かもしれない。でも、この若者はそのうちきっとすごい才能を発揮するようになるだろう』ってね。あの時点で、トレーンはマイルスとのギグを終えてフィラデルフィアに戻り、オルガン奏者のジミー・スミスと演奏していた。わたしもフィラデルフィアとニューヨークを行ったり来たりしていたから、コルトレーンの動向はわかっていた。マイルスはビバップやハード・バップとは違う音楽をやりたがっていた。

『それなら、エスタブリッシュされたミュージシャンと演奏するより、これからのミュージシャンに可能性を見出したほうがいい』と話した。コルトレーンはわたしの弟分みたいだったから、マイルスにそういって、暗に彼のことを推薦したんだよ」(43)

ゴルソンの意見が、マイルスに最終的な決断をさせた。早々にフィラデルフィアからコルトレーンを呼び寄せた彼は、それから1ヵ月後の1955年10月26日(44)に、クインテットによる歴史的な初レコーディングを、コロムビアのスタジオで行なう。

紆余曲折はあったが、こうして歴史に残るクインテットが本格的な活動を開始した。ニューポートのフェスティヴァルから3ヵ月半後のことだ。ただしメンバーの大半が、マイルスの思っていた人物とは違っていた。ジミー・コブも、アーマッド・ジャマルも、ソニー・ロリンズもいないのだ。それでもグループは次々と名演を残すことになる。

『ラウンド・アバウト・ミッドナイト』

記念すべき初レコーディングで、クインテットは4曲を録音した。ただしプレスティッジとの契約から、最初に紹介されることになった作品は、それより3週間後にプレスティッジで吹き込まれた『ザ・ニュー・マイルス・デイヴィス・クインテット』だ。

このレコーディングを筆頭に、プレスティッジにおけるレギュラー・クインテットの吹き込みは3回行なわれている（別のメンバーによるクインテット録音も1956年3月16日に実施された）。そこからアルバムが5枚発売されるが、この間に、コロムビアにおける2回目と3回目のレコーディングも実行に移されている。以下は、レギュラー・クインテットによるレコーディングの一覧だ。そしてこの6セッションが彼らの残したすべてである。

①1955年10月26日（コロムビア）＝4曲録音〜『ラウンド・アバウト・ミッドナイト』他に収録
②1955年11月16日（プレスティッジ）＝6曲録音〜『ザ・ニュー・マイルス・デイヴィス・クインテット』に収録
③1956年5月11日（プレスティッジ）＝13曲録音〜1回目のマラソン・セッション
④1956年6月5日（コロムビア）＝3曲録音〜『ラウンド・アバウト・ミッドナイト』に収録
⑤1956年9月10日（コロムビア）＝3曲録音〜『ラウンド・アバウト・ミッドナイト』他に収録
⑥1956年10月26日（プレスティッジ）＝12曲録音〜2回目のマラソン・セッション

注目すべきは、グループの目指す音楽性が、最初のレコーディングから明確な形で表現されていたことだ。マイルスがノネットで示したアンサンブル・ワークや計算された構成はほとんど認められない。それより、彼の個性であるリリシズムが強調されているところに、このクインテットの大きな特徴があった。

『ザ・ニュー・マイルス・デイヴィス・クインテット』に収録された曲目は全部で6曲である。そのうちの4曲がスタンダードだ。それらの曲では、マイルスひとりがミュート・トランペットでテーマ・メロディを吹き、そのままソロとなる。ここまではクインテットというよりカルテットによる演奏だ。その後にコルトレーンがソロを取るが、グループとしてのサウンドという点では、コルトレーンはおまけのような存在といっていい。

そしてスタンダード以外の2曲、つまり、マイルスが書いた〈テーマ〉にしても、コルトレーンがベニー・ゴルソンへの恩返しのためにマイルスに推薦して吹き込んだゴルソンのオリジナル曲〈ステイブルメイツ〉にしても、驚くほどアンサンブル・ワークは希薄だ。

マイルスのクインテットは、グループのサウンドを云々して評価されることが多い。しかしそれはイメージの副産物であって、実際は彼ひとりが目立っていた。それも、マイルスのリリシズムが極限にまで発揮された演奏に大きな特徴があった。それだけに、彼のリリシズムを強調する引き立て役となったのがコルトレーンの豪快なプレイだ。

コロムビアに残されたワーク・テープ(45)を聴くと、プロデューサーにしてもマイルスにしても、関心があるのはマイルスの出来映えだけだったことがわかる。メンバーが少しくらいのミスをしても、マイルスのプレイがよければ、お構いなしで次の曲に進む。サイドメンが意見を挟む、あるいは彼らの意見を聞く場面は残されていない。それほどワンマンというか、マイルスが中心だった。

そしてこの音楽的な指向は、1960年代のクインテットにおいてもほぼ同じ形で踏襲されていく。マイルスは、メロディ、テンポ、リズム、ハーモニーには大きな関心を寄せていたものの、極言するなら、アコースティック・ジャズの時代は、ギル・エヴァンス(arr)とのコラボレーションも含めて、グループのサウンドにあまり関心を寄せていなかった。

しかしたぐい稀な才能を持ったミュージシャンをグループに集めていたため、マイルスは関心を払わなかったものの、自然発生的にグループ・サウンドが彼の演奏についてきたのである。こうなることは、さすがのマイルスも予測していなかったと思う。

そのことについて、のちに彼のプロデューサーとなるテオ・マセロは、こんなふうに語っている。

「どんなときでも限界に挑戦していたのがマイルスだ。それだけに、メンバーにも高い音楽性を求めていた。言葉ではなく、さまざまなやり方で彼らにインスピレーションを与え、意欲を持たせるのがうまかった。その結果、グループには、音楽の面でもプライヴェートな面でも、特別な一体感が生まれた」(46)

マイルスが次にグループのサウンドやアンサンブル・ワークに関心を寄せるのは、1960年代に〈第2期黄金クインテット〉と呼ばれるグループを結成してからだ。それまでは長いブローイング・セッション(メンバーのソロを中心にしたレコーディング)の時代が続く。

不思議なのは、ビバップのソロ合戦に強い抵抗を感じていたマイルスが、グループのサウンドを追求しようとしてレギュラー・クインテットを旗揚《はたあ》げしたにもかかわらず、結成したとたんにブローイング・セッション中心の演奏を始めたことだ。

「(お前とは) 解釈の違いだな。コルトレーンとオレのプレイが最高のコントラストを描いていたじゃないか。あれはベスト・コンビネーションだった。それをグループ・サウンドといわなかったら、いったいどう呼べばいい?」(F)

ごもっともである。しかし、それでも〈ブローイング・セッション〉との認識は変わらない。その端緒を飾ったのが、作品単位でいうなら、『ザ・ニュー・マイルス・デイヴィス・クインテット』だった。話を先に進めよう。

「あのアレンジはわたしのものだ」(47)

　1983年3月末、ギル・エヴァンスはミッドタウンに借りていた仕事場でこう語ってくれた。マイルスがコロムビアで吹き込んだ〈ラウンド・ミッドナイト〉のアレンジについてだ。

「アルバム全体に関わったわけじゃないが、〈ラウンド・ミッドナイト〉に関しては、わたしのアイディアが用いられている。あのアレンジは、あるシンガーのために用意しておいたものだ。コルトレーンがテーマのバックで吹くカウンター・メロディは、本来オーケストラのためのものだった。フレンチホーンだとかフルートを主体にしたホーンやブラスがあの低音部を演奏し、それをバックにシンガーがメロディを歌う。でもカウンター・メロディを使うアプローチは、マイルスも以前からやっていたらしい。それはそれとして、穏やかで繊細な感じのテーマ・パートが終了すると、一転してビッグバンドの迫力あるサウンドが例のヴァンプを演奏する。それを、マイルスはコルトレーンとの2管でうまく表現していた」(48)

　マイルスがこのアレンジをレコーディングに用いたのは偶然のことからだった。ある日、彼がぶらりとギルのアパートに立ち寄る。その日は、ラジオ番組のためのアレンジを書いていた。マイルスは、いつものようにギルのところで勝手に雑誌を読んだり、飲み物を飲んだりしていた。そんなときに、ギルが〈ラウンド・ミッドナイト〉のアレンジを書き始めた。

「そのアレンジを聴いて、マイルスは『自分のレコーディングに使ってもいいか？』と聞いてきた。異存はなかったからOKしたが、譜面を渡した記憶はない。レコーディングに立ち会ってくれといわれて、コロムビアのスタジオに行ったことは覚えている。30丁目にあったスタジオだ。驚いたのは、彼がわたしのアレンジを正確に覚えていて、メンバーに的確なアドヴァイスをしていたことだ。レコーディングはあっという間に終わった。マイルスは、わたしに向かってニヤッと笑い、『これでいいんだろ』という仕草をしてみせた。それがきっかけで、マイルスのレコーディングに呼ばれるようになった。でもアレンジ料は払ってくれなかったし、クレジットもしてくれなかった。そこがいかにもマイルスらしいところだけど」(49)

レコーディングに参加したレッド・ガーランドにも当日のことを聞いてみた。

「いつものように、なにも知らされないままスタジオに呼ばれた。その日は3曲ぐらいレコーディングしたと思うが〈オール・オブ・ユー〉〈スウィート・スー、ジャスト・ユー〉〈ラウンド・ミッドナイト〉、最後に〈ラウンド・ミッドナイト〉を録音したんじゃないかな？　譜面もなにもなかった。マイルスが口頭で指示して、ちょっとピアノでハーモニーを弾いてみせただけだった。曲はよく知っていたから、簡単に終わった記憶がある」(50)

コロムビアは、マイルスの同社における1作目として『ラウンド・アバウト・ミッドナイト』を１９５７年にリリースしている。１回目のレコーディング（１９５５年10月26日）で４曲、２回目のレコーディング（１９５６年６月５日）で３曲、そしてガーランドが話してくれた３回目のレコーディング（同年９月10日）で〈ラウンド・ミッドナイト〉を含む３曲を録音し、コロムビアにおけるオリジナル・クインテット・セッションは終了となる。そしてこれら10曲から６曲が選ばれて、『ラウンド・アバウト・ミッドナイト』がリリースされたのだった。(51)

〈ジャズ界の帝王〉とマイルスが呼ばれるようになったのは、この作品がビッグ・セールスを記録したからだ。１９５７年３月３日に発売されたアルバムがすぐに５回も売り切れてしまった事実からも、人気のすごさが窺われる。「マイルスの〈マイ・ファニー・ヴァレンタイン〉を聴いていたら、君の声が聞きたくなった……」というコピーを用いた電話会社の広告が登場したのも、このころだ。

マイルスはジャズ界におけるスターから、アメリカのポピュラー・ミュージック・シーンにおけるスターへと飛躍していった。それもこれも、コロムビアに移籍して発表した最初の作品『ラウンド・アバウト・ミッドナイト』によってである。

「プレスティッジに比べて、コロムビアはあらゆる点で規模が大きかった。きちんとしたプロモーションマンが全国にいたし、広告もジャズの雑誌だけでなく一般誌にまで打ってくれた。それ以上に満足できたのは、レコーディングに予算がたっぷり取れたことだ。プレスティッジは貧乏な会社でスタジオ代もけちっていたから、いつも時間に追われていた。それに比べれば、コロムビアはまったく違っていた。だからじっくりと時間をかけてレコーディングすることができた。最初のアルバムは、それまでのイメージを変えるものにしたかった。ワーキング・バンドによる初めてのレコーディングでもあったから、グループのイメージを強調したかった。けれどコルトレーンもレッドも未熟だった。そこでテーマ・パートにしてもソロにしても、オレが中心にならなきゃいけなかった」(F)

しかし、それがマイルスに幸いした。『ラウンド・アバウト・ミッドナイト』では、彼のリリカルなプレイが、それまでのどの作品よりも強調される結果となったからだ。とくにタイトル曲の絶妙な表現は、マイルスの全レコーディングを通して傑出したものになっている。この演奏によって、彼のイメージが決定したといってもいいほどだ。

「ギャラは払ってくれなかったけれど、マイルスはその後、いろいろな面でわたしをバック・アップしてくれた。ヴァーヴのアレンジャーに推薦してくれたのも彼だし、お金がなくてピアノを手放したときは、彼がすぐさま代わりのピアノをプレゼントしてくれた。マイルスは、口にこそ出さなかったけれど、友情に厚いんだ」(52)

ギルの言葉である。

マラソン・セッション

１９５５年から５６年にかけてのレコーディング・リスト（２１１頁）を見ると、③と⑥の曲目が多いことに気がつく。これが、〈マラソン・セッション〉と呼ばれるものだ。そして、これらのセッションから生まれたのが、『ワーキン』『スティーミン』『リラクシン』『クッキン』の〈マラソン・セッション４部作〉である。

これはジャズ・クラブに出演しているときのように、立て続けに演奏を行ない、それをそっくりそのまま録音したものだ。聴衆のいないスタジオ・ライヴの形式でレコーディングが行なわれたのである。

「気持ちとしては、プレスティッジから一刻も早く離れ、コロムビアと仕事がしたかった。そこで考えたのが、クラブで演奏しているようにして、レコーディングすることだった。オレのアイディアだ。クラブじゃ毎晩３回か４回のセットをやっている。同じようにやれば、実質3〜4時間で14〜5曲がレコーディングできるじゃないか」（F）

マイルスの言葉どおり、2回のセッションで、彼とクインテットは25曲を録音している。多くはスタンダード・チューンで、１曲（『マイルス・デイヴィス・アンド・ザ・モダン・ジャズ・ジャイアンツ』収録の〈ラウンド・ミッドナイト〉）を除いて、それらは先に挙げた4枚のアルバムに収録され、１９５７年から年に1枚のペースでリリースされていく。プレスティッジがこれらの作品を4年がかりで発売していったのは、この間にマイルスがコロムビアでドル箱のスターになったからだ。その人気にあやかって、売り上げの増大を目論んだのである。

「マイルスは、常にファースト・テイクが最高だと思っていた。これら2回のレコーディングでも、やり直しは一度もなかったんじゃないかな。プレイバックも聴かなかった。ステージで演奏しているように、1曲が終わるとそのまま次の曲に入る。そうやって4〜5曲いっきに演奏したら休憩して、また同じようにやる。だから、割と短時間のうちに終わったはずだ」(53)

これはレッド・ガーランドの回想だ。

フィリー・ジョー・ジョーンズは、そのときのことをこう振り返る。

「あのレコーディング前後から、グループの演奏がすごいものになってきた。なにをやっても、これまでに体験したことがないほどの世界が生まれる。マイルスのリリカルなトランペットに、トレーンのパワフルなテナー。このコントラストがグループの売りものだった。ふたりに続いて、レッドが極上のスウィング・ピアノを弾いてみせる。いつもそんな感じで演奏していた。メンバーの個性が、それぞれうまい具合に作用していた。その感じがわかってきたのは、グループを組んで半年くらい経ったころかな」(54)

しかし、当初、クインテットは多くのひとから疑問視されていた。コルトレーンの技術が未熟なことや、フィリー・ジョーのドラミングがあまりにも騒々しいことなどが理由だ。そうした声に惑わされず、マイルスはこのメンバーで、ライヴにレコーディングにと活動を続けていく。そして急速に、クインテットは驚くほどの発展を遂げたのである。それは、コルトレーンの演奏面における成長によってもたらされた。

多くのひとが指摘するように、2回のマラソン・セッションを挟んで、彼が大きく成長したことは事実だ、

1955年11月16日に録音された『ザ・ニュー・マイルス・デイヴィス・クインテット』における〈ジャスト・スクイーズ・ミー〉での彼は、どうしようもないほどラフというか、暴走的なソロを繰り広げている。よくいえば男性的、あるいは豪快という表現もできるが、コルトレーンの前にソロを吹くマイルスと比べれば、いいたいことを十分に表現していないもどかしさを強く感じてしまう。

それに対し、11ヵ月後に録音された『クッキン』収録の〈エアジン〉では、同じような豪快な演奏ながら、起承転結がはっきりとして、それでいて奔放この上ないブローを聴かせるようになっていた。

「元々コルトレーンには表現力もテクニックも備わっていた。ただ、プレイの中でそれをどう表したらいいのかがわからなかった。マイルスと演奏を重ねたことで、自分の持ち味を効果的に発揮する方法が身についたと思う。それがこれら2セッションの違い

だ。マイルスは、ひとの能力を100パーセント以上引き出してくれる。その点でも、リーダーそのものだった」(55)

これは、のちに(1983年)マイルスのレコーディングに参加するブランフォード・マルサリスの言葉だ。

いまやジャズ・シーンを代表するひとりになったブランフォード自身、コルトレーンから多くのことを学んでスタイルを確立したテナー・サックス奏者である。それでも、先に触れたとおり、クインテットの演奏はあくまでマイルスが中心で、グループとしてなにかを表現しようという姿は希薄なままだった。しかしこれがマイルスのリリカルなプレイや繊細な表現と結びつき、思いもよらぬ緊張感を表出させたのだ。悪くいえば、マイルスの圧倒的な存在感の下で、リーダーの顔を窺いながら演奏しているような緊張感が、サイドメンのプレイからは認められる。それでも、そうした緊張感が絶妙に作用して、グループとしても緊密な関係が生まれてくるのだから、皮肉といえば皮肉だ。

「マイルスの邪魔をしないようにと、みんなピリピリしながら演奏していた。彼はなにもいわないが、表情や仕草でわかる。その緊張感がいい方向に働いたときは最高の演奏になった。マイナスに作用して、ひどいものになったこともある。でも、たいていは驚くほどテンションの高いプレイを続けることができた」(56)

ガーランドの言葉は、ほかの時代にマイルスのグループを去来したミュージシャンたちの意見とも一致している。

注目すべきは、コロムビアで行なった初レコーディングから2回目のマラソン・セッションまでの1年間（正確には1年と1日）で、『ラウンド・アバウト・ミッドナイト』『ザ・ニュー・マイルス・デイヴィス・クインテット』、およびマラソン・セッション4部作、さらにはオムニバス盤などに収録されたいくつかの演奏と、アルバムにして6枚分以上に相当する吹き込み（全部で41曲！）をクインテットが残していることだ。

いくら契約をクリアするためとはいえ、これは膨大な量である。しかも、いまとなっては、どれもジャズ史に燦然と輝く名演との評価を得ているものばかりだ。この充実は、いったいどこから来たのだろう？

「わからない。あのころは、必死でレコーディングしてたわけじゃない。やりたいものはいくらでもあったし、いまのようにオリジナル曲にこだわる風潮もなかった。スタンダードにしても、ポップ・チューンにしても、仲間のミュージシャンが書く曲にしても、取り上げるに値する曲がいくらでもあった。それを順番に録音していっただけだ」（F）

結成されて1年ほどの間に、クインテットの人気はかなり高まってきた。マイルスのリリカルな演奏と趣味のよい選曲、それに当初は酷評されたコルトレーンとフィリー・ジョーのプレイも、彼が目指す音楽に馴染んできたからだ。

ことにスタンダードを中心としたレパートリーは、最初から大きな反響を呼んでいた。マイルスがアーマッド・ジャマルのライヴやレコードからそのアイディアを得ていた話は有名だ。このころ、マイルスが彼の演奏を聴いて取り上げた代表的なスタンダードには、〈バット・ノット・フォー・ミー〉〈ウィル・ユー・スティル・ビー・マイン〉〈ギャル・イン・キャリコ〉〈飾りのついた4輪馬車〉〈オール・オブ・ユー〉〈ニュー・ルンバ〉〈枯葉〉〈ラヴ・フォー・セール〉〈グリーン・ドルフィン・ストリート〉などがある。

またマイルスは、フランク・シナトラ（vo）の大ファンでもあった。そのことから、〈アイ・フォール・イン・ラヴ・トゥー・イージリー〉〈ステラ・バイ・スターライト〉〈イット・ネヴァー・エンタード・マイ・マインド〉〈マイ・ファニー・ヴァレンタイン〉〈アイ・ソート・アバウト・ユー〉といった曲もレパートリーにしていた。

「あの時代、シナトラは最高にクールだった。ヤツみたいになりたいと強く思っていた。だから、シナトラのレコードが出るとすぐにそれを聴いて、自分のレパートリーに加えた」（A）

【第４章：新たなる音楽への旅立ち 注】

1. スコット・ヤーロウ『ザ・プレスティッジ・ストーリー』（プレスティッジ／ビクターエンタテインメント VICJ-60368-71）ライナーノーツ 小川隆夫訳、１９９９年
2. ソニー・ロリンズ １９９７年、ニューヨーク
3. アート・ブレイキー １９８２年、ニューヨーク
4. ウォルター・ビショップ・ジュニア １９８３年、ニューヨーク
5. ケニー・ドリュー １９８５年、東京
6. ジャッキー・マクリーン １９９９年、東京
7. ６と同じ
8. ロイ・ヘインズ ２０００年、富良野
9. アルフレッド・ライオン １９８６年、山中湖
10. キャノンボール・アダレイがリーダーとなって1958年3月9日にレコーディングされた『サムシン・エルス』は、実質的にはマイルスのリーダー・セッションだった。契約の関係からキャノンボール名義となっているが、マスター・テープの箱にはライオンの筆跡で「マイルス・デイヴィスのセッション」と書かれている。これはコロムビアと契約したことでスターとなったマイルスからの、アルフレッド・ライオンとブルーノートに対する恩返しだった。
11. ９と同じ
12. ロレイン・ゴードンはその後「ヴィレッジ・ヴァンガード」を経営するマックス・ゴードンと結婚し、彼の死後は同クラブのオーナーとして現在にいたる。
13. ロレイン・ゴードン １９８９年、ニューヨーク

14. 6と同じ
15. 3と同じ
16. ジミー・ヒース　1982年、ニューヨーク
17. パーシー・ヒース　1982年、ニューヨーク
18. レナード・フェザー　1985年、ニューヨーク
19. クラーク・テリー　1993年、ニューヨーク
20. ビデオ作品『JAZZ：A FILM BY KEN BURNS, EPISODE 8』（PBS B8270）　2000年
21. アパートメント形式のホテルで、マイルス、シルヴァーのほかに有名なミュージシャンでは、アート・ファーマー（tp、flh）、ハンク・ジョーンズ（p）、ミルト・ジャクソンたちが当時は部屋を借りていた。
22. ホレス・シルヴァー　1985年、東京
23. ここでは『ディグ』の延長線上にあるリズム・コンセプトが認められる。ただしレコーディングされた時期を考えると、まだシルヴァーにはマイルスからの影響はなかったと思われる。したがってブレイキーがリズミックなアプローチをリードしていたのだろう。
24. アイラ・ギトラー　1986年、ニューヨーク
25. 1と同じ
26. ダン・モーゲンスターン　『マイルス・デイヴィス・コンプリート・プレスティッジ・レコーディングス』（プレスティッジ／ビクター音楽産業 VDP-5125〜32）ライナーノーツ　小山さち子訳、1985年
27. マックス・ゴードン　『LIVE at the VILLAGE VANGUARD（ジャズの巨人とともに……ビレッジ・バンガード）』　中江昌彦訳、スイングジャーナル社、1982年、228―229頁
28. マイルスの友人でマネージャー役（正式なマネージャーではない）を務めていたジャズ好きの黒人弁護

士。

29. マイルス・デイビス、クインシー・トループ『完本マイルス・デイビス自叙伝』中山康樹訳、JICC出版局、1991年、286―287頁

30. ミルト・ジャクソン　1986年、山中湖

31. レイ・ブライアント　1986年、東京

32. 18と同じ

33. マイルスはレコーディングこそ行なっていたものの、クラブ・オーナーたちが麻薬の後遺症を不安視していたことから、この時点でほとんどライヴ活動はしていなかった。

34. ジョージ・アヴァキャン『マイルス&コルトレーンBOX(原題：MILES DAVIS & JOHN COLTRANE/THE COMPLETE COLUMBIA RECORDINGS 1955-1961)』(ソニーミュージック・エンターテインメントSRCS 2223-8) ライナーノーツ　小川隆夫訳、2000年

35. 24と同じ

36. 1回のレコーディングが長時間にわたって行なわれたことからこう呼ばれている。

37. アーマッド・ジャマル　1987年、東京

38. ドン・デマイケル「初公開！　伝説のローリング・ストーン・インタビュー」中山啓子訳、『GQ Japan』1999年12月号、70―71頁

39. フィリー・ジョー・ジョーンズ　1983年、ニューヨーク

40. ソニー・ロリンズ　2001年、ニューヨーク

41. レッド・ガーランド　1982年、ニューヨーク

42. 41と同じ

43. ベニー・ゴルソン　1993年、ニューヨーク
44. 従来は10月27日とされていたが、2000年にリリースされた『マイルス&コルトレーンBOX』で10月26日に訂正された。
45. マスター・テープとは別に、スタジオでレコーディングが行なわれている間、記録用に演奏から会話まですべてを録音しておくテープのこと。
46. テオ・マセロ　1985年、ニューヨーク
47. ギル・エヴァンス　1983年、ニューヨーク
48. 47と同じ
49. 47と同じ
50. 41と同じ
51. 残りの4曲はオムニバス盤などで発表されていたが、現在は『ラウンド・アバウト・ミッドナイト』のCDに全曲が収録されている。
52. 47と同じ
53. 41と同じ
54. 39と同じ
55. ブランフォード・マルサリス　1997年、ニューヨーク
56. 41と同じ

第5章
モードの探求

再びギルと

クインテットの活動が軌道に乗り出したころから、マイルスは再びギル・エヴァンス（arr）との旧交を温めるようになった。常に前向きなマイルスは、クインテットの演奏がパターン化してきたことに飽き足らなくなったのである。

新しい音楽――それは、クインテットを結成する以前から、少しずつマイルスの心に芽生えていた。ビートやリズムをモダンにしたハード・バップのスタイルと、自分のプレイがそれほど馴染まないことに、彼はしばらく前から気づいていた。みずからハード・バップのスタイルを提示したにもかかわらず、もっと繊細な音楽を演奏したくなったのだろう。その考えは、クインテットの演奏が激しいものになるにつれて膨らんでいく。

「誰もがやっていたのは、ビバップをルーツにした演奏だった。ビバップでは音符がたくさん使われていた。だが、ほとんどのミュージシャンによる演奏は、音符が多すぎるし、ソロが長すぎると感じていた。だから、少なくしたいと思っていた。コルトレーン(ts)だけは例外だ。本当に素晴らしいから、いくら音数が多くても我慢できたし、ヤツの演奏は大好きで堪らなかった。トレーンもそうだったが、オレは、ビバップの連中のようには音楽をとらえていなかった。オレたち自身のヴォイスに一番合った、オレたちだけが最高にうまくできることをやるべきときが来ていた」(1)

こうした意図の下にマイルスが選んだのは、現代音楽や民族音楽で用いられていたスケール＝音階(モード)だった。ジャズは誕生以来、メロディと連動したコード進行に基づいて即興演奏が行なわれてきた。しかしコード進行というある種の束縛から逃れるため、彼はアレンジャーのギル・エヴァンスと組んで、現代音楽や民族音楽で用いられていたスケールを使って即興演奏することを実践に移していた。モード・ジャズの利点は、従来の複雑なコード進行から離れ、プレイヤーに演奏面でより大きな自由を与えたことだ。

「モード・ジャズが即興演奏の可能性を広げた。複雑なハーモニーの迷宮から解放する手法がこれだった。おかげで、メロディの発展にプレイヤーは気持ちを集中させること

ができる。なぜなら、ハーモニーが変わらないからだ」（2）

こう語るのは、ニューヨークの週刊情報紙『ヴィレッジ・ヴォイス』のジャズ担当で評論家のゲイリー・ギディンズだ。

彼の言葉どおり、モード・ジャズの利点は、従来の複雑なコード進行から離れ、プレイヤーに演奏面でそれまでにない自由を与えたことである。そして、モード・ジャズを実践する上で、マイルスのアイディアを実際的な音楽にまで練り上げたのがギル・エヴァンスだ。

〈ジャズの命〉ともいえるコード進行を捨て、モードに基づいた音階でアドリブを行なう発想は、それまでのジャズの常識を覆すものだった。音数が少なく、それでいて自在な表現をしたいと考えていたマイルスは、ギルとの共同作業によってモード・イディオムの導入を現実のものとした。

「マイルスとは、『クールの誕生』のセッションを終えてからも、ときどき会っていた。いつもわたしのアパートにぶらりと寄っては、いろいろな話をしていった。新しいグループのこととか、ミュージシャンの噂話とかをしていくんだ。でも、『また一緒にバンドをやろう』とはいわなかった。よほど、ノネットの失敗がこたえたんだろう」（3）

１９５０年代半ばのマイルスは、初めて結成したレギュラー・クインテットに夢中だった。しかし、そんなある日（1956年10月20日）、コロムビアの要請で、ひとつのレコーディングに参加する。『クールの誕生』でフレンチホーンを吹いたガンサー・シュラーがアンサンブルの監督および指揮を務めた19人編成のザ・ブラス・アンサンブル・オブ・ザ・ジャズ・アンド・クラシカル・ミュージック・ソサエティとのレコーディングだ（4）。このブラス・アンサンブルで、いつものトランペットではなくフリューゲルホーンを吹いたことが、再びマイルスにオーケストラ・ワークへの興味を駆り立てたのだった。

「当時、わたしにはあまりアレンジの仕事がなくて、音楽関係の本を読んだり、さまざまなジャンルのレコードを聴いては、その音の構成を分析したりしていた。ある日、マイルスが家にやって来て、こういうじゃないか。『ギル、また一緒にレコーディングしよう。話はすべてついている』って。最初はなんのことだかさっぱりわからなかった。するとと、彼はガンサー・シュラーとのセッションを収めた1枚のアセテート盤を取り出し、『こういう演奏がしたい』といい出した。まさにわたしが考えていた音楽と同じタイプのものだった。クロード・ソーンヒルの楽団で実験的に演奏していた音楽の、現代版的サウンドだったからね」（5）

この言葉がずっと頭に残っていたぼくは、1989年に、シュラーが「ライヴ・アンダー・ザ・スカイ」（日本で行なわれたジャズ・フェスティヴァル）のためにオーケストラのアレンジを担当したとき、そのインタヴューにかこつけて、ギルの言葉を伝えてみた。

「実をいうと、クロード・ソーンヒル楽団のサウンドを基に、あのときはレコーディングをした。それと、『クールの誕生』もヒントになっている。そのレコーディングにはわたしも参加していた。だから、あそこでフリューゲルホーンを吹くのはマイルスしか考えられなかった。当時はクラシックとジャズの融合を考えていて、ジョン・ルイス(p)なんかとしょっちゅうディスカッションしていた。そうしたときに浮かんだアイディアや、ソーンヒル楽団や『クールの誕生』のレコードを参考に、サウンドのディレクションを考えた(6)のがあのレコーディングだ」(7)

マイルスとギルのコラボレーションは、シュラーの手を経て、再びふたりに戻ってきた。しかしこのときのマイルスは、音楽的な部分をほとんどギルに任せている。ギルからモード・イディオムについてのさまざまなアイディアを聞かされ、それに大きな興味を持ったからだ。ここは彼にしたがうべき、とマイルスの本能が告げたのだろう。

「ビバップのときもそうだったが、単にソロを吹き流すプレイにはうんざりだった。もっとフォーメーションがあって、内容も吟味されたソロを吹きたいと思っていた。しかし、それまでのやり方には限界があった。クインテットは面白かったし、それなりにエキサイティングな面もあったが、なにかが足りないとも感じていた。そのなにかを求め

て、ギルのところに出入りしていたのかもしれない」(F)

最初のコラボレーション

ふたりの再会が実現した作品、『マイルス・アヘッド』(コロムビア)のために、ギルが周到な準備に入ったのは、クインテットが2回目のマラソン・セッション(1956年10月26日)を終えてしばらくが経ってからだ。ギルは『クールの誕生』で編成したノネットの拡大版ともいえるオーケストラ(18人編成)を、このレコーディングのために用意している。

レパートリーに選ばれた10曲は、スタンダードやジャズ・オリジナルを中心にしたものだ。タイトル曲のみがマイルスとギルの共作とクレジットされているが、この曲にもマイルスはほとんど関与していない。レコーディングに際していくつかのアイディアを出した結果、彼の名前もクレジットされたというのが実際のところだ。

レコーディングは、約半年の準備期間を経て、1957年5月の4日間(6、10、23、27日)で行なわれた。注目すべきは、早くもオーヴァーダビングの手法が用いられたことだ。

2トラックのステレオ録音は始まったばかりだったが、このレコーディングでは3トラックのマルチ・レコーディングが採用されている。3つのトラックに録音されたものを新たな3トラック・テープの2トラック分に移し、サード・トラックをマイルスのソロ用に空けるテクニックが駆使されたのだ。その結果、このセッションでは一発録りは行なわれず、オーヴァーダビングを駆使した完成度の高いものが追求されることになった。

こうしたテクノロジーの採用も大きな助けとなって、アレンジに加え、この作品は演奏面でも画期的な成果を収めている。ギルが書いたオーケストレーションは、低音楽器と高音楽器のコントラストによってダイナミクスが生み出され、さらにはチューバやベース・トロンボーンがストリング・ベースと合わさることで重厚なビートを現出させる工夫が凝らされていた。低音部のこうした強調は、のちにマイルスがロックのビートを導入したときにも踏襲されている。

平均的なビッグバンド編成が、4～5サックス、4トランペット、4トロンボーンに3～4リズムであることを考えれば、同じような人数でも、マイルスの吹くフリューゲルホーンかトランペットのほかに、5トランペット、4トロンボーン、2フレンチホーン、1チューバ、2フルート（クラリネットやオーボエも兼ねる）、1アルト・サックス、1ベース・クラリネット、ピアノレスの2リズム（ベースとドラムス）というギルのオーケストラは、かなりユニークな編成だ。

それゆえ、このオーケストラから生み出されるサウンドは、通常のビッグバンドの迫力あるものとはまったく異なっていた。繊細さを強調したオーケストレーションは、どちらかといえばストリングス的な印象を受ける。それをバックに、マイルスがリリシズムを極限まで表現するかのように、ドラマチックなプレイを示していく。

『クールの誕生』でもそうだったが、マイルスとギルのコラボレーションでは、常に繊細さがサウンドを支配している。興味深いのは、クインテットでの演奏が紛れもなく黒人ならではのジャズの響きを獲得していたのに対し、ギルとのコラボレーションからは白人的、あるいは西洋音楽的（クラシック音楽的）な響きが強く感じられることだ。その両方を支配していたのがマイルス特有の繊細さである。同じ繊細な表現でも、バックのサウンドが異なることによって、天と地ほどの開きが認められる。そこに、他に類をみないマイルスの個性が息づいていた。

そして、ギルとのコラボレーションにおける繊細さを表現するのにもっとも適していたのがモード・イディオムだった。このオーケストレーションがストリングスのように響くのは、多くのパートで通常とは異なるハーモニーが用いられていたからだ。ギルは、特定の音階で構成される和音を活用したヴォイシングで、音のタペストリーを思わせるバックグラウンドを用意したのである。

「まだ、『マイルス・アヘッド』ではモード・イディオムが完璧に消化されていなかった。しかしマイルスは、誰も教えなかったのにモード・イディオムをきちんと理解した上で、レコーディングにやって来た。わたしは、シュトックハウゼンや南米の民族音楽を分析して得た手法を用いてアレンジを書いたが、マイルスはスタジオでオーケストラのサウンドを聴くなり、ベストと思われるフレーズを次々に吹いてみせた。しかも、ソロ・パートでは通常のコード進行から離れ、オーケストレーションにフィットする音を選びながら演奏してみせたから驚いた」(8)

ギルの言葉が真実なら、モード・ジャズがマイルスと彼の共同作業から生まれたことは間違っていないものの、ふたりの研究によって創造されたという説は不正確だ。ギルによれば、マイルスは勝手にギルのアレンジに合わせて演奏する中から、モード・ジャズの奏法を体得したことになる。

マイルス自身も、モード・ジャズ誕生の背景について、ギルから直接教わったなどとは発言していない。ぼくの質問に対しても、こう語っているだけだ。

「モード・ジャズなんてコンセプトは頭の中になかった。考えていたのは、少ない音で多くのことが語れるフォームだった。当時のジャズはどんどんハードになっていたが、逆の演奏がしたかった。パワーではなく、情緒を表現したかった。そのためにはリズムやハーモニーに手を加える必要がある。ギルとは、そんな話をしたことがあった。ヤツは、それをヒントにアレンジを組み立てたんだろう。オレたちは『マイルス・アヘッド』を吹き込むにあたって、それほど多くの話をしたわけじゃない。けれどスタジオに行ったら、考えていたとおりのサウンドが出来上がっていた。そこがギルのギルたるところだ。あとは、吹きたいように吹けばいいだけになっていた」(F)

ギルとのコラボレーションを通してマイルスが学んだもっとも大切なことはヴォイシングだった。モードの概念よりも、彼はギルが施したアレンジに対し、どのようなヴォイシングで応えればいいのかを考えていた。それだけに、常に意表を突くギルのアレンジに真剣勝負を挑んでみせたのがこのときのレコーディングだ。

『マイルス・アヘッド』は、それまでにないほどの大反響を巻き起こす。日ごろはマイルスの音楽を、「繊細すぎてジャズのエネルギーが感じられない」と批判していたひとたちまで、この作品における彼のプレイには感心していた。しかしこのアルバムで、マイルス以上に高い評価を得たのがギルだった。

かつて、ニューヨークより西海岸で『クールの誕生』が評価されたように、このときもウエスト・コースト派のミュージシャンはこの作品を高く買ったようだ。西海岸のジャズ・シーンを代表するアルト・サックス奏者のアート・ペッパーは、ギルのアレンジに対し、次のような賛辞を送っている。

「彼がマイルスのために作った『マイルス・アヘッド』は、バンド用に書かれたものの中で最高だ。ギルはマイルスのことを知り尽くしている。同じ路線でギルとアルバムが作りたい」(9)

西海岸のみならず、今回はニューヨークを中心に東海岸でも高い評判を獲得した『マイルス・アヘッド』だが、当初は、「ギルのオーケストラ作品にマイルスが参加した」と受け取られていた。ここまでに紹介してきたふたりの言葉からもわかるように、実際の音作りやアルバムのコンセプト決定に尽力したのはギルである。しかし、演奏の主役はどこからどう見てもマイルスだった。彼のプレイがなければ、ギルのアレンジもここまで高く評価されたかどうかわからない。そしてこのアルバムは、いまやマイルスが残した重要作の1枚として、広く知られるものとなった。

一方、このレコーディングを体験したマイルスは、ギルのオーケストラとは別に、スモール・コンボでも次なるステップへと踏み出していく。ただし、その前にひと波乱があった。

クインテット崩壊

マイルスがハード・バップに見切りをつけてモード・ジャズに目を向けるようになった背景には、コルトレーンの退団が少なからず影響していた。話は、マイルスとギルが新しいオーケストラ作品のアイディアについて話し合っていた1956年10月に戻る。

そのときの事情は、J・C・トーマスが書いた『コルトレーンの生涯』（スイングジャーナル社）の中で、こう描写されている。

「ある日、セロニアス・モンク(p)が『カフェ・ボヘミア』の楽屋に立ち寄ったところ、マイルスがトレーンの顔を平手打ちし、さらに、腹に一発パンチを食らわせたのを目撃した。ふたりは、トレーンの演奏のことで喧嘩をしていたのだろう。コルトレーンはまったく無抵抗のまま、マイルスのなすがままになっていた。だが、モンクは違った。彼は、トレーンにいったのだ。『サキソフォンを吹きたいからって、こんなことまで我慢する必要はない。わたしのところで仕事をしてみないか』。こうして、セロニアス・モンク・カルテットが生まれたのである。ベースのウィルバー・ウエアとドラムスのシャドー・ウィルソンを加えて」(10)

ボクシング・ジムで本格的なトレーニングをしていたマイルスのパンチは、さぞかし強烈だったことだろう。しかし、体格で勝るコルトレーンが無抵抗だったのは賢明だ。ふたりが本気で喧嘩をしたら、ジャズの大きな財産が傷ついていたかもしれない。

ギルとのオーケストラにマイルスの関心が向けられた理由のひとつに、コルトレーンの退団があったことは間違いない。オーケストラへの意欲が高まったことと、コルトレーンが退団した事実が相乗効果となって、マイルスは以前ほどレギュラー・メンバーに固執しなくなった。その後の彼が、しばらくの間、断続的な形でしかレギュラー・コンボで活動していないことからも、これは推察ができる。

このころのマイルスは、どちらかといえば、コンボについては「どうでもいいや」という気持ちになっていた。そして、コルトレーンに代わってはソニー・ロリンズが迎えられ、すでに決まっていたいくつかのギグが消化される。

ロリンズは、オリジナル・クインテットを結成する時点で、マイルスが最初に考えていたテナー・サックス奏者だ。それを思えば、数回のギグではあったが、彼の参加はマイルスが描いていたクインテットの姿に一歩近づいたものだったのかもしれない。

この時期のロリンズはひとつのピークにあった。マイルス・クインテットで演奏する4ヵ月前の1956年6月に、傑作のひとつ『サキソフォン・コロッサス』（プレスティッジ）を残していることからも、充実した時期を迎えていたのは明らかだ。しかし、オーケストラのプロジェクトも進行し始めていたし、直後にマイルスは単身でヨーロッパに渡ってしまうしで、ロリンズを迎えたクインテットはたいした成果を残さずに終わってしまう。彼の加入は、クリフォード・ブラウン（tp）の交通事故による急死（1956年6月26日）で、参加していたマックス・ローチ＝クリフォード・ブラウン・クインテットが空中分解したため、たまたま時間が空いていたことから実現したものだった。

「このときは短期間ということで、空いている時間だけマイルスの誘いに応じた。音楽的なことはいっさいいわれなかった。好きに吹かせてくれた。ただ、マイルスとわたしとでは、1年前と違ってスタイルにだいぶ違いが出てきていた。マイルスはクールで、わたしはホットにブローするのが好きだった。彼は、そのコントラストを狙っていたのかもしれない。でも、わたしはこのコンビが一時的なものだと思っていたし、実際にそうだった」(11)

ロリンズを迎えたクインテットで「カフェ・ボヘミア」の仕事を終えたマイルスは、直後の11月に、以前からスケジュールされていたヨーロッパ・ツアーに出発する。これはマイルスのほか、レスター・ヤング(ts)とモダン・ジャズ・カルテットに、フランスやドイツのミュージシャンを組み合わせた一種のパッケージ・ショウだった。一座は、アムステルダム、チューリッヒ、フライブルク、パリなどでコンサートを開いている。

このときの模様は、11月12日のフライブルク公演が『レア・ライヴ』(スタッシュ)で聴くことができる。マイルス・ファンにとって興味深いのは、ルネ・ユルトルジェ(p)、バルネ・ウィラン(ts)、ピエール・ミシェロ(b)、ケニー・クラーク(ds)と組んだクインテットだ。彼らの演奏からは、ヨーロッパの精鋭ミュージシャンたちも、マイルスが目指していた新しいジャズのイディオムをほぼ完璧に把握していたことがわかるからだ。そして、このクインテットが1年後に重要な演奏を残すことになる。

ヨーロッパ・ツアーを終えて、マイルスは12月にニューヨークに戻ってきた。その後はコルトレーンを復帰させてツアーに出たものの、この間にも、コルトレーンは以前から依存するようになっていた麻薬やアルコールで問題を起こしてしまう。彼の悪癖に拍車をかけていたのが、同じく麻薬常習者だったフィリー・ジョー・ジョーンズ（ds）だ。そのこともマイルスにはわかっていたので、ツアーからニューヨークに戻った１９５７年４月の時点で、今度はふたりをクビにしたのだった。

６月までグループでの仕事はなかったし、５月はギル・エヴァンスのオーケストラで『マイルス・アヘッド』を吹き込むことになっていた。その間にメンバーを探せばいい――マイルスはそう考えていたのだろう。そして、彼は再びロリンズをバンドに迎えることにした。フィリー・ジョーの後任はアート・テイラー（ds）だ。

そのテイラーが、マイルスのグループに参加したいきさつを話してくれた。

「ギルとマイルスのレコーディングに、わたしは参加した。マイルスとの録音は、それが２回目だ（12）。オーケストラのレコーディングが５月末に終わり、彼から引き続きコンボで演奏しないかと誘われた。サックスはたいていがソニーで、都合がつかないときはキャノンボール・アダレイ（as）や、ベルギーから来ていたボビー・ジャスパー（ts）が加わった。ピアノもレッドだけじゃなくて、トミー（フラナガン）がよく参加していた」（13）

この時期にクインテットが残した正式なレコーディングはないが、『マイルス・アヘッド』のレコーディングを終えたのち、グループは６月から８月末まで、毎月３週間の契約で「カフェ・ボヘミア」に出演している。7月13日のエア・チェックを収録した海賊盤『Makin' Wax』(Chakra CH100MD)を聴けば、「スタイルが違う」というロリンズの言葉にも納得がいくだろう。マイルスがハード・バップから離れ、新たなアプローチを模索し始めている姿も、併せて理解できるはずだ。

フラナガンも、マイルスのグループに参加したときのことは覚えていた。

「彼とは、あのカフェ・ボヘミアのギグを行なう1年前(1956年3月16日)にもレコーディングしている。その日はわたしの誕生日で(14)、レコーディングが終わったあとに、マイルスとメンバーによって用意されたバースデイ・ケーキがスタジオに運ばれてきた。ハッケンサック(ニュージャージー州)のルディ・ヴァン・ゲルダー・スタジオでレコーディングしたんだが、スタジオのライトを落として、ケーキのろうそくをいっきに吹き消した。すると、すかさずマイルスがトランペットで〈ハッピー・バースデイ〉を吹いてくれた。彼はクールな人物と思われているが、実際はとても心が優しい。そのときは一度だけのレコーディングで終わったけれど、次の年になって、今度はクラブ・ギグに誘われた。1年前のレコーディングとまったく同じメンバーだった。ソニー(ロリンズ)、ポール(チェンバース)(b)、アート(テイラー)、そしてマイルスとわたしだ。ソニーの都合がつかないときはボビー・ジャスパーが参加した。当時のわたしはJ・J・ジョンソン(tb)のクインテットに参加していて、そこで一緒だったのがジャスパーだ。それで、ソニーの代わりを彼に頼んだのさ。マイルスからはツアーにも誘われた。でも、ジョンソンのバンドでツアーがスケジュールされていたから、断るしかなかった」(15)

誕生日を祝ってくれたくだりは、前に紹介したウエイン・ショーター(ts)の話と重なる。

ところで、1957年4月にマイルスの下を去ったコルトレーンはどうしていたのか? 今回も、ただちにモンクのカルテットに参加したのだ。そして、マイルスがニュー・クインテットで「カフェ・ボヘミア」に出演していたころ、モンクのカルテットは同じくニューヨークにあった人気クラブの「ファイヴ・スポット」に長期出演をして、のちに伝説的なライヴと呼ばれる名演を繰り広げていた。(16)

しかし、マイルスはやはりオリジナル・クインテットが忘れられなかった。あれだけの演奏が残せたグループだから当然だ。11月には、コルトレーンとフィリー・ジョーを呼び戻し、レッド・ガーランドも復帰させた同じメンバーでグループを復活させている。ただし、このあたりのマイルスの心情はよくわからない。コルトレーンに対し、愛憎相半ばする気持ちを持っていたのだろう。

マイルスは、演奏面で絶大な信頼をコルトレーンに寄せていた。それでも私生活の面では、どうしても我慢ができなかったようだ。ただし、コルトレーンはこのころまでに麻薬とはすっかり縁を切っていた。その結果の復帰だったのかもしれない。それからやはり、ロリンズとのコンビでは、音楽的に無理があったとも考えられる。

しかし、復活したこのクインテットも短期間の活動で終止符が打たれてしまう。2週間の「カフェ・ボヘミア」出演後、マイルスが再び単身でヨーロッパに渡ってしまったからだ。

『死刑台のエレベーター』

1949年の「パリ国際ジャズ・フェスティヴァル」と前年（1956年）のパッケージ・ツアーによって、マイルスの評判はフランスを中心にヨーロッパで大きな高まりを見せていた。今回の渡欧は、それに応えるため、初めて単身で行ったものだ。現地では、前回グループを組んだ、ルネ・ユルトルジェ、バルネ・ウィラン、ピエール・ミシェロ、ケニー・クラークが、マイルスと共演すべくスタンバイしていた。

このときのツアーは、もちろん大成功のうちに終わった。そしてフランスで行なった5回のコンサート終了後に、マイルスのクインテットはスタジオに入る。ルイ・マルが監督した『死刑台のエレベーター』のサウンドトラックをレコーディングするためだ。このセッティングをしたのが、最初の渡仏時に恋仲となったジュリエット・グレコである。

長い間、このときのレコーディングは、マイルスと彼のグループが映画のラッシュを観ながら、その場で即興的に音楽をつけたとされてきた。しかし、事実は違った。この演奏がCD化された際の解説書には、ヨーロッパ・ツアーとレコーディングの仕掛人だったマルセロ・ロマノによる興味深い事実が紹介されている。

ロマノは、マイルスのために３週間のヨーロッパ・ツアーをブッキングしていたが、それとは別に、彼を主役にしたジャズ映画も撮ろうと考えていた。後者はさまざまな事情で取りやめになったが、そのときの関係者のひとりが、「それならマイルスに映画音楽をやってもらえないだろうか？」といってきたのだ。

その人物からルイ・マルを紹介されたロマノは、マイルスがパリの飛行場に着くや、話を打診する。興味を覚えた彼は、滞在しているホテルにピアノを持ち込み、ツアーの合間に作曲に取りかかったのである。つまり、スタジオで即興的に音楽を作ったのではなかった。コンサートのスケジュールには比較的ゆとりがあった。そこで、マイルスはこの間にじっくりと音楽のアイディアを練っていたのだ。

ツアーとレコーディングの両方に参加したテナー・サックス奏者のバルネ・ウィランは次のように語る。

「ツアーが終わったあと、すぐスタジオに入って、あのセッションを行なった。スタジオには映写機があって、マイルスはそれに合わせてどんどん音楽をつけていく。リハーサルなんかやらなかった。スタジオに行って、映画を観ながら演奏して、それで終わりだ。でも、素晴らしく創造的な時間がすごせた。緊張と集中。それがすべてで、あっという間に終わった気がしたけれど、実際は何時間もかかっていた」(17)

こうした証言が誤解を招いたのかもしれない。マイルスが以前からレコーディングの準備をしていたことは、彼と一部の関係者を除いて知らされていなかった。マイルスはアイディアを持ってスタジオに入り、メンバーには即興的に演奏させた、ということだ。

これはいつものレコーディングとまったく同じやり方である。通常、彼はレコーディングに際してリハーサルをしなかったし、メンバーはスタジオに入るまでなにをやるのか知らされていない。それと同じことをしただけだったが、いつの間にか、「即興で音楽をつけた」という話が喧伝されるようになったのだ。

重要なのは、不完全ではあったものの、この吹き込みがマイルスにとってコンボで行なう初めてのモード・イディオムを用いた演奏になったことだ。コード進行の束縛から離れ、無機的なサウンドの中で自在な飛翔を示してみせる——それがいつも以上にクールな響きを生み出し、映画の持つ雰囲気と絶妙なマッチングを示したのである。この演奏で、マイルスは新たな名声を獲得した。そして、彼は彼でこのレコーディングを通して新しい音楽へのたしかな手ごたえを感じ取ったに違いない。

それと、この映画や、同じ年にロジェ・ヴァディムが『大運河』でモダン・ジャズ・カルテットを起用したことから生まれたムーヴメントも見逃せない。これらの成功が引き金となって、フランスの若手映像作家たちが競うようにモダン・ジャズをサウンドトラックに用いるようになったのだ。このほかで代表的な作品としては、同じくロジェ・ヴァディムが１９５９年に監督した『危険な関係』（音楽＝アート・ブレイキー＆ザ・ジャズ・メッセンジャーズ、セロニアス・モンク他）や、エドゥアール・モリナロが監督した同年の『殺られる』（音楽＝ザ・ジャズ・メッセンジャーズ）などがある。

外国でのレコーディング、しかもグループは臨時編成だった。それにもかかわらず、このときの音楽は、その後のマイルス・ミュージックにとって重要なものとなる。マイルスはレギュラー・クインテットでの行き詰まりを感じていたし、一方でギル・エヴァンスに触発されて、新しいサウンドを模索しつつあった。その糸口が、このツアーとレコーディングで見えてきた。

グレイト・セクステット

ヨーロッパでの活動を終えたマイルスは、１９５７年12月にニューヨークに戻ってくる。暮れのニューヨークは寒かったが、マイルスの心は新しい音楽のアイディアで燃えていた。『死刑台のエレベーター』（フォンタナ）でヒントを得た音楽を、さらに追求すべく、オリジナル・クインテットのメンバーを呼び戻す。それと、その前に何度か共演していたキャノンボール・アダレイにも声をかけて、グループをセクステットに拡大したのである。

当時のことを、コルトレーンはこう回想している。

「かつて、マイルスはコードの魅力に取り憑かれていたことがあった。しかし、このときは逆の方向に向かっていて、あまりコードの変化をしないで、自由に流れるようなメロディで曲を演奏しようとしていた。そのため、独奏者はコードを中心に演奏するか(垂直的)、メロディ(水平)を取るかのいずれかを選ぶことになった。わたしとしては、当時、持っていたハーモニーに関する考えを演奏に当てはめればいいと思っていた。いくつものコード、たとえばC7を続けて吹き、ある場合、E♭7をF♯7まで積み上げたり、あるいはFまで積み下げたりした。だが反対に、気が向くとメロディを中心に演奏することもできた。こうしてマイルスの音楽から、わたしは多くの自由を学び取った」(18)

「新しいバンドでやる音楽を、もっと自由で、モードに基づき、アフリカ的か東洋的で、西洋的要素の少ないものにしようと考えていた。バンドの全員が自分自身を超えることも期待していた。新しいセクステットについて考えていたのは、トレーン、レッド、フィリー・ジョー、ポール、そしてオレがこれまで演奏してきたことに、キャノンボールのブルース的なヴォイスをミックスさせ、すべてを突き進めることだった。ブルースに根ざしたキャノンボールのアルト・サックスを、和声的でフリーなアプローチを取っているトレーンのテナー・サックスと対比させてみたかった」(19)

マイルスによるこの発言は興味深い。彼がモード・ジャズを追求しようと結成したセクステットに、なぜキャノンボールが参加していたかの回答が語られているからだ。一般に、キャノンボールは、セクステットにとってある種のお荷物と考えられていた。その演奏スタイルからして、モード・イディオムを理解しているかどうかが疑わしかったからだ。しかし、マイルスには彼なりの思惑があった。そのことを伝えているのがこの発言だ。

それと、「西洋的要素を少ないものにしようと考えていた」という一節も意味深である。マイルスは、モードを追求することでより西洋音楽的（クラシック音楽的）な響きを獲得しつつあったからだ。そのことは『マイルス・アヘッド』からも明らかだし、このあとにセクステットで吹き込む『カインド・オブ・ブルー』（コロムビア）や、オーケストラによる『スケッチ・オブ・スペイン』（同）からもはっきりと聴き取れる。

しかしこの発言をした時点でのマイルスは、脱西洋音楽を目指していたのかもしれない。たしかに、アフリカやインドや日本には独特の音階＝モードが存在する。彼は、それを追求しようと考えていたのだろうか？　『スケッチ・オブ・スペイン』もスパニッシュ・モードを大胆な形で駆使したものだったし、このころのマイルスは民族音楽的なものにも興味を向けていたのだろう。

クリスマスを挟んでシカゴの「サザーランド・ラウンジ」でデビューした新セクステットは、年が明けるとニューヨークの「バードランド」とブルックリンの「コンティネンタル」に出演し、2月4日と3月4日に初のレコーディングを行なう。ここから生まれたのが『マイルストーンズ』（コロムビア）だ（20）。

この作品には、スモール・コンボによって演奏された最初の本格的なモード・ジャズが記録されている。『死刑台のエレベーター』でマイルスが試したイディオムがこの作品で形になったのである。とりわけ重要な演奏がタイトル曲と〈シッズ・アヘッド〉だ。どちらもモード・イディオムによって演奏された初期の傑作である。

前者は、最初の16小節をFメジャーのスケール（ドリアン・モードを基にしたGマイナー・セヴンスのコード）、次の16小節をCメジャーのスケール（エオリアン・モードを基にしたAマイナー・セヴンスのコード）、そして最後の8小節で最初のスケールに戻る構成だ。

後者は、マイルスがピアノも弾いた（21）スロー・ブルースで、ここでも平板なブルース進行から離れ、彼はモーダルな展開を示していく。とくにこの演奏からは、4ヵ月前に録音された『死刑台のエレベーター』を強く連想させるソロやフレージングが聴き取れる。いずれにしても、これら2曲は、『死刑台のエレベーター』でマイルスが試みた手法を発展させたものだ。

アルバムには、これまでと異なるいくつかの大きな変化も認められる。ひとつは、全編を通してマイルスがオープン・ホーンを吹いていることだ。得意のミュート・プレイはまったく登場しない。もうひとつは、リズム・セクションのみで演奏される〈ビリー・ボーイ〉以外、スタンダード・チューンが取り上げられていない点だ。ミュート・プレイとスタンダード曲がマイルスのトレードマークだった。こんなところからも、新生面を打ち出そうとしている姿勢が窺えそうだ。

しかも、マイルスはきわめて意図的にふたりのサックス奏者にコントラストを描かせている。それは、各曲のテーマ・パートからして顕著だ。その煽りを食らったのがガーランドである。結局、彼がソロを取るのは〈ストレート・ノー・チェイサー〉と、ホーン奏者が全員抜けてトリオで演奏した〈ビリー・ボーイ〉だけになってしまった(22)。

モード・ジャズはコード進行の足枷からソロイストを解放し、即興演奏に新しい可能性を提示するものとなった。ハーモニーやメロディ面において、この手法は画期的だ。しかしマイルスは、リズム面においても、この作品で革新的なことを試している。モード化によって、ベース奏法も、それまでのウォーキングより簡略化されたサポートが行なえるようになったからだ。

一例を挙げるなら、〈マイルストーンズ〉でのポール・チェンバースが弾くベースは主としてEとAの音を繰り返す。それに合わせて、ドラムスは4小節ごとにリム・ショットを繰り返していく。シンプルなリズム・セクションが反復する中で、ソロイストが自在なプレイを繰り広げ、ドラムスはリム・ショットの位置を微妙にずらしながらテンポを緩めたり速めたりと、変化をつけていく。

こうしたスタイルのもっとも優れた演奏は、1964年にマイルス・クインテットが日本で実況録音した『マイルス・イン・トーキョー』(ソニー)や、1980年代にトランペッターのウイントン・マルサリスがカルテットで吹き込んだ『スタンダード・タイム Vol.1』(コロムビア)で認められる。

新たな局面へ

前にも触れたが、マイルスは3月9日にブルーノートでもレコーディングを行なっている。これはキャノンボールのリーダー名義によるものだ。『サムシン・エルス』とタイトルされたこのアルバムは、マイルスのセクステットとはメンバーがまったく違うものの、実質的に彼がリーダーだったと考えられる。ブルーノートの倉庫に残されているマスター・テープの箱に、「マイルス・デイヴィスのセッション」と記載されていることからも、それは明白だ。

数年前、麻薬に溺れ、仕事もままならなかったマイルスを救ってくれたのが、ブルーノートのアルフレッド・ライオンだった。マイルスにとっては恩人にも等しい。多くのひとに見捨てられていた時代、温かい手を差し延べてくれた数少ないひとりが彼である。『サムシン・エルス』を録音したときのマイルスの言葉を、ライオンはこう教えてくれた。

「あるとき、マイルスから電話がかかってきた。『コロムビアと契約があるので自分はリーダーになれないが、キャノンボールがフリーランスだから、彼をリーダーにしてレコーディングしよう』。こう、マイルスがいってくれた」(23)

恩返しの意味を込めて、マイルスはレコーディングをしたのだ。契約の関係でリーダーになれないことから代役を立てたのは、マイルスが１９４７年にサヴォイで行なった初リーダー・セッションを思い起こさせる。それだけに、ライオンの頭の中には、キャノンボールには申し訳ないが、マイルスのリーダー・セッションとしか映っていなかったのだろう。その気持ちが、マスター・テープの注意書きに表れている。

マイルスの参加もあって、『サムシン・エルス』はキャノンボールの出世作となった。そればかりでなく、ブルーノートを代表する傑作としても高く評価されている。リリカルなトランペットを披露するマイルスのプレイが最高だ。しかし、この前後にレコーディングされた彼のモーダルな作品に比べると、ハード・バップを主体としたサウンドには、かなりの音楽的隔たりがある。

「いきさつはどうあれ、あれはキャノンボールのリーダー作品だ。だから、ヤツのもっとも得意とした演奏をフィーチャーすべきじゃないか。オレはそれをサポートしただけだ。メンバーをガラリと変えたのも、キャノンボールがリーダーならああいうメンバーがいいと思ったからだ。オレの音楽は自分のレコーディングでやればいい。ひとのレコーディングに行ってまで、自分の音楽をやる必要がどこにある」(G)

こんな発言をしているマイルスだが、実際のところはコロムビアへの配慮もあったようだ。ライオンにいわせれば、メンバーもマイルスの意見を参考にしてのものだったし、レコーディングに際してヘッド・アレンジをしたのも彼だった。

「マイルスから電話がかかってきて、レコーディングに参加した。スタジオでセッションを仕切ったのも彼だ。しかし、音楽的な説明はキャノンボールがしていた。だから、マイルスのオーガナイズで、キャノンボールのリーダー・レコーディングが行なわれた、という感じかな」(24)

こう語るのは、レコーディングに参加したピアニストのハンク・ジョーンズだ。

同じくこの吹き込みでドラムスを叩いたアート・ブレイキーは、こんなことを思い出してくれた。

「いつものレコーディングと違って、マイルスはとてもリラックスしていた。特別な注文もなかった。このときは、マイルスの音楽をやったというより、いかにもブルーノートらしい寛いだハード・バップ・セッションだった印象が強い。あの作品が名盤として多くのファンに聴き継がれているのも、それが理由だろう」(25)

こうした背景を持つ『サムシン・エルス』は例外として、当時のマイルスはセクステットを率いて大きく羽ばたこうとしていた。『マイルストーンズ』の吹き込みを終えたのちの3月末にスウィンギーな演奏が得意のガーランドが抜けたのも、モード・ジャズを追求していく上では好都合だった。そして5月には、典型的なハード・バップ・ドラマーだったフィリー・ジョーも退団する。

マイルスは、交流のあったジョージ・ラッセル（arr）から、モード演奏ができるピアニストを紹介してもらう。それがビル・エヴァンスだ。『ビル・エヴァンス〜ジャズ・ピアニストの肖像』（水声社）にはラッセルのコメントが記されている。

「わたしはビルを推薦した。『そいつは白人か？』とマイルスが聞いてきた。『そうさ』とわたし。『眼鏡をかけているか？』『ああ』『そいつなら知っている。「バードランド」で聴いたことがある。かなりの腕前だ。木曜の晩にブルックリンの「コロニー・クラブ」に連れてきてくれ』。わたしはビルに電話をして、自分のフォルクスワーゲンに乗せ、クラブまで連れていった。フィリー・ジョー・ジョーンズ、ポール・チェンバース、レッド・ガーランド、キャノンボール・アダレイ、ジョン・コルトレーン、そしてマイルス・デイヴィスのセクステットが演奏中だった。ファースト・セットのあと、ビルがピアノを弾いた。演奏が終わると、マイルスがいった。『雇うことに決めた』（26）「ビルのことを、オレたちはモー（Moe）って呼んでたな。レッド（ガーランド）は、オレたちの音楽を演奏するにはスタイルが違いすぎた。そこで、モード・イディオムを理解しているピアニストということで、ジョージ・ラッセルに紹介してもらった。当時のモーはジョージの弟子だった。モード・ジャズに取り組み始めていたオレのバンドにジョージが興味を持っていたんで、ヤツに、オレが望むようなピアニストがいないかを聞いてみた。そうしたら、推薦してくれたのがビルだった」（G）

4月初旬からエヴァンスが加わったセクステットは、ニューヨークの「カフェ・ボヘミア」を中心にクラブ・ギグを重ねていく。ドラマーの後任は、オリジナル・クインテットを結成する際、最初の候補だったジミー・コブに決定する。彼が参加したのは、5月20日に始まった「ヴィレッジ・ヴァンガード」のギグからだ。このメンバー交代劇で、バンドのサウンドは再び変化をし始めた。

エヴァンスが加わった最初の公式レコーディングは、1958年5月26日に行なわれる（27）。これは、2回目の『マイルストーンズ』セッションから11週間後のことだ。

ビル・エヴァンス

「お前があいつ以上のピアニストを連れてくるなら、オレはそいつがどんな色をしていたってすぐに使ってやる」(G)

これはビル・エヴァンスをグループに迎えたときに、「なぜ黒人のピアニストを雇わない？」と、あるファンがマイルスに食ってかかってきたときの答えだ。人種差別が厳然と存在していた時代である。ジャズの世界では、逆人種差別というか、黒人のテリトリーでは、たとえミュージシャンであっても、白人はなかなか受け入れてもらえなかった。そんな時代に残されたエピソードのひとつだ。

マイルスは強い黒人意識の持ち主だが、こと音楽に関しては、ミュージシャンの才能を、その意識より優先させていた。自分の目指す音楽を理想的な形で追求するためには、人種など眼中になかった。ビル・エヴァンスに限らず、ギル・エヴァンスやリー・コニッツ(as)など、それ以前から優れた白人ミュージシャンの協力を得て、彼は求めるサウンドを追求していた。

その裏には、彼らの持つ白人的なセンスにマイルスが憧れていたこともある。それをもっとも顕著な形で表面化させたのがモード・ジャズだ。マイルスがビル・エヴァンスのピアノを得て、その音楽に白人的で洗練されたサウンドを持ち込んだのが、このときのセクステットである。

ジャズが持つ大きな特徴のひとつ、ブルース・フィーリングを希薄にしたのもモード・ジャズだ。その点で、ブルージーなプレイが得意だったガーランドのピアノと、抑制の利いた表現を主体とするエヴァンスのピアノでは、雲泥の差があった。スタイルについてもそれはいえる。前者はひたすらスウィングすることを心がけていたのに対し、後者は思索的なタッチに持ち味を表出させていた。

モード・ジャズを考えるとき、理論的なものは別として、表現面にはエヴァンス的なスタイル、すなわち内省的なリリシズムが重要な要素になってくる。動のハード・バップに対し、静のモード・ジャズである。以後、モード・ジャズ、あるいはその発展形の新主流派ジャズで大成するピアニストは、多かれ少なかれエヴァンスの影響を受けたひとたちだ。

彼をグループに迎えたことで、マイルスはモード・ジャズを大きく発展させていく。エヴァンスがマイルスのグループに在籍したのは、1958年4月初旬から10月末までのわずか7カ月間にすぎない。しかし彼が加わったセクステットは、この間に3回のレコーディングを残している。

①1958年5月26日

この日レコーディングされた4曲のうち3曲は、アメリカのみで発売されたLP『ジャズ・トラック』(コロムビア)のB面に収録されている(A面には『死刑台のエレベーター』からの演奏を収録)。もう1曲の〈ラヴ・フォー・セール〉は、1979年になってリリースされた未発表演奏集『サークル・イン・ザ・ラウンド』(コロムビア)で紹介された。ただし日本では、これら4曲が、わが国のみで発売された編集盤の『1958マイルス』(ソニー)にまとめられている。

モード・ジャズに邁進しようと考えてエヴァンスを迎えたマイルスだが、この初レコーディングではそれほど明瞭な形でのモード・ジャズは演奏されていない。理由の大半は、レコーディングされた曲のうち3曲がスタンダード・チューンだったことにある。吹き込みは、お馴染みの〈オン・グリーン・ドルフィン・ストリート〉、マイルスがガール・フレンドのフランシス・テイラー(ふたりは1960年に結婚している)に贈ったオリジナルの〈フラン・ダンス〉、スタンダードの〈ステラ・バイ・スターライト(星影のステラ)〉と〈ラヴ・フォー・セール〉の順で行なわれた。

驚かされるのは、マイルスとエヴァンスの相性のよさだ。コルトレーンよりキャノンボールより、新加入した彼がもっともマイルスの音楽に接近していた。それは、最初に録音された〈オン・グリーン・ドルフィン・ストリート〉から明瞭だ。

コルトレーンは、マイルスとのコントラストを描くことに存在意義があった。キャノンボールは3管セクステットのヴォイシングをふくよかなものにするための隠し味だ。そして、マイルスのプレイを懐から深く支える役割を担ったのがエヴァンスである。

エヴァンスは、コードだろうがモードだろうが、そうしたものを優先するのではなく、その曲が持つ〈音〉と、演奏の行方によって変化する〈響き〉を重視していた。それがマイルスとの共通項であり、ほかのふたりにはない持ち味だ。

マイルスは、エヴァンスがグループに加わる前からそのことを見抜いていた。レコーディングにはまったく不安がなかったという。彼が加わって7週間、連日のようにクラブ・ギグをこなし、レコーディング当日までにマイルスもエヴァンスも互いの音楽性を熟知するまでになっていたからだ。

「スタジオでは、ライヴでやっている曲でも違う内容にしたかった。落ちついた雰囲気でロマンチックなプレイがしたいといつも願っていた。ビルが入って、初めてそれが可能になった。最初から、ヤツとは何年もグループを組んでいるような感じだった。オレは嬉しくて仕方がなかった」(G)

ところで、この日はマイルス32歳の誕生日だ。メンバーは〈ハッピー・バースデイ〉を歌ってくれたのだろうか?

次にマイルスとエヴァンスがスタジオに入ったのは6月25日のことだ。新婚旅行を兼ねてニューヨークにやって来たフランスの作・編曲家ミシェル・ルグランのオーケストラ・レコーディングに参加するためだ。マイルスはコルトレーンとチェンバースにも声をかけて、スタジオに向かう。録音されたのは、〈ワイルド・マン・ブルース〉〈ラウンド・ミッドナイト〉〈ジターバッグ・ワルツ〉〈ジャンゴ〉だ。これらの演奏は、アメリカでは『ルグラン・ジャズ』(コロムビア)、日本では『1958 マイルス』で発表されている。

ルグランの回想だ。

「ニューヨークでのレコーディングは1年前にも体験していた。そのときはムード・ミュージックのような内容だった。それで、次はジャズ・ミュージシャンを集めてレコーディングしたいと話しておいた。新婚旅行もあったんで、そのタイミングで2回目のレコーディングが行なわれた。マイルスとの共演はわたしの希望だが、レコード会社も大賛成してくれた。大々的な売り出しを図っているところだったからね。わたしはマイルスに人選を任せることにしたが、結局、メンバーの大半はプロデューサーが選んだようだ。曲目? これはわたしのリクエストだよ」(28)

②1958年7月3日

セクステットは6月にワシントンDCの「スポットライト・ラウンジ」とニューヨークの「スモールズ・パラダイス」に1週間ずつ出演し、次いで7月3日に「ニューポート・ジャズ・フェスティヴァル」のステージに登場した。そのときの模様は『マイルス&モンク・アット・ニューポート』(コロムビア)に収録されているが、この作品は、前半にマイルス、後半に1963年に同フェスティヴァルで残されたセロニアス・モンク・カルテットの演奏をカップリングしたものだ。LP時代は、収録時間の都合で〈バイ・バイ・ブラックバード〉がカットされていたが、現在はこのときのステージが、司会者の紹介も含めてコンプリートな形でCD化されている。

「わたし個人の意見だが、この時期のマイルス・バンドは、コンビネーションの点でバラバラだった。バンドの中にいくつかの方向性があったからだ。コルトレーンとキャノンボールはそれぞれ独自の道を歩いていたし、マイルスとビルはチームを組んでいる感じだった。ポールとわたしは一緒になって、彼らの橋渡しができるようなリズムやグルーヴを生み出そうとしていた。うまくいくときもあれば、失敗してグループのサウンドがバラバラになってしまうこともあった」(29)

ジミー・コブが語るように、マイルスのセクステットは音楽的に安定している状態でなかった。マイルスの狙いであるモード・ジャズは、ある程度の完成は見ていたものの、いまだ試行錯誤の段階にあった。それと、彼の場合、スタジオ録音とライヴの演奏にはいつも音楽的な開きが認められた。この時期も、それは例外でない。

③1958年9月9日

「ニューポート・ジャズ・フェスティヴァル」出演後、セクステットは7月の終わりに

2週間ニューヨークの「ヴィレッジ・ヴァンガード」、1週間ワシントンDCの「スポットライト・ラウンジ」、そして8月23日にランダルズ・アイランドで開催された「ニューヨーク・ジャズ・フェスティヴァル」に出演している。それに続くのが9月9日のライヴ・レコーディングだ。

また7月22日からは、前年の『マイルス・アヘッド』に続くギル・エヴァンス・オーケストラとマイルスのレコーディングが開始されている。今回の『ポーギーとベス』（コロムビア）は、7月22日、7月29日、8月4日、8月18日の4日間で録音が完了したが、これについてはあとで触れることにしよう。

9月9日、コロムビアは創立40周年を記念して、ニューヨークの「プラザ・ホテル」でパーティを開いた。そのアトラクションとして登場したのが、マイルスのセクステットとデューク・エリントン・オーケストラ（シンガーのビリー・ホリデイとジミー・ラッシングも加わる）だ。

コブの話によれば、このときも大半はそれぞれがやりたいように演奏し、バンドとしてのサウンドはさしたるものが生み出せないままに終わってしまった。ただし、ふたりのサックス奏者が抜けて、マイルスがワン・ホーン・カルテットで演奏した〈マイ・ファニー・ヴァレンタイン〉だけは出色の出来といっていい。寄り添うようにサポートするエヴァンスにしても、チェンバースとコブのリズムにしても、マイルスのリリシズムをさらに高める役どころを存分にわきまえて、グループが一体となったプレイを繰り広げる。

この日の演奏については、コブがこんな文章を発表していた。

「サム・ウッドヤード（エリントン・オーケストラのメンバー）のドラムスを借りて演奏したことを覚えている。これは、彼の位置にセットされていた。そのため、マイルスとバンドのメンバーはわたしからずっと離れた向こう（のように感じられた）で演奏していて、まるで部屋の反対側にいるかのようだった……。部屋には残響があって、そのため、わたしにはバンドの音が少し遅れて耳に届く状態だった。ジャズを演奏するときに、さまざまな困難に遭遇するのはいつものことだ。わたしたちの間には距離があったものの、1時間ほどキッチリとプレイした。最終的に、そのときの演奏はアルバムとして発売されたが、それには、わたしでなくフィリー・ジョー・ジョーンズの名前がクレジットされていた。おまけに、ギャラも彼に払われていた……。気づくのが遅かった！」(30)

このときのライヴ録音はすぐに発売されず、未発表のままに残されてしまう。そして、録音されてから11年後の1969年に発売されたマイルスのアルバム、『キリマンジャロの娘』（コロムビア）のジャケット裏（米盤）に、ようやくレコード番号（CS9483）とジャケット写真（タイトルは『Oleo』）が印刷されて、リリースの予定が伝えられたのだった。しかしこのときも結局は発売されず、最終的にタイトルもジャケットもレコード番号も違う『ジャズ・アット・ザ・プラザ 第1集』(コロムビア)として世に登場したのは、1973年になってからだ(エリントンの演奏は同時に発売された『第2集』に収録)。

ビル・エヴァンスの退団と『カインド・オブ・ブルー』

ビル・エヴァンスがレギュラー・メンバーとしてレコーディングに参加したのはここまでだ。その後はハーレムの「アポロ・シアター」や東部周辺のジャズ・クラブに出演し、10月末に退団したのである。マイルスとの共演で人気を高めた彼が、自身のトリオを結成するためだった。事実、この年の『ダウンビート』誌で、エヴァンスは「期待される新人ピアニスト」の第1位に輝いている。しかし、もうひとつ、その裏には別の理由も隠されていた。人種問題だ。

それは、主に黒人の聴衆から寄せられるものだった。黒人地域のジャズ・クラブに出るときは、身の危険を感じることも再三だったし、そうした場所で演奏するときは、ソロが終わってもあてつけのように無視されるか、まばらな拍手しか起こらなかった。ホテルの問題もあれば、食事の問題もあった。

バンド内でも差別は明らかに認められた。ほとんどエヴァンスを無視していたのがコルトレーンだ。才能を高く買っていたマイルスまでもが、白人であることをネタに、たちの悪い冗談でからかうことがしばしばだった。ジャズ・バンドとしては有数のギャラが保証されていたにもかかわらず、エヴァンスはマイルスとのバンド活動に疲れ切っていた。

11月1日に出演した「スポットライト・ラウンジ」の演奏は、ラジオ番組の『バンドスタンドUSA』で実況中継されている。このときのピアニストはレッド・ガーランドだ。ピアニストの交代は、この直前に起こっている。以後は、しばらくの間、エヴァンスの前任者だったガーランドがグループに復帰し、後任のウイントン・ケリーが参加してくるのは、年が明けた1959年2月のことだ。

しかしマイルスは、『マイルストーンズ』に続くスタジオ録音で、同作の延長線上にあるサウンドを追求するつもりでいた。これはエヴァンスがメンバーと想定してのアイディアである。旧メンバーのエヴァンスを起用して、それを実行に移したのが、3月2日と4月22日のセッションだ。

マイルスがエヴァンスと組んで行なった一連のレコーディングで、もっとも重要なものがこの2回の吹き込みである。ここで、ようやくモード・ジャズをたしかな形で表現できるようになったからだ。

結局、エヴァンスを加えたセクステットがスタジオ・レコーディングで1枚のアルバムを完成させたのは、このときの演奏を収録した『カインド・オブ・ブルー』だけである（〈フレディ・フリーローダー〉のみウイントン・ケリーに交代している）。そのほかは、オムニバス盤に収録された演奏か（前記①）、ライヴ作品である（同②③）。

エヴァンスを得たことで、マイルスは初めてグループに洗練されたサウンドを持ち込むことに成功した。抑制されたサウンドは確立していたものの、流麗さとは別種のスウィング感に持ち味を示していたのがそれ以前のクインテットだ。そのサウンドを、さらに都会的なものにしたのがエヴァンスの参加である。それに彩りを添えたのがジミー・コブのドラミングだ。前任者のフィリー・ジョー・タイプではあるものの、彼は細かいビートやアクセントのつけ方に新しい感性を表出させていた。

コブの言葉だ。

「このアルバムが録音されたころのマイルス・バンドは、ビバップから『クールの誕生』に向かうときのように、音楽上の移行期に差しかかっていた。これはまさに望むところで、なぜなら新しいドラマーとしてのわたしに意義が見出せたからだ。フィリー・ジョー・ジョーンズのようなプレイはしたくなかった。レコーディングの当日に、ドラムスをセット・アップしながら考えていた。今日はどんな演奏になるんだろう？　メンバーが集まって来た。マイルス、ビル、ジョン、キャノンボール、そしてポール、そのあとにウイントンがブルックリンからタクシーでやって来た。しかし、ウイントンがスタジオに着いて、ビル・エヴァンスがそこにいることを知るや、彼はある種の混乱を来たし、わたしが話しかけて、彼とビルの両方が録音に参加することを納得させるまでイライラしていた」(31)

マイルスと一卵性双生児のように、抑制の利いたプレイで独特のリリシズムを表出してみせたエヴァンスにも、スウィンギーな曲が苦手という弱点があった。そこで、マイルスは彼のために新曲を用意する。〈ブルー・イン・グリーン〉や〈フラメンコ・スケッチ〉は、エヴァンスが好きなドビュッシーやハチャトリアンのヴォイシングからヒントを得て書いた曲だ。そして、これらが『カインド・オブ・ブルー』の重要なレパートリーになった。

「わたしたちがいつも家で聴いていたのは、ハチャトリアン、ラヴェル、ブラームスなんかだったわ」(32)

マイルスのガール・フレンド、フランシス・テイラーの言葉だ。

マイルスがエヴァンスのようなタイプのピアニストと本格的に演奏するのは初めてだった。それまでは、ことごとくスウィンギーなピアニストと共演していた。スウィンギーなプレイが不得手なことから、ピアニストにはコントラストを持たせていたのだ。そのマイルスが、初めて自分と同じタイプの音楽性を持つピアニストをグループに迎えたのである。

一方のエヴァンスは、マイルスの音楽に西洋音楽の要素を加味させたことで、注目に値する貢献を果たした。こちらもまた、休みの日には、ラフマニノフ、ベートーヴェン、バッハの作品を弾いているような人物だった。そのころの話を、シンガー兼ピアニストで評論家のベン・シドランがマイルスから聞き出している。

「（『カインド・オブ・ブルー』が画期的でシンプルな内容だったという問いに対し）理由はビル・エヴァンスだ。ヤツは、よくオレのところにラヴェルの曲を持ってきていたな。そうだ、ビルはいろんなモードについて、オレに話してくれたっけ。だけど、ヤツが話すことぐらい、もう知っていた。でも、ヤツと気が合って、あれ（『カインド・オブ・ブルー』）をやったんだ。オレたちはラヴェルやハチャトリアン、バルトークとか、そんな連中の研究をしたのさ。たとえば、白鍵だけで演奏してみるとか、まあ、そんなことだ。そうやって、ひとつのサウンドが出来上がった。オレたちがやったら、みんながやり始めた。それだけのことだ」（33）

それまでのマイルスは、黒人的な伝統に根ざしたサウンドを発展させることで、洗練された演奏をしようと試みていた。しかしエヴァンスと共演するようになって、彼はフランス印象派の音楽などにも興味を向け始めた。自身の民族的なルーツを強調するため、その対照として西洋音楽の要素も取り込んだのである。その成果ともいえる演奏が〈ブルー・イン・グリーン〉や〈フラメンコ・スケッチ〉だ。

これらの曲を収録した『カインド・オブ・ブルー』のジャケット裏には、エヴァンスが日本の墨絵を引き合いに出して書いた「ジャズにおける即興演奏」という文章が寄せられている。一部を紹介しておこう。

「集団による即興演奏は、それ（墨絵）に比べるといっそうのチャレンジとなるはずだ。全員が同じ流れで演奏することはきわめて難しい。そこには同じ成果を得たいという、メンバー全員に共通した、非常に人間的で、場合によっては社会的とさえいえる必然性がなければならない。このもっとも難しい問題が、この作品では見事に解決されているのではないだろうか。画家が額縁を必要とするように、即興演奏を行なう音楽の集団には拍子が必要となってくる。それと同じで、マイルス・デイヴィスがここで必要と考えて示したものは、シンプルでありながら演奏に刺激を与え、基本的なコンセプトを表現するのに欠くことのできない要素のすべてだった」(34)

『カインド・オブ・ブルー』が発売されたのは1959年8月17日のことだ。アルバムは異例のベストセラーとなり、21世紀に入った現在でも売り上げを伸ばしている。そのことについては、このレコーディングの詳細なドキュメンタリーを著したアシュリー・カーンの力作『カインド・オブ・ブルーの真実』（プロデュース・センター出版局）で、次のように報告されている。

「1959年以降、『カインド・オブ・ブルー』の売れ行きは、アメリカ国内で信じ難い急激な伸びを見せる。1962年までに約8万7000枚だった売り上げ枚数は、CDが導入された1984年までに42万枚、1986年末までには44万5000枚に達した。そして1993年8月、『カインド・オブ・ブルー』は、30年を費やして50万枚を売り、ゴールド・ディスクに名を連ねた。さらにその後、4年足らずで販売実数は倍加し、1997年2月、ついに売り上げ枚数が100万枚を超え、プラチナ・ディスクに認定された。同年、ソニー・レガシー（コロムビアの現ジャズ部門＝同社は1988年にソニーが買収した）は、カタログ・ナンバーCK 64935のこのアルバムを再発売した。現時点で、『カインド・オブ・ブルー』は、300万枚突破へと快進撃を続けている」(35)

発売当初もジャズとしては異例のベストセラーを記録したこの作品は、それ以上に現在のほうが売れているのだ。

それについては、『マイルス＆コルトレーン BOX』（コロムビア）の企画・編集をしたプロデューサーのマイケル・カスクーナが、こう分析している。

「ネット上での販売や、テクノロジーの進歩による音質の向上など、これまでにはなかったさまざまな要素が加わったことで、近年の爆発的なセールスに結びついたのだろう」(36)

売り上げも重要だが、それ以上に注目すべきは、この作品が1960年代のジャズ・

シーンに大きな影響をおよぼしたことだ。カーンは、それについて、こんな見解を寄せてくれた。

「モード手法はすでにミュージシャンの間で知られるようになっていたが、具体的な演奏方法がわからなかった。それがこの作品の登場によって普及し、1年後には多くのミュージシャンが、マイルスやビル・エヴァンスのように演奏していた」(37)

エヴァンスがマイルスとの共演によって、さまざまな点で触発され、創造意欲を掻き立てられたことは間違いない。しかし、ふたりの蜜月時代は長く続かなかった。そこで、マイルスは次なるピアニストを探すことになるが、最初の数ヵ月は、旧メンバーのレッド・ガーランドを雇い、その後に恒久的なメンバーとしてウイントン・ケリーを迎えたのである。ケリーは、エヴァンス・タイプというより、ガーランド・タイプのピアニストだ。ここにきて、マイルスは追求する音楽を逆戻りさせようと考えたのだろうか?

「モードを追求していたといっても、ステージでは、すべての曲をモードで演奏していたわけじゃない。モードも、オレのスタイルの中のワン・オブ・ゼムだ。アーマッド・ジャマル(p)のようなスウィンギーな曲もやりたいし、バラードもリクエストが多い。だから、ウイントンのようなオールマイティなピアニストを入れたんだ」(G)

マイルスにいわせれば、ウイントン・ケリーは、ガーランドとエヴァンスが混ざった感じで、ほとんどなんでも弾けたのが採用の理由だった。『カインド・オブ・ブルー』でモード・ジャズを完成させたマイルスは、さらに幅広い音楽を追求しようと考え、ケリーをグループに入れたのである。

レギュラー・コンボはコルトレーンの独立問題も抱えていたが、それはひとまず脇へ措いて、マイルスはアレンジャーであるギル・エヴァンスとのコラボレーションに、このあとは再びのめり込んでいく。

オーケストラル・ジャズの成果

マイルスとギル・エヴァンス・オーケストラのコロムビアにおけるレコーディングは、１９５７年5月6日の『マイルス・アヘッド』セッションから始まり、１９６８年4月19日の「バークレイ・ジャズ・フェスティヴァル」におけるライヴ（未発表）で幕を閉じる(38)。

1作目となった『マイルス・アヘッド』でモード・ジャズの扉を開いたマイルスは、オーケストラによる2作目の『ポーギーとベス』、そしてその作品の前後にセクステットでレコーディングした『マイルストーンズ』や『カインド・オブ・ブルー』などで、いっきにモード・イディオムを完成の域にまで発展させたのだった。

この時期に残された演奏をアルバム単位で並べるなら、次のようになる（編集盤の

『1958 マイルス』は除く)。

①『マイルス・アヘッド』(1957年5月)
②『死刑台のエレベーター』(1957年12月)
③『マイルストーンズ』(1958年2、3月)
④『マイルス&モンク・アット・ニューポート』(1958年7月)
⑤『ポーギーとベス』(1958年7月、8月)
⑥『ジャズ・アット・ザ・プラザ 第1集』(1958年9月)
⑦『カインド・オブ・ブルー』(1959年3、4月)
⑧『スケッチ・オブ・スペイン』(1959年11月、1960年3月)

『ポーギーとベス』を吹き込んだのは、マイルスがつき合っていたダンサーのフランシス・テイラーが、マンハッタンの「シティ・センター」で上演されていたこのフォーク・オペラに出演したのが動機とされている。彼は、自分のガール・フレンドや奥さんをジャケットに登場させたことも再三で、フランシスの写真がカヴァーを飾ったアルバムには、1961年の『サムデイ・マイ・プリンス・ウィル・カム』と『ブラックホークのマイルス・デイヴィス』、1965年の『ESP』がある。また、1958年5月

26日に最初の演奏が録音された〈フラン・ダンス〉(『1958 マイルス』に収録)は、彼女が踊っている姿に触発されて書いた曲だ。

そのフランこと、フランシス・テイラーが、マイルスの魅力について語る。

「マイルスは自分のスタイルを持っていたの。だから、誰もが夢中になったのね。本当にビューティフルだった。ステージに出てくるだけで、全員の目を釘づけにしたわ。最高のアピールの仕方を知っていたのよ。それが、ほかのミュージシャンにはない持ち味だった」(39)

『ポーギーとベス』は1958年7月と8月に行なわれた4回のセッションで完成している。基本的なサウンド志向は『マイルス・アヘッド』とほぼ同じだが、前作に比べれば、マイルスがいっそう前面に登場するアレンジが施されていた。特徴は、彼とオーケストラの間で繰り広げられる〈コール&レスポンス〉だ。この応答形式のスタイルは、教会音楽からヒントを得たとされている。

『ポーギーとベス』は、デュボース・ヘイワードの小説『ポーギー』を原作にしたオール黒人キャストによるフォーク・オペラだ。作曲をジョージ・ガーシュイン、脚本と作詞をヘイワードが担当し、1935年10月10日にニューヨークの「アルヴィン劇場」で初演の幕を上げた。

ガーシュインはこの作品のために、サウスカロライナ州チャールストンに数回滞在し、さまざまな黒人音楽を実際に採譜しながら11ヵ月間を作曲にあて、その後、さらにオーケストレーションを完成させるのに9ヵ月を要したといわれている。当初は、オール黒人キャストでオペラ形式ということもあって、ミュージカル・ファンからの受けは芳しいものでなかった。その結果、3ヵ月で打ち切られてしまうが、1942年1月に「マジェスティック劇場」で再演されたときは7ヵ月で286回、1952年のロンドン公演では305回のロングランを記録し、1958年に映画化されるにいたって、ついに世界的な人気演目となったのである。マイルスが取り上げたのもこの時期だった。

黒人音楽を徹底的に研究したガーシュインの音楽は、当然のことながら、教会音楽からもヒントを得て、書き上げられている。とはいえ、ギルのオーケストレーションは、ここでも洗練された白人らしい響きを失っていない。様式的には黒人音楽のルーツを辿ったところも多々認められる。しかし全体の響きは、前作『マイルス・アヘッド』と同様、クラシック音楽に通じていた。それは、クラシックにも造詣の深いガーシュインが黒人音楽の様式を借りて書き上げたスコアと、アプローチの仕方は違うものの、マイルスとギルのコラボレーションがどこかでリンクしていたからだ。

作品の中で、とくに「コール&レスポンス」が効果的に用いられるのは〈サマータイム〉と〈イット・エイント・ネセサリリー・ソー（ご自由に）〉だ。モードを強く意識して演奏されているのは、〈プレイヤー〉と〈愛するポーギー〉である。前者ではコード展開がまったく認められず、Ｂフラット・マイナーによるハーモニーで最初から最後まで演奏が進行していく。また後者の譜面には、これまたコード進行はいっさい書かれておらず、マイルスが吹く音階だけが指示されていた。『マイルス・アヘッド』に比べると、『ポーギーとベス』は、ギルのブラス・アレンジがさらにマイルスのプレイを引き立てるものになっていた。前者では、ブラスに埋没することで、独特のサウンドを表出してみせたのが彼のトランペットだ。それに対し、後者では、マイルス対ブラス・アンサンブルが前作以上に見事なコントラストを描いてみせる。

この違いのキーワードが〈モード・イディオム〉だ。これは、マイルスもギルも、これら2作品を吹き込む1年数ヵ月の間に、モード・ジャズに対する自分たちのコンセプトを明確なものにしていたことの証である。

マイルスのプレイは以前より浮遊感を強調するものになっていた。これは、フランシスのダンスからヒントを得た楽想かもしれない。〈プレイヤー〉における彼がいい例だ。低音群から高音群まで、ギルが自在にブラスを駆使し、マイルスのプレイに呼応させていく。マイルスはマイルスで、穏やかな演奏からクライマックスまで、常に次の展開が予測できない奔放さで、しかもきわめてリリカルな表現によって、演奏全体をストライドの大きなダンスのような感じにしてみせる。

「ポイントは躍動感だな。筋肉の動きにすべてが集約されている。ダンスをしている女の尻を見るのが好きだ。それで、その筋肉がどう動くかが問題になる。音楽も、オレが描く絵と同じで、要はどれだけ躍動しているかだ。オレの演奏をリリカルだとかいうヤツもいるが、本質はそんなところにあるんじゃない。穏やかな中にも躍動感は表現できる。穏やかな音楽を穏やかに演奏してみたってしょうがないだろ。いい例が『クールの誕生』だ。オレはあの作品でクールなサウンドを求めた。ただし、それはホットな演奏に対するクールということで、文字どおりのクールな演奏をしたかったんじゃない。クールな中にも、ホットな躍動感がなくちゃ駄目だ」(E)

これは『ポーギーとベス』についての話ではなく、マイルスの絵について質問したときの反応である。しかし、いい得て妙というか、彼は音楽にも通じることを話してくれたように思う。マイルスのプレイは、たしかに躍動感に満ちている。それは、どんなに抑制の利いた演奏を行なっているときでもそうだった。

マイルスにとっても、ギルにとっても、『ポーギーとベス』は満足がいく内容だった。マイルスの場合は、常にコンセプト・アルバム的な内容が結果としてついてくるが、この作品は最初から黒人フォーク・オペラ『ポーギーとベス』の演奏集という、ひとつのテーマを基に吹き込まれている。そして、次の『スケッチ・オブ・スペイン』でも、同じようにひとつのテーマでアルバムが制作されたのだった。スパニッシュ・モードをテーマにした作品、ということだ。

究極のモード・ジャズ

マイルスが、スペインの作曲家ホアキン・ロドリーゴの〈アランフェス協奏曲〉を聴いたのは、1959年早々に行なったウエスト・コースト・ツアーでのことだった。友人のベーシスト、ジョー・モンドラゴンの家で聴いたレコードのひとつに、ギターとオーケストラのために書かれたこの作品があったのだ。感銘を受けた彼は、ニューヨークに戻るや、ギルにその話をする。

「2週間ほど繰り返して聴いたら、頭にこびりついて離れなくなった。ギルとアルバムを作ることになって、このレコードを聴かせたら、彼も気に入ってしまった。いつものように、オレたちはふたりだけで2ヵ月ばかりプログラムを練った」(40)

ギルのやり方は徹底していた。まずは、スペイン音楽とスペインの歴史や風土を知るため、図書館に通ったのである。彼は、フラメンコやロマ民族の生活を調べ、音楽の成り立ちを自分なりに研究したのだろう。常に本質を究めようとするギルの真骨頂が、こうした行為からも窺うことができる。

その結果、彼は〈アランフェス協奏曲〉の中間部に手を加え、演奏をオリジナルのものより少し長くしたのだった。このリサーチの最中に、ギルはもうひとつ、素晴らしいスペインの音楽を発見する。それが、マヌエル・デ・ファリャが1915年に書いたバレエ音楽『エル・アモール・ブルーホ（恋は魔術師）』からの1曲〈ウィル・オ・ザ・ウィスプ〉だった。LPレコードの時代は、これら2曲をA面に、そしてギルが書いた3曲〈ザ・パン・パイパー〉〈サエタ〉〈ソレア〉がB面に収録されていた。

ただし、彼のオリジナルとクレジットされているこれらの曲にも、それぞれに出典がある。〈ザ・パン・パイパー〉は、ギルが見つけたレコードの中から、ペルー先住民による即興演奏をヒントに書かれたものだ。〈サエタ〉はスペインのマーチをアレンジしたもので、本を正せば〈歌の矢〉として知られるアンダルシアの歌である。これは一種の宗教的な音楽のひとつだ。もう1曲の〈ソレア〉は、フラメンコの基本的な形式のひとつに、ブルースで使われるペンタトニック・スケール（5音音階）とアフリカ音楽の要素を取り入れてアレンジしたものである。「ソレア」とは英語の「ソリチュード」と同じ意味で、孤独や哀愁を歌ったのがこの曲だ。

マイルスにとって、『スケッチ・オブ・スペイン』は初めてクラシックに挑戦するプロジェクトだった。ビル・エヴァンスからの影響が背景にあったことは間違いない。マイルスは、彼との交流を通し、それまであまり意識していなかったクラシック音楽にも関心を向けるようになっていた。そんな興味が、このアルバムを吹き込む動機に繋がった。

問題は、レコーディングが困難を極めたことだ。そのため、当時のジャズ・レコーディングとしては異例なほど膨大な時間が費やされた。具体的には、３時間単位のセッションが15回行なわれ、さらに６ヵ月の編集作業を経て、ようやく完成したのである。しかも、クラシックもジャズと同じように演奏できるミュージシャンを見つけるのが、これまた難しかった。

マイルス自身もかなりの苦労をしたようだ。

「レコーディングで一番難しかったのは、元々は歌のパートをトランペットで吹き、しかも、ほとんどを即興でやることだった。言葉と音楽の中間というか、それを吹くのが難しかった。おまけに、アラブ音楽風の音階や、アフリカ黒人の音階があって、それが転調したり、曲がったり、うねったりと動き回って、まるでモロッコにでもいるような感じだった。そして、本当に難しかった理由は、１回か２回の演奏で完成させなきゃならなかったことだ。『スケッチ・オブ・スペイン』みたいな音楽は、３回も４回もやったら、表現したいフィーリングが失われてしまう」(41)

ギルはこの作品を完成させるため、世界中の民族音楽のレコードを聴き、文献をさらったという。スペイン音楽にポイントが絞られてはいたものの、彼はこの作品で、意図的に究極のモード・ジャズを追求しようと考えていた。

「マイルスとモード・ジャズについてきちんと話をした記憶はないが、あの作品でわたしたちはジャズにおけるモード手法を確立したかった。それまでにわたしたちが行なってきたモード・ジャズは、まだシンプルなものだった。モードには無限の可能性があったけれど、それをどう使いこなしていいかがわからなかった。そのことを、わたしたちはあのレコーディングで誰よりも深く追求できたと思っている」(42)

問題は、そんなギルの書いた譜面を、完璧に演奏できるミュージシャンがどれだけいるかだった。これは前代未聞のレコーディングである。ジャズのミュージシャンも、クラシックの演奏家も、『スケッチ・オブ・スペイン』のような音楽は演奏したことがなかった。しかも、ギルはいつもの本領を発揮し、精密なスコアを用意していた。

「こんな難しい譜面は、ジャズのアレンジでは見たことがない。書こうと思えばもっと易しくも書けただろうし、結果もそうは変わらなかっただろう。でも、ギルは演奏で起こることを、まさにそのとおりに書かないと気が済まない。もうひとつ、これを難しくしているのは、彼がさまざまな音の強弱を使ったことだ。たとえば、最初の小さなフレンチホーン・トリオのパートでは、マイクを使ったマイルスとバランスを取らなくてはいけない。そうして、そのトリオが自分の席に戻ると、そこでまた別のバランスの問題が出てくる。しかもこれはほんの手始めだからね。幸いこの3人は街で指折りの譜面が読める連中だ。その中のジム・バフィントンとジョン・バロウズは、前日の晩もニュージャージーでベートーヴェンの六重奏曲を演奏してきたところだ。弦楽4重奏団と2本

の管楽器のためのね」(43)

　これはレコーディングを覗きにきた、クラシックの作曲家で、ピアニスト兼アレンジャーとしてジャズにも関わりが深いホール・オヴァートンのコメントである。

　もうひとつの重要な点は、この作品からテオ・マセロがプロデューサーになったことだ。彼は『ポーギーとベス』でギルのアシスタントを務め、当時はマイルスのA&R(アーティストと録音する曲目に関してのあらゆる業務を担当する人物)になっていた。

　テオがマイルスのレコーディングに初めて関わったのは、『ウエスト・サイド物語』などで知られる作曲家のレナード・バーンスタインがジャズについて語るアルバム『ホワット・イズ・ジャズ』(コロムビア)でのことだ。この作品は、ジャズにおけるスタイルの変遷を、模範演奏を聴きながらバーンスタインが解説するもので、「現代のジャズ」のところでマイルス・クインテットの〈スウィート・スー、ジャスト・ユー〉(44)がフィーチャーされている。

　そのアルバムをプロデュースしたのがテオで(レコーディングそのものはジョージ・アヴァキャンのプロデュース)、その後は『カインド・オブ・ブルー』でアシスタント・プロデューサーを務め、『スケッチ・オブ・スペイン』にいたったのである。その前の『マイルス・アヘッド』と『ポーギーとベス』をプロデュースしたのはジョージ・アヴァキャンとカル・ランプレイだ。

「1948年に『バードランド』で会ったのが最初だ。マイルスがパーカー・クインテットで出ていたときか、ノネットの演奏を聴きに行ったときだ。仕事を一緒にするようになってすぐにわかったのが、彼が知的で創造的で、どんなときでも音楽に情熱を燃やしていることだった。創造意欲に駆られたアーティストの音楽はすべて残らず記録するのをモットーにしていたから、マイルスと出会えたことは、プロデューサーとして最高の幸福だった」(45)

こういう発言をするテオは、前任者に比べるとフレッシュな演奏を好んで取り上げるタイプだった。マイルスとはその点で気が合ったのだろう。テオは、彼のプレイに関しては早いテイクでOKを出すものの、オーケストラ・パートには高い完成度を要求した。それが長時間のスタジオ・ワークに繋がったのである。

特記しておくべきは、彼が優れたエンジニアであり、ジュリアード音楽院でマスターの学位を取得し、チャールズ・ミンガス(b)のコンポーザーズ・ワークショップでテナー・サックスを吹いたこともある音楽家だったことだ。こうした経歴を持つ完璧主義者のテオと、完璧を好むことでは人後に落ちないギルが顔を揃えたのだから、セッションはイージーな形で終わるはずがなかった。

ところで、マイルスは譜面を読みながら演奏するのが好きでなかった。エモーションを大切にする彼のプレイを考えても、これは明白だ。スタジオではいくつかのパートにわけてレコーディングが行なわれた。マイルスは楽譜に目を通し、バックのオーケストレーションを実際に何度か聴き、それから今度は譜面を見ずにトランペットをそこにオーヴァーダビングしたのである（全曲ではないが）。

ギルとテオは、オーケストラのメンバーにも譜面に忠実なプレイを求めただけではない。ミュージシャンそれぞれの個性がアンサンブルに反映されることを強く望んだのだ。その結果、何度かメンバーが入れ代わり、レコーディングは徐々に完成度を高めていった。

「クラシック音楽が持つ緻密さの中に、ジャズの奔放な要素を加えようとしたのは意図的だった。いまになって思うと、わたしは無意識のうちに西洋音楽とジャズの中間を狙っていたようだ。これは、あとからテオに指摘されて気がついた。スペイン音楽が、クラシックとジャズの橋渡しをする要素に満ちていたってことだ。ただし、そこまではマイルスもわたしも考えていなかった」(46)

一方のマイルスは、『スケッチ・オブ・スペイン』を「ブルースのスペイン版」と考えていた。ことに、全体が寂寥感に覆われた〈アランフェス協奏曲〉は驚くほどブルージーに響く。切々としたサウンドを生み出すマイルスのプレイもブルースそのものだ。

フラメンコ調の〈ソレア〉でも、マイルスはいつになくブルース・フィーリングを強調してみせる。ギルとのコラボレーションでは、一般に脱ブルースというか、非ブルース的なものを追求してみせた彼だが、この作品に限っては例外だった。ギルによれば、スパニッシュ・モードとブルースで用いられるペンタトニック・スケールをかけ合わせた結果、こうしたサウンドが現出できたという。

もうひとつ興味深い点がある。ギルのオーケストラは、〈音のタペストリー〉と呼ばれるほど、ブラス・アンサンブルの織りなすサウンド・テキスチャーに独特の響きが反映されてきた。しかしこの作品では、そのことに加え、さまざまなパーカッション類も絶妙な形で用いられている。これまでになかったほどリズミックな要素を強調しているのが『スケッチ・オブ・スペイン』だ。ここに、モード・ジャズにおけるもうひとつの重要な鍵が隠されている。

音階を用いたモード・ジャズは、従来のコード進行によるジャズに比べ、表情に乏しい弱点があった。サウンドが平板にすぎるのだ。単一のスケールで延々と演奏されれば、いくらソロに自由な広がりがあったとしても、サウンドは単調にならざるを得ない。

そこで『スケッチ・オブ・スペイン』のサウンドをカラフルなものにするべく、カスタネットやタンバリンやマラカスといったパーカッション類が用いられたのである。それらが独立して固有のリズムを奏でたことから、リズム・フィギュアが多彩なものとなった。その結果、ここではポリリズミックなサウンドが随所で認められる。

モード・ジャズによってポリリズミックなフィギュアが登場し、それがさらに発展していったのは、単調な演奏に陥りやすい弱点をカヴァーするためだった。その最初の試みがこの作品で認められることを見落としてはいけない。大胆な推論をいわせてもらうなら、リズムに関するここでの試みが、常にリズムを重視していたマイルスによって、約10年後の『ビッチズ・ブリュー』（コロムビア）で結実する。

それでは、マイルスが『カインド・オブ・ブルー』や『スケッチ・オブ・スペイン』をレコーディングしていた1959年、彼はジャズ・シーンでどのようなポジションにいたのだろうか？　目安となるのが、同年度に発表された『ダウンビート』誌の読者人気投票だ。ファンやミュージシャンを含む関係者の間でもっとも愛読され、信頼されていたジャズの専門誌が『ダウンビート』である。

その人気投票で、「ジャズ・マン・オブ・ジ・イヤー」と「トランペット」部門で1位に輝いたのがマイルスだ。「作編曲家」部門でもギル・エヴァンスが1位に選ばれている。見すごせないのは、それぞれの部門で2位以下を大きく引き離していることだ。「ジャズ・マン・オブ・ジ・イヤー」ではマイルスが604票、2位のデューク・エリントンが273票、「トランペット」ではマイルスが1856票、同じくディジー・ガレスピーが460票、「作編曲家」ではギルが901票、次点がエリントンの406票と、差は歴然だ。

ちなみにほかの部門で1位になったのは、ポール・デスモンド（アルト・サックス）、スタン・ゲッツ（テナー・サックス）、J・J・ジョンソン（トロンボーン）、ミルト・ジャクソン（ヴァイブ）、オスカー・ピーターソン（ピアノ）、ケニー・バレル（ギター）、レイ・ブラウン（ベース）、シェリー・マン（ドラムス）だった。彼らの多くがこの時点で追求していたのは、ハード・バップやウエスト・コースト・ジャズである。それを考えても、マイルスの先進性は理解できるだろう。

コルトレーンの退団

『カインド・オブ・ブルー』を吹き込む前後から、マイルスのグループは動きが慌ただしくなってきた。ピアニストの交代劇に続いて、今度はコルトレーンの独立問題が噴出したのだ。

1959年に入って、コルトレーンはプレスティッジからアトランティックに移籍している。プレスティッジは日ごろから予算が少なく、条件面で彼は不満に思っていた。そこでみずからアトランティック・レコーズのネスヒ・アーティガン社長と話をつけて、新たな契約を結んだのである。

コルトレーンが独立したがっていることは、マイルスにもわかっていた。そのため、収入面の不満を少しでも解消できればと、エージェントのジャック・ウィットモアに命じて、自分の仕事がオフのときにはコルトレーン・グループの仕事を入れさせるようにした。待遇をよくすることで独立を阻止しようとしたのだ。

しかし、それが逆効果となってしまう。コルトレーンは、自分の仕事が増えてきたことでますます独立を考えるようになったからだ。彼がアトランティックに1作目の『ジャイアント・ステップス』を吹き込んだのは、『カインド・オブ・ブルー』を録音した直後である。その事実も重なって、コルトレーン独立の噂が広がる。

「トレーンがソプラノ・サックスを吹くようになったのは、オレがプレゼントしたからだ。ヤツがグループから独立しようとしていたんで、思いとどまらせるために、前からほしがっていたソプラノ・サックスをプレゼントした。セルマーで最高のヤツをな」（G）

しかしそうこうしているうちに、マイルス自身にも厄介な問題が振りかかってくる。結果として、これがコルトレーンの独立に拍車をかけてしまった。1959年8月26日のことだ。

マイルスは「バードランド」の前に立っていた。すると、白人の警官がやって来て、「そこをどくように」といったのである。「ここで仕事をしているのに、どうしてどかなければいけないのか」と、逆らったことが裏目に出た。

警官は、「そこから動かなければ逮捕する」と迫る。それでもマイルスは動かず、手錠を出そうとした彼と揉み合いになった。そして、その警官がよろめいたところに別の白人警官が飛んで来て、有無をいわさずマイルスの頭を警棒で殴ったのである。

マイルスは公務執行妨害と警官への暴行罪で告発され、さらにはキャバレー・ライセンスまで取り上げられてしまう。このライセンスがなければ、酒類を提供する店での演奏はできない。彼はクラブのステージに立てなくなってしまったのだ。

そのため、グループはマイルス抜きで当面のスケジュールをこなすことになった。コルトレーンとキャノンボール・アダレイがリーダーシップを取って、グループの活動は続けられる。しかし、マイルスがいなくてもバンドは評判を落とさなかった。これもコルトレーンの自信に結びついたのである。

9月に入ると、マイルスとの演奏で資金を貯めたキャノンボールが自分のグループを結成するため、コルトレーンよりひと足先に独立し、グループは再びクインテットになった。当時のマイルスは、11月と翌年の3月に『スケッチ・オブ・スペイン』のレコーディングを行なった以外は、たいていの時間をフランシスとすごしていた。キャバレー・ライセンスがなかったので、しばしの休息を楽しんでいたのだ。

この間に、コルトレーンは独立を目指し、自身のカルテットで活動を続けていた。『スケッチ・オブ・スペイン』のレコーディングは1960年の3月半ばに終わり、マイルスのクインテットには、直後から4月いっぱいの予定でヨーロッパ・ツアーが組まれていた。

このツアーは、ノーマン・グランツが主催したＪＡＴＰ（47）によるものだ。コルトレーンは、自分の代わりに新人のウエイン・ショーターを紹介することで独立したいとマイルスに申し出ている。マイルスはそれを認めず、彼を連れてヨーロッパに飛び立つ。しかし、いやだという人間を無理やり引き止めておくことはできない。ツアーから戻ったら独立を認めてもらう条件で、コルトレーンはこのツアーに参加したのだった。

ところがいやいや加わったツアーではあったものの、各地で行なわれたコンサートはどれも素晴らしい評判を呼ぶ。コルトレーンのプレイも最高の内容だった。公式録音は残されていないが、このときの演奏は各国のラジオ局が放送している。

そのひとつをアルバム化したスタッシュ原盤の『ソー・ホワット』を聴くと、いつもと同じで、マイルスとコルトレーンのコンビネーションはほとんど認められない。しかしコルトレーンも、マイルスに負けず劣らずの優れたソロを披露している。決して手を抜いたり、投げやりな態度はとっていない。そこに、音楽に対する誠実さが示されている。

「彼の荷物は、サキソフォンとエアライン・バッグに洗面用具だけ。トレーンはその仕事をしたくなかったようだが、マイルスに無理やり説きふせられたらしい。彼はバスの中でわたしのとなりにすわっていたが、どうも腰が落ちつかない様子だった。暇さえあれば窓の外を眺めたり、東洋風の音階をソプラノ・サックスで吹いたりしていた」(48)ジミー・コブの証言だ。

アメリカに戻って、残された2、3の出演契約を終えると、コルトレーンは晴れてマイルスのグループから独立し、自身のカルテットを結成する。マイルスの落胆はきわめて大きなものだった。フィラデルフィアで行なわれた最後のライヴでは、もう少しで泣き崩れるところだった。あのマイルスが、わざわざマイクに向かってサキソフォニストの脱退をアナウンスしたのだから、よほどのことだったのだろう(49)。

独立後のコルトレーンは、やがてフリー・ジャズを追求し始め、1960年代のジャズ・シーンにおけるもっとも重要な人物のひとりになっていく。その彼から、マイルスが今度は反対に音楽的な示唆を受けることになるが、それはしばらく先のことだ。

理想のメンバーを求めて

コルトレーンの後任として参加してきたのはジミー・ヒース(ts)(50)だ。ヒースは麻薬常習の罪で逮捕され、1955年から59年まで刑務所に入っていた。出所してきたばかりの彼を推薦したのはコルトレーンだ。このときも、マイルスはお気に入りのソニー・ロリンズを候補に挙げていたが、この時期、彼は2回目の隠遁生活(59〜61年)に入っていた。そのため、参加は不可能だった。

「マイルスから直接声をかけられたことはなかった。当時のわたしは隠遁生活中で、音楽関係者と接触するのを絶っていた。（マイルス・バンドに参加するという）記事を雑誌で目にしたことはあったけれど、わたしにはなんの連絡もなかった」（51）

ロリンズの言葉だ。

一方、ヒースには、マイルスから直接電話が入った。

「カリフォルニアにいるマイルスから電話がかかってきた。バンドへの誘いだった。わたしはある事情であまり仕事をしていなかったから、すぐに引き受けた。しかし、最初にマイルスのバンドに合流したときは、彼らのやっている音楽がよくわからなかった。スタイルがまったく違っていたからね」（52）

しかし、ヒースはすぐにマイルスの音楽を理解し、バンドに溶け込んでいく。バンドがニューヨークに戻ったところで、彼はフィラデルフィアの家族のもとに一時帰郷する。そして、そこで係官に、仮釈放の規則としてフィラデルフィアから半径60マイル以上、外に出るのは違法と指摘され、ニューヨークに戻ることができなくなってしまう。

「ショックだった。やっとマイルスの音楽が理解できて、すごいことをやっていると、自分もわくわくし始めたときだった。わたしにもアイディアがあったし、マイルスと一緒に新しい音楽を作っていける感触を持ち始めた時期だったからね。しかし、法律を破るわけにはいかない。マイルスもずいぶん手を尽くしてくれたみたいだ。でもどうにも

ならなくて、結局、彼のグループから去るはめになった」(53)

マイルスには、この年2度目のヨーロッパ・ツアーが迫っていた。ヒースが無理なら代わりを見つけなければならない。そこで、前回のヨーロッパ・ツアーでコルトレーンが自分の代わりにといって推薦したウエイン・ショーターのことを思い出す。ところが連絡をしてみると、彼はアート・ブレイキーとザ・ジャズ・メッセンジャーズに参加しており、「スケジュール的に無理」との返事が返ってきた。そこで、苦肉の策として起用したのが、すでにスターの座についていたソニー・スティット(as)だ。

「マイルスとはまったくスタイルが違っていたから、最初は断った。それでも熱心に誘ってくれるんで、重い腰を上げることにした。ヨーロッパにはいい思い出があったし、バンドのメンバーも旧知の間柄だったんで、音楽性の違いさえ問題がなければ、ツアーは楽しいものになると思えたからだ」(54)

ヨーロッパ・ツアーから戻ったマイルスのクインテットは、ソニー・スティットを加えたまま11月に2週間「ヴィレッジ・ヴァンガード」に出演する。このときに対バンドで出演していたのが、スコット・ラファロ(b)とポール・モチアン(ds)を擁するビル・エヴァンスのトリオだ。この期間中、彼らが演奏する〈サムデイ・マイ・プリンス・ウィル・カム〉を聴いて、マイルスはそれを次のレコーディングに使おうと考える。

「ビルは、マイルスのために〈サムデイ・マイ・プリンス・ウィル・カム〉の譜面をクインテット用に書き直してあげたんだ。休憩時間にヴォイシングを考えていたことがあった。ベースやドラムスのことまで譜面で指示していたことを憶えている」(55)

エヴァンス・トリオのメンバーだったモチアンが教えてくれた。

スティットは、結局グループに4ヵ月在籍し、年明け直後に退団する。マイルスは、もう少しモダンなコンセプトのサックス奏者がほしくなっていた。そこで選ばれたのがハンク・モブレイ(ts)だ。今回も、コルトレーンの推薦だった。

マイルスは、モブレイの演奏を一度も聴かずにグループに迎え入れる。彼の場合、こうしたことは珍しくない。グループのメンバーを他人の推薦によって決めるのが、マイルスの特徴のひとつだ。それは晩年まで続く習慣だが、それにしても、一度も聴かずにモブレイを起用したのは、いかにコルトレーンを信頼していたかの証だろう。独立するときのゴタゴタはあったものの、そこはミュージシャン同士の絆で強く結ばれていた。

モブレイが参加した最初の作品『サムデイ・マイ・プリンス・ウィル・カム』(コロムビア)がレコーディングされたのは1961年3月のことだ。以後も彼は、クインテットによる『ブラックホークのマイルス・デイヴィス』(同年4月録音)、ギル・エヴァンス・オーケストラと共演した『コンプリート・カーネギー・ホール』(同5月)(どちらもコロムビア)に参加している。モブレイがグループに在籍していたのは1961年の1年間だけだ。その後は、1963年にジョージ・コールマン（ts）が加わってくるまで何人かのサックス・プレイヤーが出入りしている。

「ハンクも悪くはなかった。引っ込み思案の性格がオレとは合わなかっただけだ。いいものを持っていたが、ヤツには自分の才能がどれほどすごいかわかっていなかった。いいときはすごくよくても、次の日は理由もなく萎んでしまう。安定していない。ステージでもレコーディングでも、こいつ大丈夫かな？　という不安がいつもついて回った」（F）

バンド・メイトのジミー・コブはこう語る。

「ハンクもずいぶん悩んでいた。マイルスはなにもいってくれないし、彼はどうしたらいいのか、最後までひとりで模索し続けていた。ハンクはブルーノートから何枚もリーダー作を出していたから、マイルスのバンドでステージに立って醜態を晒したくないという思いもあっただろう。彼だってスターだし、だからこそそのプライドもあったと思う。ハンクはマイルスのグループを辞めて、正解だったんじゃないかな？」（56）

マイルスのグループを抜けたのち、モブレイは1965年にブルーノートで吹き込んだ〈リカード・ボサノヴァ〉のヒットによって、ファンキー・ジャズ派のサックス奏者として人気を盤石のものにした。しかしマイルスのグループでは、真価が発揮できずに終わってしまう。それというのも、マイルスはコルトレーン風のテナー・サックス奏者を求めていたからだ。

当時のマイルスは、自身の音楽をモード・ジャズから、その発展形である新主流派ジャズに移行させようとしていた。『サムデイ・マイ・プリンス・ウィル・カム』にしても、『ブラックホークのマイルス・デイヴィス』にしても、彼のプレイからはそうした斬新なコンセプトが強く感じられる。

しかし、モブレイの演奏は、彼なりによくはやっていたものの、ハード・バップの範疇にとどまっていた。マイルスとコルトレーンのコラボレーションに比べ、時代を逆行している感は否めない。この前後にモブレイがブルーノートで残した『ロール・コール』（１９６０年11月録音）や『ワーク・アウト』（１９６１年３月録音）の内容を考えれば、それが実感できる。そこに、マイルスのフラストレーションもあった。

ところがそうした不満とは無関係に、マイルスの評価は日増しに高まっていく。ギル・エヴァンスのオーケストラと吹き込んだ『スケッチ・オブ・スペイン』も大きな評判を呼び、さらなるスターの座へと向かっていた。その成功を裏づけているかのように、「カーネギー・ホール」への単独出演が決まる。

マイルスは過去にパッケージ・ショウの形で何度か「カーネギー・ホール」のステージには立っていた。しかし、自分の名前でこのクラシックの殿堂に登場するのは初めてのことだ。聴衆を前にして、ギルのオーケストラと演奏するのもこのときが最初の体験である。1961年5月19日に行なわれたコンサートの模様は『コンプリート・カーネギー・ホール』ですべてを聴くことができる。

マイルスは年末近くまでモブレイを含むクインテットで活動し、その後にほんの短い期間だけロッキー・ボイド（ts）を加えたのち、1962年に入るとソニー・ロリンズとトロンボーン奏者のJ・J・ジョンソンを迎え、グループをセクステットに拡大する。このグループは不定期ながら年末まで存続し、次いで、晴れて自由の身となったジミー・ヒースがロリンズに代わってクリスマス・シーズンだけ戻ってくる。しかし年が明けた1963年になると、ジョンソンはスタジオの仕事に専念するためグループを抜けてしまう。おまけに、マイルスのバンドで名声を築いたことから自信をつけたウイントン・ケリーとポール・チェンバースも独立したいと言い出す始末で、グループは事実上、解散状態に陥ってしまった。

1962年はジョンソンとロリンズを迎えたセクステットでなんとか体裁は保っていた。しかしこれでは音楽的な発展が望めないと判断したのか、コンボによるレコーディングはいっさい行なわれていない。皮肉なのは、この年、マイルスのコンボが、初めて『ダウンビート』誌の批評家投票で常連のモダン・ジャズ・カルテットを抜き、最優秀グループに選出されたことだ。そこでコロムビアは、マイルス人気と、『スケッチ・オブ・スペイン』や前年の「カーネギー・ホール」における大成功を踏まえ、もう1枚、ギルとのオーケストラでレコーディングを命じる。

マイルスは直前に父親の死に遭遇していたため、そんな気分になれなかった。ギルも、アイディアと創造性を出し尽くしていた。そこで苦肉の策から生まれたのが、流行の兆しを見せ始めていたボサノヴァにテーマを求めた『クワイエット・ナイツ』だ。(57)

「このレコードには、まったくなんの思いもない。前みたいに、音楽に熱中してはいない自分に気がついた。『クワイエット・ナイツ』は、なんとかボサノヴァをやろうとしただけのレコードだった。最後のセッションとして11月にやったことも、音楽的にはなにも意味のある結果にはならなかった。途中で、エネルギーを全部無駄に使い果たしたみたいに感じてからは、それ以上手を加えないことにした」(58)

このアルバムについて、これ以上の説明は不要だろう。ただし、マイルスが発したこの言葉や世評を踏まえて聴いても、この作品がそれほどネガティヴな内容だとは思えない。ギルのタペストリーを思わせるオーケストレーションは相変わらず幻想的だし、マイルスのトランペットも〈コルコヴァード〉や〈ワンス・アポン・ア・サマータイム〉などで絶妙なリリシズムを響かせている。

ギルから影響を受けた人気アレンジャーのデヴィッド・マシューズも、このアルバムを評価するひとりだ。

「マイルスとギルのコラボレーションとしてはいつになくコマーシャルな線を狙ったものだ。しかしありきたりのボサノヴァにしないで、ギルらしいハーモニーやヴォイシングをボサノヴァのリズムにアダプトさせているところが画期的だ」(59)

『スケッチ・オブ・スペイン』で示した高いレヴェルでの創造性にはおよばない。それでも、この作品は良質なイージー・リスニング・ジャズとしての価値を持っている。とはいえ、結果に失望したマイルスとギルは、このあとにいくつかのオーケストラによるレコーディングは行なったものの、1枚のアルバムを完成させるにはいたらなかった。(60)

マイルスはグループが崩壊状態にあったため、1963年の年頭に組まれていた仕事をすべてキャンセルしてしまう。この年、最初の仕事となったのは、3月から4月にかけて行なわれたサンフランシスコの「ブラックホーク」における3週間のギグだ。結局、ジミー・コブと、直前にスカウトしたロン・カーター(b)だけを連れていき、あとはピアニストのヴィクター・フェルドマンを含む地元のメンバーによってグループは構成されたのだった。

以下はカーターの弁だ。

「1963年の3月だった。わたしはアート・ファーマー(tp)・カルテットのレギュラー・メンバーとして活動していた。『ハーフノート』で演奏していたときに、マイルスがやって来た。休憩時間に、彼は『来週からカリフォルニアに行かないか?』と誘ってきた。わたしの答えは『アイ・ドント・ノー』だった。アートのレギュラー・メンバーだから、それを優先させなくてはいけない。『ハーフノート』の仕事も1週間残っていた。だから『アートに聞いてほしい、彼がOKなら、構わない』と返事をした」(61)

翌日になって、カーターはファーマーから、マイルスのグループにいくようにといわれる。マイルスがファーマーに交渉したのだ。そのときのファーマーはこう考えていた。

「若いミュージシャンにはいつだってチャンスをものにする権利がある。あのときは、わたしのバンドにいるより、マイルスのところにいったほうがロンにはいいと思えた。音楽的な面でも、経済的な面でもね。彼の穴を埋めなければならないたいへんさはあったが、こういうことはつきものだ。それより、若いひとにチャンスをあげることが優先されるべきだから、喜んで送り出した」(62)

ところがサンフランシスコに着いて2~3日すると、今度はコブが、先にグループを脱退したウイントン・ケリーのグループに入るといい出し、バンドを辞めてしまう。そこで起用されたのが、フェルドマンの推薦によるフランク・バトラー(ds)だ。サックス奏者に関しては、マイルスが再びコルトレーンに相談を持ちかけて、コルトレーンと似たタイプのジョージ・コールマンが選ばれる。日によっては、コールマンのアイディアで、アルト・サックスのフランク・ストロジャーとピアノのハロルド・メイバーンが加わることもあった(63)。ウエスト・コーストのツアーはこうして臨時編成のグループで切り抜けたが、ここからまたマイルスの新たな時代が始まろうとしていた。

【第5章：モードの探求　注】

1．マイルス・デイビス、クインシー・トループ『完本マイルス・デイビス自叙伝』中山康樹訳、JICC出版局、1991年、338―339頁

2．ゲイリー・ギディンズ ビデオ作品『JAZZ : A FILM BY KEN BURNS, EPISODE 9』(PBS B8271)2000年

3．ギル・エヴァンス　1983年、ニューヨーク

4．『ミュージック・フォー・ブラス／ザ・ブラス・アンサンブル・オブ・ザ・ジャズ・アンド・クラシカル・ミュージック・ソサエティ』に収録。この日レコーディングしたのは〈スリー・リトル・フィーリングス〉で、10月23日にも〈ジャズ・スイート・フォー・ブラス〉が同様のメンバーで吹き込まれている。

5．3と同じ

6．実際のアレンジをしたのはジョン・ルイスとJ・J・ジョンソン。

7．ガンサー・シュラー　1989年、ボストン（電話インタヴュー）

8．3と同じ

9．アート・ペッパー、ローリー・ペッパー『ストレート・ライフ』村越薫訳、スイングジャーナル社、1

981年、210頁
10. J・C・トーマス『コルトレーンの生涯』武市好古訳、スイングジャーナル社、1975年、126頁
11. ソニー・ロリンズ　1986年、東京
12. 1回目は1956年3月16日で、参加メンバーは、マイルスとテイラーのほかに、ソニー・ロリンズ、トミー・フラナガン、ポール・チェンバース。このときの演奏は『コレクターズ・アイテムズ』に収録されている。
13. アート・テイラー　1991年、ニューヨーク
14. トミー・フラナガンの誕生日は6月28日で、このときのレコーディングは1956年3月16日に行なわれている。録音日が間違っているのか、フラナガンの記憶違いか？
15. トミー・フラナガン　1993年、ニューヨーク
16. 1957年夏、コルトレーンはモンク・カルテットの一員として「ファイヴ・スポット」に長期の出演を果たす。近年になってそのときのテープが発掘され『ファイヴ・スポットの伝説』（ブルーノート）として発表されたが、実際は別の時期の演奏ともいわれている。
17. バルネ・ウィラン　1991年、東京
18. J・C・トーマス『コルトレーンの生涯』武市好古訳、スイングジャーナル社、1975年、154頁
19. マイルス・デイビス、クインシー・トループ『完本マイルス・デイビス自叙伝』中山康樹訳、JICC出版局、1991年、339—340頁
20. これまでは4月2日と3日の録音とされていたが、2000年にリリースされた『マイルス&コルトレーンBOX』で正しい録音日が特定された。
21. マイルスがピアノを弾いた理由としては、ガーランドが遅刻した説（『マイルス・デイビス物語』）と、マ

イルスがガーランドに演奏のことを説明しようとしたところ、彼が怒って帰ってしまった説（『マイルス・デイビス自叙伝』）がある。

22．ピアノのソロ・パートが少なくなったのもガーランドにとっては不満で、退団の遠因となった。

23．アルフレッド・ライオン　１９８６年、山中湖

24．ハンク・ジョーンズ　１９８７年、ニューヨーク

25．アート・ブレイキー　１９８８年、ニューヨーク

26．ピーター・ペッティンガー　『ビル・エヴァンス～ジャズ・ピアニストの肖像』　相川京子訳、水声社、２０００年、70－71頁

27．これ以前の5月17日に、「カフェ・ボヘミア」でラジオの実況中継を行なっている。そのときの演奏３曲を収録した『ライヴ・イン・ニューヨーク』（バンドスタンド）も存在するが、これは公式録音とは違うので外して考える。

28．ミシェル・ルグラン　１９９１年、パリ（電話インタヴュー）

29．ジミー・コブ　１９８７年、東京

30．ジミー・コブ　『マイルス&コルトレーンＢＯＸ』（ソニーミュージック・エンターテインメント　SRCS 2223-8）ライナーノーツ　小川隆夫訳、２０００年

31．30と同じ

32．アシュリー・カーン　『カインド・オブ・ブルーの真実』　中山啓子訳、プロデュース・センター出版局、２００１年、97頁

33．ベン・シドラン　「独占！　マイルス・デイビスの告白」　小川隆夫訳、『スイングジャーナル』１９８７年7月号、１０２頁

34．ビル・エヴァンス『カインド・オブ・ブルー』（ソニーミュージック・エンタテインメント SRCS-9104）ライナーノーツ　小川隆夫訳、1996年
35．アシュリー・カーン　『カインド・オブ・ブルーの真実』　中山啓子訳、プロデュース・センター出版局、2001年、299頁
36．マイケル・カスクーナ　2000年、コネティカット
37．アシュリー・カーン　2002年、ニューヨーク
38．マイルスとギルのオーケストラによる共演は終止符が打たれたものの、その後も両者の共同作業は続く。クレジットされることはなかったが、1980年代に入ってからのレコーディングでもギルのアレンジが用いられたり、彼のアイディアが反映されたものがあった。また録音されたテープをギルが編集したり、それを基に彼が譜面化して再度吹き込み直したテイクも残されている。
39．ビデオ作品『JAZZ：A FILM BY KEN BURNS, EPISODE 9』（PBS B8271）2000年
40．イアン・カー　『マイルス・デイビス物語』　小山さち子訳、スイングジャーナル社、1983年、173頁
41．マイルス・デイビス、クインシー・トループ　『完本マイルス・デイビス自叙伝』　中山康樹訳、JICC出版局、1991年、373頁
42．3と同じ
43．ナット・ヘントフ　『スケッチ・オブ・スペイン』（ソニーミュージック・エンタテインメント CSCS-5142）ライナーノーツ　1959年
44．1956年9月10日録音。この日は〈オール・オブ・ユー〉と〈ラウンド・ミッドナイト〉も録音されており、それら2曲は『ラウンド・アバウト・ミッドナイト』に収録されている。

45. テオ・マセロ　1985年、ニューヨーク
46. 3と同じ
47. ノーマン・グランツが主催するパッケージ・ショウだが、このときはマイルス・クインテットの単独公演で、イギリス、スカンジナビア諸国、フランス、西ドイツの各地で公演した。
48. J・C・トーマス『コルトレーンの生涯』武市好古訳、スイングジャーナル社、1975年、158頁
49. イアン・カー『マイルス・デイビス物語』小山さち子訳、スイングジャーナル社、1983年、183頁
50. イアン・カーの『マイルス・デイビス物語』では、1960年5月から11月までソニー・スティットが参加し、次いでジミー・ヒースとハンク・モブレイが候補に挙がったが、ヒースが後述（295頁）する理由でフィラデルフィアの外に出られないためモブレイが抜擢されたとなっている。しかし実際は、スティットが加わる以前にヒースは短期間グループに参加し、その後もモブレイがグループに加入してくる（1961年2月）まで、フィラデルフィアでの仕事には彼が参加している。
51. ソニー・ロリンズ　1997年、ニューヨーク
52. ジミー・ヒース　1982年、ニューヨーク
53. 52と同じ
54. ソニー・スティット　1982年、ニューヨーク
55. ポール・モチアン　1993年、ニューヨーク
56. 29と同じ
57. レコーディングは1962年7月27日、8月13日、11月6日に行なわれたが、それでもアルバム1枚分にならず、翌年4月17日にロスで録音された『セヴン・ステップス・トゥ・ヘヴン』のセッションからジョー

ジ・コールマンが抜けたカルテットが演奏した〈サマー・ナイト〉を追加して完成。

58．マイルス・デイビス、クインシー・トループ『完本マイルス・デイビス自叙伝』中山康樹訳、ＪＩＣＣ出版局、１９９１年、４０５頁

59．デヴィッド・マシューズ　１９９５年、ニューヨーク

60．このあと、マイルスとギルのオーケストラは、１９６２年11月から翌年３月の間に一度スタジオ入りして映画『リッチ＆イヴ』のためのサウンドトラックを、１９６３年10月９日と10日にロスのスタジオで『ザ・タイム・オブ・ザ・バラクーダ』の劇中音楽を、さらには１９６８年２月16日にも〈フォーリング・ウォーター〉を吹き込んでいる。ただし前者は未発表、あとのふたつは１９９６年に発表された『マイルス＆ギル・コンプリート・スタジオ・レコーディングＢＯＸ』によって陽の目を見た。

61．ロン・カーター　１９８７年、東京

62．アート・ファーマー　１９９２年、ニューヨーク

63．フランク・ストロジャーをまず雇い、彼の推薦でジョージ・コールマンとハロルド・メイバーンが参加したという説もある。

第6章 黄金のクインテット

メンバー交代

1960年代にマイルスが結成していた〈黄金のクインテット〉と呼ばれるグループは、1964年夏に最後のメンバーとなるウエイン・ショーター（ts）が加入したことで、全員が勢揃いする。前年の春から新クインテット結成に着手していたマイルスは、念願のショーターを迎えたことで、従来にない音楽的な発展を遂げていく。

その始まりを告げたのが、1963年春に行なわれたウエスト・コーストのツアーだ。このときは何度かメンバーの入れ代わりが起こる混乱が生じたものの、最終的に、マイルス、ジョージ・コールマン（ts）、ヴィクター・フェルドマン（p）、ロン・カーター（b）、フランク・バトラー（ds）に落ちついている。そして、ツアーを終えた直後に、ロスのスタジオでレコーディングされたのが『セヴン・ステップス・トゥ・ヘヴン』（コロムビア）他に収録された演奏を含む６曲だ。しかしこのクインテットは、あくまで暫定的なグループだった。

「ロスでレコーディングした理由？　グループが最後のころになるとすごい演奏をするようになったからだ。このまま解散するのは惜しい気がして、スタジオに入った」（Ｆ）

録音された６曲のうち、『セヴン・ステップス・トゥ・ヘヴン』に収録されたのは、〈アイ・フォール・イン・ラヴ・トゥー・イージリー〉〈ベイビー・ウォント・ユー・プリーズ・カム・ホーム（家へおいでよ）〉〈ベイジン・ストリート・ブルース〉の３曲で（これら３曲にはコールマンが参加していない）、残る〈ソー・ニア、ソー・ファー〉〈サマー・ナイト〉〈セヴン・ステップス・トゥ・ヘヴン〉はお蔵入りしている。（１）

このときのことを振り返ってくれたのは、ヴィクター・フェルドマンだ。

「３週間くらいクラブ・ギグをしたかな？　レコーディングはそのあとだ。マイルスは、オリジナルを持ってくるようにいっていた。それで、すでに出来上がっていた〈セヴン・ステップス・トゥ・ヘヴン〉をクインテット用にアレンジして、スタジオに持っていった。彼がコードやハーモニーにちょっと手を加えて、ほとんど練習もしないまま、テープを回させた。驚いたのは、自分がイメージしていたものよりずっと音楽的に素晴らしいものになったことだ。それから、『ニューヨークに来ないか？』とも誘われ

た。しかし、ロスでの生活があったたし、ニューヨークに行っても長続きしないことはわかっていた」(2)

マイルスの口ぶりからは、LA録音にも満足しているフシが窺えた。しかしニューヨークに戻って、ピアノのハービー・ハンコックとドラムスのトニー・ウィリアムスを迎えたニュー・クインテット(テナー・サックスはジョージ・コールマン、ベースはロン・カーター)で〈ソー・ニア、ソー・ファー〉と〈セヴン・ステップス・トゥ・ヘヴン〉を再録音したのは(そのほかに、フェルドマンとマイルスが共作した〈ジョシュア〉も吹き込んでいる)、こちらのグループにLAレコーディング以上の可能性を感じたからだろう。

「違いはリズムにある。LAの演奏も悪くなかったが、それ以上にニューヨークに戻って結成したクインテットのほうがよかった。望んでいたリズムに近いものが、ヤツら(ハンコック〜カーター〜ウィリアムスのリズム・セクション)に出せたからだ。それで、リズム・フィギュアに冒険ができる2曲を吹き込み直した」(F)

それはそうだ。どう聴いても、LAのリズム・セクションはニューヨークの新リズム・セクションに比べると、奔放さで見劣りがする。それはこのときの録音と、1981年になってようやく発表されたLA吹き込みの〈ソー・ニア、ソー・ファー〉を聴けば一目瞭然だ。

新メンバー採用のいきさつはこうだ。ニューヨークに戻って、グループの再編に取りかかったマイルスは、まずドラマーを探そうと、親友のフィリー・ジョー・ジョーンズとクラブを回って、さまざまなドラマーをチェックしていた。そんなときに、ジャッキー・マクリーン（as）の推薦で聴いたのがトニー・ウィリアムスだ。弱冠17歳だった彼のプレイに、マイルスはすっかり魅了されてしまう。それまではなかなか首を縦に振らなかったフィリー・ジョーも、ウィリアムスには文句なしの様子だった。

ウィリアムスの言葉だ。

「そのときは、イースト・ヴィレッジで上演されていた麻薬劇の『コネクション』（３）に、ジャッキーと出演していた。そんなある日、５月に入ってだと思うけど、マイルスから電話がかかってきた。その前に、ジャッキーや友人から、彼がぼくを捜して、その友人に電話を寄越した話を聞かされていた。ほとんど家にいなかったからだろうけど、まさかと思って本気にしなかったら、マイルスから電話があったじゃないか、びっくりしたよ」（４）

そのウィリアムスをボストンで発掘し、ニューヨークに連れてきたマクリーンは、こう語っている。

「マイルスから、どうしてもトニーを自分のグループにほしいといわれた。わたしも若いころにマイルスのグループで勉強したから、トニーにとってもそれはいいことだと思

った。喜んで、彼に電話番号を教えた」（5）

その2年前というから、トニーが15歳のころだ。彼が住むボストンに、マイルスのグループがやって来た。ふたりは、マイルスが出演しているクラブのトイレでばったり顔を合わせたのだ。そのときに自己紹介したウィリアムスは、飛び入りでドラムスを叩かせてほしいと申し出る。マイルスの返事はこうだった。

「黙って、自分の席に戻ってろ」

こんな場面が、ウィリアムスの脳裏をよぎったに違いない。

続いてグループに迎えられたのがハービー・ハンコックだ。マイルスのトランペット仲間であるドナルド・バードが、1年ほど前に、自分のバンドのメンバーだったハンコックを彼の家に連れていったことがある。そのときに弾いたピアノが、マイルスの心にずっと残っていた。それもあって、カーターとウィリアムスを得た彼は、このリズム・セクションに一番フィットするのがハンコックという結論に達したのだろう。そこで3人を家に呼び、リハーサルが開始された。

「3〜4日、マイルスの家でリズム・セクションだけの演奏をした。最後に彼も加わって、ほんの少しだけ一緒にプレイしたのかな？　それで『明日、レコーディングするからスタジオに来い』といわれた。ぼくが、『あなたのグループのメンバーになるってことですか？』と聞くと、『レコーディングするのかしないのか』とムッとされた」（6）

ウィリアムスの証言もある。

「初めてマイルスと共演した日に、『誰かいいピアニストはいないか？』と聞かれて、即座にハービーの名前を挙げた」（7）

「ハービーの電話番号を教えたのは、わたしだ。シカゴからニューヨークへ連れてきて、わたしのバンドに入れたが、彼にはもっと活躍してほしいと思っていた。それで、マイルスにもあるとき紹介しておいたんだよ」（8）

ハンコックの恩人ドナルド・バードの言葉も、マイルスのコメントと一致している。

このとき（1963年5月14日）レコーディングされた演奏が『セヴン・ステップス・トゥ・ヘヴン』に収録された残りの3曲だ（〈セヴン・ステップス・トゥ・ヘヴン〉〈ソー・ニア、ソー・ファー〉〈ジョシュア〉）。ここからクインテットは精力的にライヴ活動を展開する。以後は1965年1月までスタジオ録音は行なわず、この間に、クインテットは連続して5枚のライヴ・アルバムを残すことになった。

「あのころはツアーに続くツアーだった。スタジオ・レコーディングをしなかった理由はわからない。落ちついてレコーディングに取り組む時間がなかったこともある。忙しいので、マイルスは曲も書いていなかった。ライヴが充実していたから、そちらを録音したほうがいいと考えたのかもしれない」（9）

これはジョージ・コールマンの意見だ。

新たなリズム・セクションを得たクインテットは、『マイルス・イン・ヨーロッパ』（1963年7月27日録音）、『フォア・アンド・モア』と『マイ・ファニー・ヴァレンタイン』（これら2枚は1964年2月12日録音）（いずれもコロムビア）を吹き込み、次いでコールマンからサム・リヴァースにテナー・サックスを代えて『マイルス・イン・トーキョー』（1964年7月14日）を録音する。そして、5枚目のライヴ・アルバムとなったのが、ウエイン・ショーターを迎えたクインテットによる最初の作品、『マイルス・イン・ベルリン』（コロムビア）だ。これが1964年9月25日の録音である。

コールマンが退団したのは、『フォア・アンド・モア』と『マイ・ファニー・ヴァレンタイン』を録音したしばらくあとのことだ。マイルスは次なるサックス奏者として、このときもウエイン・ショーターを考えていた。しかし、彼はザ・ジャズ・メッセンジャーズの音楽監督だったため、移籍できる状況になかった。そこで加わってきたのが、ウィリアムスと同郷で、ボストン時代に彼の師匠格だったサム・リヴァースだ。

リヴァースのコメントである。

「マイルスとはスタイルがかなり違うと思っていた。わたしはアグレッシヴなプレイをするタイプだからね。それが心配だったが、トニーが『絶対に大丈夫』と太鼓判を捺すから、加わることにした。演奏していて違和感はそれほどなかった。不思議に思ったのは、マイルスがいつものようにリリカルに吹いても、とてもアグレッシヴなサウンドになっていたことだ。柔軟性に優れたトランペッターだと感心した覚えがある」(10)

このクインテットの演奏を収録したのが『マイルス・イン・トーキョー』だ。これは、リヴァースが加わった唯一のマイルス作品である。ここでは、とくにリズム・セクションが冒険的なプレイをしていることに注目したい。ほとんどフリー・ジャズといってもいいほどだ。ハンコック～カーター～ウィリアムスのリズム・セクションが繰り出すビートは、マイルスの演奏に変幻自在なリズム・フィギュアをつけ加え、リヴァースからは奔放なプレイを引き出すものとなった。

前任者のコールマンは、このリズム・セクションについていけず、グループを脱退したともいわれている。たしかに同じライヴ・アルバムでも、コールマン在籍時代のものとこの作品を比べると、グループの音楽的な多彩さ、とくにリズム・セクションの柔軟さや過激さは、後者に顕著である。

ハンコックの証言だ。

「バンドのキー・マンはトニーだった。彼の爆発的なドラミングがグループを引っ張っていたといっていい。マイルスは、それを気に入っていた。どんなに激しくドラムスを叩いても、一度も文句はいわなかったはずだ」(11)

文句はいわれなかったが、ウィリアムスの回想によると、マイルスは彼にこんな注文を出していた。

「2ヵ月くらいがすぎたころかな？　いつもは演奏についてなにもいわないマイルスから、ステージが始まる前に、『どうしてオレのバックでも、オマエたち3人のときのスタイルで演奏しないんだ？』といわれた。『オレのバックでも、もっと自由にやれ』って。彼は、ぼくたちリズム・セクションのやり方をずっと聴いていたんだと思う。それで、間違ったやり方じゃないことを認めてくれたんだろう。それからは、マイルスも含めて、思う存分プレイするようになった」(12)

初来日

新加入のサム・リヴァースと、結成されて1年以上がすぎたハービー・ハンコック～ロン・カーター～トニー・ウィリアムスのリズム・セクションを伴い、マイルスが初の日本公演を行なったのは1964年7月のことだ。日本で行なわれた最初の国際的なジャズ・フェスティヴァル「第1回世界ジャズ・フェスティヴァル」(1回だけで終わってしまったが)に、彼のクインテットが参加したのである。

フェスティヴァルは、Aグループ（モダン・ジャズ）、Bグループ（スウィング&デイキシーランド・ジャズ＝ジーン・クルーパ［ds］、レッド・ニコルス［tp］、エドモンド・ホール［cl］他）、Cグループ（ポピュラー＝フランク・シナトラ・ジュニア

［vo］、トミー・ドーシー［tb］・オーケストラ、パイド・パイパーズ［cho］他）にわかれ、東京、大阪、京都、名古屋、札幌の各会場で7月10日から16日まで連日開催された（各グループには1日のオフがある）。Aグループには、マイルス・クインテットのほか、J・J・ジョンソン（tb）・オールスターズ、ウイントン・ケリー（p）・トリオ、カーメン・マクレエ（vo）とトリオ、秋吉敏子（p）、チャーリー・マリアーノ（as）が参加し、3500円のS席から1000円のE席までのチケット6種類が6月1日から発売されている。

Aグループのスケジュールをまとめておこう。

7月10日：名古屋市公会堂
11日：大阪フェスティヴァル・ホール
12日：東京日比谷公会堂
13日：大阪フェスティヴァル・ホール
14日：新宿厚生年金会館大ホール
15日：京都市円山公園音楽堂

フェスティヴァルの開催にあたって、『スイングジャーナル』誌は7月号の表紙をマイルスの写真で飾り、告知記事の「ジャズ・フェスティバルへの案内」、久保田二郎、本多俊夫、岩浪洋三（当時の編集長）が対談した「マイルス・デイビス〜その神秘なる芸術の全貌」、そしてアンケート「日本のトランペッターが見たマイルス観」を掲載した。

日本でリリースされていた最新作は『セヴン・ステップス・トゥ・ヘヴン』だ。その後に吹き込まれた一連のライヴ盤はまだ発売されていなかった。それだけに、ライヴに寄せる期待が対談では話題になっていた。アンケートでは、ヴェテランの南里《なんり》文雄から若手の日野皓正《てるまさ》まで、12人のトップ・トランペッター全員がマイルスのことを「好き」と回答している。これは、彼が世代を超えて支持されていたことを示すものだ。日本でも、マイルスは、他のジャズ・ミュージシャンと比べて別格の存在だった。

フェスティヴァル出演の一行は、7月9日の4時と9時の飛行機に分乗して羽田空港に到着した。マイルスと夫人のフランシスは、Cグループと一緒に4時の日航便で日本の土を踏む。当時の羽田にはゲイトの設備がなく、小雨の中、傘をさしたふたりがタラップを降りてくる写真を、『スイングジャーナル』誌の9月号は掲載している。マイルスはフランシスをサポートし、出迎えた関係者やファンに手を振り、終始笑顔を向けるなど、伝えられる傲慢な素振りは微塵も見せなかった。しかし、ロビーから空港内のバーに直行し、用意されていた記者会見をすっぽかしたところはいかにも彼らしい。

Aグループのコンサートでは、マイルスのクインテットがトリを飾ることになっていた。これが、初日の朝になって、突然トップ・バッターとして登場することに変更される。サウンド・チェックが終わってから出番までの時間が長く、楽屋で待機するのを彼が嫌ったためだ。また、来日の2週間前にサックス奏者がジョージ・コールマンからサム・リヴァースに交代したことも、事前に告知されていなかった。そのため、会場に来るまでコールマンだと思っていたひとも多かったようだ。

いくつかのゴタゴタはあったものの、コンサートの幕が切って落とされるや、『セヴン・ステップス・トゥ・ヘヴン』を録音した1年数ヵ月前の演奏と比べ、マイルスおよびクインテットがいかに前進していたか、そして変貌していたかを、ファンは思い知らされることになった。

最大の要因はリヴァースの加入である。マイルスにとっても、彼の参加はプレイに大きな変化を呼び起こすものとなった。ただし、リヴァースの存在はある意味で両刃の剣だ。彼がグループを刺激したことは間違いない。しかし、他の4人と明らかにコンセプトの違うリヴァースの参加が、それまで築いてきたグループのサウンドを、いい意味で崩壊させてしまった。

そのことをいまに伝えているのが『マイルス・イン・トーキョー』だ。7月14日に新宿の「厚生年金会館大ホール」で残されたクインテットの演奏は、幸いなことに、ステージを中継したニッポン放送のテープを基に、1969年にアルバム化されている。

この作品には、グループに溶け込めないリヴァースのもがきも記録されている。しかし、それすらポジティヴな要素にしてしまうのが、このときのマイルスだった。居直りとも取れるリヴァースの個性的なプレイを受け、マイルスもグループのサウンドより個人のプレイに徹してみせる。彼の加入は、マイルス・グループにさまざまな形でそれまでとは違う個性と演奏のあり方を獲得させたのだった。

「日本では毎晩すごい演奏ができた。サム・リヴァースがとにかく張り切ったプレイをしていた。マイルスも触発されたし、ぼくたちリズム・セクションも彼には煽られっぱなしだった」(13)

ハンコックの言葉だ。

リヴァースを推薦したウィリアムスは、どう感じていたのだろう?

「初めて日本に行って、まずびっくりしたのは、日本のファンがジャズをとてもよく理解していたことだ。正直なところ不安だった。どれだけ受け入れられるかわからなかったからね。でも、毎回、大きな拍手で迎えられた。マイルスも珍しく興奮していたみたいだ。それで、演奏がどんどんハードになっていった。たった1週間で、クインテットの演奏は大きく変わった。それが、次にウエインが入って実を結ぶ。きっかけはサム・リヴァースだ。彼がクインテットのサウンドを変えたのさ」(14)

リヴァースが加わったマイルス・クインテットの作品は、彼がごく限られた期間しか在籍していなかったことから、『マイルス・イン・トーキョー』以外に残されていない。それだけに、のちにこの作品が世に出たことは、マイルス・ファンが非常に貴重な演奏を手に入れたことになる。

リヴァースのことばかり書いてしまったが、このときのコンサートは、識者の間でどう評価されたのだろう？　『スイングジャーナル』誌の1964年9月号には、「モダン・ジャズ・グループを聴いて」と題した座談会で、久保田二郎とピアニストの八木正生が次のように話している。最初が久保田で、次が八木の意見だ。

「レコーディングと生のステージでは、かなり内容が違うといわれていたけど、これはたしかですね。マイルスというひとは、スタジオ録音のときには別の演奏をしている。彼のレコードからは独特のムードが伝わってくるが、生を聴いたときに感ずる、あの緊迫感はないからね。恐ろしいくらいの緊迫感と、それを通じて生まれてくる清楚美ね。ぼくはそういった点で、マイルスの生を高く買うな」（15）

「前衛ジャズというものには、『いろいろと実験しています』『これが実験なんだ』といった実験臭があるものだけど、マイルス・ジャズの中には、たとえそのような試みがあっても、決して、その実験臭を感じることがないですね。むしろ、マイルスを聴いていると、この次に来るジャズがどんなものかが一番よくわかる気がする」（16）

フェスティヴァルにアメリカから同行してきた評論家のレナード・フェザーは、次のように報告している。

「この小柄なイタリアン・スーツを着た端整なアメリカ人が、シャンソン(〈枯葉〉)の翳りある最初のテーマを吹き出すやいなや、嵐のような拍手が沸き起こった。あの興奮は、フェスティヴァル全部を通して、他に比較できるものがなかった。マイルスのコンサートは5000席ある日比谷公会堂を満員にし、次いで厚生年金会館大ホールでも行なわれた。しかし、ツアーの中でもっとも印象的だったコンサートは、京都の円山公園音楽堂でのものだ。マイルスのセットの間に小雨が降り始めた。わずかな観客だけが屋根のある場所へ移動した。雨は次第に強くなっていったが、80人程度の若いファンがステージの脇に移った以外、数千人の聴衆は雨に打たれるまま席を立とうとしなかった。傘を持っていたのは数百人くらいのものである。マイルスのセットが終わり、彼が花束を受け取ったのち、カーメン・マクレエがステージに登場し、〈ヒア・ザット・レイニー・デイ〉を歌い始めた。そのとたん、雨はピタリとやんだのだ!」(17)

14日のコンサートには、中学2年生だったぼくも偶然のことだが行っている。ひょんなことからチケットを手にして行くことになったのだが、そのころはジャズをほとんど知らなかった。家には『サンジェルマンのザ・ジャズ・メッセンジャーズ』(RCA)などのレコードはあったものの、「マイルス・デイヴィス」の名前も聞いたことがなければ、彼がどんな演奏をするひとなのかも知らなかった。

もらったチケットは最後部の座席だった。覚えているのは、立ち見が出るほど混んでいたことと、タキシードに蝶ネクタイで出てきたミュージシャンの姿に、「ジャズってやけに気取っているな」という思いだった。それまでに観た外国人ミュージシャンのコンサートといえば、同じ「厚生年金会館大ホール」で行なわれたザ・ヴェンチャーズとトリオ・ロス・パンチョスぐらいのものである。それと、1曲の演奏が長いことも印象に残った。

そして、マイルスの演奏はといえば、残念ながらこれがほとんど記憶に残っていない。のちに『マイルス・イン・トーキョー』を耳にして、そういえば〈マイ・ファニー・ヴァレンタイン〉もやっていたんだっけ、と思い返す程度だ。そんなおぼろげな記憶の中で、鮮明に覚えていることがある。それは、マイルスの音が非常にクリアなサウンドだったことと、耳をつんざくような鋭さを持って、一番うしろの席にまで届いたことだ。これには度胆を抜かれた。ご存じの方もいると思うが、「厚生年金会館大ホール」の2階席は、最後部に近づくほど勾配が急になっている。その最後部にまで、彼のトランペット・サウンドは楽々と届いたのだ。

『マイルス・イン・トーキョー』の重要性については、先にリヴァースの参加を挙げた。記録によれば、1964年はマイルス・グループが一度もスタジオ入りをしていない。ほかには『マイ・ファニー・ヴァレンタイン』と『フォア・アンド・モア』が、ニューヨークの「フィルハーモニック・ホール」(現在の「エイヴリー・フィッシャー・ホール」)で実況録音されただけだ。スタジオで録音しなかった事実は、その時点で自分の音楽にもっともフィットするテナー・サックス奏者が見つからなかったという結論に結びつく。スタジオでは納得できる音楽を録音する——これがマイルスの持論だった。

ジョージ・コールマンはテナー・サックス奏者としてソツがなかったものの、マイルスが追求していた新主流派的な演奏から見れば、スタイルがやや古臭かった。彼に比べると、リヴァースは、マイルスより先を行くほどの音楽性を持ち合わせていた。マイルスの口ぐせのひとつに、「聴き手の一歩か二歩先を行く音楽を演奏するのが一番いい」というのがある。ただし、リヴァースのプレイはそれよりもさらに先を行っていた。

この条件を満たすテナー・サックス奏者がウエイン・ショーターである。しかし、彼にはザ・ジャズ・メッセンジャーズでの仕事が残っており、コールマンが退団したときはマイルス・クインテットへの参加が不可能だった。

リヴァースの言葉だ。

「最初から、1ヵ月ほどの参加が条件だった。わたしはボストンが本拠地だし、そのあとは自分のバンドで演奏することが決まっていたから、マイルスのグループにとどまる

ことはできない。彼も、わたしのことは一時的な参加と決めていたし」(18)

もう少しリヴァースがクインテットに在籍していれば面白いことになったかもしれない。しかし、マイルスはショーターを選んだのだ。その結果、1960年代を代表するグループとして、マイルスのニュー・クインテットはジャズの先進的な部分を、これまで以上の勢いで切り開くことになった。日本でのライヴは、1960年代後半にマイルス・クインテットが到達した先鋭的で触発的なパフォーマンスを強く予感させる。その点でも、『マイルス・イン・トーキョー』は高く評価できる。

〈黄金のクインテット〉がスタート

日本公演が終わった直後にリヴァースはグループを去り、いよいよウエイン・ショーターが加入してくる。マイルスはジョン・コルトレーン(ts)が退団したときにも彼をグループに誘ったが、このときはわずかの差でアート・ブレイキー率いるザ・ジャズ・メッセンジャーズに加入したあとだった。以来、ことあるごとに、マイルスはショーターの加入を熱望していた。そして、彼を迎えるにはいまや最高のメンバーが顔を揃えていた。

ショーターの言葉だ。

「春先から、連日のようにマイルスがぼくの出ているクラブに来たり、家に電話してくるようになった。あるときなんか、どうやって調べたのか、ガール・フレンドと食事をしているレストランにまで電話をしてきた。『ザ・ジャズ・メッセンジャーズのスケジュールが決まっている年末までは移れない』と何度もいったんだ。でも、彼はアート（ブレイキー）に交渉して、7月の仕事が終わったらザ・ジャズ・メッセンジャーズを退団することで話をつけてしまった」(19)

ブレイキーはこの出来事をどう見ていたのだろう？

「マイルスの気持ちもわかっていたけれど、こちらにだって都合がある。もう少し待ってほしいと何度も頼んだよ。でも、マイルスも、ウエインを自分のバンドに迎えたいの一点張りで、こちらが根負けした。ウエインも熱望していたし、このことはほかのメンバーも知っていたから、これ以上引き止めたら、却ってみんなの気持ちを削ぐことになる。そう思い、断腸の思いで退団を認めた。結果として、ウエインにとっても、マイルスにとってもよかったがね」(20)

ショーターには願ってもない移籍だった。以前からマイルスの音楽に興味を持っていた彼は、クインテットに加わって、ザ・ジャズ・メッセンジャーズで演奏していたとき以上の真価を発揮する。

それはマイルスも同じだった。ショーターが加わった最初の作品『マイルス・イン・ベルリン』を、それ以前に残された4枚のライヴ・アルバムと比較してみれば、このことは明瞭だ。マイルスがこんなに大胆なプレイをしているのも、めったにないことである。

事態が進展したのは、日本から戻ったのちの7月中旬から8月初旬にかけてのことだ(8月末の説もある)。ロサンジェルスにいたマイルスのところに、ショーターがザ・ジャズ・メッセンジャーズを辞めるという連絡が入った。そこで、マイルスはエージェントのジャック・ウィットモアに、すぐ彼をグループに迎えるよう指示したのだった。

「ウエインからも電話がかかってきた。だから、『いますぐロスに飛んで来い』といってやった。ずいぶんと待たされたからな。奮発して、ファースト・クラスのチケットを送った。ウエインはそうした待遇に値するミュージシャンだ。才能があるヤツには、それなりの待遇をしなくちゃいけない。そうだろ?」(F)

1964年夏、クインテットにショーターが加入した。ここに、ジョン・コルトレーンらを擁していた1950年代の黄金クインテットに続く、〈第2期黄金クインテット〉の幕が切って落とされる。マイルスが38歳、ショーターが30歳、ハンコックが24歳、カーターが27歳、ウィリアムスが18歳の夏だ。

ただし、これ以前の1962年に、ふたりは一度だけレコーディングで顔を合わせたことがある。そのセッションはレギュラー・グループとは別のもので、ショーターのほかに、トロンボーン奏者のフランク・レハク、コンガ奏者のウィリー・ボボ、そしてシンガーのボブ・ドローが加わり、マイルスのクインテットからはポール・チェンバース（b）とジミー・コブ（ds）が参加した。録音されたのは、〈ブルー・クリスマス〉（コロムビアからリリースされたオムニバス盤の『ジングル・ベル・ジャズ』に収録）、〈ナッシング・ライク・ユー〉（1967年に発表されるマイルスのリーダー作『ソーサラー』に収録）、ドローが抜けた〈デヴィル・メイ・ケア〉（シングル盤で最初に発表された）の3曲だ。

初めてマイルスと共演した日のことを、ショーターが回想する。

「レコーディングに参加したいきさつは覚えていない。スタジオで譜面を渡され、リハーサルもなしに録音がスタートした。最初はシンガー（ボブ・ドロー）を入れたセッションで、なかなか調子が合わず、かなりのテイクを重ねた。驚いたのは、マイルスに限れば、ほとんどのテイクがOKだったことだ。イントロだけで失敗したテイクもあったけれど、たいていはマイルス以外のメンバーがミスってストップした」(21)

それが、正式なメンバーとして録音するようになると、そのときとはまったく違うことになっていた。

「レギュラー・メンバーになって気がついたのは、自分さえOKなら、他のメンバーが少しくらいミスっても、マイルスが問題にしないことだった。勢いを大切にしていたし、自分のプレイに全神経を集中させていた。ぼくたちのプレイをチェックするのは、プロデューサーのテオ（マセロ）だ。彼にしても、よほど大きなミスがない限り、もう1テイク録りたいといえる雰囲気じゃなかった」(22)

ショーターが合流したあと、クインテットは西海岸をしばらくツアーし、それからヨーロッパに飛び立つ。その直前に、グループは人気テレビ番組の『スティーヴ・アレン・ショウ』に出演した。このときの映像が残されていることはほとんど知られていない（筆者注＝現在はYouTubeで観られる）。ぼくがこの番組を観たのは、マイルス・フリークのボブ・ベルデン（ts）(23)がコピーをプレゼントしてくれたからだ。

演奏されているのは、〈ノー・ブルース〉〈ソー・ホワット〉〈オール・ブルース〉だった。これらはコルトレーン時代と同様に、マイルスはマイルス、ショーターはショーターの感じで演奏され、グループ・サウンドと呼べるものは認められない。しかし、マイルスは明らかにショーターのプレイから触発されている様子で、そうした変化が粗い粒子の画面からでもはっきりと伝わってくる。

話は逸れてしまうが、テレビ番組にゲストとしてマイルスが出演することは非常に珍しい。軽妙なエッセイで、故人となったいまも人気の高い植草甚一は、そのことについて、こんなふうに書いている。

「マイルスは、ラジオやテレビにはほとんど絶対に出ない。むしろ敬遠されてしまうのであるが、その理由は、タブーになっている言葉を平気で使うからだ。マイルスのほうでは、声がしわがれているからいやなのであろう。声を悪くしたのは、数年前に喉をこわしたとき、医師の手術を受けたが、そのあとで1週間は口をきかないようにと厳命されたた。ところが、なにかのいきさつで、ある話し相手がつまらぬいいがかりをつけたので怒鳴ってしまった。そのときから、あんなかすれた声になってしまったという話だが、またこの声が不思議なくらい魅力がある。『リラクシン』最後の1曲で、紛れもないマイルスの声がするが、あれはいいものだ。ほかのレコードにも終わったあとで『OK』とかなんとかいっているのがあるが、なんともいえない余韻を残すのは、すでにみなさんも経験済みのはずと思う」(24)

テレビ出演を終えた直後のヨーロッパ・ツアーで生まれたのが『マイルス・イン・ベルリン』だ。この作品でも、基本的なスタイルは、それまでと同じ吹き流し的なブローイング・セッションの趣で、これといった新しい音楽性は認められない。

しかしこのときのパフォーマンスが素晴らしいのは、マイルス以下の全員が、それまでになく溌剌としたプレイを繰り広げているからだ。〈マイルストーンズ〉〈枯葉〉〈ソー・ホワット〉〈ウォーキン〉など、お馴染みのレパートリーながら、どのトラックからも従来の殻を破るフレッシュで創造性に溢れたプレイが展開されていく。そのさまを聴くにつけても、ショーター効果が大きく働いていたことは明白だ。

「ここでのウエインはフラッテッド・フィフスをほとんど使っていない。それが新しい響きに繋がった。だから、彼のプレイは、それ以前のコルトレーンやジョージ・コールマンと比べて、明らかに新しいサウンドを有するものになった」(25)

ウイントン・マルサリスがこのアルバムを聴いて、こう教えてくれた。

フラッテッド・フィフスとは、ビバップの時代に入ってから多用されるようになった、センター・キーに対する短5度の音だ。この音をフレーズにちりばめると、ブルージーな響きが強調される。その音を減らしたことで、ブルース色が薄れ、それまでとは異なる響きを獲得した——これがウイントンの指摘だ。

何度も「グラミー賞」に輝き、「ピューリツァー賞」まで受賞して、ジャズ界を代表するトランペッターになったウイントンとぼくは、1982年から83年にかけて、ニューヨークで隣組の間柄だった。当時、注目の新人だったウイントンがマイルスのレコードをひたすら聴きまくっていた姿を何度も目にしている。この本では、そのときに彼から示唆されたこともいくつか参考にしていることを断っておきたい。

ショーターが加わってきたころにマイルスが考えていたのは、過去の伝統や因習の打破だった。レナード・フェザーのインタヴューに対し、彼は、「お定まりのレパートリーはすたれつつあり、これからは多少なりともモダンなものを書く連中の作品を集中的に演奏するようになるだろう」と、予言めいたことを語っている。それは、マイルスがオーネット・コールマン(as)やジョン・コルトレーンなど、フリー・ジャズ派の動きに注目していたこととも無縁でない。

フリー・ジャズとは、音楽の基本であるコード進行や譜割りを無視し、エモーションの赴くまま、文字どおり自由（フリー）に演奏するジャズのことだ。これは、1950年代半ばにピアニストのサン・ラやセシル・テイラーが、現代音楽から影響を受けた前衛的な手法をジャズに持ち込み始めたことに端を発している。直後には、アルト・サックス奏者のオーネット・コールマンが、従来のジャズの枠には収まらない自由な発想で演奏を開始したことでも大きな反響を呼ぶようになった。

その結果、フリー・ジャズは1960年代に入ると一大勢力にまで発展していく。このムーヴメントの中心人物のひとりが、マイルスの下から独立したコルトレーンだ。彼は、1960年代半ば前後からフリー・ジャズの最先端を行く演奏を始め、後続のミュージシャンに大きな影響を与える存在になっていた。マイルスがフェザーに語ったのも、そんな時期のことだ。

「ウエインが加わって、バンドのサウンドが俄然フリーになった。初日からそうだった。最初に〈ジョシュア〉のワン・フレーズを演奏したとたん、ヤツが絡んできた。その瞬間、リズム・セクションが爆発した。ゾクゾクするほどの興奮だった。リハーサルなんか一度もやっていないのに、ウエインは演奏のツボを心得ていた。ハービーもロンもトニーも、それ以前にレコーディングやセッションで何度もウエインと共演していたから、ヤツの出方がわかっていたんだろう。オレだけが知らなかった。けれど、それがオレに火をつけた。こんなヤツと毎日演奏できるのかと思うと、すっかり有頂天になってしまった」(F)

ショーターも、初めてマイルスのクインテットで演奏した日のことを覚えていた。

「緊張していて、どんな演奏をしたかは覚えていない。『いつもどおりにやればいい』ってハービーにいわれてた。こちらにしたって、それしかやりようがないから、腹をくったことは覚えている。終わったあとに、楽屋でマイルスが、『このヤロー』という感じで、殴りかかるふりをした。そういうときの彼が最高に満足していることは、しばらくしてわかった」(26)

このメンバーになって、マイルスはバンドのサウンドが変わろうとしていることを実感した。それが自分の望む〈フリーダム・ミュージック〉に向けてのものだと気がついたときに、彼は久しぶりのスタジオ録音を行なう。翌年の1965年1月に吹き込まれた『ESP』がそれだ。これによって、しばらく続いたライヴ・レコーディングの時代が終焉を迎える。ようやく納得のできるグループが結成できたことと、グループ・サウンドが獲得できたことを示唆しているのが、このスタジオ録音だ。

「あのレコーディングでも、マイルスはわたしたちになにも注文を出さなかった。ただスタジオに呼ばれただけだ。しかし、曲を用意してくるようにはいわれた」(27)

ロン・カーターの証言だ。さらに彼は、このときのレコーディングについてこんなことも話している。

「マイルスが『もうコードなしでやりたい』といい出した。彼が目指したのは、音楽の核にあるものだった。わたしはそう見ている。マイルスの見方と同じかどうかは知らないけれど、曲は概念のひとつでしかない。マイルスは曲を演奏するより、曲の出所である概念を演奏したいんじゃないのか？　メロディの断片が聴こえてきたり、どこかしらに原曲の面影や、その曲を他の曲から区別するなにかは聴こえてくるけど、コードはそこにない、みたいなね。〈ウォーキン〉や、その他のどんなにやり慣れた曲をやるときだって、わたしたちがメロディを演奏したのち、彼はコードを吹こうとしなかった」(28)

新しい試みができるようになったのも、ショーターが参加したからだ。マイルスはここにいたって、モード・ジャズをさらに一歩進め、フリー・ジャズをも視野に入れた音楽を実践し始める。こうした音楽性が〈新主流派〉と呼ばれるようになるのは、しばらくのちのことだ。ただし、その端緒を飾ったのが、マイルスのグループにとっては１９６３年春に吹き込んだ『セヴン・ステップス・トゥ・ヘヴン』以来、19ヵ月ぶりのスタジオ録音となる『ＥＳＰ』だった。

新時代に突入

『ＥＳＰ』は、マイルスの音楽が新たな次元に突入したことを伝えるものとなった。例外なくスタンダード・チューンが取り上げられていたこれまでの作品と違い、今回はすべてがメンバーのオリジナル曲で固められていた。ショーターが２曲、マイルス、カーター、ハンコックが各１曲、そしてカーターとマイルスの共作が２曲の構成である(29)。

「お定まりのレパートリーはすたれつつある」と語っていたマイルスだけに、既存のスタンダードを１曲も取り上げないレパートリー構成も、グループのサウンドを前面に押し出そうとした意気込みの表れだった。

ショーターの回想だ。

「ぼくたちはだんだんコード・ストラクチャーやスタンダードから抜け出し始めた。マイルスがぼくの書いたものを聴いて録音するようになったけれど、彼はまったく手を入れなかった。マイルスはひとのものを変えるので有名だったのに」(30)

「あのクインテットは、望む演奏ならどんなことだってできた。以心伝心があれほどスムーズにできたグループはなかった。その点で、ウエインはトレーン以上だ。『ＥＳＰ』のコンセプト？　そんなものは最初からない。やりたい音楽をやっただけだ」(Ｆ)

過去の作品について聞くときは、うまく話を持っていかないと、マイルスの機嫌を損ねてしまう。このときは機嫌こそ悪くならなかったが、「なんでそんな無意味なことを質問するんだ?」という目つきをされてしまった。

そこで失点を挽回しようと、別の話題に転じてみた。

「あのクインテットで、ジャズにまた新しい動きを起こしましたね?」

「動き? そんなものは知らない。でも、だいたいオレがやることをみんなが真似する。トレーンやオーネット(コールマン)のやっていたことには興味があった。ただし、ヤツらは音楽の発展のさせ方に問題があった。コンセプトには共鳴できたけどな。連中の音楽を、オレのスタイルでやりたかった。そこにウエインがいた。ヤツこそ、考えているサウンドにピッタリのテナー・マンだった。リズム・セクションは文句なしにご機嫌だったし、ウエインが加われば最高のバンドになると確信していた。そして、思ったとおりになった。ザ・ジャズ・メッセンジャーズは、ヤツを使いこなせていなかったしな」(F)

このときのマイルスは、絵を描きながら話していた。その手をストップさせて、使っていたペンで、ドラムスのスティックよろしくテーブルを叩いてみせたのである。何パターンか示してみせて、どれが一番クールか答えろという。

「ふたつ目がかっこいい……かな?」

直感だ。自信はまったくない。すると、マイルスはクックックと笑い声を漏らした。
正解だったのだろうか？
「これだけがジャズのリズムじゃない」（F）
まずいことになった。
「お前は妙なものが好きだな。教えてやろうか。これはシュガー・レイ（ロビンソン）のフットワークをイメージして叩いたんだ。ボクシングを見たり、自分でスパーリングしながら、オレはリズムを考えてきた。そのひとつがこれだ」（F）
どうやら、まぐれ当たりでマイルス好みの答えが出せたようだ。
「お前、ボクシングをやってたのか？」（F）
自慢じゃないが、父親のいとこにフェザーとジュニア・ライトの2階級で東洋チャンピオンになったボクサーがいる。引退後に彼が開いたジムで、中学のときからしばらくトレーニングをしていたのがぼくだ。
「そうか、チャンプが親戚なのか。羨ましいな」（F）
マイルスに羨ましがられるとは思ってもみなかった。そんなときの彼は、帝王から素顔に戻っている。
ところで、「過去を振り返らないマイルス」といわれているが、そんなことは決してない。演奏で過去をなぞることはしなかったものの、彼はすぎ去った日々を心の糧にしていた。

マイルスの話を聞いていると、昔話もつい昨日のことと錯覚する。それは、記憶が鮮明で、打てば響くように答えが返ってきたことと、そのときどきの分析が興味深いものだったからだ。ニューヨークにある高級ホテル、「エセックス・ハウス」（現在の「JWマリオット・エセックス・ハウス」）のスイートルームを住居代わりに使っていたこのときも、クインテットの話を通して、彼は音楽の様式について語っていた。

マイルスのフリー・ジャズに関する見解は興味深い。それは、フリー・フォームで演奏するとしても、様式内でのフリーなら自分は認めるという内容だった。そこが様式まで無視してしまったオーネット・コールマンやジョン・コルトレーンと、様式内で可能性を極限まで追求してみせたショーターとの違いだと、マイルスは自分の考えを話してくれた。この「様式内の実験」こそが『ESP』のコンセプトではないだろうか？　そのうちの1曲〈エイティ・ワン〉はカーターとの共作で、マイルスが初めて8ビートを導入した演奏である。

「あの曲がマイルスとの共作になっているのは、彼がリズム・フィギュアに関するアイディアを出したからだ。わたしが書いたメロディを基に、マイルスがハーモニーとリズムをつけ加えた。でも、あれが8ビートとの意識はなかった。わたしの中では、リズム的にも他の曲とほとんど違いがない」(31)

先に、マイルスが自分の書いた曲に手を加えなかったと語ったのはショーターだが、カーターの話は異なっていた。ケース・バイ・ケースだったということだろう。

そのカーターとリズムの一翼を担ったトニー・ウィリアムスの意見はこうだ。

「あの曲に関しては、マイルスからアドヴァイスをされた記憶がない。スタジオで彼のプレイに合わせていたら、自然とああいうリズムになった。マイルスから渡された譜面には、8ビートの指定がなかったはずだ」(32)

カーターとウィリアムスの言葉を合わせて考えれば、「マイルスのプレイにしたがったら、いつの間にか8ビートになっていた」ということだろう。この点については、マイルスにも聞いてみた。彼は、まったくそんなことはどうでもいいという態度だったが、こうしたアプローチは、マイルスおよびクインテットの音楽性が、確実に次なるなにかへ向かっていることを暗示していた。

8ビートのようにあからさまではないが、残る6曲でもクインテットは従来と違うグループ・サウンドを提示している。3曲がアップ・テンポの演奏で、残り3曲がスロー・ビートによるワルツの構成も興味深い。マイルスは、インタープレイにあまり重点を置いてこなかった。しかしアップ・テンポの3曲では、インタープレイが重視されている。これも、ショーターを加えたことで起こった変化だ。

それまでのマイルスは、各人のソロを重視していた。テーマを吹いて、それぞれがアドリブをして、またテーマに戻って、演奏を終える、これが定石だった。しかし『ESP』では、そうしたパターンが踏襲されていない。リズム・セクションとのインタープレイはもちろんのこと、マイルスとショーターが相互に刺激し合いながら演奏が盛り上がっていく。この手法は、過去のコンボではめったに認められない。

「マイルスのバンドでやろうとしていたのは、個々のメンバーが受けたさまざまな影響を合体させ、それらを自分のものにして、聴き手にアヴァンギャルドを感じさせると同時に、ジャズの歴史も感じ取ってもらうことだ。マイルス自身がジャズの歴史だからね。綱渡りをしながら、音楽的実験に没頭した。ぼくらはそれを〈統制された自由〉と呼んだ」(33)

ハンコックの言葉である。

こうした冒険をショーターやリズム・セクションが繰り返しているうちに、マイルスの表現にも変化の兆しが見えてきた。トレードマークのリリシズムに関してだ。それまでの彼は、リリシズムをストレートに表現することでエモーションを吐露していた。しかしこの作品では、思索的なプレイを強調することで、一種のメランコリーや翳りが表出されている。ストレートな表現をせずに、いくつかの屈折を経て、リリシズムやエモーションを表現するようになったのだ。

このあとも、マイルスはクインテットと一緒にさまざまな新生面を切り開いていく。

しかしニュー・クインテットによる最初のスタジオ録音で、彼と4人のメンバーはかなりのものを完成させてしまった。

極端なことをいえば、この路線で吹き込まれる以後の作品や演奏は惰性のようなものだ。次のスタジオ録音作『マイルス・スマイルズ』（コロムビア）のライナーノーツで、アイラ・ギトラーは、クインテットの演奏を〈新主流派（ニュー・メインストリーム）ジャズ〉と呼んでいる。

1950年代の主流がハード・バップだったのに対し、1960年代の主流はモード・ジャズの発展形だった。そのことを指して、新しい主流派、すなわち〈新主流派〉と名づけたのがギトラーだ。そして、そのほとんど完成した姿を、マイルスは『ESP』で提示していた。

「トニーのリズムが斬新だった。さまざまなリズム・フィギュアが次から次へと繰り出されてくる。それをバックに、マイルスが悠然とトランペットを吹いていた。その姿が印象に残っている」(34)

当時のライヴを聴いたひとりに、ローリング・ストーンズのドラマー、チャーリー・ワッツがいる。ストーンズが初来日をしたときに、彼は「ジャズの雑誌なら」という条件つきで、1回だけインタヴューに応じてくれた。そのインタヴュアーを務めた幸せ者がぼくだった。「ジャズ・ドラマーのわたしが、たまたま世界一のロック・バンドに入っているだけ」と語ったのが彼である。そのワッツが、1960年代半ばに、サンフランシスコのジャズ・クラブでマイルス・クインテットを聴いていた。

同じころ、ニューヨークの「ヴィレッジ・ヴァンガード」でクインテットを聴いたひとがいる。ひとりは、マンハッタン・トランスファーでリーダーを務めるティム・ハウザー（vo）だ。

「クインテットは、マイルスのプレイに神経質なまでに注意を払っていた。彼の動きをひとつも見逃さないような集中力、といえばいいかな。だから、レコードで聴くよりはるかに緊張感に溢れたステージだった」（35）

もうひとりは、人気コラムニストでジャズ・フリークでもあるピート・ハミルだ。

「マイルスのグループはまったく新しい音楽をやっていた。4ビートでも、なにかが違う。従来のジャズとはかけ離れていたけれど、フリー・ジャズでもないし、あれはマイルスにしかできない演奏だった」（36）

ライヴの場でも新しい音楽が生まれつつあるという、なんらかの兆しが感じられたのだ。

新主流派ジャズをリード

新主流派ジャズは、音楽のフォームに重きが置かれていた。そこが、コンセプチュアルな要素を強調してみせた初期のモード・ジャズとは大きく違う。ただしマイルスだけは、その時代から、コンセプトではなく、少ない音で多くが語れるフォームを追求していた。モード・ジャズを発展させ、フリー・フォームやその他の音楽性も加味した新主流派ジャズの確立は、マイルスがフォームを追求した結果のものである。そしてこのフォームは、クインテットのメンバーによって急速に広まっていく。

『ESP』から4ヵ月後の1965年5月17日にハンコックが吹き込んだ『処女航海』（ブルーノート）は、新主流派ジャズがたどり着いたひとつの極致だ。クインテットのリズム・セクションに、トランペッターのフレディ・ハバードとテナー・サックス奏者のジョージ・コールマンを加えたグループは、マイルスがハバードに代わっただけの旧マイルス・クインテットと考えてもいい。彼らは、この作品でモード・イディオムを母体に、かなり斬新なメロディ展開を実践している。

ブルーノートは、この時期、フリー・ジャズにも関心を寄せていた。いってみれば、ブルーノート的なフリー・スタイルを、マイルスの新主流派ジャズが巧みに取り込んでみせたのがこの作品だ。ハンコックは、この成果をマイルスのクインテットにフィードバックさせたのである。それが、『ESP』に続くスタジオ録音盤の『マイルス・スマイルズ』（コロムビア）だ。

ハンコックだけでなく、この間には残りのメンバーも、それぞれのセッションで着実に成果を挙げていた。『ESP』のレコーディング以降、1966年10月に録音される『マイルス・スマイルズ』までの間に、各メンバーが吹き込んだリーダー作を参考までに紹介しておこう(『欲望(ブロー・アップ)』以外はいずれもブルーノート)。

★ウエイン・ショーターの作品(カッコ内の日づけは録音日)
『スピーク・ノー・イーヴル』(1964年12月24日)
『予言者』(1965年3月4日)
『エトセトラ』(1965年6月14日)
『ジ・オール・シーイング・アイ』(1965年10月15日)
『アダムズ・アップル』(1966年2月24日)

★ハービー・ハンコックの作品
『処女航海』(1965年5月17日)
『欲望(ブロー・アップ)』(MGM)(1966年前半)

★トニー・ウィリアムスの作品
『スプリング』(1965年8月12日)

この時代は、マイルスを頂点として、クインテットのメンバー全員が、モード・ジャズの進化形である新主流派ジャズと、その次に来る音楽を探求していた。フリー・フォームやロックと結びついた演奏も、この時代だからこそ内容の濃いものになったのだろうし、モードを極めたのちになにが起こるのか——ファンならずとも多くのひとが、彼らの動向を見守っていた。

クインテットが音楽的な成熟に向かっていた時期にシカゴのジャズ・クラブ「プラグド・ニッケル」で吹き込まれた彼らの演奏は、それだけに貴重な記録と呼べるものだ。１９６５年1月録音の『ＥＳＰ』と、『ダウンビート』誌で「年間ベスト・アルバム」に選出された１９６６年10月録音の『マイルス・スマイルズ』の中間にあたる１９６５年12月、マイルスのクインテットは「プラグド・ニッケル」でライヴ・レコーディングを敢行した。しかし録音当初、このときの演奏は発表されずにお蔵入りしてしまう。

それは、過去数年、ライヴ・アルバムが連続して発表されていたからだろう。リアル・タイムでマイルス・クインテットのイメージを考えた場合、スタジオ録音とはレパートリーの傾向も内容もかなり違う。そのため、発表は適切でないとの判断が働いたのかもしれない。

２日間（37）で録音された全33曲の中から、２枚のアルバムに9曲が収録され、初めて「プラグド・ニッケル」の記録が陽の目を見たのは1976年のことだ（38）。コロムビアは、1987年にもう1枚分の未発表演奏を『クッキン・アット・ザ・プラグド・ニッケル』（日本盤は1990年に発売）のタイトルで発表し、待望のコンプリート・ボックス・セットが世界に先駆けて日本で発売されたのは、1992年のことだ（39）。

この作品が重要なのは、スタンダード・チューンを主要なレパートリーにしていた時代にクインテットが残した最後のライヴ・レコーディングである点だ（現在までに正規の形で世に存在する、という意味においてだが）。クインテットはフリー・ジャズからの影響を強く受けていた。ことにショーターは、この作品で別人のように奔放なプレイを試みる。それがほかのメンバーにも飛び火して、クインテットは全編にわたってフリー・ジャズに近いパフォーマンスを繰り広げることになった。

イン・コードで演奏される〈ステラ・バイ・スターライト（星影のステラ）〉にしろ、ブルースの〈ウォーキン〉にしろ、マイルス以下の面々は、それらのオリジナル・ヴァージョンからはるかにストラクチャーやフォームを変容させたプレイで、聴くものを驚かせてくれる。演奏のキーを握っていたのがショーターだったことは明らかだ。

彼はこのときのライヴについて、1992年1月に、「ブルーノート東京」の楽屋で以下のように語ってくれた。

「『ESP』をレコーディングしたときは、完全にグループのコンセプトが出来上がっていた。モードを軸に、フリー・フォームまで取り込んだスタイルが新鮮だったし、ぼくはこの方向をさらに発展させたかった」(40)

ところが『ＥＳＰ』を録音した直後、マイルスは股関節炎を発症し、その結果、４月14日に左大腿骨の手術を受け、７月まで入院している。しかし、この間にも『ＥＳＰ』で追求された音楽はメンバーによって熟成されていた。それは、メンバーが自身のリーダー作以外にもさまざまなセッションに参加することで培われたものだ。11月中旬になって活動が再開されると、クインテットは東部のジャズ・クラブを回り、年末にシカゴにやって来る。創造性もピークに達していた。そんな時期に録音されたのが「プラグド・ニッケル」のライヴだ。

ショーターが続ける。

「あのころはスタンダードを中心に演奏していた。そのほうが聴衆とコミュニケーションが図れるからね。でも、ぼくはコルトレーンがやっていたフリー・フォームのジャズに強く刺激されていた。ハービーたちだって、４ビートといってもリズム・フィギュアを複雑にしていたし、演奏中に何度もテンポやビートを変えてみせる。１曲の中でコンセプトが発展していく。あんな体験はなかなかできるものじゃない」(41)

先に紹介したチャーリー・ワッツやピート・ハミルのコメントは、こうした演奏を指したものだ。「プラグド・ニッケル」でのレコーディングは、クインテットがそんな状況のときに行なわれた。収録された曲目には、だぶって演奏されたものも少なくないが、同じ曲でもまったく違う内容になっている。そこに、グループの充実が認められる。

これもショーターの言葉だ。

「思い出すのは、マイルスの唇が傷ついていたことだ。そのため、けっこうミス・ノートもあるけれど、それでも彼のスピリットはすごかった。表面的なものではなく、マイルスという音楽家の内面を知ることができる演奏集として、これは重要な作品だ」(42)

さらなる船出

「プラグド・ニッケル」でライヴを録音したのちのマイルスは、それまで以上に音楽の方向性を明確なものにしていく。フリー・フォームも取り入れながら、ジャズの伝統を発展させていくスタイルだ。ショーターはコルトレーンのフリー・ジャズに興味を持っていたし、そのスタイルに影響を受けた曲も書いていた。ハービーも同様だ。ただし、彼らはそのスタイルを、ぎりぎりのところで、あくまで伝統的なジャズの範疇にとどめていた。

その歯止めというか、演奏を「保守性の中での前衛」にしていたのが〈モード・イデイオム〉だ。モードにのっとった音楽性の中で、彼らは限りなく前衛的な演奏や曲作りに励んでいた。それはマイルスが思い描いていたもっとも新しいジャズのスタイルとも一致する。

「連中にたいしたことはいってない。誰かを思いどおりに動かすなんて、これほど下らないことはないじゃないか。そんな暇があるなら、自分のことを考えてたほうがよっぽどましだ。ただ、ヤツらが勝手にオレの音楽観を理解していたとは考えられる。それだって、へつらってくるような態度が感じられたら、突っぱねていた。でも、あいつらは違った。音楽に個性があった。オレの望んでいる音楽であったと同時に、ヤツらの音楽にもなっていた。そこが気に入っていた」(F)

これは『マイルス・スマイルズ』や、その次にリリースされた『ソーサラー』と『ネフェルティティ』(どちらもコロムビア)あたりの音楽について、マイルスと話していたときの言葉だ。

ぼくがマイルスの演奏にはまったのは『マイルス・スマイルズ』によってだった。経緯はこうだ。

まずはスタン・ゲッツ(ts)のボサノヴァでジャズを知り、続いて同じテナー・サックスということからウエイン・ショーターに興味を持ち、ザ・ジャズ・メッセンジャーズのレコードに耳を傾けるようになった。そのショーターに導かれるようにして、マイルスの音楽に出会ったのだ。

そのときに新譜としてリリースされていたのが『マイルス・スマイルズ』だった。高校2年に進級した直後（1967年）のことだ。受験勉強に明け暮れていたぼくの、ややもすれば落ち込みそうになる不安定な気持ちに、彼のトランペットは一条の光をあててくれた。前向きな人生を歩んでいるひとの音楽は、聴くものも奮い立たせてくれるようだ。

マイルスの日本公演は、先にも書いたように、偶然のことから聴いていた。しかし、彼の演奏に意識して耳を傾けるようになったのは、このアルバムを聴いてからだ。それからは、勉強の合間に『マイルス・スマイルズ』を聴いては、落ち込みそうになる自分に気合いを入れていた。そして、やがて『カインド・オブ・ブルー』を知り、その静寂な音楽によって、今度は気持ちを落ちつかせることができたのである。

マイルスとビートルズが受験生活をどれだけ潤わせてくれたことか。そして、どれほど癒されたことか。

話が横道に逸れてしまった。『マイルス・スマイルズ』『ソーサラー』『ネフェルティティ』の3作で、マイルスのオリジナル曲が極端に減ってしまった理由を、本人に訊ねたことがある。具体的にいうなら、『マイルス・スマイルズ』では〈サークル〉のみ、『ソーサラー』と『ネフェルティティ』にいたってはオリジナルが1曲もなく、すべてがメンバーの作品になっていた(43)。

それまでにも、マイルスはメンバーのオリジナルを取り上げたことがある。しかしアルバムの全部、あるいはほとんどがメンバーの曲で構成されていたことはなかった。マイルスの気持ちにどのような変化があったのか？　それが知りたくて、聞いてみた。

「曲を書く気がなかった。メロディより、リズムに興味があったからだ。メロディを書く時間があれば、リズムのことを考えていたかった。それに、メンバーが次から次にいい曲を持ってくるじゃないか。それを使わない手はない。ウエインの〈フットプリンツ〉(『マイルス・スマイルズ』に収録)やハービーの〈ライオット〉(『ネフェルティティ』に収録)なんか、オレが表現したい要素を持っていた」(F)

マイルスがいうとおり、かなり斬新な音楽性を追求してみせたのが〈フットプリンツ〉だ。これはCのキーで書かれたブルースだが、フリー的なアプローチで迫るマイルスは、コード進行でもなく、モードとも違う音使いで、独特の味わいを表出してみせる。ここでもフラッテッド・フィフスはほとんど使われていない。それ以上に注目すべきは、フレーズのそこここで実践されているリズム面での冒険だ。

同じくショーターが書いた〈ネフェルティティ〉と〈フォール〉(どちらも『ネフェルティティ』に収録)では、全編にわたってソロがまったく登場してこない。反復するメロディのバックでうねるリズムの変動が、まるでマイルスの心境を表しているようだ。

ショーターが当時を振り返る。

「マイルスは、他人のやっていることを巧みに自分のものとして消化してしまう。ぼくは、彼のレコーディングにずいぶんオリジナルを提供した。不思議なのは、譜面どおりに演奏しても、出てくるサウンドはマイルスそのもの、あるいはマイルス・クインテット独自のものになっていたことだ。自分のグループでその曲を同じように演奏しても、ああいうサウンドにはならない。そこに、強烈な個性を感じた。彼はステージでスタンダード・チューンを譜面どおりに吹いてみせる。それでも、その曲はマイルスが書いたオリジナルのように響く。ぼくの曲もそういう感じだった。だからクレジットにはぼくの名前がついているけど、彼のオリジナルといってもいい。こういう音楽家はほかに知らない」(44)

1967年5月から7月にかけて、マイルスは何度かスタジオに入り、『ソーサラー』と1976年になって発売される『ウォーター・ベイビーズ』(コロムビア)の一部、および『ネフェルティティ』の全曲をレコーディングしている。マイルスにとって、プライヴェートな面でふたつの大きな出来事が起こったのもこの時期のことだ。出会いと別れである。

出会ったのは、ずっと先になって結婚する(1981年)女優のシシリー・タイソンだ。2番目の夫人となったフランシスと別居して以来(離婚が成立するのは1968年2月)、マイルスには特定のガール・フレンドがいなかった。のちに、テレビのミニ・シリーズ『ルーツ』で評判を獲得するシシリーは、当時、ジョージ・C・スコットが主役のテレビ・ドラマ『イースト・サイド／ウエスト・サイド』に秘書役で出演していた。

最初、マイルスにはつき合う気持ちがなかった。しかし、シシリーに寄せる想いが徐々に募っていく。『ソーサラー』のジャケットに彼女のポートレイトを使ったのは、そんな彼が、自分の気持ちを公のものにしたかったからだ。シシリーとのつき合いに夢中で、この時期のマイルスは曲作りに時間が割けなかったのかもしれない。

もうひとつの出来事は、悲しい別れである。1967年7月17日、ともに新しい音楽をクリエイトしてきたジョン・コルトレーンが、肝臓癌の悪化から急逝した。

マイルスとの間にはさまざまなことがあった。無名の彼をグループに抜擢して育てたのは、ほかならぬマイルスだ。麻薬に溺れて仕事をすっぽかすようになったコルトレーンを、親身になって説教したのも彼である。独立する際にゴタゴタはあったが、それもコルトレーンを頼りにしていたからだ。その後も彼の推薦で、マイルスは何人ものテナー・サックス奏者をバンドに迎えてきた。マイルスは、コルトレーンを音楽家として、黒人として、そしてひとりの人間として尊敬していた。

しかし、盟友の死という悲しい出来事に襲われても、マイルスは自身の音楽をさらなるものに発展させたい気持ちを疎かにしなかった。一般には知られていないが、この年、すなわち1967年に、彼はジョー・ヘンダーソンを加えた2テナーによるセクステットでの演奏を試している。

「マイルスに呼ばれたのは1967年になってすぐだった。わたしはブルーノートとの契約が切れて、次のマイルストーンと契約を結ぶまで、しばらくフリーで活動していた。ロスのスタジオでほんの少しだけリハーサルをして、そのまま、周辺で何度か仕事をした。しかしレギュラー・メンバーにはならず、わたしは地元のサンフランシスコに戻った。その後も、ウエインの都合がつかないときに呼ばれて演奏する機会は何度かあった。マイルスはわたしのプレイに興味があったようだけれど、一緒に音楽をクリエイトしていくことは考えなかったみたいだ。当時はかなりフリーなフォームで演奏していたから、そこに彼は興味を持ったんだと思う」(45)

マイルスは、いつものクインテットでこのあともしばらく活動を続けていく。彼は、クインテットが音楽面でピークに達していたことを感じていた。『ESP』から始まった新クインテットによる音楽的なチャレンジは、1967年に吹き込まれた演奏を頂点に、行き着くところまで行ってしまった。

あとは、次なる変化を求めるだけだ。その試みのひとつがヘンダーソンの参加だった。そして、このころから、ステージでのマイルスは、曲から曲へとノン・ストップで演奏するようになっていく。これも変化を求めていた兆しの表れだ。そして、フリー・ジャズの次に彼が興味を向けたのは、ロックのビートだった。

【第6章：黄金のクインテット　注】

1. 従来のディスコグラフィーでは〈ベイジン・ストリート・ブルース〉が4月16日、〈ソー・ニア、ソー・ファー〉が4月17日録音となっていたが、マトリックス番号から類推したヤン・ローマン著『The Sound of MILES DAVIS - The Discography. 1945-1991』では、前者が4月17日、後者が4月16日となっており、ここでもこの説を採用した。なお〈ソー・ニア、ソー・ファー〉は1981年に発売された未発表集『ダイレクションズ』、2日目にコールマンを除いたカルテットで吹き込まれた〈サマー・ナイト〉は『セヴン・ステップス・トゥ・ヘヴン』の次の作品にあたる『クワイエット・ナイツ』に収録。2テイク録音された〈セヴン・ステップス・トゥ・ヘヴン〉はどちらも現在まで未発表のままに残されている。
2. ヴィクター・フェルドマン　1982年、ニューヨーク
3. ジャズ・ミュージシャンがミュージシャン役で出演したオフ・オフ・ブロードウェイの麻薬劇。
4. トニー・ウィリアムス　1987年、ロサンジェルス
5. ジャッキー・マクリーン　1986年、山中湖
6. ハービー・ハンコック　1986年、山中湖
7. 4と同じ

8. ドナルド・バード　1987年、ニューヨーク
9. ジョージ・コールマン　1982年、ニューヨーク
10. サム・リヴァース　1987年、斑尾
11. 6と同じ
12. 4と同じ
13. 6と同じ
14. 4と同じ
15. 久保田二郎「モダン・ジャズ・グループを聴いて」『スイングジャーナル』1964年9月号、28頁
16. 八木正生「モダン・ジャズ・グループを聴いて」『スイングジャーナル』1964年9月号、28頁
17. レナード・フェザー「マイルス・デイビス物語」小川隆夫訳、『Oh! MILES』スイングジャーナルMOOK　1985年夏号、47頁
18. 10と同じ
19. ウエイン・ショーター　1987年、東京
20. アート・ブレイキー　1987年、山中湖
21. 19と同じ
22. 19と同じ
23. ボブ・ベルデン：サックス奏者兼アレンジャーとして活躍する一方、マイルスがコロムビアで残した演奏のボックス化にあたり、プロデューサーのマイケル・カスクーナと組んで監修を担当。
24. 植草甚一『マイルスとコルトレーンの日々』晶文社、1977年、35—36頁
25. ウイントン・マルサリス　1983年、ニューヨーク

26．ウエイン・ショーター　１９８９年、ロサンジェルス
27．ロン・カーター　１９８７年、東京
28．イアン・カー『マイルス・デイビス物語』　小山さち子訳、スイングジャーナル社、１９８３年、２１４頁
29．当初はタイトル曲もマイルスとショーターの共作として発表されていたが、のちにショーター単独の作曲と訂正された。
30．トッド・コールマン『マイルス・デイヴィス・クインテット・コンプリート・スタジオ・レコーディングＢＯＸ（原題：MILES DAVIS QUINTET 1965-68）』（ソニーミュージック・エンターテインメント SRCS 8575-80）ライナーノーツ　小山さち子訳、１９９８年
31．27と同じ
32．４と同じ
33．ビデオ作品『マイルス・デイヴィス／マイルス・アヘッド』（ビデオアーツ・ミュージック VALJ-3331）　１９９３年
34．チャーリー・ワッツ　１９９０年、東京
35．ティム・ハウザー　１９９２年、東京
36．ピート・ハミル　１９８６年、東京
37．１９６５年12月22、23日に録音。21日にも録音が予定されていたが、この日は機材の故障で中止になっている。
38．日本で発売された『プラグド・ニッケルのマイルス・デイヴィス』および『同 Vol. 2』
39．日本盤にはエディットされた演奏が10曲あり、本当の意味でコンプリートな内容になっているのは１９９

5年に発売されたアメリカ盤。こちらは日本盤に比べてトータルで収録時間が20分以上長い。

40. ウエイン・ショーター　1992年、東京

41. 40と同じ

42. 40と同じ

43. 『ソーサラー』では全7曲中ショーターが4曲、ハンコックとウィリアムスが各1曲を提供。スタンダード・チューンの〈ナッシング・ライク・ユー〉は1962年のレコーディングで、クインテットによる演奏とは違うので別物と考える。『ネフェルティティ』では全6曲中3曲がショーター、2曲がハンコック、1曲がウィリアムス作という構成。

44. 19と同じ

45. ジョー・ヘンダーソン　1986年、山中湖

第7章 フュージョン時代の幕開け

エレクトリック・サウンドへの挑戦

　１９６７年に『ネフェルティティ』を吹き込んだあと、マイルスの周辺は少しずつ騒がしくなってくる。契約を結んでいるコロムビアとの関係が、彼にとってあまり好ましいものでなくなってきたからだ。

『ネフェルティティ』吹き込みの前後から、アメリカの音楽シーンは急速にロックへと傾いていった。そうした傾向にいち早く対応したのがコロムビアだ。ロック部門の強化に伴い、売り上げの芳しくないジャズは、レコード会社の中で片隅に追いやられてしまう。〈ジャズ界の帝王〉と呼ばれるようになっていたマイルスも例外でない。

　長い目で見れば、『カインド・オブ・ブルー』も『スケッチ・オブ・スペイン』もビッグ・セールスを記録していた。しかし、レコード会社としては速戦即決、ヒットすれば100万枚の売り上げも可能なロックに力を入れることのほうが大切だった。海のものとも山のものともつかない駆け出しのロック・ミュージシャンを、自分より丁寧に扱うことに我慢ならなかったのが、ひと一倍プライドの高いマイルスだ。そうした不満を、プロデューサーのテオ・マセロや、コロムビア社長のクライヴ・デイヴィスにぶつけたのである。しかし、彼らの返事は商業主義に根ざしたもので、芸術性を理解するにはほど遠かった。

反骨精神の旺盛なマイルスは、それなら誰にも負けない音楽を作ってやろうと考える。後年、ロックの専門誌『ローリング・ストーン』のインタヴューに対し、「オレが本気を出せば、世界一のロック・バンドだって作れる」（1）と豪語したのも、この気持ちの表れだ。

『ネフェルティティ』は1967年6月から7月にかけて吹き込まれ、1968年春にリリースされた。それまでに、ドノヴァン、サンタナ、ジャニス・ジョプリン、アル・クーパー、マイク・ブルームフィールド、ブラッド・スエット&ティアーズなど、多くのロック・スターやグループと契約を結んでいたのがコロムビアだ。会社側から見れば、最新作の『ネフェルティティ』も含めて、マイルスのアルバムが時代にマッチするとは思えなかった。しかし、マイルスも独特の嗅覚で時代の流れを敏感に感じ取っていた。

当時、彼が宿泊していたホテルを訪ねたレナード・フェザーの証言を聞いてみよう。
「部屋の中には、床一面にレコードやカセット・テープが散乱していた。ジェームス・ブラウン、ディオンヌ・ワーウィック、トニー・ベネット、ザ・バーズ、アレサ・フランクリン、フィフス・ディメンション……。ジャズのインスト盤は1枚もなかった」

(2)

マイルスが、しばらく前からロックのビートに関心を寄せていたことは、1965年の作品『ESP』で、8ビートを自分なりの方法論で導入していた事実からも明らかだ。フェザーの報告は、ここにいたって彼が本気でロックと取り組もうとしていた姿勢を裏づけている。会社の意向もあったが、マイルス自身がロックやソウル・ミュージックに興味を向け始めていた。

『ネフェルティティ』が世に出るしばらく前から、マイルスはスタジオでロック的な作品のレコーディングに着手している。秋から「ニューポート・ジャズ・フェスティヴァル・イン・ヨーロッパ」に、セロニアス・モンク(p)、サラ・ヴォーン(vo)、アーチー・シェップ(ts)たちと参加したマイルスのクインテットは、帰国後の1967年12月に、ギタリストのジョー・ベックを迎えたセクステットで、ロックから示唆された演奏を録音していた。いずれもすぐには発表されなかったものの、このメンバーで、4日には〈サークル・イン・ザ・ラウンド〉、28日には〈ウォーター・オン・ザ・ポンド〉が吹き込まれている（3）。

「1967年12月、ニューヨークに帰ると、すぐに何曲かのアレンジをしていたギル・エヴァンスと一緒にスタジオに入った。そのときにジョー・ベックという若いギタリストにも声をかけた。ジェームス・ブラウンをたくさん聴き始めて、ヤツのギターの使い方が気に入ったせいで、オレの音楽もギターのサウンドへと動き始めていた。オレはいつでもブルースが大好きで、演奏するのも好きだが、そのころマディ・ウォーターズやB・B・キングを聴きながら、どうしたらああいうヴォイシングがオレの音楽に使えるかを考えていた。ハービー、トニー、ウエイン、ロンと一緒だった3年の間に学んだすべてを、オレなりの解釈でまとめ上げようとしているところだった。どんなものになるかはまだわからなかったが、変化を求めている自分に気がついて、演奏したい音楽への、違うアプローチの方法も考え始めていた。ギター的なヴォイスに糸口を感じるとともに、電気楽器が与えるヴォイシングの影響にも、おおいに興味を持ち始めていた」（4）

マイルスの言葉からは、次なるサウンドを模索している姿がひしひしと伝わってくる。

以下はギル・エヴァンスとジョー・ベックのコメントだ。

「わたしがジョーをスタジオに連れていった。マイルスから『ブルースも弾けるギタリストを紹介してくれ』といわれて、スタジオでよく一緒だった彼を紹介した。リハーサルもなしに、ぶっつけ本番のレコーディングだった。そういうことにジョーは慣れていたから、まあまあのプレイをしたね。でも、マイルスは、もう少し泥臭いギター・サウンドがほしかったようだ。そこで、次回のレコーディングにはジョージ・ベンソンを加えることにした。彼はR&B的な演奏も得意だったし」(5)

「ギルから、『マイルスがギタリストを探しているけど、やってみないか?』といわれて、一も二もなく引き受けた。マイルスからは『ベース・ラインを強調することと、リズミックに演奏してほしい』といわれた。ギルは、『ジャズだとかロックだとかは意識しなくていい』といっていた。ブルースのことは、うーん……いわれた記憶がない」(6)

インタヴューのときにギルは失念していたかもしれないが、年が明けた1968年1月11日、ニューヨークのコロムビア・スタジオBでは、ベンソンではなくバッキー・ピザレリがギターを抱えていた。ベンソンがセッションに呼ばれるのはそのあとだ。

ピザレリを含むセクステットは、マイルス作の〈ファン〉を吹き込み、これまたそれ以前の録音と同様で、1981年になって発売された『ダイレクションズ』(コロムビア)で陽の目を見るまでお蔵入りしていた。ただし『ダイレクションズ』では、ギタリストがジョー・ベックとクレジットされて、ピザレリに訂正されたのは1998年にリリースされた『マイルス・デイヴィス・クインテット・コンプリート・スタジオ・レコーディング BOX』（コロムビア）でのことだ。

ベックを迎えた12月28日のレコーディングでは、マイルスが、ハンコックに初めてワーリッツァー社製のエレクトリック・ピアノを弾かせたこともつけ加えておきたい。

「気に入っていたのは、キャノンボール・アダレイ（as）のところにいたジョー・ザヴィヌルだ。ヤツの弾くエレクトリック・ピアノの音が好きだった。エレクトリック・ピアノは未来を感じさせるサウンドがしていた。中でもジョーのサウンドがよかったから、キャノンボールに『ジョーを貸してくれ』と頼んだ。しかしスケジュールが合わなかった。それでハービーに、『ジョーのように弾いてみろ』といったんだ」（C）

そのザヴィヌルは、マイルスとエレクトリック・ピアノについて、こう語っている。

「マイルスは、初めからこの音が気に入っていた。表現の幅を広げてくれるからね。彼は、われわれがキャノンボールとプレイしていたクラブにいつも顔を出しては、フェンダー・ローズの入った個所だけ録音していたよ。休憩時間になると、わたしを表に呼び出し、それを聴かせてくれたものさ」（7）

次はレコーディングに呼ばれたハンコックの感想だ。

「ある日、コロムビアのスタジオに行ったら……ピアノがない。で、『マイルス、ぼく

になにを弾いてほしいんだい?』って聞くと、『あれだ』って。そこにあったのはエレクトリック・ピアノだった」(8)

しかしこの演奏も含めて、ベックとピザレリが呼ばれたセッションは、マイルスが納得するものにならなかった。そこで、今度はジョージ・ベンソンを迎えて、1968年1月16日に〈パラフェルナリア〉、2月15日に〈サンクチュアリ〉と〈サイド・カーII〉が吹き込まれる(9)。

「わたしにも、あのレコーディングは次なるステップになった。マイルスから電話をもらって、『お前のサウンドが必要だ』といわれた。あのマイルスからそんなことをいわれれば、誰だって天にも昇る心地だろう。レコーディングまでほとんど時間がなかったけれど、スケジュールをやりくりして、スタジオに駆けつけた。『好きにやってくれ。クインテットに合わせる必要はない。いままで誰も聴いたことがないようなリズムを刻むんだ。ジャズでもなければR&Bでもない、ファンキーなリズムを』って、いわれた。リハーサルかと思って弾いた演奏が、実は録音されていた。それが彼のやり方らしい。何テイクか録って終わりだった。それから1ヵ月くらいあとのことだ。もう一度電話がかかってきて、『バンドに入らないか』と誘われた。びっくりしたよ。でも、自分のプロジェクトを進行させていたから、無理だった。泣く泣く申し出を断った」(10)

マイルスのバンドに加わらなかったベンソンは、こののち大ヒット作を連発し、スターの仲間入りを果たしている。

『ネフェルティティ』に続く作品として発表された『マイルス・イン・ザ・スカイ』(コロムビア)には、ベンソンが加わった1月16日の〈パラフェルナリア〉と、1968年5月15日から17日にかけてレギュラー・クインテットで録音された〈カントリー・サン〉〈ブラック・コメディ〉〈スタッフ〉が収録されている。その結果、1969年にリリースされたこのアルバムが、ロック的なビートと電気楽器(ギターとエレクトリック・ピアノ)を導入したマイルス最初の作品となった。

ただしベンソンのギターを加えた〈パラフェルナリア〉より、クインテットで演奏した〈スタッフ〉のほうにロック志向が強いこともいい添えておこう。注目すべきは、ハンコックが、同じエレクトリック・ピアノでも、それまでのワーリッツァー社製ではなく、市販されたばかりのフェンダー・ローズをこの曲で初めて用いたことだ。それと、カーターが電気ベースを弾いていることも見逃せない。彼らの醸し出すサウンドから考えて、このパフォーマンスが、当時のポップ・ミュージックから影響を受けていたことは間違いない。

ただし、『マイルス・イン・ザ・スカイ』には、ロック的なアプローチもさることながら、もうひとつ重要なポイントがあった。マイルス以下のメンバーが、ソロにおいて、新たな手法を提示していることだ。前作では、細かいフレーズの集積によってソロが構成されていた。それに対し、この作品では、多くの局面で、メンバーがメロディックに響くロング・フレーズを前面に打ち出している。

マイルスの音楽は、明らかに変わりつつあった。本格的なロックの手法を導入するのはもう少し先だが、過渡期的、かつ実験的な内容を含んでいたのが『マイルス・イン・ザ・スカイ』だ。そして、新たな旅立ちの起点となったこの作品は、不動のメンバーに変化の兆しが芽生えてきたことも伝えている。

トニー・ウィリアムスの言葉だ。

「マイルスはギターを加えたセクステットにグループを拡大しようと考えていた。それで、ギタリストをスタジオに呼んではレコーディングしてたんだ。一番気に入ったのはジョージ・ベンソンだったと思う。マイルスは、常にシンプルなフォームを好んでいた。ビートが複雑になればなるほど、その上に乗るメロディやフレーズはシンプルなものがベターだという考えだった」(11)

ニュー・クインテットに移行

1968年は、アメリカの黒人がさまざまな意味で自己主張をし、あるいは自己を再認識することが起こった年だ。いわゆるブラック・レヴォリューションの気運が盛り上がったのがこの年だった。象徴的な出来事が、10月にメキシコで開催されたオリンピックの陸上男子200メートル競技で、ふたりの黒人メダリストが人種差別に抗議するため、国旗掲揚を無視し、黒手袋をはめたこぶしを高々と天に突き上げたことだ。

こうした、なにかをしなければいけない、あるいはなにかを打破したい気持ちは、黒人だけに限らなかった。フランスの5月革命で象徴されるように、日本を含む世界中で学生運動が熱気を帯びるようになったのがこの年だ。

音楽の世界も例外でなかった。マイルスが新しい試みをするようになったのも、そしてロックが若者に支持されたのも、それまでとは違うなにかを求めるひとびとの思いと無縁でなかった。当の本人であるミュージシャンが、こうした時代の空気に触発されたことはいうまでもない。

ロックやR&Bのサウンドに刺激を受けたことから、マイルスは自身の音楽を発展させようとしていた。狙いはベース・ラインの強化だ。ロン・カーターのベースだけでなく、ゲストのギタリストとハービー・ハンコックのエレクトリック・ピアノにもベース・ラインとコードを弾かせるようにしたのが、そうした試みのスタートだった。それによって、マイルスのグループはそれまでと違う斬新なサウンドを獲得したのである。

この手法をジャズの世界でやっていたひとはまだいなかった。とはいえ、1957年にギル・エヴァンスのオーケストラと吹き込んだ『マイルス・アヘッド』で追求されたアプローチがこれに通じている。その作品では、チューバやベース・トロンボーンがストリング・ベースと合わさることで、重厚なビートが生み出されていた。

しかし、今回、マイルスが試みた電気楽器によるベース・ラインの強化は、ジャズの世界では未知の新しい試みだった。ただし、ポップスの世界では一般化されつつあった手法だ。モータウンのレコーディングでは、ギターとオルガンにベース・ラインを弾かせることがレギュラー化していたし、ビートルズは『サージェント・ペパーズ・ロンリー・ハーツ・クラブ・バンド』（パーロフォン）で、ザ・ビーチ・ボーイズのブライアン・ウィルソンは『ペット・サウンズ』（キャピトル）で、類似した手法を用いていた。

そしてこのアプローチは、マイルスの場合、1969年に録音する『イン・ア・サイレント・ウェイ』（コロムビア）や『ビッチズ・ブリュー』で実を結ぶ。

もうひとつ、『マイルス・イン・ザ・スカイ』を録音している間に、重要なセッションが行なわれていた。1968年2月16日のオーケストラ・レコーディングだ。この日は、クインテットのメンバーを含む18人のミュージシャンがコロムビアのスタジオに集まっている。それがギル・エヴァンスの指揮で吹き込まれた〈フォーリング・ウォーター〉だが、この時期に録音された多くの曲と同じで、これも未発表のままに残されてしまう(12)。

レコーディングでは、ジョー・ベックのギターにマンドリン奏者とハワイアン・ギタリストが加わり、ハンコックの弾くワーリッツァー・ピアノと合わせて、ベース・ラインが幾重にも重ねられた。これは、ベース・ラインを強調しようというマイルスのコンセプトを、さらに推し進めるセッションとなった。

さて、〈スタッフ〉を吹き込んだ4日後の1968年5月21日に、クインテットは早くも次回作となる『キリマンジャロの娘』（コロムビア）用に、〈急いでね〉を録音している。〈スタッフ〉同様、ハンコックが弾くのはフェンダー・ローズで、カーターはエレクトリック・ベースだ。ただし、このときのテイクは完成せず、廃棄処分にされてしまう。ついでながら言及しておくと、ハンコックとカーターは、その後、マイルスのクインテットでは電気楽器しか弾いていない。

次にグループがスタジオに入ったのは、6月19日からの3日間だ。初日に〈リトル・スタッフ〉、20日に〈急いでね〉の再演（13）、21日に〈キリマンジャロの娘〉を録音し、これら3曲は『キリマンジャロの娘』に収録されている。タイトル曲となった〈キリマンジャロの娘〉では、淡々と演奏が進行していく裏で、マイルスが複雑なビートを、シンプルな形で表出してみせる。やがて重要になるのがこの手法だ。

具体的には、こういうことである。この曲では、最初のメロディ・パートが4ビートなのに対し、ベースは3拍子でビートを刻む。4ビートと3拍子が、ソロイストとリズム・セクションの間で目まぐるしく変化するのだ。それによって2種類のビートが融合され、いつの間にかポリリズミックなビートが現出されていく。しかも全体はシンプルな響きで統一されている。このときから、マイルスは、スタジオでもライヴでも、ポリリズムが生み出せるこのやり方を、効果的な形で使い始めるようになった。

しかし、これが1964年9月の『マイルス・イン・ベルリン』から始まった〈60年代黄金クインテット〉のラスト・レコーディングにもなってしまった。しばらく前から独立を希望していたカーターが退団したのだ。

マイルスのグループで活動するかたわら、彼はニューヨークで売れっ子のベーシストになっていた。そのため、しばしばマイルスの仕事に参加できないことがあった。さすがに、レコーディングはカーターが担当したものの、エディ・ゴメス、リチャード・デイヴィス、ゲイリー・ピーコック、レジー・ワークマン、マーシャル・ホーキンス、それにポール・チェンバースまでが、彼の代理として、ライヴの場には駆り出されていた。

カーターがグループを去る理由は、もうひとつあった。エレクトリック・ベースが弾きたくなかったのだ。しかし、マイルスは次第にエレクトリック・ベースを重視するようになっていた。これらのジレンマから逃れるため、カーターは栄光のクインテットから去ったのである。

代わって参加してきたのは、チェコスロヴァキア出身のミロスラフ・ヴィトゥス(b)だ。ただし、1968年7月からの1ヵ月間だけである。

「ぼくはハービー・マン（fl）のグループに参加していた。だから、マイルスの誘いに応じることができなかった。それでも、時間が空いていたときに数週間ギグをしたのかな？　マイルスの音楽はとても触発的だった。スタンダードを演奏しても、まったく新しい音楽になっていたからね」（14）

ヴィトゥスの参加は最初から一時的なものだった。次いで、8月にはデイヴ・ホランドが迎えられる。

「1968年7月のことだ。ビル・エヴァンス（p）・トリオ（15）の対バンドだったパット・スマイス（p）・トリオのベーシストとして、ロンドンの『ロニー・スコッツ』に出ていた。そこにマイルスがやって来たらしい。らしいというのは、実際に会っていないからだ。休憩時間にフィリー・ジョー・ジョーンズ（ds）が、『マイルスがお前のプレイを気に入っているようだから、あとで挨拶したほうがいい』といってくれた。しかしステージが終わったら、もういなかった。『次の日にホテルへ電話を入れるように』というメッセージが残されていただけだ」（16）

このときのマイルスは、ロンドンで夏休みをすごしていた。それで、旧知のエヴァンスを聴こうと「ロニー・スコッツ」にやって来たのである。翌日、ホランドがホテルに電話を入れると、マイルスはチェック・アウトしたあとだった。彼は、こんなものかと考え、それ以上のコンタクトは取らなかった。ホランドから見ればマイルスの存在は圧倒的に大きく、積極的にアプローチするのがためらわれたからだ。

しかしその話をフィリー・ジョーにしたところ、彼はマイルスに手紙を出すよう強く勧めたのである。それでも、あのマイルスに手紙を出したって無視されるのがオチと考え、気にはなっていたものの、そのままにしておいた。

「2週間後のことだ。マイルスのエージェントをしているジャック・ウィットモアから国際電話がかかってきた。あれ以来、マイルスがずっとぼくのことを話しているっていうんだ。それで、『すぐニューヨークに出てこられるか？』って聞かれた。その電話がたしか火曜のことで、金曜から『カウント・ベイシーズ』で仕事があるといわれた。有無をいわせぬ感じだったんで、深く考えもせずにOKした」(17)

ホランドがニューヨークに飛んだのは木曜で、旧知のジャック・デジョネット（ds）の家に泊めてもらう。彼の家に着いたホランドは、ハンコックから、自分のアパートでリズム・セクションだけでもリハーサルをしようというメッセージを受け取る。

翌日、ホランドはマイルスのバンドに参加して、ハーレムの「カウント・ベイシーズ」で初めてのギグを行なう。当然、新加入のホランドに、マイルスはエレクトリック・ベースを弾くよう命じている。しかし、彼にエレクトリック・ベースがどれだけ弾けるのか、実はマイルス自身もまったく知らなかった。ロンドンで聴いたアコースティック・ベースのプレイが気に入ったので、当面はアコースティック・ベースでいいから、カーターの代わりになればと、彼をバンドに誘ったのである。この辺は意外と鷹揚だ。

そのことについては、ホランドがこんなことをいっている。

「それまで、エレクトリック・ベースはほとんど弾いていなかった。マイルスにいわれて、慌てて練習を始めた。アコースティック・ベースとエレクトリック・ベースは、同じベースでも、まったく種類が違う。だから、すぐに納得のできるプレイなんかできない。ましてや、マイルスとの演奏だし、それもありきたりの内容じゃない。それで、しばらくの間は、アコースティック・ベースに専念することを認めてもらった」(18)

新たに起用されるメンバーもいれば、去るものもいた。今度はハービー・ハンコックだ。ホランドが加わった「カウント・ベイシーズ」での仕事が、彼にとってはマイルス・クインテットでレギュラー・メンバーとして演奏する最後のものとなった。直後に結婚式を挙げたハンコックは、新婚旅行でブラジルへ向かう。そこでアクシデントが起こったため、戻れなくなった彼に代わって参加したのがチック・コリア(elp)だ。

このときのメンバー・チェンジについては、別々の機会でだが、同じ1989年にハンコックとコリアの両方からロスで話を聞くことができた。それを以下に紹介しておこう。

まずはハンコックから。

「ハネムーンでブラジルに行って、着いた晩にひどい腹痛に見舞われた。食中毒で、ホテルの医者からは『しばらくは安静にしているように』といわれた。マイルスのバンドがオフだったからハネムーンに出たわけだけど、運が悪いことに、急な仕事が入ってしまった。けれど、ホテルからは一歩も出られない。やむを得ず、その仕事をキャンセルした。それで、ニューヨークに帰ったら、ぼくの席にチックがすわっていた」(19)

コリアの話はこうだ。

「マイルスから電話がかかってきて、『一緒に演奏しないか』っていうじゃないか。驚いたよ。だって、一面識もなかったんだから。あとで聞いたところによれば、ぼくを推薦してくれたのはトニー(ウィリアムス)だった。トニーとぼくはボストン出身で、前からの知り合いだったからね。マイルスの電話があったのは1968年9月のことだ。それで、そのときに参加していたサラ・ヴォーンのバンドを辞めて、彼のところへ行ったのさ」(20)

コリアは、マイルスとの演奏をてっきり臨時のものだと思っていた。いくらなんでも、ハンコックに代われる存在とは考えていなかったのだ。それでも、「もしかしたら」と思い、サラとの仕事はすべてキャンセルしてしまう。このあたりにマイルスの存在の大きさが窺える。

「初めてのギグはボルティモアのクラブで、そこの名前は忘れてしまったなぁ……。だけど、その晩のことは絶対に忘れない。バンドでやったウエインの曲は大好きでよく知っていたのに、どの曲もまったく違う曲のようになっていた。しかも、どこがどう変わっているのかがわからない。これが〈マイルス・マジック〉だと思ったよ」(21)

ハンコックは、この交代劇をどう思っていたのだろう?

「ショックだった。けれど、ぼくも独立して自分の音楽がやりたくなっていたから、これがいいきっかけと割りきることにした。その後も、マイルスはレコーディングに誘ってくれたり、ことあるごとに共演もした。一抹の寂しさはあったものの、ぼくはぼくで、新たな旅立ちができた」(22)

これに対し、コリアはこう語る。

「スタジオに呼ばれて、マイルスからエレクトリック・ピアノを弾けといわれた。それまでエレクトリック・ピアノは弾いたことがなかったし、興味も持っていなかった。参ったという感じだったけれど、このことが象徴するように、マイルスと共演してよかったのは、音楽の幅広さを教えてもらった点だ」(23)

似たような意見は、ハンコックからも聞くことができた。

「マイルスが偉大なのは、メンバーの潜在能力を最大限に引き出してくれるところだ。自分だけでは考えられないような音楽に目を開かせてくれること、それから若いミュージシャンの可能性を最良の形で発揮させてくれること、これに尽きる」(24)

新メンバーで初レコーディング

マイルスがロックと取り組むためには、どうしてもコリアが弾くエレクトリック・ピアノのサウンドが必要だった。ホランドのアコースティック・ベース（エレクトリック・ベースを弾くのは1970年1月末から）が生み出す強力なビートも不可欠である。ふたりの加わったニュー・クインテットが初めてスタジオに入ったのは1968年9月24日のことだ。この日は『キリマンジャロの娘』に収録された残りの2曲、〈ミス・メイブリー〉と〈ブラウン・ホーネット〉が録音されている。

〈ブラウン・ホーネット〉では、トニーの強力なロック・ビートにコリアのキーボードが絡む。ホランドは、アフター・ビートを効かせたベース・パターンをアクセントのように重ねていく。全体から醸し出されるのは落ちついたムードだ。しかしソロイストが激しくプレイすることによって、感情の高まりが表現できるものになっていた。これが、ロック・ビートの導入によってもたらされた新しい音楽性だ。

〈ミス・メイブリー〉からは、マイルスが盛んに聴いていたアレサ・フランクリンやディオンヌ・ワーウィックなど、ソウル・シンガーからの影響が感じられる。特筆すべきは、見事なバラードになっていることと、マイルスのリリシズムが素晴らしい形で表現されていることだ。しかも、随所でソウル・ミュージックを思わせるフレージングが聴ける——これまでにないスタイルのバラードを、マイルスがこのトラックで創出したのだ。

これら2曲で、新メンバーのコリアとホランドが提示したのは、マイルスのプレイに自然な形でフィットするサポートだった。ここには従来のジャズとは質の違うスウィング感が認められる。これこそ、当時のブラック・ミュージックが持っていた、粘りのあるしなやかなスウィング感に通ずるものだ。

「この作品に一番触発された。マイルスの音楽は伝統に立脚しながら、一方で非常に新しい試みや実験的なアプローチを繰り返している。古いものと新しいものが自然な形で混在しているんだ。そういう音楽のあり方に強く惹かれた」(25)

こう語るのは、マイルスの後継者としてその音楽性を引き継いでいるトランペッターのウォレス・ルーニーだ。

マイルスは、新進R&Bシンガーのベティ・メイブリー(26)と、このレコーディングが行なわれる直前に再婚したばかりだった。〈ミス・メイブリー〉のタイトルは、その新夫人にちなんだものだ。アルバムのジャケットにも彼女のポートレイトが使われている。

ベティは、のちにベティ・デイヴィスの名前でファンク路線のアルバムを何枚か発表し、日本でもカルト的な人気を誇るシンガーになった。その彼女から影響を受けて聴き始めたのがスライ&ザ・ファミリー・ストーンやジミ・ヘンドリックスだった。さらにはファッション面でも、彼女はマイルスに強い影響を与えている。それまでのスーツから、革のパンツや原色のシャツ、アフロ・ヘアーにサングラスといったいでたちは、ベティからの受け売りだ。

もうひとつ、このアルバムがマイルスのオリジナルで固められていたことも注目に値する（〈リトル・スタッフ〉のみ、ギル・エヴァンスとの共作）。これは彼にとって、長いキャリアの中で初めてのことだ。マイルスは再び作曲に強い関心を示し始めたのである。

ホランドが、そのことについて語っている。

「マイルスが曲を書くようになったのは、そのときにやろうとしていたことが、彼にしか見えなかったからだ。あのひとの考えていることをきちんと理解できたひとなんて、誰もいなかった」(27)

ブラック・ミュージックに通ずるビートやスウィング感を獲得したこと、それと作曲にも熱意を燃やし始めたことで、このあとのマイルスはさらなる変化と進化を遂げていく。しかしバンドの改造は、これで終わってはいなかった。

ホランドとコリアが加わって数ヵ月がすぎた１９６８年12月の第１週、ボストンで行なわれたギグを最後に、トニー・ウィリアムスが退団する。ウィリアムスは、オルガンのラリー・ヤングとギターのジョン・マクラフリンから成るライフタイムを結成し、翌年初めから本格的な活動に乗り出そうとしていた。彼に代わって抜擢されたのが、何度かマイルスとセッションを重ねたことのあるジャック・デジョネットだ。これで、リズム・セクションのメンバー・チェンジがすべて完了したことになる。

ウィリアムスによる退団の弁だ。

「ぼくの世代が聴いている音楽をマイルスに紹介しているうちに、自分もジャズから少し離れて、ハードでファンキーな音楽をやりたくなった。新メンバーのデイヴとは息も合っていたし、それなりのものができる自信もあった。あるとき、彼の紹介で、ジョン・マクラフリンとの3人でセッションをした。ロック的な音楽をやってみたいと思うようになったのは、それからだ。そこで、彼らにニュー・グループを作らないかって提案してみた。ジョンはOKだった。でも、デイヴはマイルスのバンドに入ったばかりだし、ヴィザの問題なんかがあって、辞めるわけにいかない。代わりに、ジョンの提案で、オルガンのラリー・ヤングを入れることにした。それがライフタイムだ」(28)

ジャズを超えて

この時代、マイルスをロックに駆り立てたもうひとつの要素があった。チャールス・ロイド(ts)・カルテットの存在だ。1968年当時、ロック・シーンにはひとつの大きなムーヴメントが起こっていた。サンタナやジャニス・ジョプリンを中心としたサンフランシスコ・ロックの台頭だ。

同じレコード会社に所属していた彼らの人気と、ジャズが下火になってきたことを関連づけて考えていたマイルスは、この時期にひとつの体験をしている。それがロイド・カルテットと出演したライヴだ。ロイドのカルテットには、キース・ジャレット（p）、セシル・マクビー（b）、ジャック・デジョネットが参加していた。彼らは、サンフランシスコを中心としたロック・ファンの間で受け入れられた唯一のジャズ・グループだった。

「ヤツのグループとオレたちとで『ヴィレッジ・ゲイト』に出たことがある。そのときの人気はすごいものだった。サンフランシスコで高い人気があるとは聞いていたが、ニューヨークでもこれほどとは思わなかった。オレたちのバンドがメインなのに、来ている連中の目当てはロイドのグループだ。オレたちが相手にしているジャズ・ファンとは違った種類の人間で店は満員だった。こういうオーディエンスを相手に演奏したいと思ったね。ノリがぜんぜん違う。クラブで酒を飲みながら上品に演奏を聴いている連中と違って、ワイルドだ。連中が新しい時代を引っ張っていくと感じた。バンドのメンバーにも感心した。ジャックはそれ以前にトニーのトラ（代役）で使ったから知っていたが、こいつがすごくパワフルで、オレが必要としているドラマーになっていた。キー

ス・ジャレットもすごかった。ロイドの演奏には感心しなかったが、あのふたりはオレの好みだった」(C)

「マイルスがわたしを気に入って、バンドに誘いたがってる話は、デイヴ（ホランド）が教えてくれた。しばらく前に、トニーの代わりで2〜3度マイルスのグループで演奏したことがあったし、チャールスのカルテットとステージを分かち合ったこともあった。それで目をつけたんだろう。マイルスのグループで叩きたいとは願っていたけれど、トニーがいる限り、夢のような考えだと思っていた。マイルスからはなにもいってこなかったし」(29)

１９８７年に香港で行なわれた「ライヴ・アンダー・ザ・スカイ」に、ジャック・デジョネットは自身が率いるスペシャル・エディションで出演した。これは、そのときに楽屋で聞いた話だ。フェスティヴァルには、マイルスのグループも出演していた。それもあって、デジョネットはひとしきり思い出を語ってくれた。

デジョネットとホランドは、１９６７年にロイドのグループがイギリス公演を行なった際に知り合っている。同じような音楽性の持ち主ということから気が合い、セッションをした仲だ。そんな縁で、ホランドがマイルスのグループに入るため、ニューヨークに渡ったときも、アパートが見つかるまで、デジョネットのところに居候をしていた。

そのデジョネットの言葉だ。

「正式に加入する前に、マイルスのグループでレコーディングした記憶がある。そこで、デイヴとチックとわたしが顔を揃えた」(30)

これは1968年11月27日に行なわれたセッションのことだ。この時点で、デジョネットは、チャールス・ロイドのカルテットに在籍中だった。彼の起用は、マイルスのアイディアである。すでにウィリアムスの退団が決まっていたため、デジョネットを試してみるつもりで、このセッションに参加させたのだ。

マイルスの心にあったのは、ジャズという狭い枠の中で活動することにどんな意味があるのだろう？　ということだった。ロックやソウル・ミュージックに触発された彼は、自分の音楽をすでにジャズとは考えなくなっていた。あるジャーナリストに、「オレの音楽はジャズでもロックでもない、マイルス・ミュージックだ」と答えたのが、そのことを象徴的に表している。

ただし、路線変更の裏には、経済的な事情も働いていた。この時代になると、マイルスのアルバムは徐々に売り上げが低迷してきている。ライヴでも以前ほどひとが集まらず、焦っていたのも事実だ。

「クリエイティヴィティも大切だが、金も必要だった。服や車や女に金がかかるのは当たり前じゃないか。そこから次のアイディアも出てくる。そのためにはレコードが売れて、コンサートもいっぱいになって……とにかく売れなきゃ話にならないだろ？」(C)

レコーディングの予算も、他のジャズ・ミュージシャンに比べるとはるかに膨れ上がっていた。それゆえ売り上げに対するレコード会社からのプレッシャーもあった。その解決策がロックへの接近だった。

こう書いてしまうと興醒めかもしれない。しかし、欲の部分と創造性とを自然な形で融合させてしまうのがマイルスのすごさだ。創造性だけでは生活ができない。ただし、いくら売れる音楽をやるといっても、コマーシャルな音楽は絶対にやらない。創造的で売れる音楽を作り上げたところに、マイルスの偉大さがある。そのことのもっとも適切な証明となったのが、ロック的な演奏に傾いていった1967年末からの数年間だ。

以下のコメントは、マイルスのボックス・セットを数多く編集しているボブ・ベルデン（ts）が、そのセットのひとつである『ザ・コンプリート・イン・ア・サイレント・ウェイ・セッションズ』のライナーノーツに寄せたものだ。

「もうひとつの神話は、マイルスの売り上げが低いので、コロムビア（もとい、社長のクライヴ・デイヴィス）から『作風を変えてくれ』と、プレッシャーをかけられたという説である。マイルスが『作風を変えた』要因はいくつかあるが、それは会社側を満足させるためではなかった。コロムビアの重役やプロデューサーたちは、ジャズ・アーティストの『音楽的方向性』に介入することはなかった。相手がマイルス・デイヴィスならなおさらだ。これらの変化はすでに、進み始めていたのである」（31）

「関心があったのは、ジミ・ヘンドリックスやジェームス・ブラウンやスライ&ザ・ファミリー・ストーンの音楽だった。少し前にモータウンがやっていたサウンドも面白かった。リズムが面白かったんだ。ありきたりのジャズにはまったく興味が湧かなかったし、白人のやってるロックも下らないものにしか思えなかった。ただし、白人のロックがどうしてあれだけ受けるのか、その点には興味があった。音楽的にはオレのほうが絶対上なのに、人気の点ではおよばない。その仕組みや理由が知りたかった」(C)

マイルスには他人のやっていることに興味を向ける性質がある。そこから次なるヒントを得ていたことも少なくない。そんな彼だから、このときは自発的にロックへと傾いていった。

望んでいたのは、白人のロック・バンドが白人の音楽ファンの間で受けたように、自分の音楽が黒人の間で同じように大きな評判を獲得することだった。1973年に、彼は『メロディ・メイカー』誌のインタヴューに答えて、「誰がオレのレコードを買おうが、黒人に届きさえすれば構わない。そうすりゃ、死んでも名前が残るからな」と語っている(32)。しかし、メジャーな存在になってからのマイルスの音楽は、昔もいまも白人を中心に受け入れられていた。

先にも書いたが、ロックやソウル・ミュージックを彼に聴かせていたのは、夫人のベティ・デイヴィスだ。彼女がジミ・ヘンドリックスの音楽を紹介したことから、マイルスは新しいアイディアを模索するようになっていく。

「ジミの音楽は、それまでのロックともソウル・ミュージックとも違っていた。まったく新しい音楽だった。オレも自分のスタイルで新しいことをやりたかったから、ヤツの音楽はいい刺激になった。同じことをやろうなんてことは毛ほども思わなかったけどな。なにか新しいものをクリエイトしている人間は光り輝いている。ジミがそうだった。そして、オレはいつも光り輝いていたかった」(C)

ある日、マイルスは、ジミのマネージャーから電話を受ける。ジミが『カインド・オブ・ブルー』やそのほかの演奏を聴いて、マイルスの音楽をとても気に入っているので、彼に演奏法や音楽の作り方を教えてやってほしいという内容だった。そこでコンタクトを取り合ったふたりは、すぐに意気投合し、マイルスの家にしばしばジミが訪れるようになる。

そのときの様子を、ギル・エヴァンスが語ってくれた。

「ふたりは、クラシック、ジャズ、ロック、ソウル、民族音楽と、なんでも話題にしていた。ホーン奏者から影響を受けたといって、ジミが、マイルスやコルトレーンのフレーズをギターで弾いてみせたこともあった。マイルスは、わたしのアレンジで、彼を加えたスモール・オーケストラのレコーディングも考えていた。マイルスにいわせれば、『カインド・オブ・ブルー』のファンク・ヴァージョンみたいなものにしたかったよう

だ。短い演奏の中に、さまざまな要素を盛り込んでね」(33)

しかし、ジミの急死(1970年9月18日)によって計画は頓挫してしまう。マイルスがジョン・マクラフリンをグループに迎えたのも、ジミのようなギタリストがほしかったからだし、のちにギルが『プレイズ・ジミ・ヘンドリックス』(RCA)をレコーディングしたのも、こうした交流があったからだ。

独自のリズムを求めて

1968年の6月と9月に録音した『キリマンジャロの娘』は、全面的にロックやソウル・ミュージックの影響を取り入れた最初の作品となった。マイルスは、そこからさらに音楽を発展させて、次の作品『イン・ア・サイレント・ウェイ』(1969年2月18日録音)で、ついに単なる影響にとどまらない独自の音楽性を確立する。これら2作が半年も間を置かずにレコーディングされた事実は、彼がいかに創作意欲を高めていたかの証だ。

アルバムの発売順でいけば、『キリマンジャロの娘』の次回作が『イン・ア・サイレント・ウェイ』になる。しかし、この間にマイルスのグループは、以下に示すとおり、4回のスタジオ・レコーディングを行なっていた(これらはすべて1970年代後半になるまで未発表)。レギュラー・クインテットが中心だった『キリマンジャロの娘』までに比べると、『イン・ア・サイレント・ウェイ』以後のレコーディングは、ある意味でレギュラー・グループの解体を目指したものだ。

ふたつの作品の間における隔たりは大きい。グループの編成にしても、音楽に対するアプローチにしても、かなりの違いがある。しかし、この間に行なわれた4セッションを時系列に沿って聴けば、こうした変化が徐々に進んでいったことがわかるだろう（カッコ内は発売年度）。

①1968年11月11日
〈トゥー・フェイスド〉〈デュアル・ミスター・アンソニー・ティルモン・ウィリアムス・プロセス〉
収録アルバム＝『ウォーター・ベイビーズ』（1976年）
マイルス・デイヴィス、ウエイン・ショーター、チック・コリア、ハービー・ハンコック、デイヴ・ホランド、トニー・ウィリアムス

②1968年11月12日
〈スプラッシュ〉（完全版）
収録アルバム＝『ザ・コンプリート・イン・ア・サイレント・ウェイ・セッションズ』

(2001年)
マイルス・デイヴィス、ウエイン・ショーター、チック・コリア、ハービー・ハンコック、デイヴ・ホランド、トニー・ウィリアムス

③1968年11月25日
〈スプラッシュダウン〉
収録アルバム=『ザ・コンプリート・イン・ア・サイレント・ウェイ・セッションズ』(2001年)
マイルス・デイヴィス、ウエイン・ショーター、チック・コリア、ハービー・ハンコック、ジョー・ザヴィヌル、デイヴ・ホランド、トニー・ウィリアムス

④1968年11月27日
〈アセント〉〈ダイレクションズI〉〈ダイレクションズII〉
収録アルバム=『ダイレクションズ』(1981年)
マイルス・デイヴィス、ウエイン・ショーター、チック・コリア、ハービー・ハンコック、ジョー・ザヴィヌル、デイヴ・ホランド、トニー・ウィリアムス、テオ・マセロ(per)

参考までに『イン・ア・サイレント・ウェイ』のデータも掲載しておこう。

⑤1969年2月18日
〈シュー〜ピースフル〉〈イン・ア・サイレント・ウェイ〜イッツ・アバウト・ザット・タイム〉
収録アルバム＝『イン・ア・サイレント・ウェイ』（1969年）
マイルス・デイヴィス、ウエイン・ショーター、チック・コリア、ハービー・ハンコック、ジョー・ザヴィヌル、ジョン・マクラフリン、デイヴ・ホランド、トニー・ウィリアムス

こうやって見れば、『イン・ア・サイレント・ウェイ』までのグループ編成における変化も、スムーズな流れの上で起こったことが理解できる。そしてこの間に、マイルスの音楽も徐々に変貌を遂げていた。

「マイルスは、セッションを重ねるごとに少しずつチャレンジの幅を広げていった。それは、彼にとっても未知の試みをしていたからだ。自分で確かめながら一歩一歩進んでいったことが、これらのセッションを聴くとよくわかる」（34）

こう説明してくれたのは、ボブ・ベルデンと組んで、マイルスがコロムビアで残した演奏をまとめてボックス・セット化させているプロデューサーのマイケル・カスクーナだ。

ライヴの場では、このあともしばらくはクインテットでの活動が続いていく。一方、レコーディング・スタジオでは、レギュラー・クインテットに複数のキーボード奏者を加えるのが定番になっていた。『イン・ア・サイレント・ウェイ』から、ギタリストのジョン・マクラフリンが準レギュラーの形で参加してきたことも、マイルスの音楽に大きな変化をもたらす要素となった。

これらの演奏は、カスクーナの指摘どおり、『キリマンジャロの娘』で認められた音楽性を拡大させたものだ。そして、『イン・ア・サイレント・ウェイ』では、この数作の間で顕著になってきたポリリズムが、これ以上ないほどシンプルな形で具現化されていた。数台のキーボードによって表現されるコード・ワークやベース・ラインの強調が、単純なロック・ビートの中でさまざまなリズム・フィギュアを形成し、複雑に絡み合う。それによって、見事なまでに調性の取れたポリリズムが生み出されていた。

それでも発表当初、『イン・ア・サイレント・ウェイ』は、過去にマイルスが残してきた諸作ほど大きくは評価されなかった。あまりに全体のサウンドが牧歌的に響いたからだ。しかし、1970年代以降の作品までを通して聴いてみると、『イン・ア・サイレント・ウェイ』がマイルス・ミュージックの発展史において、いかに重要なものであったかが見えてくる。マイルスは、常にのちの音楽のプロトタイプとなる演奏を少し前の作品で提示していた。そのため、ひとびとには理解しにくいところもあったのだ。

この作品のキー・ポイントは、これがウェザー・リポート結成の端緒のひとつとなったジョー・ザヴィヌルの参加にある。マイルスとの出会いは、こんなふうだった。

「たしか『バードランド』で会ったんだ。彼のほうからやって来た。『次のレコーディングに参加しないか』と、その場でいわれた。わたしはキャノンボールのバンドにいたから、『無理』と答えた。そのとき、マイルスは面白いことをいったんだね。『お前のエレクトリック・ピアノでノイズを出してほしい』とかなんとか。それがずっと頭に残っていた」(35)

ザヴィヌルは、この日の録音のために、フリー・フォームに近いリズム・フィギュアを用意し、スケッチ程度のフレーズをスタジオに持ち込む。マイルスはマイルスで、ジョン・マクラフリンをセッションに呼び寄せた。演奏はほとんどが即興的なものだ。こうして完成したのがザヴィヌル作のタイトル曲で、マイルスが作曲したほかの曲〈シュー～ピースフル〉と〈イッツ・アバウト・ザット・タイム〉も、ほぼ同様の手法でレコーディングされている。

「あのアルバムは、ほとんどわたしが作ったものといっていい。音楽のコンセプトは、基本的にすべてわたしのアイディアに基づいていたしね。マイルスは、キャノンボール・アダレイ・クインテットのためにわたしが書いた〈マーシー・マーシー・マーシー〉が気に入って、ああいうサウンドをもっとロック的なテキスチャーの中で試したがっていた。複数のキーボードを使って、ベース・ラインを強調したサウンドの中でね。それを具体的なサウンドにしたのがわたしだ」(36)

ザヴィヌルの言葉からもわかるように、マイルスにはすべてを自分でやる気持ちが薄れていた。外部からのアイディアも積極的に導入することで、自分を触発する手法を取り入れていたのだ。こうした発想や触発のされ方は、このあとの大きな特徴になっていく。

メンバーの選択に関して、マイルスは以前から他人の意見を思いのほか多く取り入れていた。加えて、このころから音楽的なアイディアについても柔軟な姿勢を示すようになってきた。彼はクリエイターであると同時に、優れたディレクターでもあった。そのことを明確な形で示し始めたのが、初期のエレクトリック時代と呼ばれるこの時期だ。

要約すれば、この時期の重要なポイントはロックへの接近であり、メンバー交代であり、ザヴィヌルの登用だった。そしてもうひとり、マイルスの音楽に不可欠な存在となってくるのがイギリス人ギタリストのジョン・マクラフリンだ。彼が『イン・ア・サイレント・ウェイ』のセッションに呼ばれたいきさつを紹介しておこう。

マクラフリンは、1969年の年頭からトニー・ウィリアムスが結成した新バンド、ライフタイムに、オルガンのラリー・ヤングと参加していた。マイルスとウィリアムスが彼の演奏を聴いたのは、前年のイギリス・ツアーのときだ。その後、ホランドからマクラフリンのテープを渡されたウィリアムスは、彼を自分が結成するグループに入れるため、ホランドおよびマクラフリンと親交のあったジャック・デジョネットを介し、彼をニューヨークに呼び寄せたのだった。

ウィリアムスは、そのテープをマイルスにも聴かせている。それを聴いて、ライフタイムの「カウント・ベイシーズ」におけるデビュー・ギグを、マイルスは覗きに行く（1969年1月）。そこで即座に、マクラフリンを次のレコーディングに起用しようと決めたのである。さらに、このギタリストを生かすにはウィリアムスのドラミングも必要と考え、グループにはデジョネットが参加していたにもかかわらず、今回に限っては彼を復帰させたのだった。ただし、このときのいきさつは、イアン・カーの著作によればこういうふうに書かれている。

「ウィリアムスはジョン・マクラフリンなるイギリス人ギタリストのテープを聴いておおいに感銘し、グループに引き入れるため、わざわざアメリカに呼び寄せた。ギタリストは1969年2月上旬にニューヨーク入りし、彼らは数回のリハーサルのあと、コロムビアのオーディションに臨んだ（残念ながらこのオーディションには受からなかった)。その翌日、ウィリアムスがギタリストをマイルス宅へ連れていくと、マイルスはギタリストを一度も聴いたことがないのに、『レコーディングがあるからギターを持って来な』といった。これは、マイルスとマクラフリンにとって、決定的な出会いとなった」(37)

マクラフリンによれば、マイルスの家に行くしばらく前に、彼が「カウント・ベイシーズ」のギグを観に来たのは間違いないとのことだ。となれば、これが1月のことだから、「2月上旬にニューヨーク入りした」というイアン・カーの記述は時期的な点で正しくない。

あとのことについて、マクラフリンはこう語っている。

「話は急だった。『いまからマイルスの家に行くから、ギターを持って来い』って、トニーが電話してきた。それでマイルスの前でギターを弾かされた。なにをやっていいのかわからなかったのでまごまごしていたら、マイルスから『リラックスして、いつもやっているように弾け』といわれた。それで得意のリズム・パターンやフレーズを弾いてみたら、『もっとロックっぽくやってみろ、ジミ・ヘンドリックスみたいにだ』って注文を出された。今度はそういう感じのプレイもしてみた。それが終わると、『明日、スタジオに来い』っていうじゃないか。なにがなんだかわからないままに決まってしまった」(38)

マイルスは、『キリマンジャロの娘』以降に行なったレコーディングを通して、自分が望むリズム面での複雑化が、これまでのクインテットでは実現不可能なことを痛感していた。そのため、『イン・ア・サイレント・ウェイ』のセッションでは、3人のキーボード奏者とギター、ベース、ドラムスからなるリズム・セクションに、それぞれ異なるリズムを演奏させたのである。そして、それらのリズムをひとつの大きなうねりの中に凝集させることで、独自のポリリズムを現実のものにしたのだった。

リズムのペースメーカーはザヴィヌルが弾くオルガンだ。ここには、後年マイルス自身がオルガンを弾くことによってリズムを変えていく手法と酷似したものが認められる。

「トランペットでリズムやハーモニーを提示することはできない。一番いいのはオルガンだ。そこでジョーやチックにそういうパートをやらせてみたが、所詮は他人だから、オレが考えているものとは違ってしまう。いうとおりにはできても、オレの気持ちや感覚が変わっていくことにまでは対応できない。それで、いつの間にか自分でオルガンを弾いて、そのときのフィーリングを伝えるようになった。あの時代、ベース・ノートやリズムを重視していたオレに、オルガンはギター以上に必要なものだった。第一、オレはギターが弾けないじゃないか」(C)

『イン・ア・サイレント・ウェイ』で画期的だったのは、マイルスがひとつの曲を完成させるために、いくつかのテイクを重ねたことだ。それまでの彼は、ほとんどの場合、ワン・テイクでレコーディングを終えていた。それがこの作品では、「何度も録音することで、自分が望むパートのあちこちを持ち出して、編集作業を行なう」方式が採用されている。

『イン・ア・サイレント・ウェイ』のLPヴァージョンと、未編集ヴァージョンの両方を収録したのが、2001年に発表された『ザ・コンプリート・イン・ア・サイレント・ウェイ・セッションズ』だ。それらを聴き比べると、プロデューサーのテオ・マセロがいかに周到な編集作業を施していたかがわかる。

LPヴァージョンでは、『キリマンジャロの娘』で発表された〈ミス・メイブリー〉のように、それまでの「テーマ〜ソロ〜テーマ」というフォーマットから逸脱し、あらかじめ記譜されたリズム・フィギュアの上で、ソロイストが自在なプレイを展開してみせる。リズム・パターンはソロを行なうためのモチーフであり、そこにはなんの制約も課されていない。つまり、テーマの役割を果たしているのがリズム・パターンだ。そのリズム・パターンと、バックで聴かれる断続的なキーボード・サウンドの組み合わせが、ある種の緊張感やなにが起こるかわからない期待感を生み出していく。何度も同じソロ・フレーズが登場するのは、テープの編集によってもたらされたものだ。

〈シュー〜ピースフル〉では、一定の音程とパターンをベースが示す。ドラムスも同様にシンプルなリズム・フィギュアを呈示し、その上で3台のキーボードとギターがそれぞれのリズムを奏でながら複雑に交錯していく。これがテーマ・パートに相当し、マクラフリン、ショーター、マイルスの順でソロに入る。

興味深いのは、ソロの合間に他のメンバーが自由に自己のフレーズを挿入して構わない約束になっていることだ。これは、その後にザヴィヌルとショーターが結成するウェザー・リポートの、「ソロ／非ソロ」の概念(39)に通じる手法といえるだろう。〈イン・ア・サイレント・ウェイ〉では、いわゆるソロは認められず、テーマとテーマの間にまったく無関係なコンテクストが挿入されている。これは、前作における〈急いでね〉で踏み込んだ領域の拡大解釈といっていい。一部は、メドレーとして演奏される次の〈イッツ・アバウト・ザット・タイム〉の中盤でも登場する。これはテープの編集によるものだ。こうした手法は、1980年代に入っても〈スター・ピープル〉(同名アルバムに収録)などで認められる。

マイルスは『イン・ア・サイレント・ウェイ』を吹き込んだ半年後に、そのコンセプトを拡大した『ビッチズ・ブリュー』を吹き込む。この作品は、1970年代のポピュラー・ミュージック・シーンに大きな影響をおよぼすことになるが、それ以前の『キリマンジャロの娘』と『イン・ア・サイレント・ウェイ』に、実のところ『ビッチズ・ブリュー』のコンセプトの大半は表出されていた。

『マイルス・イン・ザ・スカイ』から始まった新たな試みは、『キリマンジャロの娘』やいくつかのセッションを経て、『イン・ア・サイレント・ウェイ』でひとつの頂点に達したのである。

マイルスは、当然のことながら、この作品の重要性をレコーディングした時点で認識していた。その結果、マルチ・キーボード・サウンドをライヴの場でも追求しようと、ハービー・ハンコックにグループ復帰の要請をしたほどだ。しかしこれは、彼がすでに自身のセクステットで活動していたため、実現にいたらなかった。そこで参加してきたのがキース・ジャレットだ。彼が加入した１９７０年５月からは、コリアとジャレットの２キーボード体制になるが、これに関してはもう少しあとで触れることにしよう。

いまや、マイルスは心身ともに充実していた。ドラッグとは縁を切り、食事に気を使い、ボクシングを中心としたエクササイズに熱中し、それ以上に精力を傾けていたのがトランペットをプレイすることだった。

『キリマンジャロの娘』と『イン・ア・サイレント・ウェイ』に聴く彼のトランペット・サウンドが、これまでになくパワフルで安定した高音部を誇っていることからもそれはわかる。『イン・ア・サイレント・ウェイ』でひとつの頂点に達したマイルスは、次の『ビッチズ・ブリュー』でいよいよ前人未到の領域に踏み込んでいく。

前人未到の『ビッチズ・ブリュー』

アポロ11号が初めて月面着陸した1969年、アメリカではニューヨーク北部のウッドストックで大規模なロック・フェスティヴァルが開催され、日本では東大紛争がピークを迎えていた。パンタロンが世界を席巻し、若者文化が大きな社会現象としてとらえられるようになったのがこのころだ。その象徴が白人ならロックで、黒人ならソウル・ミュージックだった。マイルスの音楽も、そうした流れの中で注目を浴びていく。

1967年12月以来、マイルスは積極的に電気楽器を導入することで、サウンドや音楽性の拡大と変身を図ってきた。それは、メロディックなものとリズミックなものの解放を意味している。その路線で大きな成果を挙げたのが『イン・ア・サイレント・ウェイ』だ。そして、次回作として1969年8月の3日間で録音された『ビッチズ・ブリュー』は、音楽の完成度と注目度において、まさしく群を抜くものとなった。

この作品は、2年近くにわたる電気楽器の導入とポリリズムの採用によるマイルス・ミュージックが完全に自立したことを証明したものだ。しかし、高く評価するひとがいれば、電化マイルスをかつてのリリシズムに溢れたプレイと比較して、まったく無視するファンもいた。そうした意見は意見として、確実にいえるのは、この作品で、マイルスがついにジャズでもロックでもない「マイルス・ミュージック」を完成させたことだ。

当時の彼は、同じレコード会社（コロムビア）のロック・アーティストやグループより好条件の契約を結んでいた。それは、望むときはいつでもスタジオが使える特権や、レコーディングのアドバンス（前払い金）も、ほしいときに一定の限度内で支払われるというものだった。コロムビアのトップ・アーティストだったボブ・ディランやブラッド・スエット＆ティアーズ以上の厚遇である。『ビッチズ・ブリュー』は、そうした自由にレコーディングが行なえる条件の下で生まれた。

ライヴの場では相変わらずクインテットを率いていたマイルスだが、『イン・ア・サイレント・ウェイ』から『ビッチズ・ブリュー』がレコーディングされるまでの半年間、グループはかつてないほどの音楽的な発展を遂げている。新メンバーのジャック・デジョネットを加えたクインテットがデビューしたのは、１９６９年３月、ニューヨークのロチエスターにある「ダフィーズ・タヴァーン」でのことだ。

このクラブで演奏したのは、〈ジンジャーブレッド・ボーイ〉〈パラフェルナリア〉〈ノー・ブルース〉〈グリーン・ドルフィン・ストリート〉〈フットプリンツ〉〈ソー・ホワット〉などで、その後も、たとえば6月4日から14日までシカゴの「プラグド・ニッケル」に出演した際は、〈アジテイション〉〈ジンジャーブレッド・ボーイ〉〈マスクァレロ〉〈マイルストーンズ〉などが主なレパートリーだった。この時点では、スタンダードだけでなく、少し前のオリジナルも含めて旧来どおりの曲目が取り上げられていた。

マイルスがレパートリーに新たなオリジナルを加え始めたのは7月になってからだ。この月に行なわれた「ニューポート・ジャズ・フェスティヴァル」では、〈マイルス・ランズ・ザ・ヴードゥー・ダウン〉〈サンクチュアリ〉〈イッツ・アバウト・ザット・タイム〉が演奏されている。この数日後、ニューヨークのセントラル・パークで演奏したのは、〈スパニッシュ・キー〉〈サンクチュアリ〉〈イッツ・アバウト・ザット・タイム〉〈マスクァレロ〉だった。次いで、7月26日と27日にフランスの「アンティーブ・ジャズ祭」で演奏したときも、似たような曲目が含まれていた。

こうした動きからもわかるように、マイルスがレパートリーに新しい曲を加えるようになったのはこの時期のことだ。そしてこれらの中から、〈ファラオズ・ダンス〉〈ビッチズ・ブリュー〉〈スパニッシュ・キー〉〈ジョン・マクラフリン〉〈マイルス・ランズ・ザ・ヴードゥー・ダウン〉〈サンクチュアリ〉という、『ビッチズ・ブリュー』で取り上げる曲目が決まっていく。『ビッチズ・ブリュー』は、レコーディング・セッションが行なわれる少なくとも2ヵ月前から、少しずつ発展を続けていた。

この作品がレコーディングされたのは、1969年8月19日からの3日間である。このときスタジオに集められたのは、レギュラー・クインテットの面々（ショーター、コリア、ホランド、デジョネット）に加えて、マイルスと共演経験のある3人（ジョー・ザヴィヌル、ラリー・ヤング、ジョン・マクラフリン）だった。さらに、数人の新顔も呼ばれていた。そのひとりが、ジャック・デジョネットの推薦によるリード奏者のベニー・モウピン（bcl）だ。あとは、ハーヴェイ・ブルックス（elb）、レニー・ホワイト（ds）、ドン・アライアス（per）、ユマ・サントス（ジム・ライリー）（per）である。モウピンを含む新顔のミュージシャンたちは、これまでマイルスとはレコーディングもステージ上での共演もしたことがないひとたちだ。

ドラマーのレニー・ホワイトは、ディオンという仕事仲間のトランペッターにマイルスを紹介されたという。ドン・アライアスはトニー・ウィリアムスからの電話だった。ブルックスは、当時コロムビアのスタッフ・プロデューサーでもあり、このときはアルバムのプロデュースを務めたテオ・マセロに誘われ、マイルスがデモ・テープを作っているスタジオを訪れたのだった。ベーシストとしてもコロムビアでロック系のレコーディングに参加していた彼は、そこでマイルスに誘われる。

「セッションの終わりで、マイルスが来てこういったんだ。『ハーヴェイ……セッションをやっているところだが、一緒にやる気はないか？』。そこでこう答えた。『もちろん。でも、それなら社員だから会社に申請書を出さなくちゃ』ってね。リハーサルは一度だけやった。レコーディングが行なわれる1週間くらい前だ。ジョー・ザヴィヌルがわたしたちのためにピアノでいくつかのラインを弾いて、それからマイルスの好きなジャック・ジョンソン（黒人初の世界ヘヴィー級チャンピオン）がボクシングをやっているフィルムをみんなで観たっけ」(40)

8月19日からの3日間で吹き込まれた6曲は、2枚組のアルバム『ビッチズ・ブリュー』に収録されている。マイルス・ミュージックの進化過程は、レコーディングを重ねるごとに着実に、かつ急速に進んできた。その頂点を記したのがこの作品だ。

しかし『ビッチズ・ブリュー』が世に登場した当時は、前後に録音された演奏の多くが未発表だった。それと、この間のマイルスの進展が早すぎたため、彼の音楽が正当に理解されず、一部のファンからは強い拒絶反応が示された。各作品の間を埋める未発表演奏が続々と紹介されるようになった現在、それらを吹き込み順に聴いてみれば、いかにこの時期のマイルスが試行錯誤を繰り返しながら『ビッチズ・ブリュー』にいたり、そこからさらなる発展を遂げていったかがよくわかる。

ここにいたるまでの足跡を考えれば、マイルスは常に過去を切り捨てることで成長してきたアーティストであり、この時点でもっとも興味を持っていたのがリズムの可能性だったことも明らかだ。くどいようだが、電気楽器の導入はそのためのものであって、安直な気持ちでロックに迎合したからではない。

彼がポリリズムの基本形としてこの作品で引用したのは、アフリカ伝来のリズムだ。

ポリリズムとは、本来、原始的なものである。アフリカの黒人たちは、その昔、ひとりひとりが固有のリズムを持っていた。集会ではみんなが自分のリズムを一斉に叩くことで、さまざまなことを表現していた。マイルスが自己の音楽発展をみずからのルーツに求め、それを時代感覚溢れる手法で蘇生させたところに、『ビッチズ・ブリュー』が時代を超越して新鮮であり続ける要因があった。

「あのアルバムは、とにかくいろいろな反応を呼んだ。笑ってしまったのは、ある批評家が、『これは宗教的な音楽（sacred musicという言葉をマイルスは使った）だ』といったことだ。『ヴードゥーのリズムを使った』と、オレがいったからだろう。しかし宗教とあの音楽は関係がない。一番やってみたい音楽を演奏しただけだ。それを批評家の連中は、『ああだ』『こうだ』とさまざまな理由をつけて分析したがる。そんなのはすべて、オレとは無関係のところでの話だ。だから、連中のいっていることは信用しない」

（C）

「マイルスとは、それまでの5年間、ほとんど一緒に活動していたから、彼がなにをやりたいのかはよくわかっていた。ライヴで音楽が徐々に変化してきていたし。だからこのレコーディングでスタジオに入ったときも、それほど戸惑わなかった。しかし、リズム・セクションはたいへんだったと思う。メンバーも増えていたし、マイルスがいつも以上に複雑なビートやフィギュアを望んだからだ」（41）

ショーターはレコーディングをこう振り返ったが、リズム・セクションの一翼を担ったホランドの話は、以下のようなものである。

「ライヴでやっていたフィギュアを基に、マイルスは複雑なポリリズムを作ってみたかったんだろう。口では説明しなかったけれど、ぼくとハーヴェイにまったく違うビートが提示された曲もあった。ドラマーやパーカッション奏者も同じことをやらされていた。それらがひとつになると、微妙にビートがずれて、その中からこれまでに聴いたこともないリズムが浮かび上がってきた。しかし、マイルスはそれらになかなか納得してくれず、ジャック（デジョネット）なんか何度もドラムスを叩かされていた」（42）

マイルス・ミュージックへの滑走

オープニングを飾ったザヴィヌル作の〈ファラオズ・ダンス〉では、冒頭のパートが、一聴すると〈イン・ア・サイレント・ウェイ〉の続編かと思われるリズムとサウンド・テキスチャーで構成されている。しかし幻想的なベース・クラリネットの響きによって、このサウンドは、これまで聴いたこともない呪術的なムードに変容していく。

興味深いのは、音楽の前半をリードしているのがマイルスでなく、ベニー・モウピンが吹くベース・クラリネットであることだ。マイルスのプレイはまばらで、一種のアクセントとして使われているにすぎない。後半には彼のソロもフィーチャーされるが、こうした手法は、この作品のほぼ全編で認められる。これは、マイルスがそれまで以上にサウンド・クリエイターとしての自己を前面に打ち出してきた証拠でもあった。

「この曲もそうだったし、ほかの曲もだいたいは似ていたが、ほとんど譜面らしいものは渡されなかった。ちょっとしたモチーフの書かれていた紙片がジョー・ザヴィヌルから回ってきただけだ。説明も彼がしてくれて、冒頭の部分だけ音合わせをして、あとは本番だった。自分の役割をきちんと理解していたわけじゃない。でもバンドの音が鳴り始めたら、不思議なことに自然と音楽の方向が見えてきた。あんな体験は初めてだった」(43)

不気味な響きを湛えたベース・クラリネット・ソロは、このアルバムのイメージを決定するほど大きな要素になっている。その重責を担ったモウピンの言葉である。ほとんどなにをやったらいいのか理解していなかった彼だが、結果は素晴らしいものになった。

マイルスが書いた〈ビッチズ・ブリュー〉は27分におよぶ大作である。聴きどころは、トランペットの呼びかけにキーボードとベースとパーカッションが呼応するところだ。アルバムのいたるところでこうした一種の〈コール＆レスポンス〉が認められる。中でも効果的に機能しているのがこのトラックだ。これも『ビッチズ・ブリュー』の大きな特色といっていい。

「このときは、ドラマーが3人にパーカッション奏者がひとりいたのかな？　それぞれに違ったリズム・フィギュアが示されて、それをマイルスはひとつのリズムにまとめようとしたが、なかなかうまくいかない。ひとりひとりのリズムには問題がなかったのに、一緒になると基本のビートがわからなくなってしまう。それをなんとかしようとして、ジャックがかなり頑張っていたことは覚えている」(44)

これを機に、マイルスのセッションに何度か呼ばれることになったレニー・ホワイトの言葉だ。

レコーディングで一番苦労していたと、参加メンバーの何人かから指摘を受けたデジョネットにも話を聞いている。

「たいへんだった。マイルスが目指しているものはなんとなく理解できていたけれど、それを実際の音にすることがどうしてもできない。そんなに難しいことを要求されたわけじゃないのにね。複数のドラマーがそれぞれ違うことをやってポリリズムを作った経験が誰にもなかったから、手探りの状態だった」(45)

マイルスが、スライ&ザ・ファミリー・ストーンやモータウンのサウンドに触発されて、それまでとは違う音楽を追求しようとしていたことは、これまでに書いてきたとおりだ。そのことを『ビッチズ・ブリュー』でもっとも明らかな形で表現したのが、マイルス作の〈スパニッシュ・キー〉である。具体的にいえば、ベース・ラインの強化とリズムの多様化だ。

そのために、マイルスは複数のキーボード奏者とドラマーおよびパーカッション奏者を採用したのである。それと、ジョン・マクラフリンの弾《はじ》けたギター・ワークもこのサウンドには欠かせない。彼はジミ・ヘンドリックスのように大胆で奔放なプレイを聴かせてくれる。そして、ドラムスが生み出す強力なビートの中で、マイルスが『スケッチ・オブ・スペイン』を思わせるリリカルな響きを奏でていく。

〈ジョン・マクラフリン〉は、パートごとに録音された〈ビッチズ・ブリュー〉のマスター・テープを編集する作業から生まれた曲である。マイルスは登場しないが、ピアノの繰り返しによるテーマ・メロディが魅力的に響く。マクラフリンのサポートも見事だ。それゆえのタイトルなのだろう。

当事者のマクラフリンによる感想だ。

「感激だね。マイルスがわたしの名前を曲名にしてくれたんだから。このときのレコーディングで覚えているのは、さまざまなリズム・ワークが要求されたことだ。ありとあらゆるカッティングを試してみたんじゃないかな？」(46)

マイルスはこの作品に４曲のオリジナルを提供している。その中で、もっとも印象的なメロディを持っているのが〈マイルス・ランズ・ザ・ヴードゥー・ダウン〉だ。シンプルなベースのリフとルーズなビートで構成されたリズムをバックに、彼はブルースを基にした独特の音楽を創造してみせる。しかしブルースといっても、ここでは、それまでに聴いたこともないスタイルでプレイが展開されていく。

マイルスは高音部を多用することで沈痛な表情を示し、見事なソロで聴くものを引きつけて離さない。ショーターとマクラフリンのソロも同様の素晴らしさだ。明らかにマイルスのプレイに触発されて、自身のソロを構築してみせるのが彼らである。そしてこのトラックでも、モウピンが吹くベース・クラリネットが不気味な色彩感をつけ加え、それが〈マイルス・ランズ・ザ・ヴードゥー・ダウン〉のイメージを増幅させていく。

アルバムは、ショーターが書いた〈サンクチュアリ〉で幕を閉じる。オリジナル・ヴァージョン（47）は3拍子の明快なリズムを伴うナンバーだった。しかし今回のマイルスは、演奏の大半をフリーのリズムで処理し、ショーターが書いてきた明快なコード進行は無視して、無調性による幻想的な曲に変身させたのである。その結果、激しい演奏が多いこの作品の中でも、〈サンクチュアリ〉は個性が際立つバラード風の1曲となった。

『ビッチズ・ブリュー』で重要なのは、マイルスがトニー・ウィリアムス、もしくはジャック・デジョネットのみにドラミングを頼っていたことから離れた点だ。『イン・ア・サイレント・ウェイ』ではすでに3キーボードとなっていたにもかかわらず、ドラマーに関してはひとりに固執していた。しかしここにいたって、彼はドラマーを含む4

人の打楽器奏者を迎えたことで、いっきにポリリズムを大胆に表現してみせたのである。

『ビッチズ・ブリュー』に収められた6曲は、このときまでにマイルスが発表したもっともロック的でソウル・ミュージック的で、しかもアフリカ的な響きを伴うものだった。しかも、それらの要素が渾然一体となってひとつの音楽の中で表現されていたことに、この作品の価値はある。

これほど多彩な音楽性を有機的な形で結びつけたサウンドは、ジャズを含めてあらゆる音楽の分野で、それまでに認められなかった。さまざまな音楽を混合させる意味でフュージョンという言葉を使うのなら、マイルスはみずからの手でフュージョン・ミュージックの可能性を切り開き、扉を開けたことになる。

このアルバムの登場はひとびとに衝撃を与えた。日本でも〈世紀の問題作〉と騒がれて、賛否両論を巻き起こしたことが懐かしい。現在まで続く〈アコースティック・マイルス〉と〈エレクトリック・マイルス〉にファンを二分化する大きな要因となったのがこの作品だ。

『マイルス・イン・ザ・スカイ』でジョージ・ベンソンを起用したときから、いつかはこうした音楽にマイルスが向かうことは、なんとなくファンの間でも察知されていた。そして、『キリマンジャロの娘』『イン・ア・サイレント・ウェイ』と続くうちに、マイルスが完全にアコースティックなサウンド、あるいは伝統的なジャズから離れてしまったこともファンは実感していたはずだ。

それでも、『ビッチズ・ブリュー』が発表されるまでは、そうしたひとたちの心の片隅に、再びマイルスが以前のような演奏をするのでは？ という淡い期待が少しは残っていた。しかしこの作品の登場で、彼が伝統的なジャズ、そしてアコースティックなサウンドと完全に決別したことがわかったのである。『ビッチズ・ブリュー』は、〈ニュー・マイルス・ミュージック〉の確立を高々と宣言した一作だった。

アメリカでも同じような反応は起こっていた。『ビッチズ・ブリュー～コンプリート・セッション』（コロムビア）のライナーノーツで、マイルスの自伝を、彼と共同で執筆したクインシー・トループがこう書いている。

「このアルバムはあまりに衝撃的な内容だった。そのために、彼のファンは、さまざまな種類のショックを受けたようだ。初めてこのアルバムを聴いたときの反応は、受け入れるひともいれば、拒絶するひともいる状態だった。わたしの場合は、やはりしばらくは受け入れることができずにいた。１９７０年の終わりに、わたしはこのアルバムを買ったのだと思う。『イン・ア・サイレント・ウェイ』の音楽が、わたしを、そして多くのファンを卒倒させるものだったとしても、『ビッチズ・ブリュー』でマイルスが示した音楽は、さらにショッキングなものだった。彼がこの作品で追求した音楽およびそのルーツを、わたしはすぐに理解できなかった。前作の『イン・ア・サイレント・ウェイ』よりもロック～ファンク～ブルース路線を強調していたのが『ビッチズ・ブリュー』の音楽だ。しかもこの作品は、前作で追求したモダンで発展的で自由なスタイルを、直接的な形で継承するものになっていた」(48)

のちにマイルスのグループに加わるデイヴ・リーブマン(ts)は、当時のことを振り返ってこう語っている。

「多くのひとが混乱したはずだ。わたしだってアルバムを聴いてびっくりした。遅かれ早かれこうした音楽に向かうことは予測できていたが、それにしてもマイルスの進み方は速かった。リスナーのほうが、彼のスピードについていけなかった」(49)

ミュージシャンもファンも、ジャズ・サイドにいたひとは、多くがリーブマンと似た感想を持っていたように思う。ぼく個人は、この時期にR&Bのバンドを組んでいて、ジェームス・ブラウンやスライ&ザ・ファミリー・ストーンの曲は、まさに定番的なレパートリーだった。マイルスは彼らから影響を受けたといっているが(これはあとになって知った)、ぼくの中では、『ビッチズ・ブリュー』と彼らの音楽が結びついていなかった。

ただ、ジャズではなく、そのころ親しんでいたソウル・ミュージックに通ずる響きはどことなく感じていた。ソウル・ミュージックが当時は最高にかっこいい音楽と思っていたぼくは、なにがなんだかよくわからないものの、『ビッチズ・ブリュー』もかっこいい音楽と感じていた。
ロック少年からスタートして、R&Bに夢中になり、並行してジャズも一心不乱になって聴いていたぼくにとって、この作品はひたすら魅力的に響く音楽だった。傑作とか問題作といった認識より、「おお、マイルスがついにやってくれたか」という感激というか喜びが大きかったことを思い出す。

【第7章：フュージョン時代の幕開け 注】
1. Rolling Stone, December 12 1969
2. イアン・カー『マイルス・デイビス物語』小山さち子訳、スイングジャーナル社、1983年、231頁
3. 〈サークル・イン・ザ・ラウンド〉は1979年発表の『サークル・イン・ザ・ラウンド』、〈ウォーター・オン・ザ・ポンド〉は1981年発表の『ダイレクションズ』に収録。
4. マイルス・デイビス、クインシー・トループ『完本マイルス・デイビス自叙伝』中山康樹訳、JICC出版局、1991年、452－453頁
5. ギル・エヴァンス　1985年、ニューヨーク
6. ジョー・ベック　1999年、福岡

7. ボブ・ベルデン『ザ・コンプリート・イン・ア・サイレント・ウェイ・セッションズ』（ソニーミュージック・エンタテインメント SICP-35-7）ライナーノーツ　安江幸子訳、2001年
8. ハービー・ハンコック『ジャズ批評63号』1989年、14頁
9. 〈サンクチュアリ〉と〈サイド・カーII〉は1979年にリリースされた『サークル・イン・ザ・ラウンド』に収録される。前者は1969年8月19日にも録音され、こちらは1970年に発売された『ビッチズ・ブリュー』に収録。
10. ジョージ・ベンソン　1987年、東京
11. トニー・ウィリアムス　1987年、ロサンジェルス
12. この演奏は、1996年に発表された『マイルス&ギル・コンプリート・スタジオ・レコーディングBOX』で陽の目を見る。
13. 別テイクも録音され、こちらは『マイルス・デイヴィス・クインテット・コンプリート・スタジオ・レコーディングBOX』に収録。
14. ミロスラフ・ヴィトゥス　1987年、東京
15. メンバーはエディ・ゴメスとジャック・デジョネットで、「ロニー・スコッツ」に出演したのは名作『モントルー・ジャズ・フェスティヴァルのビル・エヴァンス』（ヴァーヴ）を録音した直後といわれている。
16. デイヴ・ホランド　1986年、ニューヨーク
17. 16と同じ
18. 16と同じ
19. ハービー・ハンコック　1989年、ロサンジェルス
20. チック・コリア　1989年、ロサンジェルス

21. 7と同じ
22. 19と同じ
23. 20と同じ
24. 19と同じ
25. ウォレス・ルーニー　1996年、ニューヨーク
26. ベティ・メイブリー：ベティ・デイヴィスの名前で1975年に録音した『ナスティ・ギャル』（アイランド）中の〈ユー・アンド・アイ〉では、マイルスがディレクター、ギル・エヴァンスがアレンジャーおよび指揮者としてクレジットされている。
27. 16と同じ
28. 11と同じ
29. ジャック・デジョネット　1987年、香港
30. 29と同じ
31. 7と同じ
32. Melody Maker, 20 January 1973
33. 5と同じ
34. マイケル・カスクーナ　2000年、コネティカット
35. ジョー・ザヴィヌル　1994年、ニューヨーク
36. 35と同じ
37. イアン・カー『マイルス・デイビス物語』小山さち子訳、スイングジャーナル社、1983年、259頁

38. ジョン・マクラフリン　1997年、モナコ（電話インタヴュー）
39. 順番にソロを行なうのではなく、いつ、どこでも、誰でも、自由な長さでソロを行なっていいという考え。
40. ボブ・ベルデン『ビッチズ・ブリュー〜コンプリート・セッション（原題：THE COMPLETE BITCHES BREW SESSIONS）』（ソニーミュージック・エンターテインメント SRCS-8837-40）ライナーノーツ　小川隆夫訳、1998年
41. ウエイン・ショーター　1989年、ロサンジェルス
42. デイヴ・ホランド　1998年、東京
43. ベニー・モウピン　1988年、ボストン
44. レニー・ホワイト　1992年、ニューヨーク
45. 29と同じ
46. ジョン・マクラフリン　2001年、ニューヨーク
47. 注9を参照
48. クインシー・トループ『ビッチズ・ブリュー〜コンプリート・セッション』（ソニーミュージック・エンターテインメント SRCS-8837-40）ライナーノーツ　小川隆夫訳、1998年
49. デイヴ・リーブマン　1999年、東京

第8章 さらなる躍進

『ビッチズ・ブリュー』の余韻

『ビッチズ・ブリュー』は賛否両論を巻き起こしながらも、1970年4月のリリース直後からジャズ・チャートのトップに立ち、最終的には50万枚の売り上げを達成した。これは『カインド・オブ・ブルー』に次ぐマイルスのベストセラーである。

アルバムが売れたのは、従来のファンに加え、ポップス、ロック、ソウルなど、さまざまな音楽ファンに関心を持たれたからだ。これはマイルスの思惑どおりだった。彼はこのアルバムによって、ジャズにとどまらず、ポピュラー音楽全般にわたって音楽的な影響力を発揮するまでになっていた。

『カインド・オブ・ブルー』のセールスは、先にも紹介したとおり100万枚を超えているし、人気アルバムの『ラウンド・アバウト・ミッドナイト』と『スケッチ・オブ・スペイン』も発売から50年以上がすぎた現在、ともに30万枚以上の売り上げを記録している(いずれもアメリカでの成績)。こうした数字は、いくらジャズの作品の息が長いとはいえ、例外的なものである。通常のアルバムで10万枚を超えるものはめったにないし、いまでは1万枚を売ればヒットといわれる時代だ。

そして、売り上げのほかに『ビッチズ・ブリュー』で重要なのは、この作品で示されたさまざまなアプローチが、のちにマイルスのバンドやレコーディングで活躍したメンバーによって結成される、ライフタイム、ウェザー・リポート、マハヴィシュヌ・オーケストラ、リターン・トゥ・フォーエヴァー、ヘッド・ハンターズといったバンドの音楽に形を変えて現れてきたことだ。ただし、マイルスが行なったリズムの集合体による特異なスウィング感は、結局、彼以外の誰にも真似することはできなかった。

『ビッチズ・ブリュー』のレコーディングが終了した翌日(1969年8月22日)、クインテットはコンサートのため、シカゴの「グラント・パーク・シアター」に向かう。その後は9月9日から21日までロサンジェルスの「シェリーズ・マン・ホール」に出演し、10月の終わりにヨーロッパへと飛び立つ。

ヨーロッパ公演の模様は各国のラジオ局が放送している。それらを耳にすると、マイルス以下メンバーの演奏からは、『ビッチズ・ブリュー』で認められたロック的な響きがほとんど聴き取れない。エレクトリック・ピアノを弾くチック・コリアはきわめて冒険的だし、マイルスとウエイン・ショーターはアヴァンギャルドと呼んでもいいほどメロディ・ラインを崩したフレージングで強力にブローしてみせる。デイヴ・ホランド（b）とジャック・デジョネット（ds）のリズムも、ポリリズミックではあるが、ブレイクを繰り返す中で自在にテンポを変え、1960年代初期のフリー・ジャズより前衛的な色彩を孕むものになっていた。

ツアー中の9月には、『ビッチズ・ブリュー』の前に吹き込んだ『イン・ア・サイレント・ウェイ』が発売されている。この作品は、アメリカで専門誌・一般誌を問わず大々的に取り上げられ、大反響を巻き起こす。ロック・ジャーナリズムの間でも評判を呼んだことから、マイルスの写真が表紙を飾った12月12日付の『ローリング・ストーン』誌では彼の大特集が組まれた。このときのインタヴューで、「オレなら世界一のロック・バンドだって作れる」（1）と豪語したのは、すでに『ビッチズ・ブリュー』をレコーディングしていたことからくる自負の表れだろう。マイルスは、ジャズとロックの垣根を取り外す、あと一歩のところにまで来ていた。

そして、ツアー終了後の11月19日と28日に、クインテットとは違う拡大された編成でのレコーディングが行なわれる。これは、ロックのフィールドでもマイルスが注目され始めたことを受け、急遽シングル盤をリリースしようという意図で行なわれた。

クインテットのメンバーで19日のセッションに参加したのはコリアひとりだ。ホーン奏者は、ソプラノ・サックスが初参加のスティーヴ・グロスマンで、ベース・クラリネットがベニー・モウピン、エレクトリック・ピアノはコリアのほかにハービー・ハンコックが復帰し、ベースはアコースティックをロン・カーター、エレクトリックをハーヴェイ・ブルックスが弾きわける。ドラムスはビリー・コブハムだ。そのほかに、ギターのジョン・マクラフリン、パーカッションのアイアート・モレイラ、シタールのカリール・バラクリシュナと彼の伴奏者でタブラとタンブーラのビハーリ・シャーマが加えられた。

「ぼくが参加したのは、ウエインの推薦があったからだ。あるとき、マイルスから突然電話がかかってきて、『リハーサルをやるから来い』といわれた。そこにはビリー・コブハムやアイアートやチックがいて、ベースは誰だか忘れてしまったが、デイヴじゃなかった。テナーを持っていったけど、マイルスはぼくのソプラノ・サックスを聴きたがっていた。そこでもう一度タクシーに乗って、ソプラノを取りに帰った。マイルスに会ったとたん、気が動転して血圧が２５０くらいまで昇った気分がした。ドキドキもんだよ。だから、いったんアパートに戻ったのが気持ちを落ちつかせる役目を果たした」

（２）

グロスマンは、その日の興奮をこう語ってくれた。

アイアートも、彼と同じリハーサルでマイルスと初めて会ったようだ。こちらはジョー・ザヴィヌル（key）の推薦だった。

「ジョーがウェザー・リポートを結成することになって、キャノンボール・アダレイ（as）のバンドが解散した。それで、マイルスに推薦してくれた。でも、リハーサルは散々だった。『音が大きすぎる。まったく他のミュージシャンを聴いていない』って文句ばかりだった。だから、マイルスのグループには入れないと思っていた。しかし、数日後に電話がかかってきて、『レコーディングに来い』といわれた」（3）

アイアートはこう話しているものの、マイルスはそのプレイに満足していた。彼の参加がきっかけとなって、以後のライヴ・バンドで、マイルスは最後までパーカッション奏者を雇うことになる。また、このレコーディングでコリアの知遇を得たアイアートは、その後にコリアが結成するリターン・トゥ・フォーエヴァーの初代メンバーにも起用されたのだった。

28日のセッションには、19日のメンバーからカーターが抜けてホランドが入り、さらにオルガンとチェレスタのラリー・ヤング、それにドラムスのジャック・デジョネットが追加されている。これによって、スタジオに集まったミュージシャンは、ホーン奏者、キーボード奏者、ドラムス&パーカッション奏者各3人、ベース奏者ふたり、ギター、シタール、タンブーラ奏者が各ひとりという大編成になった。

2回のセッションでは、未発表演奏も含めて8テイクが完成している。この中からすぐにリリースされたのが〈グレイト・エクスペクテイションズ〉と〈ザ・リトル・ブルー・フロッグ〉をカップリングしたシングル盤だ。あとは〈オレンジ・レディ〉が1974年に『ビッグ・ファン』（コロムビア）で発表され、残りはそのままになっていた。（４）

レコーディングを終えたマイルスは、いつものクインテットで12月の第1週にカナダのトロントにあった「コロニアル・タヴァーン」で演奏する。このときは、1週間を通してギタリストのソニー・グリニッチがバンドに飛び入りした。

その後はニューヨークに戻り、ここで6人目のレギュラー・メンバーとしてアイアートが迎えられる。1969年12月12日から翌年の1月20日まで、約6週間にわたって出演した「ヴィレッジ・ゲイト」のステージがセクステットのお披露目となった。そしてこの1週間後に、マイルスは再びスタジオに入る。

レコーディングは1970年1月27日、1月28日、2月6日に行なわれ、前回にほぼ準じたメンバーが集められた。注目すべきは、ウエイン・ショーターとジョー・ザヴィヌルの起用だ。ショーターはいまなおマイルス・グループのレギュラーサックス奏者であったものの、前回のレコーディングではスティーヴ・グロスマンに交代していたし、このあとにザヴィヌルと組んでウェザー・リポートを旗揚げするため、セクステットからの脱退が予定されていた。

3日間のレコーディングで完成したのは7テイクである。そして、『ビッチズ・ブリュー』の次回作として翌年（1971年）リリースされた『ライヴ＝イヴィル』（コロムビア）収録の〈ダブル・イメージ〉以外は、いつものようにお蔵入りしてしまった。

チック・コリアの言葉だ。

「ライヴの合間にちょくちょくスタジオに入っていたのと、それらの大半がお蔵入りしてしまったのとで、ひとつひとつのことはよく覚えていない。印象に残っているのは、セッションを重ねるたびにメンバーが増えて、最後は15人くらいに膨れ上がっていたことだ（正確には14人）。リズム・セクションを拡大することで、マイルスは多彩なビートを現出させようとしていた」（5）

コリアとキーボードの座を分かち合ったジョー・ザヴィヌルは、こんな感想を漏らしている。

「マイルスのセッションには何度も参加したが、たいていは前日か当日に電話がかかってきた。だから、都合がつかなくて断ったこともある。わたしの参加は、突発的な思いつきだったのかもしれない。3人もキーボード奏者が必要だったと思うかい？　それより、マイルスにはわたしの曲が必要だったんじゃないかな？　いつも最後に、『曲を持ってこい』のひとことを忘れなかったからね」（6）

ロック・フィールドへの進出

３日間のスタジオ録音を終えた1ヵ月後の３月６日と７日に、コロムビアはニューヨークの「フィルモア・イースト」で、マイルス・セクステットのライヴを４ステージ分レコーディングしている。こちらも未発表のまま残されていたが、２００１年に『ライヴ・アット・ザ・フィルモア・イースト〜イッツ・アバウト・ザット・タイム』として、７日の２ステージ分が紹介された。

ニューヨークのファンは、１ヵ月後の『ビッチズ・ブリュー』発売に先だち、同作に収録された〈スパニッシュ・キー〉〈マイルス・ランズ・ザ・ヴードゥー・ダウン〉〈ビッチズ・ブリュー〉のセクステット・ヴァージョンが聴ける幸運に恵まれた。しかしこのときの演奏は、アルバム収録のものよりはるかにジャズ的、それもフリー・インプロヴィゼーションを主体とした内容になっている。ロックの殿堂「フィルモア・イースト」に初お目見えしたマイルスは、聴衆に媚びることなく、いつものスタイルで真っ向から勝負したのである。

アメリカでは、１９６４年のビートルズ公演をきっかけに、年々ロック熱が高まりつつあった。１９６９年にはニューヨーク郊外のウッドストックで30万人を集めた大規模なロック・フェスティヴァルが開催され、このしばらく前にはサンフランシスコの「フイルモア・ウエスト」とニューヨークの「フィルモア・イースト」がロックのライヴ・ハウスとしてオープンして大きな人気を集めていた。そんな時代の中を、マイルスのグループは泳いでいた。

「オレたちはロック・バンドではない。アンプを使っているから、そう考えるひともいるようだがね。アンプを使えば、みんなに音を聴いてもらえるし、お互いの音も聴こえるからだ」(7)

1970年にダン・モーゲンスターンが行なったインタヴューに対するマイルスの返事だ。

当時の彼とグループは、ライヴの場でますますパフォーマンスのフリー・ジャズ化を推進させていた。ポリリズミックなロック・ビートを縦横無尽に駆使しながら、6人のミュージシャンはモザイクのように複雑なインタープレイを織り重ねていく。

この時期のマイルス・グループを聴いた日本人がいる。日野皓正と、弟でドラマーの元彦だ。ふたりは1970年3月から1ヵ月間ニューヨークに滞在し、ハーレムの「バロンズ」でマイルスのステージを観ている。

そのときのことを元彦が振り返ってくれた。

「エルヴィン・ジョーンズ(ds)とトニー・ウィリアムス(ds)を足して2で割ったのが自分のスタイルだ。そうしたら、アメリカでも同じ感覚のひとが出てきた。それがジャック・デジョネットだった。あのひとのほうがうまいけれど、やろうとしていることは一緒だ。ジャックもすごく悩んだと思う。エルヴィンがいてトニーがいて、オレはいったいどうしたらいいんだろうって。だから、彼もぼくと同じことをやったんだと思う。マイルスと演奏しているジャックの姿を目にして、その思いが強くなった。そのころのぼくたちは、マイルスの音楽に強く影響されていた。でも、彼のステージを観て、もっと自分のスタイルを追求しなくちゃって気持ちになれた」（8）

デジョネットのスタイルについては、本人にも聞いている。

「トニーに影響は受けていたけれど、後任者だからといって、意地でも同じことはやりたくなかった。自分のスタイルの確立と、マイルスを触発するビートを送り続けたい気持ちだけで、あのころはやっていた。誰もやったことのないリズム、ぼくだけのビートを生み出したくて必死だった」（9）

ほかのメンバーも、気持ちはデジョネットと一緒だ。だからこそ、どんなジャズ・バンドも、どんなフュージョン・バンドも、そしてどんなロック・バンドも、こんな演奏はできなかった。そこに、「オレの音楽はマイルス・ミュージックと呼べ」と豪語したマイルスの言葉がオーヴァーラップされてくる。

ショーターにとっては、3月の「フィルモア・イースト」がマイルスのバンドで仕事をする最後のステージとなった。一連のセッションで意気投合したジョー・ザヴィヌルや、1968年7月に1ヵ月間だけマイルスのクインテットに参加したベーシストのミロスラフ・ヴィトゥスと組んで、ウェザー・リポートを結成することにしたからだ。

「マイルスのバンドではやり尽くした感じだった。自分の音楽を本気で追求したくなっていたし、アイディアもどんどん湧いてきた。それも、彼のグループでさまざまなセッションが体験できたおかげだ。マイルスも違うサックス奏者に興味を向けるようになっていたから、潮時と思った」(10)

「フィルモア・イースト」でライヴを行なう直前の3月3日、マイルスは警察沙汰の事件に巻き込まれる。赤いフェラーリをセントラル・パーク・サウスと5番街の角に停めていたときのことだ。警官が車をどかせるために近づくと、頭にターバンを巻き、白いシープ・スキンのコートに蛇革のパンツといういでたちのマイルスが乗っていた。

車に車検証が貼られていなかったことから、運転免許証と車検証の提示が求められる。マイルスが免許証を捜していると、ショルダー・バッグから格闘用のブラス・ナックルがこぼれ落ちてしまった。ニューヨーク州法では、ブラス・ナックルは凶器と見なされる。護身用と説明したものの認められず、警官は武器の不法所持と免許証不携帯、無登録、無車検運行を理由に、彼を連行した。一夜を留置場ですごしたマイルスは、翌日100ドルの罰金を払って釈放されたが、彼はこれが黒人に対する不法な扱いだったと主張して譲らない。

「フェラーリに乗っていると、しょっちゅう職務質問される。黒人だから、サツは、オレが車を盗んだんじゃないかと疑ってかかってくる。そんなことが何度もあった。それで、弁護士に証明書を作ってもらった。それでも偽物だといって、しょっぴこうとするヤツがいた」(A)

この話を聞いたのが1985年のことだ。このときですら、彼はまだ疑われることがあると、苦々しい顔をしていた。マイルスが誰かはわかっていても、わざと車を停めさせ、嫌がらせをするのだから陰湿だ。

この事件は、反体制の若者、とくにベトナム戦争に強い反発を覚えていた若者やロック世代の支持を得た。これによって、マイルスは反体制のシンボルとして、若者から受け入れられる。そして、このタイミングに合わせるようにリリースされたのが『ビッチズ・ブリュー』だった。

1970年4月に発売された『ビッチズ・ブリュー』は大反響を巻き起こし、それに伴い、マイルス・セクステットの人気も頂点に達した。しかしレコードとライヴとでは、音楽的な開きがかなりあった。スタジオでは多数の機材を用い、テープ編集を行なうことで、ライヴとは異なる音楽が創出されていたからだ。

1970年前後のレコーディングで目覚ましかったのは、スタジオ・テクノロジーの発展である。ミュージシャンはその恩恵に浴し、リバーヴやその他のエフェクターを効果的に用いて、これまでとは異なるサウンドが現出できるようになった。これは、主としてロック・サイドのひとたちが開発したものだ。

マイルスとショーターがアンプを通して音をミックスするようになったのも1960年代末のことである。このころまでには、リング・モジュレイター、エコー・マシーン、ファズ・ボックス、ワウ・ワウ・ペダルなどがキーボードやギターの必需品になっていた。

ところで、現在では1970年にマイルスのグループが残した5つのライヴがCDで発表されている。それらは次のとおりだ。

①3月7日
ニューヨーク「フィルモア・イースト」
収録アルバム=『ライヴ・アット・ザ・フィルモア・イースト〜イッツ・アバウト・ザット・タイム』
マイルス・デイヴィス、ウエイン・ショーター、チック・コリア、デイヴ・ホランド、ジャック・デジョネット、アイアート・モレイラ

②4月10日

サンフランシスコ「フィルモア・ウエスト」
収録アルバム＝『ブラック・ビューティ』（ソニー）
マイルス・デイヴィス、スティーヴ・グロスマン、チック・コリア、デイヴ・ホランド、ジャック・デジョネット、アイアート・モレイラ

③6月17〜20日
ニューヨーク「フィルモア・イースト」
収録アルバム＝『マイルス・デイヴィス・アット・フィルモア』（コロムビア）
マイルス・デイヴィス、スティーヴ・グロスマン、チック・コリア、キース・ジャレット（key）、デイヴ・ホランド、ジャック・デジョネット、アイアート・モレイラ

④8月29日
イギリス・ワイト島のロック・フェスティヴァル
収録アルバム＝『ワイト島1970〜輝かしきロックの残像』（ビデオアーツ・ミュージック）
マイルス・デイヴィス、ゲイリー・バーツ（as）、チック・コリア、キース・ジャレット、デイヴ・ホランド、ジャック・デジョネット、アイアート・モレイラ

⑤12月19日
ワシントンDC「セラー・ドア」
収録アルバム＝『ライヴ＝イヴィル』(11)
マイルス・デイヴィス、ゲイリー・バーツ、キース・ジャレット、ジョン・マクラフリン、マイケル・ヘンダーソン(elb)、ジャック・デジョネット、アイアート・モレイラ

最後の「セラー・ドア」を除くと、いずれもロックを聴かせる場で行なわれたライヴである。これも、マイルスがそれまでの世界から脱却しつつある姿を示したものだ。ただし、そうした場所での彼は、メイン・アクトになれなかった。

3月の「フィルモア・イースト」は、スティーヴ・ミラー・バンドとニール・ヤング&クレイジー・ホースの前座だったし、4月の「フィルモア・ウエスト」のメインはグレイトフル・デッドだ。6月の「フィルモア・イースト」は、同じコロムビア所属のローラ・ニーロのオープニング・アクトである。そして、ワイト島のライヴは大規模なロック・フェスティヴァルにアーリー・アクトとして出演したものだ。〈ジャズ界の帝王〉と呼ばれていても、ロックのスターを前にしたときの評価はこんなものだった。

しかし、屈辱的な条件にもかかわらず(ギャラもジャズ・コンサートの3分の1ぐら

い）、マイルスはロック・ファンの前で演奏することを楽しんでいた。それと、もうひとつ考慮しなければならないのは、ロックという音楽の場が白人中心だったことである。主催者も白人なら、ミュージシャンも白人だし、オーディエンスも白人が大半だった。そんな悪条件の中に、敢えて飛び込んでいったのがこの時代の彼だ。

『ジャック・ジョンソン』の試み

スタジオ録音と同種の音楽をライヴの場でも追求しようとしていたマイルスだが、4月7日には、ウエイン・ショーターの後任となったスティーヴ・グロスマン以外、レギュラー・メンバーとはまったく異なるメンバーでスタジオ・レコーディングが行なわれる。それが、黒人ボクサーの伝記映画『ジャック・ジョンソン』のサウンドトラックだ。

ハービー・ハンコック、ジョン・マクラフリン、そしてこの年の後半からレギュラー・ベーシストになるマイケル・ヘンダーソンと、さらにはのちにマクラフリンのマハヴィシュヌ・オーケストラ旗揚げに名を連ねるビリー・コブハムがスタジオに集まった。このセクステット編成とパーソネルが意味するところはなにか？　答えは作品の中に示されている。シンプルなロック・ビートで、どれだけ強力にスウィングできるかを試みたのだ。

そのことについては、コブハムが証言を寄せてくれた。

「ひたすらドラムスを叩き続けた。マイルスのレコーディングには何度か呼ばれていたけど、たいていはジャック(デジョネット)との2ドラムスだった。今回はパーカッションの奏者もいないし、単独でリズムを任された。でも、それまでのセッションと違い、この日はシンプルで強力なビートが要求された。ロックのビートでいかにスウィングできるかだ。それで採用されたのがシャッフルに似たリズムだった。マイルスが簡単なリズム譜をくれてね。それをバックに、彼が延々とソロを吹く。あの素晴らしさはいまも忘れられない」(12)

ロック・ビートを導入した時点で、マイルスは複雑なポリリズムを背景に、リズミックかつメロディアスなインプロヴィゼーションの探求を始めている。それらは『イン・ア・サイレント・ウェイ』や『ビッチズ・ブリュー』で大きな成果として提示されていた。ただし、これら2作品が発表されていた1970年代初頭でも、ライヴの場ではロック的というよりヨーロッパ・フリー的な演奏が主体になっていた。それらの多くは、コリア〜ホランド〜デジョネットのリズム・セクションによってもたらされたものだ。

『ジャック・ジョンソン』と、それより3日後にレギュラー・セクステットでライヴ収録された『ブラック・ビューティ』を比較してみればいい。後者でもロック・ビートは用いられているものの、全体的にはアブストラクトな演奏になっており、シンプルなサウンドとはほど遠い。ところが『ジャック・ジョンソン』では、ハンコック〜マクラフリン〜ヘンダーソン〜コブハムのリズム・セクションが織りなす強力なロック・ビートの中で、各人がリズミックなソロを繰り広げ、『ブラック・ビューティ』とはまったく質の異なる音楽が創出されていた。

これら2作品が3日間のインターヴァルで吹き込まれたとは信じ難い。表面的にも本質的にもまったく異質なものが認められるからだ。瞠目すべきは、シンプルなロック・ビートを追求した『ジャック・ジョンソン』から、これまでのポリリズミックな要素が姿を消していたことである。その後のマイルス・ミュージックを知る上で、これは大きな手がかりになるものだ。

この作品で、マイルスはそれまでに試行錯誤してきた複雑なリズムやビートをいったんゼロに戻したのである。いかにロック・ビートを導入したとはいえ、『ジャック・ジョンソン』より以前の作品群で聴かれるのは、ジャズ・プレイヤーが演奏するロック・ビートだった。つまり、ジャズ・サイドの人間が描くポリリズムである。

それがこの作品を契機に、ビートがロックそのものに変わり、その後の作品からは再びポリリズムが認められるようになってくる。しかし、今度はかつてのジャズ的なポリリズムではなく、ロックやソウル・ミュージック的なポリリズムに変貌を遂げていた。

そのリズムを生み出した原動力がマイケル・ヘンダーソンだ。モータウンのバック・

ミュージシャンとして働いていた彼の参加は、ゆえに、1970年代のマイルス・ミュージックにおいて象徴的な出来事だった。1972年に参加するギターのレジー・ルーカスもソウル・ミュージック出身で、マイルスは少しずつそうした方向へと地固めをしていたのである。その出発点となった『ジャック・ジョンソン』の価値は、のちのマイルス・ミュージックを判断する上で非常に重要なものと考えていい。

世界へヴィー級チャンピオンになった史上初の黒人ボクサー、ジャック・ジョンソンは、パーティをこよなく愛し、騒いで踊るのが大好きだった。マイルスの頭にあったのは、いかに音楽を黒人的なものにできるか、黒人ならではのリズムを取り込むことができるか、そしてジャック・ジョンソンが生きていてこれを聴いたら、彼が踊り出すだろうか？　ということだった。

映画は1971年のアカデミー賞「長編ドキュメンタリー賞」部門にノミネートされた。マイルスにとっては、『死刑台のエレベーター』以来13年ぶりの映画音楽である。ヘンダーソンの参加とともに、この作品で大きな話題を呼んだのが、〈ライト・オフ〉でマクラフリンが示した強力なリズム・カッティングだ。これに関しては、興味深い事実がある。スライ&ザ・ファミリー・ストーンの『スタンド』（エピック）に収録された〈セックス・マシーン〉で、まったく同じカッティングが聴けるのだ。そこでは、バックに流れるオルガン・サウンドもマイルス風に響いている。『スタンド』の発売が1969年だったことを考えれば、彼がスライの作品からリズム・パターンのヒントを得ていたことは想像に難くない。

それともうひとつ、ジミ・ヘンドリックスが「フィルモア・イースト」で1969年の大晦日に実況録音した『ライヴ・アット・ザ・フィルモア・イースト』(MCA)の〈ヴードゥー・チャイルド〉でも、同様のカッティングを聴くことができる。スライにしてもジミにしても、そのころのマイルスが盛んに耳を傾けていたアーティストだ。彼らの音楽からヒントを得ていたとしても不思議はない。

「あのレコーディングでやったカッティングは、マイルスのサジェスチョンによるものだ。彼がこんなビートでカッティングしてみろという仕草をして、それを真似ただけのことでね。以前にも、彼のセッションで同じようなカッティングをやっていたから、それほど難しいものじゃなかった。わたしはスライのレコードを聴いていなかったし、あとで同じカッティングをしているのがわかって驚いたぐらいだ」(13)

マクラフリンのコメントだ。ビリー・コブハムも語っていたように、このときのマイルスには、確固たるリズムやビートに対するイメージがあったのだろう。そして、その感触を手がかりに、彼はさらにリズミックな冒険を推し進めていく。

「いつもと違う効果を狙っただけだ。ジョンをロック・プレイヤーとして使ったわけじゃない。オレがロックのトランペッターじゃないように、ヤツもロック・ギタリストじゃないからな。ロックにこだわる必要はない。セントルイスで、エディ・ランドール(tp)のブルー・デヴィルズから出発したころは、いつもブルースを演奏していた。そういうことだ」(14)

理想のサウンドを目指して

マイルスは、5月にもうひとりのキーボード奏者としてキース・ジャレットを、そして初夏にはグロスマンの代わりにゲイリー・バーツをバンドに迎え、通常のジャズ・グループとはまったく違うサウンドとスタイルで脚光を浴びる存在になっていた。8月に開かれたワイト島のロック・フェスティヴァルに出演したのがこのグループだ。

「マイルスのバンドに入ったのは、彼の音楽が再び変わろうとしていたときだ。それで、もうひとりキーボード・プレイヤーが必要だった。彼はファンクのバンドを作ろうとしていた。ぼくはファンク・ミュージックにも自信があったし、マイルスの音楽には以前から親しんでいたから、タカをくっていた。で、マイルスのバンドに加わったら、最初はまったくついていけなかった。想像していたのとぜんぜん違っていたからだ。思っていたより、マイルスはかなり先を行っていた」(15)

ジャレットのコメントは、コリアがマイルスのバンドに入ったときの感想と同じで興味深い。彼ほどのひとでも、最初はマイルスの音楽についていけなかったのだ。別の機会には、次のような話もしている。

「エレクトリック・キーボードは弾きたくなかったけれど、マイルスがそのサウンドを求めていたからね。『オルガンがいいか、エレクトリック・ピアノがいいか』と聞かれたので、『両方』と答えた。それで２台をＬ字形に置いて、右手でフェンダー・ローズを、左手でオルガンを弾いた」(16)

ジャレットが参加してきたことで、マイルスのグループは２キーボードの編成になった。これでベース・ラインのオーケストラ化を図ろうとしたのだ。

「キースを加えたことで、低音部が強化された。ヤツのオルガンがベースとダブルでラインを弾く。オルガンとベースでは音の伸びや振幅が違う。その微妙なずれがオレを触発した」(C)

マイルスはジャレットがお気に入りだった。後年、「かつてのメンバーと共演するなら誰がいいか？」という質問に対し挙げたのは、ジャレットの名前だけだ。それにしても、この質問をしたインタヴュアーは勇気がある。こんなことを聞いたら、普通なら部屋から追い出されてしまうところだ。ぼくだったら、さしずめペリエでも引っかけられていたに違いない。

「キースとの２キーボードで活動したのは３〜４ヵ月かな？　彼とはほとんど打ち合わせをしたことがない。たいていはキースがリズムやベース・ラインを受け持って、ぼく

がソロを取っていた。彼が加わってから、バンドは徐々にビートを激しいものにしていった」(17)

コリアの言葉だ。

このころの彼は、そういう音楽を演奏することに疲れていた。アコースティックなピアノが弾きたくなっていたのである。9月になって、コリアとホランドがサークルを結成するため退団したのは、マイルスのバンドでやれないものを追求したくなったからだ。

本を正せば、ホランドはイギリスでフリー・ジャズ派のミュージシャンに属していた。その彼が、マイルスに請われてロックやファンク的な演奏をしていたのである。ホランドの内部に破綻が生じるのは時間の問題だった。

「あるとき、イギリス時代に作っていたデモ・テープをマイルスに聴かせてみた。当時の典型的な英国風フリー・ジャズだ。彼のグループに入った当初、ステージではフリー・ジャズ的なものもやっていたから、こういう演奏にも興味があるかな? と思ってね。マイルスは気に入ってくれたようだが、『やりたいなら、よそのバンドでやってくれ』といわれた。それで踏ん切りがついた。グループに入った当初は、マイルスもフリー・ジャズ的なものに関心があった。でも、それからファンクやソウルに寄せる興味が強くなっていった。彼は自然児みたいなひとだから、表現は悪いかもしれないが、自分

が気に入ったものには前後の見境がつかなくなるほどのめり込む。テープを聴かせたのが、そんな時期だったんだろう」(18)

ホランドは、マイルスの反応を見て、これ以上はグループにいてもやれることがないと察したのである。

コリアとホランドが抜け、ワン・キーボード体制に戻ったマイルス・バンドには、新メンバーとして『ジャック・ジョンソン』でエレクトリック・ベースを弾いたマイケル・ヘンダーソンと、『ビッチズ・ブリュー』でパーカッションを叩いたユマ・サントスが加わってくる。この時点で、マイルスのグループは、ゲイリー・バーツ、キース・ジャレット、マイケル・ヘンダーソン、ジャック・デジョネット、アイアート・モレイラ、ユマ・サントスの7重奏団になっていた。

バーツが、このときのバンドについて語ってくれた。

「ブラック・ミュージックをとことん追求しようと思っていたところに、タイミングよくマイルスからバンドに誘われた。それまでは普通にジャズをプレイしていたが、音楽の状況が変わってきて、わたしの興味もブラック・ミュージックに向けられるようになった。マイルスは、わたしが求める理想的な音楽をやっていた。だから、溶け込むのに時間はかからなかった」(19)

加入したばかりのバーツがマイルスのバンドに溶け込んでいたことは、8月29日にワイト島で行なわれたロック・フェスティヴァルのパフォーマンスを聴けばわかる。バーツは翌年いっぱいをマイルスのグループで演奏し、独立を果たす。その後に発表された彼の作品が、ブラック・ファンクを主体にしたものになっていたことからも、マイルス・バンドでの体験が、彼には大きな意味を持っていたようだ。

セプテットは10月初めにNBC-TVの人気トーク番組『トゥナイト・ショウ』に出演し、そのままサンフランシスコの「フィルモア・ウエスト」で15日から18日までライヴを行なう。このときの全ステージはコロムビアが録音したが、いまのところリリースされていない。

ただし、一部はラジオで中継され、そのエア・チェックから作られた海賊盤に耳を傾けると、ワイト島の演奏より一段と過激で、それまでとは違うファンク・ビートが随所で用いられていたことがわかる。その違いは、ヘンダーソンの参加と2パーカッション体制になったことに由来している。その後、マイルスのグループはサントスが抜けたセクステットになって、年末に行なわれる「セラー・ドア」のギグまでライヴを重ねていく。

ファンク・ミュージックへの接近

「セラー・ドア」での演奏は、飛び入りのジョン・マクラフリンを加えた7人編成で行なわれている。そのときに録音されたライヴと、それよりしばらく前の1970年2月および6月に行なわれたスタジオ・セッション（こちらはメンバーが異なる）を4曲ずつ収めたのが『ライヴ＝イヴィル』だ。ただし、ライヴ・セッションだけで90分近い演奏となっており、スタジオ録音は合計で16分弱と、どのトラックも短い。時間的な割合から考えれば、これは実質的にライヴ・アルバムと考えていい。

ライヴとスタジオのセッションが収められたこの作品を聴くと、両者に違和感があまりなく、互いに接近した音楽が展開されていることに気がつく。これは、メンバーの数が少ないライヴの場でも、スタジオ録音同様、種々の試みを追求することが可能になってきたことを意味している。それともうひとつ、大きな理由があった。

「リズム・フィギュアの変化も見逃せない。『ビッチズ・ブリュー』のころは、あまりに複雑すぎた。それがファンクそのもののビートを取り入れたことで、シンプルな形でポリリズミックなリズム・フィギュアが現出できるようになった。ジャズ的なものからファンク的なリズム・フィギュアにスライドしたことが大きい」(20)

マイルスの音楽に一番近い位置にいたプロデューサーのテオ・マセロはこういい切る。

その言葉どおり、特筆すべきは、リズム・セクションがこれまでにない粘りを獲得するようになったことだ。これは、デジョネットとアイアートの織りなすビートにヘンダーソンのファンク・ベースが加わったことが理由だ。そのせいか、マイルスもバーツもそれまでになく強力なプレイを繰り広げている。この年に残されたライヴの中で、もっとも大胆なブローを展開しているのがここでのマイルスだ。

「メンバーも頻繁に代わっていたから、細かなことは覚えていない。マイケルが加わったことで、バンドはそれまでになくファンクなグルーヴが獲得できた。そこで、ソロを重視するより、ビートを楽しんだり、アンサンブルでなにが表現できるかを考えていた」(C)

この年(1970年)、マイルスがいつになくライヴ作品を多く残したのは、スタジオ録音に匹敵する内容がライヴでも演奏可能になってきたからだ。頻繁に行なわれたメンバー交代や補充は、理想的なライヴ・パフォーマンスを繰り広げるためのものだった。

再び、バーツの言葉だ。

「あのころは最高だった。やりたかった理想の音楽がマイルスのバンドはできていた。ファンクなビートがグルーヴを支配し、マイルスとわたしがその上でプレイする。なにをやっても新鮮な響きになったからね。わたしはフリー・ジャズからも影響を受けている。そうしたプレイをしても、これまでに聴いたことのない音楽になったから、楽しかった」(21)

いくつかの変貌を経て、マイルスの音楽は『ライヴ＝イヴィル』にいたっている。そしてこの作品を契機に、彼はそれまでとはまったく違う音楽を追求するようになった。ヨーロッパ的なアプローチから離れ、非西欧的な要素を強めていくのがこれ以降だ。マイルス・ミュージックは、極論すれば、黒人音楽の要素も孕みながら、様式的にはヨーロッパ音楽が培ってきたスタイルで演奏されてきた。ビバップもハード・バップもモードも、そうした流れの上に成り立っている。しかし、『ビッチズ・ブリュー』の前後から、音楽を成立させる上で基礎となるコンセプトに変化の兆しが見えてきた。その変化をさらに増幅させ、独自のサウンドにまで発展させるきっかけとなったのがヘンダーソンの加入だ。

それらの違いは、『ライヴ＝イヴィル』に収められたスタジオ録音と、それ以前の作品とを聴き比べてみれば明らかだ。『ライヴ＝イヴィル』に収録されたスタジオ録音は、いずれも短いトラックである。しかし、マルチ・キーボードを使ったこれらの演奏には、リズムが複合化し、メロディはアブストラクトでとらえどころのないものが多い。ライヴのように延々とブローすることはないものの、なんとも表現し難いフリー・スタイルの演奏を展開してみせたのがマイルス以下の面々だ。

マイルスがこの作品でワウ・ワウ・ペダルを多用している点も見逃せない。そのソロがギター的なフレージングであることに、音楽の方向性が強く示されているからだ。

「ワウ・ワウ・ペダルを使うようになったのは、ギターのようにトランペットを吹きたかったからだ。ジョンをレギュラー・メンバーにしたかったが、ヤツはライフタイムに加わっていたし、その後は自分のバンド（マハヴィシュヌ・オーケストラ）を作ってしまった。それで、オレのバンドには入らなかった。冷たいヤツだろ？ ほかにいいギタリストがいなかったかだって？ 知らないな。オレはジョンかジミ（ヘンドリックス）に入ってほしかった。しかし、ジミも死んでしまった。だから、自分でそういうサウンドを出すしかなかった。ジミのヴォイシングに近いものがワウ・ワウでは出せた。それで、ひところはワウ・ワウばかり使っていた」（C）

マイルス自身は音楽的な過渡期にあり、そのプレイはこのあとさらなる変化を遂げていく。彼の頭の中には、西欧音楽的なものとは一線を画すサウンドが芽生えていた。そのころのマイルスは、どんなことを考えていたのだろう？

「バンドのメンバーが次々と交代していったのは、結果であって、意図したものじゃない。望むサウンドを求めていったら、そうなったまでだ。自分の音楽がジャズと呼ばれるのにうんざりしていた。ロックと呼ばれるのもイヤだし、ファンクと呼ばれるのもイヤだった。オレはオレの音楽をやっていたから、他人にレッテルを貼られたくない。そうした思いが、自分の音楽を作るエネルギーになっていた。スライやジミやアレサ（フランクリン）やジェームス・ブラウンの音楽が好きだった。ジャズのレコードなんか聴いてなかったし、ブラック・ミュージックやクラシックや現代音楽ばかり聴いていた。新しいことをやってる意識もなかった。自分の音楽がやりたかっただけで、それはいつの時代もそうだ。オレの音楽がどういうものか、教えてやろうか。かっこいい音楽だ。それ以外になにがある。『音楽が芸術だ』なんていうヤツがいるけど、違うな。いい服が着たいし、フェラーリに乗りたいし、いいオンナといたい。それを実現させてくれるのが、オレの場合は音楽だ」(C)

最後の部分は本音半分で、残りはマイルス特有の強がりだろう。それでも、彼の音楽観が窺い知れる。マイルスには、衝動的に音楽を実践してみせるところがあった。やりたいことをやる——それが彼のモットーであり、生き方に通じていた。マイルスに、結果やそれまでの流れは関係ない。そのとき、その場所で、最高にヒップでクールと思われることを、音楽に限らずなんでもやってきた。そんなマイルスにとって、音楽の本質を根底から覆したヘンダーソンの参加はきわめて重要だった。

「マイルスのバンドに入る前は、モータウンのレコーディングなんかに参加していた。スティーヴィー・ワンダーのバックもやったし、ザ・テンプテーションズのツアーにも出ていた。ジャズとは縁のないフィールドで演奏していた。だから、マイルスから声がかかったときにはびっくりした。ぼくたちソウル系ミュージシャンの間でも、彼は評判を呼んでいたからね。カリスマ的な存在だったし、スティーヴィーやザ・テンプテーシ

ョンズと共演するときとは違う種類の緊張感を感じている」(22)

1975年にヘンダーソンがマイルスのバンドで来日したときに聞いた話だ。グループに入って4年以上がすぎた時点でも、「緊張感を覚えている」と語ったのが印象的だった。

それまでにも、マイルスはしばしばモータウン・サウンドについて言及している。それでヘンダーソンを起用したのだろうが、彼は本気でモータウンのような音楽をやりたかったのだろうか? 答えはノーだ。それは、ヘンダーソンが加わってからの演奏を聴けばわかる。

彼を加えたグループで行なったのは、どこまでがテーマでどこからがソロなのか、またソロといっても順番は決まっていないし、誰がソロを取っているのかわからない、という秩序破壊だった。かつて、コード進行を排してモードを取り入れたマイルスは、「テーマ〜ソロ〜テーマ」という、それまでの音楽に認められた大前提を、ここでも否定したのである。

この「テーマ〜ソロ〜テーマ」という暗黙の了解を無視した演奏手法は、ジョー・ザヴィヌルとウエイン・ショーターが結成したウェザー・リポートでも認められる。さかのぼれば、ザヴィヌルが重要な役割を果たした『イン・ア・サイレント・ウェイ』から実践されるようになったアプローチだ。これによって次々と新しい音楽を追求していったのが、1970年代前半のマイルスとその仲間だった。

マイルスから始まったフュージョンの広がり

1970年前後は、マイルスを中心に、彼と関わりを持ったミュージシャンがシーンで重要な存在になってくる。マイルスのグループから独立していったメンバーと、レコーディングに去来したミュージシャンたちが、1970年代に入ってさまざまなグループを結成し、彼を頂点とするフュージョン・ムーヴメントに大きな足跡を残したからだ。

ハービー・ハンコックは、マイルス・クインテット在籍中の1968年3月に、ピアノ・トリオ＋3ブラスの特異な編成で『スピーク・ライク・ア・チャイルド』(ブルーノート)を吹き込んでいる。彼は、しばらく前からこうした路線の音楽を追求したいと考えるようになっていた。

そこで、自分の意思ではなかったものの、結果としてクインテットを辞めることになったハンコックは、1969年にニュー・コンボを結成し、『ザ・プリズナー』(ブルーノート)と『ファット・アルバート・ロトゥンダ』(ワーナー)を吹き込む。

しかし、これはあくまで過渡的なグループであり、レコーディングだった。彼が目指した音楽の完成形を示すのは、その後に結成されたエムワンディシ(Mwandishi)と呼ばれるセクステットだ。このグループは、1970年から73年にかけて3枚のアルバムを残している。アレンジを重視し、フリー・ジャズの要素も取り入れたセクステットは、当時、もっとも先進的なストレート・アヘッド・ジャズを追求したグループのひとつだ。

ただし、それなりの成果を挙げたエムワンディシだが、ハンコックのキャリアから見れば、一種の死角に入ってしまったため、過小評価に終わっている。なぜなら、次に結成したグループがあまりに大きな成功を収めたからだ。それが、ファンク・サウンドを本気で追求したヘッド・ハンターズである。

1974年にレコーディングされた『ヘッド・ハンターズ』（コロムビア）は、フュージョン・シーンにおいて、ハンコックをマイルスと並ぶほどの大きな存在へと導くものになった。以後の彼は、ストレート・アヘッドなジャズとファンク〜ヒップホップ系の音楽を両立させていく。これは、マイルスとの5年以上におよぶ共演によって受けた影響と考えていい。それだけに、〈マイルス・チルドレン〉の中で、彼からの影響をもっとも強い形で自身の音楽や活動に反映させていたのがハンコックだ。

最初にヘッド・ハンターズを紹介してしまったが、それ以前からフュージョン・シーンで大きな話題を呼んでいたマイルス・チルドレンが、トニー・ウィリアムスとウエイン・ショーターだ。

ウィリアムスが、1969年初めにジョン・マクラフリンとラリー・ヤングを迎えて結成したライフタイムは、同年5月にデビュー作の『エマージェンシー』（ポリドール）を録音している。ジャズというよりハード・ロック的な演奏が前面に打ち出されたこの作品は、それゆえ、大きな衝撃をシーンにおよぼすものとなった。

一方のショーターは、これまでに何度か触れてきたが、マイルスの『イン・ア・サイレント・ウェイ』他で共演したジョー・ザヴィヌルと意気投合し、1970年12月に、これまたフュージョン史を代表する偉大なグループのウェザー・リポートを旗揚げしたのだった。

残るクインテットのオリジナル・メンバーはロン・カーターだ。彼はハンコックに先だつ1968年6月に退団しており、新興レーベルのCTIと契約して、フュージョン・オリエンテッドなヒット・アルバムを次々と放っていく。

〈クインテット〉以降のメンバーが結成したグループで重要なのは、チック・コリアのリターン・トゥ・フォーエヴァーとジョン・マクラフリンのマハヴィシュヌ・オーケストラだ。

コリアは、ハンコックの後任として1968年9月から1970年9月までグループに在籍し、その後はデイヴ・ホランドと組んでフリー・ジャズを追求するサークルを結成した。しかし、あまりに過激で先進的な音楽コンセプトゆえに、このグループは商業的な成功を収めることなく解散してしまう。

その体験を踏まえ、1972年に結成されたのがリターン・トゥ・フォーエヴァーだ。こちらは、デビュー作の『リターン・トゥ・フォーエヴァー』(ECM)が世界中で大ベストセラーを記録した。ジャズ・ファン以外のひとびとからも絶賛を持って迎えられたのが、〈永遠への回帰〉をテーマにしたこのグループによる爽やかなフュージョン・サウンドだ。マイルスが追求してきたエレクトリック・サウンドとは大きく異なるものの、コリアも、「ジャズ・ファン以外のひとたちにも聴いてもらいたい」という点で、マイルスと考えが一致していた。

そしてウィリアムスが結成したライフタイムで人気を爆発させたのが、マイルスのグループにも準レギュラー的な立場で関わるようになったジョン・マクラフリンだ。その彼が、自身の音楽を追求するため、1971年にマハヴィシュヌ・オーケストラを旗揚げする。グループが織りなす強力なエレクトリック・サウンドは、わずか5人のコンボながら、オーケストラに匹敵する膨大なエネルギーを放出するものだった。

以上のように、1969年から1974年にかけてデビューした、ライフタイム、ウェザー・リポート、マハヴィシュヌ・オーケストラ、リターン・トゥ・フォーエヴァー、ヘッド・ハンターズは、いずれも本家のマイルス・グループを凌駕する人気とシーンへの影響力を示したのである。

興味深いのは、偶然の一致だろうが、みなグループ名を持っていたことだ（ヘッド・ハンターズは最初ハービー・ハンコック・グループと呼ばれていたが）。しかし、音楽的にはそれぞれがまったく異なるものを志向していた。それでいて、ベーシックなところでは、マイルスの提示したコンセプトが脈々と息づいている。そのことからも、彼の幅広い音楽性が感じ取れるはずだ。

マイルスの存在がなければ、これらのグループ、そしてグループに参加したミュージシャンたちの追求した音楽が、このような形で実を結んだとは考え難い。そして、これらのグループとミュージシャンたちが、マイルスとともに１９７０年代の音楽シーンをリードしていったことは、いまや歴史が証明している。

【第８章：さらなる躍進　注】

1. Rolling Stone, December 12 1969
2. スティーヴ・グロスマン　１９８６年、東京
3. アイアート・モレイラ　１９８８年、ニューヨーク
4. １９９８年リリースの『ビッチズ・ブリュー～コンプリート・セッション』に、このときの8テイクはすべて録音順に収録されている。
5. チック・コリア　１９９８年、ニューヨーク

6. ジョー・ザヴィヌル　1992年、ロサンジェルス
7. ジェイムズ・アイザック　『ライヴ・アット・ザ・フィルモア・イースト〜イッツ・アバウト・ザット・タイム』（ソニーミュージック・エンターテインメント SRCS-2517-8）ライナーノーツ　安江幸子訳、2001年
8. 日野元彦　1999年、東京
9. ジャック・デジョネット　1987年、香港
10. ウエイン・ショーター　1989年、ロサンジェルス
11. 2月と6月にスタジオで録音された短い演奏4曲も併録されている。
12. ビリー・コブハム　1989年、ニューヨーク
13. ジョン・マクラフリン　1997年、モナコ（電話インタヴュー）
14. ドン・デマイケル　「初公開！ 伝説のローリング・ストーン・インタビュー」　中山啓子訳、『GQ Japan』1999年12月号、67頁
15. キース・ジャレット　2001年、ニューヨーク（電話インタヴュー）
16. キース・ジャレット、山下邦彦　『キース・ジャレット』　立東社、1989年、111頁
17. チック・コリア　1989年、ロサンジェルス
18. デイヴ・ホランド　1998年、東京
19. ゲイリー・バーツ　1993年、ニューヨーク
20. テオ・マセロ　1985年、ニューヨーク
21. 19と同じ
22. マイケル・ヘンダーソン　1975年、東京

第9章 マイルス流ファンクの誕生

マイケル・ヘンダーソンの貢献

マイルスのグループに、ジャズとはまったく違ったリズム感を持ち込んだのがマイケル・ヘンダーソンだ。ロックやブラック・ミュージックでは当たり前の手法だった反復するリズミックなフレーズを、彼はやめろといわれるまで弾き続けるベース奏者だった。

これは簡単なようだが、ジャズ・ミュージシャンにはできそうでなかなかできない。欲が出て、フレーズに変化をつけてしまうからだ。しかし、ロックやブラック・ミュージック系のプレイヤーは、いつまでも同じフレーズを反復させることを苦に感じなかった。ヘンダーソンのそうしたプレイを得て、マイルスの音楽はシンプルな構成になり、それに伴い、いっそうリズミックなものになっていく。

最初の成果が、1972年3月9日に録音された〈レッド・チャイナ・ブルース〉だ。これは、その後に録音されたいくつかの演奏と一緒に、1974年発表のアルバム『ゲット・アップ・ウィズ・イット』(コロムビア)で聴くことができる。

公式なレコーディングからいけば、〈レッド・チャイナ・ブルース〉は、スタジオ録音とライヴ・レコーディングの両方を収録した『ライヴ=イヴィル』のライヴ録音(1970年12月)に続くもので、スタジオ録音で考えても『ライヴ=イヴィル』(1970年6月7日)の次にくる吹き込みだ。

マイルスは、1971年に一度もレコーディングを残していない。1965年に『ESP』が録音されるまで、19ヵ月のブランクがあった。しかし、21ヵ月もスタジオ・レコーディングをしなかった例はない。前半に散発的な国内ツアー、10月から11月にかけては精力的にヨーロッパ・ツアーを行なったのがこの年だ。そして、この間に彼の音楽は大きな変化を遂げていた。

「スタジオに入らなかったのは、録音したい曲ができなかったからだ。ライヴでやっていたのは、ここ2年ほどの間にレコーディングされていた曲が中心だった」(1)

こう語るのはジャック・デジョネット(ds)だ。

音楽の変遷については、ゲイリー・バーツ(as)が、次のように話してくれた。

「わたしが加わったころは、まだジャズ・バンドの痕跡が残っていた。しかし、年が明けて1971年になってからは、まったくジャズのグループで演奏している感じがしなくなった。ロック・バンドとも違うし、ソウル・グループとも違う。ファンクをベースにしたフリー・ミュージックの感じかな? 一番大きな変化は、リズムが柔軟になったことだ。パターン化されているけど、どんなソロにも対応できる懐の深さが、少しずつだがリズム・セクションに生まれてきた」(2)

マイルスには聞いていないが、この時期の彼は、ご機嫌なリズムに囲まれ、さぞかしライヴを楽しんでいたに違いない。それで、レコーディングのことなど、頭から離れていたのだろう。

10月から11月にかけて行なわれたヨーロッパ・ツアーでは、ドラマーがデジョネットからレオン・チャンクラー、パーカッションがアイアートからエムトゥーメとドン・アライアスに交代している。ビートを担うセクションの変更は、さらなるファンク・グルーヴを狙ってのものだ。

新メンバーとなったドン・アライアスの感想だ。

「ヨーロッパでは、ほとんど毎日コンサートがあった。曲目もたいていは同じだ。ただし、1曲ずつ独立しているんじゃなくて、メドレーでワン・ステージをノン・ストップで演奏していた。そのため、メンバーはステージにいる間、緊張感が途切れなかった。

バンドは日ごとに素晴らしくなっていった。最初と最後の演奏を聴き比べることができるなら、違いは明白だ」(3)

アライアスとパーカッションの座をわけていたエムトゥーメは、こう振り返る。

「マイルスはメンバーにかなり気を遣っていた。ツアーの移動中には、自分から仲間に入ってきたほどだ。ジョークや、昔のエピソードなんかをよく話してくれた。それで気分がリフレッシュできて、次の公演地でも新鮮な気持ちでプレイできた。マイルスは、気配りのひとだからね」(4)

意外と思われるかもしれないが、彼が気配りを怠らないのは本当だ。ぼくにもびっくりした経験がある。マイルスが宿泊しているホテルを訪ねたときのことだ。そのときは、こちらが3人だった。それで、ルーム・サーヴィスに昼食をオーダーすることにした。マイルスが頼んだのは、好物のフライド・チキンにサラダとペリエだ。彼は小食なので、4人分といっても、それほどの量はオーダーしない。それでも、こちらは遠慮があって、ほとんど食べることができなかった。

すると、彼はこっそりベッド・ルームからルーム・サーヴィスに電話をしたのである。ぼくたちひとりずつに行きわたるよう、オードヴルから肉や魚まで、人数分を注文し直してくれたのだ。そのほうが、みんな遠慮なく食べられるだろうという、配慮である。それで飲み物がなくなりそうになると、またそっと電話をかけにいく。気の遣い方は驚くほど日本人的だ。こうした話はほかにもいろいろある。

３月の〈レッド・チャイナ・ブルース〉は、ヘンダーソンがレギュラー・メンバーになって行なわれた初のスタジオ吹き込みだ。それに続くのが、６月１日と６日に録音された『オン・ザ・コーナー』（コロムビア）である。ヘンダーソンの生み出すビートにはソウル・ミュージックで培った泥臭さと粘りが認められ、好んでR＆Bを聴いていたマイルスをおおいに喜ばせるものとなった。

もうひとつ、この作品で聴き逃せないのが、インド楽器のシタールとタブラを導入したことだ。１９６９年11月のセッションで、マイルスはすでにこれらの楽器を加えている。しかし今回は、その必然性がさらに明瞭な形で表されることになった。注目すべきは、これらがリズムとメロディを同時に奏でられる楽器だった点だ。

マイルスは通常のポリリズムを放棄し、新たな響きを持った多彩なビートを追求しようとしたのである。それは、インド音楽との接近といった単純なものではない。リズムもメロディも自在に操れるこれらの楽器を、それまでに自身が追求してきたポリリズムと一体化させることで、さらなる飛躍を図ることだった。ここでは、３人のキーボード奏者と４人のドラムス／パーカッション奏者が加わり、これまでになかったユニークなリズム・フィギュアが創出されている。

「東洋音楽に興味があったし、アフリカの音楽もやってみたかった。ムーア人のフォルクローレまで採り入れていた。そこに、スライやジェームス・ブラウンのような音楽も加えてみた。〈ブラック・イズ・ビューティフル〉とかブラック・パンサー党の動きが社会的なものになっていただろ？　あのころの黒人は、いまよりずっとしっかりとした意識に目覚めていた。そうした連中に応えたかった。そのためには、物真似じゃない自分の音楽を聴かせたかった。ロックのフィールドで演奏するのは飽きていたし、オレたちにしかできないビートや躍動感やバイタリティを音楽で表現してみたかった」（C）

ストリート・ミュージック＋シュトックハウゼン＝『オン・ザ・コーナー』

〈レッド・チャイナ・ブルース〉に続いて1972年6月に録音された『オン・ザ・コーナー』収録の演奏は、アルバム・タイトルや黒人の漫画風イラストを配したジャケット・デザインからもわかるように、ストリート・ミュージックにコンセプトを得たものだ。これは街頭で聴かれる喧騒感を、彼なりに音楽で描出したものである。加えて、この作品では不規則なテンポが種々雑多な形で認められる。これは、ストリート・ミュージックの断片を集めたもの、というマイルスなりの意思表示だった。そして、その集合体がここで聴かれるポリリズムの本質だ。

しかもこのポリリズムは、『ビッチズ・ブリュー』で彼が創出したそれとはまったく異質のものになっていた。理由は、ここでの編成とパーソネルだ。それと、マイルスがそのころ盛んに聴いていたドイツの前衛作曲家カールハインツ・シュトックハウゼンからの影響もある。シュトックハウゼンの〈ミクストゥール〉や〈テレムジーク〉で聴かれる一種のミュージック・コンクレートが、ここでの不規則なテンポに通じていた。録音当時、マイルスの家に滞在していたのが、エルトン・ジョンの音楽監督を務めていたポール・バックマスターだ。彼が、マイルスの関心をシュトックハウゼンに向かわせた張本人である。

バックマスターによれば、レコーディングであらかじめ用意されていたのは、ベース・フィギュアとドラムスのリズム、それに合わせたタブラとコンガとキーボードのフレーズが1、2個だけだった。最初は、それらが譜面どおりに演奏される。しかし徐々にデフォルメされて、最後はまったく元の形と違うものになってしまう。そこにシュトックハウゼン流の変形が認められる。これが彼の意見だ。(5)

マイルスは、自分が興味を覚えた音楽なら、なんでもわけ隔てなく聴いていた。ここでもその性癖が功を奏した。ビバップを演奏していた1940年代から、彼はさまざまな音楽に耳を傾け、それらに触発されて、自身の音楽を大きく発展させてきた。中でも、ロック、ソウル、ファンクなど、ポップスに興味を向けるようになる前から、大きな関心を寄せていたのがクラシックや現代音楽だ。

マイルスが1969年にイギリス公演を行なった際、バックマスターは楽屋を訪ねている。これが最初の出会いだ。シュトックハウゼンのコンセプトを発展させた独自の理論を持っていた彼と、ギル・エヴァンスからその理論を紹介されていたマイルスが意気投合するのに時間はかからなかった。ふたりは、シュトックハウゼンのアイディアを自分たちなりの形で発展させた作品を作ろうということで意見が一致する。

1972年にエルトン・ジョンのツアーでアメリカにやってきたバックマスターは、ツアーが終わるとマイルス邸に滞在した。ここでアルバムの構想を膨らませようというのだ。しかし、ふたりのアイディアを作品化するには膨大な費用と時間がかかることが判明する。それでは現実的でないと、路線を変更し、録音されたのが『オン・ザ・コーナー』だった。マイルスはそのことをこう振り返っている。

「『オン・ザ・コーナー』でやった音楽は、どこにも分類して押し込むことができない。なんて呼んでいいのかわからなくて、ファンクと思っていた連中がほとんどだった。あれは、ポール・バックマスター、スライ・ストーン、ジェームス・ブラウン、それにシュトックハウゼンのコンセプトと、オーネット・コールマン（as）の音楽から吸収したある種のコンセプト、そいつをまとめ上げたものだ」（6）

このレコーディングに参加したドラマーのビリー・ハートは、セッションの模様を次のように語っている。

「リハーサルということで呼ばれた。予定では、アル・フォスター（ds）が参加することになっていたらしい。彼は、病気かなにかで都合が悪かったんだろう。スタジオに行って驚いたのは、わたしのほかにも、ジャック・デジョネットやエムトゥーメがいたことだ。そんな状況でなにをすればいいんだろう？　まるで見当がつかなかった。おまけにインド人のミュージシャンもいるし、マイルスがやろうとしている音楽がどんなものなのか、想像ができなかった。で、マイルスはわたしに『ファンク風のビートを叩け』といったんだ。『ただし、明らかにファンクとわかるようなものじゃ駄目だ』と念を押された。それで、ビートのポイントをずらしながらプレイしてみた」（7）

ハートによれば、全員が暗中模索の状態だったようだ。最初はマイルスが入らず、リズム・セクションだけでいろいろなパターンを演奏したという。そのリズムをリードし、アイディアを出し合っていたのがヘンダーソンとエムトゥーメだ。

ハートが続ける。

「マイルスは、ふたりのやり取りをニヤニヤしながら見ているだけで、なにもいわない。それで1時間ほどさまざまなリズム・パターンを試してから、ホーン奏者を加えて、リハーサル兼レコーディングが始まり、3時間ほどで終わった。そんなセッションを、2週間くらいのうちに3回やった」（8）

シュトックハウゼンからコンセプトの一端を得て、『オン・ザ・コーナー』が吹き込まれたことは間違いない。しかしここで聴かれる音楽に、ヨーロッパの伝統音楽を基盤に派生した響きは認められない。

注目すべきは、この音楽がまったくのブラック・ミュージックになっている点だ。アフリカやインドのリズム・フィギュアを重ねることで、リズムの複合化を狙ったマイルスの意図は、ここで見事に具現化された。この成果は、1975年に彼がシーンから身を引くまで、発展的な形で追求されていく。

『オン・ザ・コーナー』は、レコーディングから4ヵ月後の10月に、マイルスにしては異例の早さでリリースされている。彼は、この作品で示した新しいリズム・フィギュアを、ライヴの場でも演奏しようと考えていた。そこで、新作のプロモーションを兼ね、10月24日の「アポロ・シアター」から始まる全米ツアーが計画された。

マイルスは、そのために新たなバンドを結成する。前年(1971年)のヨーロッパ・ツアーから残ったのは、ヘンダーソンとエムトゥーメだけだ。サックスには6月のレコーディングに参加したカルロス・ガーネット、あとはヘンダーソンの音楽仲間であるギタリストのレジー・ルーカス、そこにキーボード、シタール、タブラ奏者が加わり、ドラマーには知り合ったばかりのアル・フォスターが起用された。

ニュー・グループは、例によってマイルスの自宅で数日にわたるリハーサルを行なう。9人編成のバンドは、『オン・ザ・コーナー』が10〜13人編成のコンボによってある種のカオスを生み出していたのに対し、リハーサルを重ねるにつれて、はるかに整理された、ある意味ではシンプルなサウンドを獲得していく。

マイルスはウォームアップのつもりで、9月の初めから10月初旬にかけて、数ヵ所でコンサートを開くことにした。このときに、彼はライヴ・レコーディングも行なっている。それが9月29日にニューヨークの「フィルハーモニック・ホール」で実況録音された『イン・コンサート』(コロムビア)だ。

マイルスは、このバンドで終始ワウ・ワウ・ペダルを用いている。その結果、『イン・コンサート』には、彼がトランペットでギター的なフレーズを吹く試みの完成された姿が記録されることになった。

レジー・ルーカスとマイケル・ヘンダーソンが生み出すソウル・ミュージックそのもののリズムも作品の重要なポイントだ。そこに、カリール・バラクリシュナの電気シタールとバーダル・ロイのタブラがインド音楽的なスケールに基づく複雑なリズムをつけ加える。アル・フォスターとコンガのエムトゥーメが織りなすアフロ的なビートも組み合わさって、『イン・コンサート』はこれまでに聴いたこともないリズム・パターンの重なりが表出されるものとなった。

マイルスの音楽に大きな変化をもたらしたのがヘンダーソンなら、その変化を安定化させたのがフォスターだ。トニー・ウィリアムス、ジャック・デジョネット、レオン・チャンクラーと、ここ数年、グループのドラマーは変遷を重ねてきた。そして、ここにいたり、マイルスはついに自分の音楽コンセプトに理想的な形でフィットできるドラマーと巡り合えたのだ。フォスターはマイルスが半引退状態にあった1976年以降もコンタクトを取り続け、1981年にカムバックしてからは、1984年末まで行動をともにしたドラマーである。

かくして、プロモーション・ツアーの準備は整った。しかし、2週間前の10月9日に、マイルスはマンハッタンのウエストサイド・ハイウェイで自動車事故を起こしてしまう。中央分離帯に突っ込んでしまったのだ。彼は両下腿骨を骨折し、ツアーは中止となった。

マイルス流ファンク・ミュージック

マイルスとアル・フォスターが出会ったのは、フォスターによれば、1972年4月のことだという。しかしディスコグラフィーでは、この年の3月9日に録音された〈レッド・チャイナ・ブルース〉にも参加したことになっている。4月というのは、フォスターの勘違いだろう。

それはともかくとして、ふたりが最初に顔を合わせたのは95丁目の「セラー・クラブ」でのことだ。このクラブに、フォスターはベース奏者のアール・メイが率いるハウス・バンドで出演していた。そこに立ち寄ったのがマイルスだ。

「演奏が終わったところで、彼が、アールに『このグループを録音したい』といい出した。それで、次の週、本当にマイルスはスタッフを連れてやって来た。次の週にも、彼はやって来た。『あのテープを聴いて、お前が叩くシンバルのビートが気に入った。オレのバンドで一緒にやらないか』。こういわれて、こっちはドキドキだよ。それから2ヵ月ほど経って、彼から電話がかかってきた。最初のレコーディングは、いってみればオーディションのようなものだった。1曲しか録音しなかったし。マイルスは、それでぼくを試したんだろうね」(9)

普段から物静かなフォスターは、マイルスと吹き込んだアルバムのジャケットを見ながら、自宅のアパートで思い出話を語ってくれた。

「ぼくは4ビートのドラマーだからね。ロックやソウルも聴くのは好きだけど、そうした音楽の演奏経験はそれほどなかった。だから、マイルスは録音するときに、耳元でリズムのアイディアを口笛で吹いてくれる。あとは、バディ・マイルスなんかのロック・ドラマーや、スライ&ザ・ファミリー・ストーンを聴けっていわれたな」(10)

「出会ったドラマーの中で、アルはオレの音楽にちゃんとついてこれた数少ないひとりだ。トニーは天才だったが、ヤツは違う。不器用だ。その不器用さが好ましかった。妙なことをしないからな。その代わり、いわれたことはとことん追求する。ひとつのグルーヴをいつまでもキープできる。そんなドラマーは、ジミのところにいたバディ・マイ

ルスぐらいしか知らない」(C)

ヘンダーソンとエムトゥーメは、会った瞬間からフォスターと意気投合する。エムトゥーメの言葉だ。

「アルは、ぼくたちの頼りになる兄貴分だった。そんなに話はしなかったけれど、以心伝心というか、音楽のことでもプライヴェートなことでも通じ合っていた。彼がバンドにいたから、安心してパーカッションが叩けたし、ツアーも無事にこなせた」(11)

ヘンダーソンはどうだったのだろう?

「アルが入ってくれたおかげで、ぐっと楽になった。彼のドラミングはボトムが効いて、どっしりしている。ああいうドラミングは、ジャズをやっているひとにはなかなか出せない。かなり研究したんだろう。最初のセッションから、ぼくたちはばっちりだった。これでリズムもOKだって、マイルスに話したことを覚えている」(12)

この3人にギターのレジー・ルーカスがリズム・セクションとなって、『イン・コンサート』では、マイルスとサックスのカルロス・ガーネットが自在なソロを繰り広げる。独特の雰囲気が醸し出されたのは、そこにセデリック・ロウソンやインド人ミュージシャンの奏でるサウンドが加味されたからだ。

ロウソンが弾くエレクトリック・ピアノは、サウンド全体に色彩感をつけ加える点でピカ一の存在感を示していた。キース・ジャレット(key)のスタイルを継承したものだが、ロウソンのプレイは、彼に比べるとはるかにソウル・ミュージック的だ。

ソウル系のセッション・ミュージシャンだったルーカスのギターも、ジョン・マクラフリン（g）のジミ・ヘンドリックス風プレイと違い、純粋にファンク・リズムを基本にしていた。そこにシタールとタブラの響きが加わることで、全体のサウンド・カラーは、これまでにマイルスが残してきたものとはかなり様相を異にするものとなった。

「ジャズのことなんかまったく知らなかったからね。ぼくはファンクやR＆Bが専門で、シンガーのバックを務める仕事が大半だった。インストのバンドはほとんど経験がない。マイルスのバンドでは、スペースを埋めるようにカッティングして、バンド全体に勢いをつけるのが役目だった」（13）

ぼくは、マイルスのバンドに斬新なサウンドを持ち込んだのがルーカスだと思っている。それを物語っているのがこの言葉だが、同時期に活躍したガーネットは、彼についてこんな話をしてくれた。

「レジーのプレイは新鮮だった。ぼくは生粋のジャズ・ミュージシャンで、マイルスのバンドに入る前はフリー・ジャズなんかも演奏していた。だから、レジーの音楽とは接点がなかった。しかし、マイルスのグループで一緒にやってみて、まったく違和感を覚えなかった。あれが、マイルスのマジックだ。彼は、どんなサウンドでも自分の音楽に取り込んで、それを自然な形で融合させてしまう」（14）

「黒人のストリート・ミュージックに通ずる喧騒感を表現してみたかった」(C)

これが、『オン・ザ・コーナー』や『イン・コンサート』に対するマイルスのコメントだ。

ファンク色の濃いソウル・フィーリングを横溢させたこれらの作品は、もはやジャズやロックという狭義のジャンルわけがまったく無意味であることを、多くのひとに実感させるものとなった。『ビッチズ・ブリュー』で萌芽を見せた1970年代マイルス・ミュージックの本質がここにある。

「バンドの中には3つの異なるグループがいた。ファンクしかできないヤツ、アフロ・アメリカンの音楽を演奏するヤツ、それにインドからの音楽を持ち込んだヤツ。それらが一度に別々のリズムを探り合う。オレは、リズムを聴きながら、好き勝手にソロを吹けばいい。ヤツらに、『こんな感じのリズムを出してくれ』というだけでよかった。ベースやドラムスに、ちょっとしたヒントを与えてやる。するとヤツらは、それを基にどんどん変化させていく。ピンボール・マシーンにボールを投げ込むのと同じだ。あとは勝手に弾《はじ》けていく。オレは、テンポやスピードをコントロールしながら、全体をひとつにまとめるだけでいい。ある意味でコンダクターだ。そうすると、いままで誰も聴いたことのないリズムや音楽が出来上がる寸法だ」(C)

エレクトリック時代に限っていうなら、『イン・コンサート』はスタジオ録音とライヴ演奏に差がなくなったことを伝える記念すべき最初の作品となった。レジー・ルーカス〜マイケル・ヘンダーソン〜アル・フォスター〜エムトゥーメからなるリズム・セクションに、マイルスは満足していた。以後もサックス奏者は何度か交代するが、これら4人によるユニットは、1975年に彼が長期の療養生活を余儀なくされるまで存続している。いかにマイルスが彼らに満足していたか、そのことがこの事実からわかるだろう。

1972年10月9日の事故で大怪我をしたマイルスだが、11月29日と12月8日には、早くも『イン・コンサート』と同じメンバーでスタジオ入りし、2日間で5テイクの録音を残している。明けて1月4日にも12分におよぶオリジナルが吹き込まれた。ただし、これらのセッションからさし当たって発表されたのは、12月8日の〈ビリー・プレストン〉だけだ（『ゲット・アップ・ウィズ・イット』に収録）。ビリー・プレストンは、ソウル系の黒人キーボード奏者である。なぜ、その名前をタイトルにしたかは不明だし、音楽的にも彼のサウンドとあまり関係のないところが不思議だ。

それより、1月4日のレコーディングで注目すべきは、カルロス・ガーネットに代わって、『オン・ザ・コーナー』に参加していたデイヴ・リーブマンがサックス奏者として名を連ねていたことだ。そしてこのメンバーで、マイルスは久々に聴衆の前で演奏したのである。それが1973年1月12日と翌13日の「ヴィレッジ・イースト」におけるステージだ。

本格的なツアーを再開

「マイルスの音楽はかなり聴いていたつもりだけど、実際にやってみたら、意表を突く独特のタイミングでプレイするものだから、どうしたらいいのか戸惑った。彼はそのときのフィーリングを大切にしていて、急にリズムをカットしたり、わたしのサックスだけを残して全員をブレイクさせたりと、次の展開がまったく読めない。『いつもオレの動きを見ていなくちゃ駄目だ』といわれて、みんなが神経を集中させていた。それがテンションの高い音楽を生み出す理由だろうね」(15)

デイヴ・リーブマンが、マイルス・バンドに参加した直後のことを語った言葉だ。

もうひとつ見逃せない点がある。このころから、グループでは「マイルス対バック・バンド」の図式が、これまで以上にはっきりしてきた。これは、ロックやソウルのソロ・アーティストと同じ感覚である。つまり、マイルスがソロ・アーティストで、サイドメンがバック・バンドという関係だ。

こうした特徴が現れるようになったのは『ビッチズ・ブリュー』以降である。それをさらに強固な形で示すようになったのが、1972年から73年にかけてのことだ。これは、マイルスが、ジャズ・ミュージシャンだけにバンドのサウンドを依存しなくなったからだろう。

数年前から、ライヴの場における彼は、中断することなくメドレーで演奏を表現するようになっていた。その手法が効果を発揮し始めたのがこのころだ。シュトックハウゼンの音楽からヒントを得たアイディアである。

「ひとつのプロセスとしてのパフォーマンス——このアイディアにどんどん惹かれていった。それまでにも、連続する輪を成すように作曲はしてきたが、シュトックハウゼンを通じて、8小節から8小節へといった類の演奏はやる必要がないことを確認した。歌や曲を完結させるんじゃなくて、どこまでも連続させたかった」(16)

コンダクターよろしく、マイルスがメンバーにステージ上でキューを出す。すると、その合図にしたがって、音楽の表情がドラスティックに変わっていく。それを、彼はトランペットを吹きながらも行なっていた。ジャズ的なものよりファンク的な演奏に、このやり方は効果を発揮したのである。

これがリーブマンの話していたことだ。音楽が次々と変化していくのを楽しみながら、そしてそれに触発されながら、マイルスは即興的なプレイをクリエイトしていた。「みんなでマイルスの動きを必死に追いかけていた。彼の一挙手一投足に敏感だった。それで、往々にして、マイルスのやっている音楽に合わせてしまう。これはミュージシャンなら無意識に反応する種類のものだから、ある程度は仕方がない。ところがマイルスは、『自分とは絶対に同じことをするな、他のメンバーとも違うことをやれ』としつこくいう。リズム・セクションは全員が違うことをやって、それをひとつにまとめようというのが彼の考えだった。頭では理解しているが、どこかで誰かと合わせてしまう。しかし、マイルスのいっていることも理解できたし、試みとしては興味深かった。だから、みんなが必死になって彼が考えているサウンドを出そうとしていた」(17)

アル・フォスターの回想である。

マイルスの骨折は完治していなかったものの、「ヴィレッジ・イースト」の演奏は、思わぬほど充実したものとなった。久々にワーキング・バンドとしての陣容も整ったし、このバンドでマイルスは本格的なツアーを開始する。そのために、彼は長年にわたってマネージャー役を務めてきたハロルド・ラヴェットから離れ、辣腕マネージャーとして大物ばかりを担当していたニール・ラッシェンにマネージメントを任せることにした。

しかしここでまたひとつ、アクシデントが起こる。ラッシェンの初仕事は警察との交渉だった。

1月4日に続くスタジオ・レコーディング(これまた未発表)を終えた2月23日に、マイルスは自宅前でコカインと銃器不法所持の疑いで逮捕されたのである。彼はひと晩勾留され、3月1日に銃器の不法所持罪で1000ドルの罰金を払わされた。コカインの所持に関しては、証拠不十分のため、不起訴の判断が下されている。

その影響から、3月に組まれていた西海岸のツアーは5月に延期され、4月に予定されていた東部一帯のツアーから、このときのコンサートは始まった。この間の4月24日には、ニューヨークのスタジオで2曲が録音されているが、この演奏も現在まで未発表のままだ。

そして、このレコーディングから参加してきたのが、もうひとりのギタリスト、ピート・コージーである。直前に行なわれたシカゴのコンサートで、マイルスはエムトゥーメから彼を紹介されたのだった。

シカゴの前衛ジャズ集団AACM（Association for the Advancement of Creative Musicians＝創造的音楽のための地位向上協会）で活躍していた、長い顎鬚と風変わりな衣装を身に纏ったコージーは、いでたちと同様、不思議な演奏を聴かせてくれる。独自に考案したシンセサイザーをギターに組み込んだプレイは、レジー・ルーカスのファンク・ギターとはまったくスタイルを異にするものだった。

「エムトゥーメから、『マイルスがギターでソロが弾ける人間を探してるけど、やる気はあるか？』って、電話をもらった。ふたつ返事でOKさ。12人編成のフェローズというバンドを率いていたけど、ほかのメンバーに任せて、マイルスのツアーに参加した。彼は自由にギターを弾かせてくれたから、こっちもクリエイティヴなことができたね。

フリー・ジャズにファンクの要素をかけ合わせたプレイを、シンセサイザーで変調させるんだ。マイルスとやっていると、いくらでもアイディアが出てきて、楽しかった」(18)

1975年にマイルスのバンドが解散して以降、コージーの動きは摑めずにいた。しかし、1983年にフラリとニューヨークに現れた彼が、コンサートを開いたのである。そのときに聞いたのが、この言葉だ。

コージーの加入で、マイルスのグループは10人編成に膨れ上がった。そして、西海岸を5月に回るツアーを終え、5月23日には再びニューヨークのスタジオで、この年3度目のレコーディングを行なう（これも発売されるにいたっていない）。

5月のツアーまでは、コージー以外、すべてが1月のグループと同じメンバーだった。しかしこの23日に行なわれたレコーディングでは、グループから、セデリック・ロウソン（key）、電気シタールのカリール・バラクリシュナ、タブラのバーダル・ロイが抜け、マイルス以下、デイヴ・リーブマン、ピート・コージー、レジー・ルーカス、マイケル・ヘンダーソン、アル・フォスター、エムトゥーメの7人編成に縮小されたのだった。

東洋的な響きが消失し、タイトなファンク・ミュージックをさらに強調するようになったのがこのときからだ。そして、このメンバーで、6月12日にマイルスは待望の来日を果たす。

２度目の来日

１９７３年６月12日、午後７時20分。マイルスは、サンフランシスコ発の日航機で羽田空港に無事到着した。旅装を解いた一行は、翌日の午後、ＮＨＫのスタジオで４時間ぶっ続けのリハーサルを行なっている。このことから、どれだけマイルスが日本公演に力を入れていたかがわかる。札幌で行なわれた初日のコンサートでは一部機材の不調もあったようだが、それにもかかわらず、彼とグループが圧倒的なサウンドで、２５００人の超満員で膨れ上がった会場を興奮の坩堝に叩き込んだ。

マイルスは、『ビッチズ・ブリュー』によって日本でも新しいファンを獲得していた。一方で、それ以前のアコースティック・サウンドを支持するファンと、以後のエレクトリック・サウンドを支持するファンとの間で、評論家も巻き込む大論争が起こっていた。これは、世界中、どこでも同じ現象だった。

そんな時期に、彼のグループが来日したのである。エレクトリック・マイルス派は大喜びしたものの、アコースティック・マイルス派は複雑な心境だった。ほかにも、マイルスの音楽ならなんでも好きというぼくのような超党派もいたし、それぞれがさまざまな思いで、このときのコンサートには接していた。

全12回のスケジュールを紹介しておこう。

6月16日：札幌厚生年金会館ホール
19日：新宿厚生年金会館大ホール
20日：新宿厚生年金会館大ホール
22日：新宿厚生年金会館大ホール
23日：名古屋市民会館
26日：京都会館第一ホール
28日：福岡市民会館
29日：広島郵便貯金会館
30日：大阪フェスティヴァル・ホール（昼夜2回）
7月1日：金沢市観光会館
3日：新潟県民会館

東京の入場料は、S席4800円、A席4000円、B席3000円、C席2000円、D席1200円である。当時のコンサートでS席が4800円はかなりの高額だ。同じ時期に開催されたスタン・ゲッツ（ts）のカルテットが3000円だし、セシル・

テイラー（p）・トリオが2500円である。この程度が相場だった。メンバーの人数が違うこともあるが、これらの金額から考えて、マイルスの入場料が破格だったことはわかる。それでも、各会場は満員だった。

マイルスの来日が決まった時点で、ぼくは東京で行なわれるすべてのコンサートを最高の席で観たいと思った。そのため、チケットが発売されるまでの約2ヵ月間をアルバイトすることにした。少しでもいい席を取ろうと、招聘元に電話をして、どこのプレイガイドに一番いい席のチケットが入るかも教えてもらった。そして売り出された当日、早朝から新宿のプレイガイドに並んで買ったことを覚えている。

発売日には、各プレイガイドにかなりのひとが集まったし、割と早い時点でソールド・アウトになったという報道も目にした。そして、コンサート当日は立ち見のチケットを求める熱心なファンが、朝から「厚生年金会館」の前に並んだのである。

ぼくは大学生で、たまたま「厚生年金会館」の裏にキャンパスがあった。目と鼻の先でマイルスのコンサートが行なわれる——そう思うと、19日は朝から気持ちが高ぶり、勉強どころでなかった。4時すぎに授業が終わり、居ても立ってもいられなかったので、コンサートを一緒に観に行くクラスメイトと、「厚生年金会館」の楽屋口でマイルス一行がやって来るのを待つことにした。

このときの落ちつかない気分はなんとも形容し難い。事情通の友人は、マイルスのグループが札幌ですごい演奏をやったとか、いまのバンドは『ビッチズ・ブリュー』以上らしい、などと盛んに煽り立てる。コンサートも早く観たいし、マイルスがやって来るのも待ち遠しい。その両方が、あと数時間のうちに体験できるのだ。

コンサートが始まる20分ほど前になったころだろうか。黒塗りのハイヤーが数台、靖国通りから楽屋に通じる細い道に入って来た。先頭の車にマイルスが乗っている。楽屋の横に車が着いて、マイルスが降りてきた。ゆったりとした足どりだ。ファンがフラッシュをたく。大きなサングラス越しに、マイルスが光のする方を睨みつけるように振り向く。そして次の瞬間、ニヤリと笑った。そのすごみと、どこか優しそうな口元が不思議な存在感を漂わせていた。数秒の出来事だったが、こちらはそれだけで足がガクガクになってしまった。

『スイングジャーナル』誌の1973年8月号には、来日コンサートを観た油井正一と岩浪洋三のコメントが寄せられている。全文は掲載しないが、可能なら全文を読んで頂きたい。

油井の感想はおおよそこういうものだ。

「わたしが聴いたのは、東京の初日である。初日と断るのは、22日の東京最終日が圧倒的によかったと聞かされたためだ。正直にいって、その夜、受けた感銘は、ジョン・コルトレーン（ts）にもセシル・テイラーにもおよばなかった。マイルス自身の音楽がひとつの過渡期にあたるためだと思う。そこには完成された美しさが認められなかった。マイルスの心情は理解できる。トランペットという楽器を徹底的に使い切った彼は、もはやこの楽器に新しい可能性を発見できなくなったのだろう。だが、しかし、たとえ電化したトランペットに変えたとしても、トランペットをリズム楽器に曲げて用いることは誤りである。一歩譲るとしても、少なくともメロディを放擲《ほうてき》することは誤りである。『オン・ザ・コーナー』がわたしに駄作に聴こえたのは、そのためだ。3日目（22日）が最高、というひとになぜかと聞くと、『マイルスが前日以上にメロディを吹いたからだ』という。マイルスがなんらかの形で電気トランペットにメロディを回復させるまで、彼の過渡期は終わらないと思う」(19)

このような意見を寄せた油井正一は、『ビッチズ・ブリュー』が発表されたときに、日本の評論家の中で誰よりも早く「これぞ時代を変える世紀の大傑作」と看破した人物である。多くのひとがこの作品をどう位置づけるのか、どのように評価すればいいのかで迷っていたときに、こう断言したのが氏だった。その人物によるこの言葉は、だからこその重みがある。

岩浪洋三は、マイルスの演奏をどう聴いたのだろうか？

「あのマイルスが、足でペダルを踏みながらワウ・ワウとエコーのかかったトランペットを下向きにして吹く姿には、実に美しいものがあった。エコー・マシーンを通したエレクトリックなトランペットを聴くと、ぼくはもうマイルスの吹くストレートなトランペット・プレイは聴きたくなくなってきた。エコーのかかった、微妙で鋭く美しいトーンによるトランペット・プレイに熱中している気持ちが、よくわかるのである。マイルスは、かつてミューテッド・プレイでトランペットから優しさとセンシティヴなリリシズムを引き出してトランペットの表現に革命を起こしたが、最近のあのエコー・マシーンを使っての演奏は、トランペットにおける第2の革命だ」(20)

興味深いのは、ワウ・ワウ・ペダルに対する評価が、両者の間でまったく反対になっていた点だ。岩浪洋三が大絶賛しているのに対し、油井正一の意見にははなはだ厳しいものがある。

「電気トランペットによるワウ・ワウ効果はありゃなんだ。いくらマイルスが逆立ちしようが、ワウ・ワウ・トランペットの史上最大の名手で40年前に故人となったバッパー・マイレイにはおよびもつかぬのである。マイレイはワウ・ワウ効果を芸術作品の必要不可欠部分にまで高めたが、マイルスのそれは、メロディ楽器としてのトランペットを無理やりリズム楽器にねじ曲げようとする効果にしか立ちいたっていない。その結果は、マイルスがどこの国の言葉ともわからぬ抽象語を発し、サックス奏者がそれをジャズ語に翻訳し、さらにギター奏者がブルース語に翻訳して聴衆にコミュニケートするという、厄介で回りくどい方法を取るにいたった」(21)

個人的には、油井がいわんとするところもよくわかる。しかし、これは手厳しい。コンサートをこの目で観て感じたのは、やはり岩浪と同じで、ワウ・ワウ・ペダルとエコー・マシーンの使い方に新しい音楽（ジャズではなく敢えて〈新しい音楽〉といいたい）の行方が見えてきたことだ。

油井は、その演奏をリズム楽器としてのものと書いているが、それもぼくとは考えが違う。たしかにリズミックではあるが、やはりマイルスのプレイはメロディ楽器としてのものだった。アコースティック時代のプレイに比べれば、はるかにリズミックなフレージングになってはいる。それでも、マイルスはきわめてメロディックなプレイをしていたように思う。要は、リズミックな要素とメロディックな要素のどちらを意識するかの違いではないだろうか。

それはそれとして、油井が触れていたように、東京での3日目はすごかった。あの日の演奏を聴いていれば、氏の意見も違うものになったかもしれない。3日間続けて聴いて感じたのは、マイルスがどんどんアコースティック時代のフレージングを多用するようになってきたことだ。

しかし、彼がアコースティック時代に立ち戻ったかのようにメロディを強調したソロを吹いたとか吹かなかったとかは、どうでもよかった。それより、マイルスはそうした時代の演奏や音楽に完全な終止符を打ち、まったく新しい音楽をクリエイトしていたことに感動した。ジャズ的な要素は残していたものの、彼のステージはこれまでに体験したことのないものになっていた。

東京の初日は、札幌公演のあとを受けたものである。札幌ではアンプ類が不調で、マイルスは思うサウンドが出せなかった。東京における初日のコンサートからは、機材の調子を再確認しながら演奏している印象を受けた。それが幸いしたのか、この日はエレクトリック・マイルスのさまざまな手法やサウンドが表現されることになった。

マイルスは聴衆の反応にとても敏感だ。大胆なエレクトリック・サウンドの奔流の中でも、彼はかつてのリリカルなプレイに通ずるフレーズをブレイクのときに試していた。毎回、ぼくは前から3～5列目くらいのど真ん中の席にすわっていたが、マイルスの一挙手一投足を観ながら、そのことを強く感じていた。

果たせるかな、2日目のコンサートでは、バンドの演奏をブレイクさせ、マイルスはアンプのスイッチも切り、オープン・ホーンで聴衆に向かい、非常にジャジーなフレーズを吹いたのである。そして最終日には、後半のステージで、〈マイ・ファニー・ヴァレンタイン〉のメロディを途中まで吹く場面も目撃されたのだった。

しかし、そこで照れてしまったのか、くるりとうしろを向いて、突然バンドにキューを出し、洪水のようなリズムを演奏させたのである。10秒ほどだったかもしれないが、静寂を保った空間の中で彼が吹いたリリカルなフレーズのスリリングなことといったら、鳥肌の立つものがあった。この日はワウ・ワウ・ペダルでもずいぶんとメロディアスな演奏を披露していたし、残りの日本公演がどんな演奏になるのかを考えると、地方のファンがとても羨ましく思われた。

ただし、それも大きな魅力だったが、やはりこのときのマイルスは、パワフルなエレクトリック・サウンドによって、創造性を強く披露していたといわざるを得ない。彼は、これまでの楽歴の中で、リズム面に最大限の注意を払いつつ、メロディやハーモニーを極限まで追求してきた。それがここにいたって、メロディを大胆なリズムに溶け込ませることで、それを演奏の主軸とするようになったのだ。

「マイルスのプレイだけを取り出してみると、アコースティック時代とあまり変わっていない。ビートの置き方なんかには違いがあっても、フレーズ自体はほとんど変わっていない。要するに、リズムやビートに対する反応が変わっただけだ」(22)

日野皓正（tp）の意見である。

いい換えれば、マイルスの吹くフレーズのひとつひとつがポリリズムを体現したものであり、それが同時に独特のメロディを生み出していた。トランペットにマイクを組み込み、ワウ・ワウ・ペダルを通してスピーカーから飛び出してくるサウンドは、まるでロックのギタリストを連想させるものだった。そうしたサウンドでメロディックなフレーズも吹いてはみせるが、それ以上にリズミックなものを優先させたフレーズ作りに、このときのマイルスは真骨頂を発揮していた。

「トランペットでジミのように吹いてみたかった。レジー・ルーカスやピート・コージーも、ジミとはタイプが違う。連中が弾くファンクはそれなりによかった。だからヤツらの好きにさせた。代わりに、オレがジミみたいにプレイしようと思ったのさ」(C)

フュージョンがシーンを席巻するようになり、ジャズは着実に変貌を遂げていた。その最先端の音楽を、マイルスとそのグループが聴かせてくれたのだ。それによって、これまでの聴き方や感性では、こうした音楽についていけないと実感したファンも多かったに違いない。

マイルスの来日公演は、旧来のファンを突き放し、それでもついてくるならどうぞといった、踏み絵のような出来事だった。しかも、フュージョンという言葉では括りきれない個性的なサウンドや音楽性を示したのである。そのことを実感させてくれたのがこの来日だった。

東京公演の模様は、NHK総合テレビジョンが6月20日のステージとインタヴューを30分番組として放映し、FM東海(現在のTOKYO-FM)がライヴの模様を1時間番組として放送している。

マイルスの置き土産

デイヴ・リーブマン、アル・フォスター、エムトゥーメの3人は、同時期に来日していたシンガーのアビー・リンカーンと、この滞日中にレコーディングを残している（残りのメンバーはピアノの鈴木宏昌とベースの稲葉國光）。6月22日のことだ。

この日は、マイルスの東京における最終日で、リンカーンも東京・渋谷の「ジァン・ジァン」で熱狂的なファンを前に、コンサートを行なっていた。そこで、どちらもステージを終えたあと、青山のビクター・スタジオに集結したのだった。

幸運なことに、ぼくはメンバーのひとり、エムトゥーメと東京の初日に知り合いになっていた。コンサートが始まる前と終了後に楽屋口でマイルスをひと目でも見られればと思っていたぼくは、強固なガードに守られていた彼とは違い、まったく自由に振る舞っていたメンバーとなんとなく知り合い、その後は近所のジャズ喫茶に行ったり、宿泊していた「東京ヒルトンホテル」（現在の「ザ・キャピトルホテル東急」）の部屋に遊びに行ったりしていた。中でも、気さくで純朴な青年といった感じのエムトゥーメとは気が合い、昼食をともにする仲になったのである。

エムトゥーメと知り合えただけでも夢のような出来事だった。その夢のような出来事の中で、彼がもっと夢のある話をこっそりと教えてくれた。リンカーンのレコーディングに、「ひょっとするとマイルスが顔を出すかもしれない」といったのだ。

エムトゥーメによれば、マイルスとリンカーンは仲がよく、マイルスが常々、彼女の相談相手になっていたという。そんなリンカーンに、日本でレコーディングの話が持ち上がったのだ。そこで相談を受けた彼は、喜んで自分のメンバーを彼女のために提供したのである。

日本に来てからもふたりはコンタクトを取り続けており、レコーディングのために、マイルスはリンカーンにいろいろなアドヴァイスもしていた。だから、「よほどのことがない限り、スタジオに現れる」と断言したのだ。

エムトゥーメは、ぼくがいかにマイルス・フリークであるかを十分に理解してくれていた。そこで、いろいろとお世話になったから（まったく世話らしいことはしていないのだが、彼はそういってくれた——そこがエムトゥーメのひとのよさだ）、スタジオに来ないかと誘ってくれたのだ。これを夢のような出来事といわずして、なんといおう。

その日は、コンサート終了後に楽屋口でエムトゥーメと落ち合い、そのままホテルに戻り、食事をしてからスタジオに向かった。そして、レコーディングが始まって小一時間がすぎたころだ。スタジオの外が慌ただしい気配になってきた。マイルスが来たのだ！

しかし彼は中に入って来ない。スタジオから漏れてくる音をロビーで聴いては、関係者にアドヴァイスを託し、スタジオ内のリンカーンに伝えている。そうやってしばらくのときが経過したあと、ついにマイルスがコントロール・ルームに入って来た。そして、そのまま明かりが落とされたスタジオの中に消えていった。

マイルスの注文で、スタジオが少し明るくなった。彼はピアノにすわって、次に録音する曲のメロディを断片的に弾いているではないか。その横で、リンカーンがしきりに頷いている。マイルスは、彼女に歌唱指導をしていたのだ！

マイルスがスタジオとコントロール・ルームにいたのは1時間ほどだ。この間に曲のテンポやイントロについて、さまざまなアドヴァイスをリンカーンやメンバーに出し、見事なディレクターぶりを発揮していた。こうして何曲かがレコーディングされ、その後に収録される予定の曲についてもいくつかのアイディアを伝え、マイルスは来たときと同じように、フラリとスタジオから出ていったのである。

びっくりしたのは、ステージであれほど激しいエレクトリック・サウンドを聴かせていたマイルスが、リンカーンのレコーディングではバラードについてアドヴァイスしていたことだ。二度とアコースティックなサウンドには戻らない、といった決意が感じられたコンサートを体験した直後に、オーソドックスなジャズ・ヴォーカルのレコーディングで、みずからがピアノを弾いて歌唱指導することなど、誰が信じるだろうか。まるで夢を見ていたようだ。

そのアルバム『ピープル・イン・ミー』（フィリップス）には、マイルスとリンカーンの会話も、彼が弾いたピアノも収録されていない。しかし、このときの模様をコンプリートに収録したワーキング・テープが存在する。これまた発表されれば、マイルスのファンには貴重なものとなるに違いない。

いまにして思えば、1973年の来日公演は、マイルスの音楽がひとつのピークに達したことを示すものだった。約9ヵ月前に録音された『イン・コンサート』より、音楽は格段に発展していた。なにより顕著だったのは、従来より少ないメンバーで、音楽的にはいっそう多彩な表現が行なえるようになっていたことだ。

ギター2台にドラムスとパーカッション、そしてエレクトリック・ベースの編成が生み出すリズムは、理想的なポリリズムを表現しつつ、ロック、ブルース、ファンク、R&B、アフロなど、さまざまな音楽要素も含有していた。ジャズ的な4ビートがほぼ完全に姿を消していたことも、マイルスの音楽志向を如実に物語っている。

「ライヴでは、このグループが一番よかった。それまでいろいろなプレイヤーや楽器を取っかえひっかえしてきたが、ワーキング・バンドとして、オレが思うサウンドに一番近かったのがこのバンドだ。いかに最高のグルーヴが生み出せるかが問題だ。メロディ楽器には興味がなかった。サックスもなくてよかったが、それだと音楽が単調になってしまう。そこでデイヴ（リーブマン）やソニー（フォーチュン）（as）を入れたが、ヤツラは最後までジャズから抜け出せなかった。とはいっても、ロックやソウルで連中のように吹けるヤツはいない。ジャズとの接点なんか必要なかったが、彼らのおかげで触発されることがあった。ライヴの回数が増えたのは、それが理由だ」(C)

マイルスの音楽はますますシンプルなものになっていく。同時に、非常に複雑なリズムも獲得していた。相反するこれらふたつの要素が混在していたところに、このバンドの面白さがあった。来日時のセプテットは、シンプリシティとポリリズミックな要素を理想的な形で一体化させていたのである。

独自のサウンドで頂点に

日本公演を終えたマイルスは、そのまま「モントルー・ジャズ・フェスティヴァル」出演(7月8日)を含む2週間のヨーロッパ・ツアーに出ている。ただし、モントルーではブーイングの嵐に包まれてしまった。日本でも演奏に賛否両論が出ていたが、モントルーでは、マイルスとそのバンドが繰り広げる演奏に理解を示すひとが少なかったようだ。そのときの模様を、評論家のレナード・フェザーはこう伝えている。

「それにつけても、ジャズ史上有数のイノヴェーターとして25年ものあいだ高く評価されてきたマイルス・デイヴィスは、なぜ音楽の混沌とした淵に身を投じてしまったのだろう？　わたしにはまったく理解し難い。いまや彼は、緊密に、かつ知的に構成されたアドリブ・ラインを全部捨て去ってしまった。普通のモード形式でもないし、コード展開に音楽基盤を置くわけでもなく、3つの音がはじき飛ばされたかと思うと休止、ふたつの音符があって休止、今度はワウ・ワウ・ペダルを忙しく踏み込みながら数音をしぼり出す。そうするうちにロックのヘヴィーなカオスが20分近く聴衆を包み込み、また、やおらデイヴィスはオルガンに向かい、無意味な音を聴衆に叩きつけた。このとき、ついにその週で最初のヤジが飛び出した（フェスティヴァルを通して初めてのヤジという意味）。それでも、デイヴィスとその共謀者たちが3部にわかれた退屈な練習曲を40分演奏し続けたため、聴衆は口々に不満の声を上げ、まばらな拍手を消し去った」(23)

否定的な反応も浴びてはいたが、前記したマイルスの言葉からもわかるように、この時期の彼は精力的にライヴ活動を行なうことで、音楽を発展させていた。それにつれて、スタジオでのレコーディングが減ってしまう。

2週間のヨーロッパ・ツアーを終えたあとの7月23日に、ツアー・メンバーでニューヨークのスタジオに入った彼は、続けて26日と27日にもレコーディングを行なっている。この年はもう一度、9月17日にスタジオ入りして、10月下旬から6週間にわたる北欧ツアーがスタートした。次の年、すなわち1974年には、スタジオに入るのがわずか5回になってしまう。6月19日と20日で3曲、10月7日に2曲、そして11月5日と6日で4曲が録音されたにすぎない（発表されたのは3曲のみ）。

一方、１９７４年のライヴ活動を追ってみると、１月から2月にかけては北米ツアーを行ない、３月30日には前年の来日メンバーにテナー・サックスのエイゾー・ローレンスとギターのドミニク・ガモーをゲストに迎え、「カーネギー・ホール」で『ダーク・メイガス』（ソニー）をライヴ録音している。その後は、5月の1ヵ月間をブラジル各地のクラブに1週間単位で出演。このツアーからガモーがレギュラーで参加するようになり、グループは3ギター編成となった。マイルスは、このときのことを、「もし全員がそのまま続けていたら、もっと素晴らしいものになった」（C）と振り返っている。

ガモーを迎えた8重奏団がブラジルのツアーを終えたところで、悲報が飛び込んでくる。デューク・エリントン死去のニュースだ（１９７４年5月24日に死去）。そこで帰国後の6月19日、あるいは翌日に、このバンドでエリントンの口ぐせ「ラヴ・ユー・マドリー」をもじった〈ヒー・ラヴド・ヒム・マドリー〉が急遽吹き込まれる（『ゲット・アップ・ウィズ・イット』に収録）。8月から9月にかけては東海岸一帯をツアーし、このときからサックス奏者のデイヴ・リーブマンがソニー・フォーチュンに交代したのだった。

「7月初めに自分のグループで『ヴィレッジ・ヴァンガード』に出ていたら、最終日にマイルスが来て、帰り際にバンドに誘われた。それから、家でいろいろな譜面を見せられて、サックスを吹かされた。彼がどんな音楽をやっているのかほとんど知らなかったから、自分の解釈で吹いてみるしかなかった。それでも、マイルスは『クール』とかなんとかいって褒めてくれた。数日後にマネージャーから電話がかかってきて、8月の第1週にボストンの『ジャズ・ワークショップ』で演奏するから来るように、といわれた」(24)

フォーチュンも、マイルスのグループに加わったときのいきさつは、このように他のミュージシャンとほとんど同じだった。

ところで、このときの東海岸ツアーは、『ヘッド・ハンターズ』(コロムビア)で大成功を収めたハービー・ハンコック・グループの前座という、マイルスにとっては屈辱的なセッティングだった。自分のグループにいたメンバーの前座となったことに、プライドの高い彼が大きなストレスと不満を覚えたことは想像に難くない。

それもあって、マイルスは精神的に不安定な日々が続くようになった。故郷のセントルイスでは、みんなの前で、かつての夫人(アイリーン)と大喧嘩をしてしまうし、その後はアルコールや麻薬や鎮静剤の過剰摂取から胃の潰瘍が破れて吐血し、救急病院に担ぎ込まれたことも一度や二度でなかった。さらには咽頭から結節を除去する手術も受けなければならなかったし、1972年の交通事故で負傷した脚の具合もいい状態でなかった。それに関連して、股関節の変形も進んでいた。

そうした痛みから逃れるために、マイルスはアルコールや麻薬を用いていたのである。1974年の半ばには、「無理をすると（痛くて）脚が股関節から外れそうな気分になる」ので、1日に8錠も鎮痛剤を飲むようになっていた。それでもライヴ中心の活動は続く。

年が明けた1月には約3週間の西海岸ツアーが組まれ、これを最後にガモーが退団する。そして、7重奏団に戻ったグループは、1月20日に3度目の来日を果たす。

この年、マイルスがスタジオに入ったのは2月27日（1曲）、5月5日（2曲）、5月6日（1曲）だけで、すべてが未発表のまま終わっている。

これまでの記述からもわかるように、この数年、マイルスがスタジオ録音した大半の演奏は発表されずにお蔵入りしていた。理由はなんだったのか？ それについては、プロデューサーを務めたテオ・マセロが教えてくれた。

「マイルスの音楽は、まるで週刊誌のように目まぐるしく変わっていた。彼は、それを残したかったんだろう。いつでもスタジオが使える権利を与えてあったからね。しかし発売する側にとっては、今週号が出ているのにどうして先週号を発売しなければならないのか、というジレンマがあった」(25)

スタジオ録音は減っていたし、発表される吹き込みも少なかった。精神状態も不安定である。しかし、ライヴは充実していた。

この年（1975年）には、大阪で2種類のライヴ・アルバム『アガルタ』と『パンゲア』(2月1日の昼の部と夜の部をそれぞれに収録)(どちらもソニー)が残されている。1973年の『イン・コンサート』、1974年の『ダーク・メイガス』、そして1975年の『アガルタ』と『パンゲア』——これらを順に聴いてみれば、マイルスのグループがライヴでどれだけ斬新な音楽を発展させてきたかがわかるはずだ。しかし一方で、彼は世界中を回るツアーに、精神的にも肉体的にも疲労を感じるようになっていた。

新たなファンを獲得し、これまでとは違う世界を開きつつあったマイルスだが、モントルーでのブーイングに似た状況もあちこちで起こっていた。バンド自体は、彼にとって快調そのものだった。ただし、それ以外のことで悩まされる要素が多すぎて、厭世的な気分にも陥っていた。

3度目の来日

そうした状況の中でマイルス3度目の来日は実現した。メンバーの出入りはいくつかあったものの、結局はサックス奏者がデイヴ・リーブマンからソニー・フォーチュンに交代しただけの、前回と同じ楽器構成とメンバーによる7重奏団での来日である。スケジュールは次のとおりだ。

1月22日：新宿厚生年金会館大ホール
23日：新宿厚生年金会館大ホール
24日：名古屋市民会館
25日：京都会館第一ホール
27日：札幌厚生年金会館ホール
30日：小倉市民会館
2月1日：大阪フェスティヴァル・ホール（昼夜2回）
2日：大阪フェスティヴァル・ホール
3日：静岡市駿府会館
4日：宮城県民会館
7日：新宿厚生年金会館大ホール
8日：新宿厚生年金会館大ホール（昼夜2回）

マイルスは、前回以上に張り切っていた。体調は芳しくなかったものの、バンドのサウンドはこなれ、複雑化の一途を辿っていた電気楽器類のコンディションもよく、いつになく演奏に集中することができたからだ。しかし、このときに録音された『アガルタ』と『パンゲア』について、イアン・カーは著書の『マイルス・デイビス物語』でこう指摘したのだった。

「両作を通じて、延々と続く力強いリズム、相当量のトランペット・プレイ、ソニー・フォーチュンの卓越したサックス・プレイが堪能できるが、総じて演奏は散漫で、さらに綿密な編集を重ねれば幾分改善できたかもしれないといった印象である。ことに『アガルタ』はサウンドの単調さが鼻につく。この主因は、最初から最後まで〈幻覚状態〉に陥ったきりのギタリスト、ピート・コージーとレジー・ルーカスにあるが、それを救っているのが、バイタリティ溢れたプレイを聴かせるソニー・フォーチュンの、ジャズで鍛え抜かれた、したたかなうま味である。しかしながら、両作で一番聴き応えがあるのは、やはりマイルスのトランペット・プレイが有する情感の風土だろう。彼は唇の調子もよく、しばしば強力なリズムを吹き上げるが、その音色は厭世的ともいえるほど悲痛である。それは、絶えず悲しみに彩られ、エネルギーの激発でさえ一種の諦めを伴う。以前の快活さ、彼のベスト作品を特徴づける〈一抹の憂いを秘めた喜び〉といったものがここにはまったくない。加えて、彼の発する哀切な音色は、バンドが創り出すヘヴィーなドライブ感溢れるリズムとの葛藤さえ生じさせていた」(26)

前回同様、ぼくは1月から2月にかけて行なわれたマイルスの東京における5回のコンサートをすべて観ることができた。自身も卓越したトランペッターであるイアン・カーの文章は、おおむね来日コンサートを的確に紹介したものだ。しかし、ひとつだけ異論を唱えておきたい。

それは、「ことに『アガルタ』でピート・コージーとレジー・ルーカスが最初から最後まで単調なプレイに終始していた」のくだりだ。続けて彼は、「それを救っているのがソニー・フォーチュンの、ジャズで鍛え抜かれた、したたかなうま味である」と書いている。

感想をいわせてもらうなら、ふたりのギタリストは過去にも増して対照的なプレイをしながら渾然一体となったポリリズムを形成する上での大きな原動力になっていた。フォーチュンのジャズ的なプレイには、逆に違和感を覚える瞬間が多かった。これは、ジャズ的な視点でマイルスの音楽を聴くか、そうでないかの違いかもしれない。

それはそれとして、『アガルタ』と『パンゲア』が吹き込まれた大阪公演からちょうど1週間後の2月8日、マイルスのグループは日本における最終公演を、東京の「厚生年金会館大ホール」で行なっている。この日は昼夜2回の公演で、とりわけ出色の内容となったのが夜のコンサートだ。

これは民音が主催したものである。それもあって、一般のジャズ・ファンも詰めかけてはいたが、ジャズにあまり縁のないひとたちも来ていた。しかしそうしたひとたちがいたからこそ、会場ではいつもと違うムードや反応が認められ、それがマイルス以下のメンバーを触発したと思われる。ホールに集まったひとたちは、いつものコンサート以上にマイルスとそのグループが繰り広げる音楽に圧倒され、すさまじいまでの拍手で第1部を締め括った。それで気をよくしたのか、第2部のステージはきわめて充実した内容となった。

演奏された曲目は『アガルタ』や『パンゲア』と大同小異である。ただし、スリリングな局面展開によって、マイルスが次々と表情豊かなサウンドを現出させた姿は、それら2作を上回っていた。この印象が、イアン・カーとぼくに認識の違いを生じさせたのかもしれない。

東京のコンサートは、初日の模様が、前回同様、FM東海で放送されている。そのときのエア・チェックを聴き返してみると、〈イフェ〉〈マイシャ〉〈エムトゥーメ〉といった当時の主要レパートリーが、マイルスの大胆なプレイによって、スタジオでレコーディングされたヴァージョン以上に生命力溢れる内容になっていた。そのことは、大阪で実況録音された2枚のライヴ・アルバムでも同様だ。

このアルバムを含めて、ぼくが接することのできたこのときの日本公演からは、マイルスが前回以上に大胆にグループを仕切り、自分の手足としている印象を強く受けた。とくに成長著しいというか、マイルスのコンセプトを巧みに自分のスタイルに取り入れていたのがギターのレジー・ルーカスだ。

マイルスのバンドでは、ピート・コージーがソロを取り、ルーカスがリズム・ギターを弾くのが大まかな役割分担である。コージーはわが道を行く風情で、マイルスの音楽とは関係なく、自分のスタイルで独特のソロを展開していた。一方、マイルスが弾くオルガンに通じるリズム・コンセプトを提示していたのがルーカスだ。

その彼は、日本でのツアーが終わりに近づくにつれてソロ・スペースを増やすようになり、最後の東京公演ではファンキー色豊かな黒光りがするプレイを随所で披露したのである。その演奏を聴いて、マイルスがニヤリと笑い、トランペットを銃に見立てて彼を撃つ真似をした姿が忘れられない。

「マイルスとは3年も一緒にやっているのに、いまだに演奏するときのスリリングな気持ちは変わらない。むしろ共演するたび、ゾクゾクするようなスリルが強まってきている。彼は常に変化を求めているから、同じ曲を演奏するときでも、同じようなアプローチをすれば、すぐに気づいて文句をいってくる。とてもじゃないけど、気が休まらない。でも、それがスリリングな演奏に結びつくから、ステージが終わったときの充足感は最高だ。3年間やっていても、一度として同じ演奏はしなかった。だから、自分もマイルスのバンドも休むことなく発展し続けることができたのさ」(27)

東京での最終公演を終えたのちに、宿泊先のホテルのバーでこう語ってくれたのがレジー・ルーカスだ。

ひとつのツアーを終えた解放感からか、同席していたエムトゥーメが今度は思わぬ話をしてくれた。

「マイルスは常に音楽を発展させていなければいけない宿命を背負わされている。ファンがそれを期待しているからね。だけど、彼にしてみれば重荷だ。そのためには、バンドのメンバーをどんなときでもフレッシュな気持ちにさせて、その上で自分も最高の状態で音楽をクリエイトしていかなければならない。それには、途方もないエネルギーと才能が要求される。マイルスは、そのことにずいぶん前から疲れ切っていた。はたから見ていると、それがよくわかる。いまや極限状態に来ているみたいだ。いつ、張り詰めた糸がプツンと切れてもおかしくない。体調も悪いし、こんな状態はどこかで改善しなければならない。ぼくは真剣にそう思っている」(28)

こう語るエムトゥーメの口調からは、尊敬する先輩の体をいたわる気持ちがひしひしと伝わってきた。最高の演奏を聴かせてくれたマイルスのライヴを観た直後に耳にしたこの言葉は、ぼくに大きなショックを与えるものだった。体調が悪いことは噂で伝わっていた。彼はその上、精神的にも参っていたのだ。しかし、帰国後もライヴのスケジュールはギッシリと詰まっている。

ほぼ30年間、ノン・ストップでジャズ・シーンを牽引し、最前線で創造的な演奏を続けてきたマイルス——改めてそのことについて考えてみれば、彼は人間技とは思えない日々をすごしてきた。しかし、日本のツアーを終えたマイルスは、自分の状態や気持ちにお構いなしでスケジュールをこなしていく。

これまた未発表のままで現在にいたっているが、2月27日には、来日時のメンバーで〈ターン・オブ・ザ・センチュリー〉を録音し、3月には徐々に悪化していた胃潰瘍の手術、4月には咽喉にあったポリープの除去手術を受けている。そのため、いくつかのコンサートをキャンセルしたものの、前後にはニューヨーク州ロング・アイランドやオハイオ州クリーヴランドでコンサートを行なっている。しかし、活動の終焉は徐々に近づいていた。

5月になると、ソニー・フォーチュンが抜けて無名の新人サックス奏者のサム・モリソンが加わってくる。このメンバーによる初仕事が、その月の5日と6日に行なわれたスタジオ録音だ。このときは3曲が録音されたものの、これまたマイルスは満足せずにお蔵入りとなってしまう。

以後はこのグループで、ニューヨーク周辺を演奏して回り、マンハッタンだけでも6月10～12日（「ザ・ボトム・ライン」）、7月1日（「ニューポート・ジャズ・フェスティヴァル／ニューヨーク」）、9月5日（「シェイファー・ミュージック・フェスティヴァル」）と3回のコンサートをこなしている。

モリソンがこんなことを教えてくれた。

「ある日、マイルスが『バンドは解散する』と宣言した。秋からのスケジュールが決まっていなかったし、体調が悪いことも知っていた。だから、別に驚かなかった。『1年後にはまたツアーをするから、そのときはよろしく』と頼まれた。でも、ツアーに出ることはなかった」(29)

マイルスのバンドが解散したあと、モリソンはライヴ活動からほとんど身を引き、シンセサイザーのプログラマーに転身していた。その彼に会ったのは、1982年にギル・エヴァンスがニューヨークの「パブリック・シアター」で開いたコンサートでのことだ。このときのモリソンは、サックス・プレイヤー兼シンセサイザー奏者として、久々にステージに立ったのである。ギルにコンサートの手伝いを頼まれたぼくは、リハーサルからモリソンと接していた。前記の言葉はそこで聞いたものだ。

そして、1975年9月5日にセントラル・パークで行なわれた「シェイファー・ミュージック・フェスティヴァル」でのコンサートをもって、マイルスは本人も考えなかったほど長い沈黙の生活に入ってしまう。

【第9章：マイルス流ファンクの誕生　注】

1. ジャック・デジョネット　1987年、香港
2. ゲイリー・バーツ　1993年、ニューヨーク

3. ドン・アライアス　1990年、ニューヨーク
4. エムトゥーメ　1982年、ニューヨーク
5. イアン・カー　『マイルス・デイビス物語』　小山さち子訳、スイングジャーナル社、1983年、316頁
6. マイルス・デイビス、クインシー・トループ　『完本マイルス・デイビス自叙伝』　中山康樹訳、JICC出版局、1991年、511頁
7. ビリー・ハート　1982年、ニューヨーク
8. ハートが参加したレコーディングには、2回の『オン・ザ・コーナー』セッションと翌週の6月12日に行なわれたセッションがある。後者ではオムニバス盤『ビッグ・ファン』に収録された〈イフェ〉と未発表の〈ジャバリ〉が録音された。
9. アル・フォスター　1982年、ニューヨーク
10. 9と同じ
11. 4と同じ
12. マイケル・ヘンダーソン　1975年、東京
13. レジー・ルーカス　1982年、ニューヨーク
14. カルロス・ガーネット　1983年、ニューヨーク
15. デイヴ・リーブマン　1999年、東京
16. マイルス・デイビス、クインシー・トループ　『完本マイルス・デイビス自叙伝』　中山康樹訳、JICC出版局、1991年、521頁
17. 9と同じ

18. ピート・コージー　1983年、ニューヨーク
19. 油井正一「スペシャル・コンサート・レヴュー」『スイングジャーナル』1973年8月号、124頁
20. 岩浪洋三「スペシャル・コンサート・レヴュー」『スイングジャーナル』1973年8月号、125頁
21. 19と同じ
22. 日野皓正　1983年、ニューヨーク
23. レナード・フェザー「MILES DAVIS At Montreux Jazz Festival 1973」『ADLIB』1973年創刊号、20—21頁
24. ソニー・フォーチュン　1975年、東京
25. テオ・マセロ　1985年、ニューヨーク
26. イアン・カー『マイルス・デイビス物語』小山さち子訳、スイングジャーナル社、1983年、337—338頁
27. レジー・ルーカス　1975年、東京
28. エムトゥーメ　1975年、東京
29. サム・モリソン　1982年、ニューヨーク

第10章　ロング・ブレイクと奇蹟のカムバック

長き沈黙への道程

「なにもかもがイヤになっていた。うんざりしてた。バンドはまああの音を出していたが、それでも望むサウンドになっていなかった。少し手を加えれば納得のいく形になったとは思う。しかしそんなことより、オレを取り巻く状況にうんざりしていた。レコード会社はもっと売れるレコードを作れとせっついてくるし、プロモーターは、オレの音楽がジャズだといって、冗談のように安いギャラしか払わない。そこいら辺のロック・バンドよりよほど集客力があるのに、だ。それから、体の具合も悪くなってきた。そんなこんなで、バンド活動をする気力がなくなった。ヘルニアになってしまったから、腰の手術も必要だった。それで、これを機会にひと休みするつもりでいた」（E）

1975年9月5日、ニューヨークのセントラル・パークで行なわれた「シェイファー・ミュージック・フェスティヴァル」にマイルスのグループは登場した。そして、これを最後にグループは解散する。

彼の考えでは、年内に腰の手術を終えて、翌年には、これまた以前から頭痛の種だった股関節の手術を受けるつもりだった。こちらは、1972年10月に起こした交通事故の後遺症だ。医師によれば、自分の関節では体を支えることが困難になってきたので、人工関節に置き換えたほうがいいとのことだった。手術を受けたあとは、1976年いっぱいを静養とリハビリにあて、その後にカムバック、という青写真をマイルスは心に描いていた。

しかし、セントラル・パークのライヴを終えた直後に、マイルスは急性の肺炎に罹り、救急車で病院に担ぎ込まれてしまう。これで、予定されていたヘルニアの手術は延期されることになった。

このときの肺炎はかなり重症だったようで、長年の不摂生が祟った結果と考えられる。そのために、彼は2ヵ月間をマウント・サイナイ病院ですごすはめになった。ただし、これで安静にしていたのが功を奏したのか、ヘルニアによる腰の痛みが消失する。そこで予定を変更し、いったん退院したあとの年末に人工関節の手術を受けることにした。

「マウント・サイナイでは患者も医者も白人のお高くとまった連中が大半だった。股関節の手術は、以前からの知り合いが紹介してくれたプライヴェート病院で受けたが、こちらはスタッフも設備も食事も最高だったな。毎朝、看護師が部屋に来ては、その日の食事のリクエストを聞いていく。一度なんかフランス料理のディナーをわざと注文してやったら、本当にフル・コースが出てきたんで、こっちが驚いた」(E)

マイルスはかなりの食通だ。糖尿病で美味いものが食べられないとぼやきながらも、ひところは、アパート代わりに住んでいたニューヨークの高級ホテル、「エセックス・ハウス」の裏手にある高級キャビア・レストランの「ペトロシアン」に足繁く通っていた。ぼくも誘われたことはあったが、彼のお相手はとてもじゃないが重荷と、辞退したことがある。

マイルスはその病院で年を越し、1月半ばにリハビリ目的で別の病院に移る。しかし満足のいかない扱いを受けたことから、1週間足らずで退院してしまう。十分なリハビリを受けなかったことが、のちに彼を悩ませることになるが、そんなことは考えもせず、家に帰ってしまったのだ。あとは、個人で雇ったトレーナーとジムに通ってリハビリに努めるものの、それがうまくいかなかった。

「甘く考えていたんだな。放っておいても、そのうちよくなるとタカをくくっていた。しかし、股関節だけでなく、膝の動きも悪くなってしまった。気がついたときにはもう

遅くて、あとは適当に痛みを誤魔化して生活するしかなかった」(E)

そう語るマイルスの手術痕を見せてもらったことがある。これでも専門のトレーニングを受けた整形外科医だ。股関節の手術、ましてや人工関節の置換術は何度も経験している。だから、彼がどんな手術を受けたのか、医師として純粋に興味があった。しかし、マイルスが受けた手術の痕を見てびっくりしてしまった。

少し専門的な話になるが、通常、股関節の手術をする場合は、股関節側方のやや上方から大腿部にかけて、外側に縦の切開を行なう。これを「前側方アプローチ」という。それが周辺の筋肉や神経を痛めず、股関節に到達できるアプローチであるからだ。しかし、マイルスには「前方アプローチ」が行なわれていた。これも股関節の置換術では用いられる手法だが、「前側方アプローチ」のほうが一般的だ。

もう少し、このアプローチのことを紹介しよう。「前方アプローチ」とは、腸骨稜(ヒップ・ボーンのこと)の前半に沿って上前腸骨稜まで切開し、ここから方向を下方に変え、膝蓋骨の外側へ向けて垂直に約8~10センチほど切開する手法のことだ。

しかし、マイルスの場合は「腸骨稜の前半に沿って上前腸骨稜まで切開し」の部分がなく、股関節の少し上から真っ直ぐ膝に向かって切開が行なわれていた。これだと股関節への展開がはなはだ難しいし、大腿直筋や周辺の組織にもダメージを与えかねない。そのために大腿部の筋肉が拘縮し、股関節は元より膝の関節まで動きが悪くなってしまったのだろう。

どのような理由でその切開法が採用されたかはわからない。マイルスに聞いても、手術前の股関節がどんな状態だったか、はっきりしなかった。結果として、股関節から膝にかけての痛みが残り、関節の動きも悪かったため、カムバック後は脚を引きずるようにして歩いていたのだ。

そのときに、僭越ながら、そうした場合のリハビリテーションのメニューを、簡単なものだけ彼に渡してきた。それまでに勉強したことが、ここで役立つとは思わなかった。あまりたいへんなことを要求してもどうせやらないと思ったから、簡単な大腿直筋や四頭筋の訓練と関節の可動域を広げる練習の仕方を教えたのである。

話は脱線してしまったが、マイルスは1975年末に股関節の手術を受け、年が明けた1月末から自宅で療養生活に入った。この時期の彼は、トランペットに触れず、もっぱらオルガンを弾いていた。トランペットを吹くと、腹に力が入って手術痕に響くからだ。それで、トランペットはしまい込んだままにして、オルガンを弾きながら音楽の構想を練る日々が続いていた。

当時の気持ちを、彼はこう語っている。

「トランペットを吹くことなんかどうでもいい心境だった。40年も吹いていたから、これを機にやめてもいい気分になっていた。ライヴだってどうでもよかった。これからは、スタジオでレコーディングするだけの生活もありだな、と考えていた。好きな連中を集めて、オルガンでディレクションを与えて、バンドが演奏する。そうやって、ときどきレコードを作る生活も悪くない。そう考えていた。ひと前で演奏することにすっかり疲れていたからな。オレの音楽がわからない連中もコンサートにはやって来る。そんなヤツらのために演奏するなんて、真っ平だ」（E）

そう考える一方で、絶えざる創造性の持ち主だったマイルスは、次なる構想も練っていた。触発したのはギル・エヴァンスだ。1970年代に入ってからはやや疎遠になっていたギルが、自宅で療養していたマイルスをひょっこり訪ねてきたのである。

次なる構想

「あのころのマイルスは、不精髭を生やし、服装にも無頓着で、わたしが知っている彼からは想像もつかなかった。まるで10歳も老け込んだ印象を覚えた。しかし、会ってすぐに、まだ音楽のことを前向きに考えていることがわかった。トランペットを吹く気はあまりなかったようだが、新しい音楽をクリエイトしたい気持ちは旺盛だった。当時の彼は、ジャズなんか聴いていなかった。クラシックやブラック・ミュージックのアルバムが居間やベッド・ルームに乱雑に置かれていたから、そういうのを聴いていたんだろう。ジャズ・ミュージシャンの動向にも、まったく関心がなかった」（1）

再会を果たしたふたりは、これを機に頻繁に会い始める。彼らがオペラの〈トスカ〉をレコーディングするという噂も聞かれるようになってきた。事実、マイルスは〈トスカ〉のジャズ化を本気で考えていたようだ。彼は、1981年の復帰後にもギルとその可能性について何度か打ち合わせをしているが、結局このプランは実現しないまま終わってしまう。

「オペラの中からメロディの綺麗なアリアを小型のオーケストラで演奏してみたい――それがマイルスの構想だった。自分でオーケストレーションも書きたいから、そのやり方を教えてほしいともいっていた。一方で、マイルスはリズムにも関心があって、話をしている最中でも、思い浮かぶとリズム・パターンを譜面に書いていた。あのころは体の具合が悪かったから、具体的な目標を立てることができなくて、思いつきばかりを話していた気がするけどね」(2)

活動をしなかった約6年間、マイルスの生活は乱れに乱れていた。再び麻薬に手を染めて、1日に500ドル分のコカインを買ったこともあったし、当時は独身だったので、ありとあらゆる女性を家に引っ張り込んではセックスに耽ったとも回想している。

家の中は乱雑を極め、散らかり放題で、ゴキブリがうろつき回るありさまだった。たまにはメイドを雇って掃除や身の回りの世話をしてもらったものの、彼女たちもマイルスになにをされるかわからない恐怖心があったのか、長続きするひとはひとりもいなかった。

この時期、彼はほとんどトランペットを吹いていない。ただし、マイルスの家に出入りしていたギルやアル・フォスター（ds）に聞いたところでは、本格的にトランペットを吹いたことはめったになかったものの、ちょっとしたアイディアやサジェスチョンを実際に吹いてみせたことはあったらしい。しかし、多くの場合は、1975年に日本公演で使ったヤマハ製のオルガンを弾いて、いろいろなサウンドを試していたようだ。

フォスターのコメントだ。

「オルガンやアンプやドラムスなど、ヤマハで提供してくれた楽器は、すべてマイルスがニューヨークの家に持ち帰っていた。それらをリヴィング・ルームにセットして、そこをみんなでリハーサル・ルームとして使っていた。入り切らないアンプ類は地下の倉庫にしまってあった。マイルスが弾いていたのはオルガンだ。あの音色が気に入っていたんだろう。トランペットも棚に置いてあったけれど、ほとんど手にしていない」（3）

再びギルの証言である。

「マイルスがオペラに興味を覚えたのは、ポール・バックマスター（arr）からの影響だったと思う。〈トスカ〉のフレーズを基に、彼はオルガンで斬新なハーモニーをつけていく。あとは、そのサウンドにファンク的なリズムを駆け合わせたり、どこからヒントを得たのかわからないが、不思議なヴォイシングをつけ加えたりと、いろいろなことを

試していた。オルガンを弾くことでアイディアが湧いてくる、といっていたのが印象に残っている」（4）

ぼくは、活動停止をするしばらく前から、マイルスが音楽的に行き詰まっていたのでは？　と考えていた。病気療養を理由に音楽活動を中断したことは間違いない。それでもしばらく休養したあとに、カムバックしようと思えばできたはずだ。それをしなかったのは、やる気を失くしていたことと、アイディアに行き詰まってしまったことの両方が理由として考えられる。

彼自身は、レコード会社やプロモーターにうんざりして、やる気をなくしたと語っていた。これは本音だろう。しかしそれとは別に、マイルスは次に自分がなにをするべきかで悩んでいたように思えてならない。

それまでの彼は、常にひとつのスタイルが完成するかしないかのところまで来ると、次なる音楽に自分の視線を向けてきた。それが、マイルスの飽くなき前進に繋がっていた。しかし、1970年代に入ってからの彼はそうでなかった。

1969年の『ビッチズ・ブリュー』で幕を開けたファンク～ロック路線は、1973年の来日前後にひとつの頂点を迎えていた。いつもなら、このあたりで次の路線に方向が転換される。しかし、その後も路線を変えることなく、マイルスはそのスタイルをさらに追求していく。

たしかに、引き続き、彼は充実した音楽を現実のものとすることに成功した。ただし、充実はしていても、音楽を発展させる点から見ると、1973年から75年にかけては、新しい音楽に対する創造性の面で停滞していた。その中でベストは尽くしていたが、振り返ってみると、それまでのものを引きずっていた印象も拭えない。理想のリズム・セクションを得たことで、それに安住していたのかもしれない。最高のプレイを繰り広げながら、彼には次の目標が見つけられなかった。

マイルスは、そんな自分の不甲斐なさに嫌気がさしていた。当時の生活が投げやりになっていたのも、自分のクリエイティヴィティに不安を抱いていたからと思われる。ぼくがそう考えるにいたったのは、後年になって彼から聞いた次の言葉からだ。

「30年間トップを走ってきて疲れていた。自分じゃそんなつもりはなかったが、周りがオレをそういう存在にしてしまった。常に注目され、期待されている。『マイルスなら次はどんなことをするんだろう？』ってな。そんなことをいわれ続けていたら、誰だって心配になってしまう……」（D）

そして、ひとこと呟いた。

「オレだってモンスターじゃないんだから」（D）

マンハッタンのアパートで、あるとき、マイルスはテレビの古い映画を観ながら、誰にいうでもなくこう呟いたのだ。「I am not a monster.」。それは、音を消したテレビに映った、映画の中の主人公に語りかけているような感じでもあった。ぼくは、その言葉に気づかないふりをしていた。真意を訊ねる勇気がなかったのだ。聞いてしまえば、ぼくの中にあるマイルスの偶像が壊れる気がしたのかもしれない。とにかく、彼はひとり、テレビを観ながら、ポツリとそう呟いたのだった。

この言葉がどういう気持ちから出てきたのかは推し量ることができない。1987年に聞いた言葉だから、長期の療養をしていたときのことを語ったのとは違う。しかし、常に強気に振る舞ってきたマイルスにも、ときどきは弱気になる瞬間があった。そしてこれは、1975年に東京で耳にしたエムトゥーメ（per）の心配とも符合する。

音楽に関して試行錯誤するのは当然だ。そのためにも、マイルスにはしばらくの休養が必要だった。そして乱れた生活をしながらも、なんとかそうした状況から抜け出そうともがいていた。それが形にはならないまでも、なんらかのアイディアを実践するために、レコーディングが行なわれた。

新たな音楽を模索して

1976年3月30日、マイルスは前年の5月6日以来、久々にコロムビアのニューヨーク・スタジオに入っている。集められたのは、ピート・コージー（g）、マイケル・ヘンダーソン（elb）、アル・フォスター、そしておそらくはサム・モリソン（ss）、それとマークとだけしか名前がわかっていないエレクトリック・ピアノ奏者だ。

このセッションでレコーディングされたのは3曲である。マイルスはオルガンを弾き、3曲目には参加していない。これらはいずれも未発表のままに終わっているが、入手したテープを聴く限り、長期療養に入る前の音楽と基本的には同質のグルーヴが追求されていた。

この年には、さらに11月30日、12月27日、12月29日とスタジオ入りしている。半年以上のブランクがあったのは、コロムビアと契約の更新に手間取っていたからだ。マイルスが要求した更新料と、レコード会社が提示した金額には大きな開きがあった。そこで、マイルス側の弁護士は、ユナイテッド・アーティストとも交渉をすることにした。その事実を基に、「マイルス、ブルーノートと契約か？」という報道が流されたこともあった（当時のブルーノートはユナイテッド・アーティスト傘下にあった）。ユナイテッド・アーティストとは話も順調に進み、契約も目前のところまできていた。しかし、直前になって、コロムビアがようやく金額を吊り上げたことから、同社との契約が更新されたのである。

合意に達したのが11月末で、契約書に調印したのが12月初旬のことだ。マイルスは最終的な調印が待ちきれず、合意に達したところでレコーディングを再開する。それが11月30日に行なわれたセッションだ。このときのメンバーは一部しか判明しておらず、録音された曲数も不明である。それらは未発表のままに残されているが、重要なのは、このセッションにギタリストのラリー・コリエルが参加していたことだ。

「妻のジュリーが、以前からマイルスと知り合いだった。彼女はフォトグラファーで、何度かマイルスのステージ写真を撮っていた。それで知り合いになって、そのうちにわたしとも面識ができた（5）。そこで、マイルスから声がかかって、スタジオに呼ばれた」（6）

元々ブルース・ロック系のバンドで活躍していたのがコリエルだ。マイルスとはアプローチの仕方が違っていたものの、彼も1968年ごろからジャズ・ミュージシャンとのセッションを重ね、フュージョンの先駆け的な音楽を実践していた。ジャズから入っていったマイルスとは逆の方向からふたつの音楽を融合させたのがコリエルだった。そのふたりが共演したのだから興味深い。

ただし、11月に行なわれたレコーディングは、コリエルによれば、音楽として完成された形にはならなかったという。マイルスは、終始オルガンでさまざまな音を出し、それに合わせてそれぞれのミュージシャンが勝手に音を出すだけで終わってしまったからだ。

「彼自身、どんな音楽をやりたいのか、わかっていない様子だった。とにかく音を出して、そこからなにかヒントを摑もうとしていたんだろうね」（7）

しかしこれが契機となって、マイルスは彼と何度かセッションを重ねていく。それとは別に、マイルスにはしばらく前に引き受けていた仕事があった。12月27日と29日のレコーディングだ。これは、日本のTDKのために行なわれた吹き込みである。同社が発売するカセット・テープのコマーシャル用に、マイルスが音楽を担当したのだ。

このときセッションに参加したのは、ピート・コージー、レジー・ルーカス（g）、マイケル・ヘンダーソン、アル・フォスター、エムトゥーメである。これは、療養生活に入る直前まで率いていたグループからサックス奏者が抜けただけのものだ。そしてマイルスは、このセッションで久々にトランペットを吹いたのである。

翌年から日本のテレビやラジオで流された演奏は、このときに収録されたものから15秒とか30秒にエディットされたヴァージョンだ。ただし、一度だけ6分におよぶフル・ヴァージョンがラジオで放送されている。油井正一がDJを担当していたFM放送の『アスペクト・イン・ジャズ』でのことだ。

エア・チェックしたテープからは、マイルスが1年以上にわたってほとんどトランペットを吹いていなかったとは、にわかに信じ難いほどハードな音が飛び出してくる。全編にわたってすごい勢いで吹きまくっているのが、このときの彼だ。そのハードなブローイングに圧倒されて、リズム・セクションも強力無類なビートで空間を埋めていく。この疾走感は尋常でない。

休養以前のマイルス・バンドは、ヘヴィーなリズムやビートに特徴があった。それが、この演奏では軽やかさも伴っている。それにつれて、ファンクやR&B色が薄れていたのも特徴だ。マイルスの音楽が変わってきた——このときの演奏を聴いて最初に感じた印象がこれだ。

こうして1976年は終わり、1977年には、「いよいよマイルスがカムバックする」という話が盛んに出るようになった。

きっかけは、TDKのコマーシャルが日本で3月からオン・エアーされたことだ。これが発端となって、マイルス・サイドでは、5月に日本でカムバックのコンサートを開き、その後にワールド・ツアーに出る計画が練られていた。当時の関係者によれば、たしかにこうした動きはあったらしい。マイルスも当初は乗り気の様子だった。しかし、再び脚の状態が悪化したことと、音楽的にまだ明確なコンセプトがなかったことなどから、プロジェクトはいつの間にか立ち消えになってしまう。

この間にも、マイルスが音楽から離れていたわけではない。次なるものを求めて、彼はいくつかの試みを実行に移していた。そのひとつが、春から始まったギル・エヴァンスとのリハーサルだ。これは、前年から話し合われていたオペラ〈トスカ〉のオーケストラ化を目論んで、マイルスが始めたものだった。しかし、あるとき、マイルスの家で行なわれたリハーサルにギルが菊地雅章《まさぶみ》（key）を連れてきたことから、再びコンボでの演奏に彼は興味を向け始める。

「キクチはオレの音楽のことならなんでも知っている感じだった。オレが望むとおりのヴォイシングをオルガンで出せたんだ。あいつがいるなら、トランペットを吹くしかない。ギルの音楽についてもよくわかっていたし、何度かリハーサルをしたり、レコーディングもしたが、オレはとても気持ちがよかった」(D)

その菊地は、こう振り返ってくれた。

「アル(フォスター)とギルの紹介で、マイルスのリハーサルに呼ばれた。デイヴ(リーブマン)(ts)の推薦もあったみたいだけどね。それであるとき、マイルスがオレの住んでいる20丁目のロフトにやって来た。なにもいわずに室内をぐるりと見回して、『グッド』とかなんとかいって、そのときは帰っていった。そのあとで、ギルかアルから電話がかかってきて、マイルスのリハーサルに参加した。そりゃあ、昔から憧れていたひとと一緒にできるんだから、感激もしたし、怖かった。マイルスは、こっちの出す音についてはなにもいわなかったな。それで、『また来い』っていうから、そういわれるならOKだろうと判断した。レコーディングもしたけれど、たいしたものにならなかったから、発表されずに終わったけど」(8)

この年(1977年)には、コリエルとのセッションも何度か行なわれている。彼の言葉だ。

「あのころのマイルスは、プレイすることより、サウンドを構築することに興味があったようだ。だから、トランペットを吹くよりはキーボードを弾いていた」(9)

しかし、実りのあるものはなにも完成しないまま終わってしまう。ギルとのリハーサルも自然消滅的な形で終わっていた。そして、年が明けた1978年3月2日、ニューヨークのコロムビア・スタジオでひとつのレコーディングが行なわれる。

参加したのは、マイルス、コリエル、菊地、フォスターなど6人だ。例によって、マイルスはトランペットを吹いていない。資料によれば、3曲が録音されたことになっているが、これまたリハーサルのような内容だった。

フォスターは、このときのことを次のように語っている。

「マイルスは、曲のモチーフを渡して、それで好きに演奏しろっていう。いくつものモチーフがあって、適当な順で演奏していく。彼は勝手にオルガンを弾いて、それが合図になってモチーフが変わる。ひとつの曲を20分とか30分くらい演奏したかな？　マイルスは、それをあとで編集して、完成された形にしたかったんだろう。いくつかそうした形で曲を録音したけれど、ひとつだけ素晴らしいグルーヴの演奏があった。あれは全員がノッてご機嫌だった。そのテイクだけは、きちんとした編集をすればかなりの仕上がりになったと思う」(10)

マイルスは、このグループでアルバムを完成させて、その後にツアーに出ようと考えていた。レコード会社も新作の発表を催促するようになってきたし、このままでは契約の不履行で訴えられかねない。しかし、肝心の彼は、新しい音楽をいまだ模索中で、納得のいかない気持ちのままだった。

奇蹟のカムバックに向けて

同じころ（1978年春）には、マイルスを取り囲むひとの間にもいくつかの動きが出てきた。ひとつは、ブルーノートの社長だったジョージ・バトラーがコロムビアのジャズ部門のプロデューサーに就任したことだ。彼は以前からのマイルス・ファンで、マイルスがコロムビアとの契約更改で揉めていたときには、ブルーノートが獲得したいと名乗りを挙げて、もう一歩で契約に漕ぎつけるところまで話をもっていった人物である。

そして、ジャズ部門の責任者に就任したのがブルース・ランドヴァル（のちにブルーノート社長となり、2010年に退任）だ。彼もまたバトラー同様、大のマイルス・ファンとして知られる人物だった。やがてマイルスにとっても意味を持つようになるのが、ランドヴァルの下でバトラーがマイルスの担当になったことだ。

契約は更新されたものの、新作を出さないままにズルズルと半引退の状態でここまできたマイルスのことを、会社はあまりあてにしていなかった。それでも、ランドヴァルとバトラーは熱心にマイルスを口説いたのである。

「ジョージは、本気でオレのカムバックについて計画を練っていた。だけど、こっちはまだその気にならなかったから、最初は無視していた」(D)

マンハッタンの高層アパートで、ある日の昼下がりに、マイルスは自分でパンプキン・スープを作りながら、当時のことを話してくれた。

「しかし、諦めないんだな。電話もかけてくるし、世間話をするような感じで家にもやって来て、レコーディングの話をしていく」(D)

マイルスが勧めてくれたスープは、ぼくには淡白すぎた。糖尿病のせいで、塩分を制限しているから、入れたければ勝手に入れろと、ソルト・ボックスごとこちらに渡してくる。

「あんまり熱心だったんで、しまいにはこちらもその気になってきた」(D)

これが1978年春先のことだ。同じころから、マイルスの家には女優のシシリー・タイソンが頻繁に訪ねてくるようになった。彼女は数多いガール・フレンドの中で、マイルスが単なる女友だち以上のものを感じていた女性だ。彼にいわせるなら、「シシリーはスピリチュアルな繋がりがあった唯一のガール・フレンド」ということになる。

「それまでに結婚・離婚を繰り返して、もう結婚するのはこりごりと思っていた。しかし、結婚するならシシリー以外にいないだろうと、なんとなく思っていた。彼女はオレの気持ちをいつも理解しようとしてくれたし、自分のことだけを訴えかけてくるような女じゃなかった。慎み深いし、知的で、いろいろなことをよく知っていた」(D)

マイルスが気力を取り戻したのは彼女のおかげである。シシリーとは長いつき合いだ。1967年に吹き込まれた『ソーサラー』のジャケットには彼女のポートレイトが使われている。そのころからマイルスはさまざまな女性とつき合っては別れてきたが、シシリーとだけはつかず離れずの関係を保っていた。彼は彼女を誰よりも大切に思っていた。こういうところは思いのほか純粋だ。

「ジョージの口説きにも心を動かされたが、シシリーがオレの健康に気を使ってくれたのが、気持ちを奮い立たせることになった。食事のことを考えてくれたし、コカインをやめるのも手伝ってくれた。彼女のスープは本当に美味いんだ」(D)

「で、オレのパンプキン・スープはどうだ?」と、マイルスはぼくに聞いてくる。不味いとはいえないが、おいしいといえば、もう一杯飲めと勧めてくるのがオチだ。そこで、カムバックする気になったときの心境を聞きたいと、別の話に水を向けることにした。

「コカインをやめたら、頭がスッキリした。あれはやるなよ。お前は、医者だからやらないか。待てよ、医者なら簡単に手に入るぞ。どうだ、やったことはないのか?」(D)

話が変な方向に向かってきた。

「本当にもう一度トランペットを真剣に吹いてみようと思ったのは、シシリーがそう願ったからだ」(D)

つくづく、純情な男である。

この時期のことを、ジョージ・バトラーにも聞いてみた。彼は、ニューヨークにあるソニー・レコーズ(コロムビアは1988年にソニーに買収された)のオフィスで、次のように語ってくれた。

「彼の家を訪ね始めたのが1970年代末のことだ。そんなときでも、レコーディングやツアーの話はしなかった。コロムビア・レコーズが彼の友人であることを知ってもらえれば、さし当たってそれでいいと思っていた。話すのは、洋服のこと、ボクシングのこと、それに車のことだけだった。数ヵ月がすぎたある日のことだ。突然、マイルスがこういい出した。『ジョージ、考えていることがある』。わたしはびっくりしたのと、それがなんの話か予想できたので、身動きができなくなってしまった。わたしたちはピアノのところに行き、そして彼がひとつのコードを弾いた。それはまったく音がしなかった(笑)。鍵盤が壊れていたんだ」(11)

上司のブルース・ランドヴァルは、ジャズ部門の責任者であるバトラーに対し、次のような指示を与えていた。

「ジョージには、焦る必要はないといっておいた。やる気になるまで、わたしはいくらでも待つ気持ちだった。あれだけの音楽を作ってきたひとには、それくらいの敬意を払ってもいいじゃないか。そういう心境だった。ジョージから、マイルスのピアノが壊れている話を聞かされたときにも、それならすぐに最高のグランド・ピアノを贈ろうと考えて、決済した」(12)

周囲は、マイルスのことを温かく見守っていた。甥でドラマーのヴィンセント・ウィルバーン・ジュニアの存在も、カムバックを決意させた理由のひとつだ。マイルスが、家族で一番心を許している姉ドロシーの息子がヴィンセントである。

マイルスは、彼が7歳のころにドラムスのセットをプレゼントしたことがある。以来、この楽器に夢中になったヴィンセントは、高校を卒業してシカゴ音楽院に進み、プロのミュージシャンになっていた。マイルスが半引退生活を送っていた時期には、ニューヨークで仕事があるときは、彼の家に泊まることもしばしばだった。

「オレのところに来るたび、ヴィンスは音楽の質問をいろいろしてきた。本当になんでも聞いてくるから、閉口した。でも、ああいう若者が音楽に夢中になっている姿を目のあたりにして、オレも触発された」(H)

これは、マイルスがニューヨークに出てきたときに、チャーリー・パーカーやディジー・ガレスピーを質問攻めにしたのとまるで同じではないか。しかし、こうした話をするときのマイルスは、満更でもない様子だった。

こんな光景を見たことがある。１９８５年の来日公演のときだ。マイルスがコンサートを終えて、ホテルの自室に引き上げてしばらくしたときだった。彼は、いつもその日の演奏が録音されたテープをヴォリュームいっぱいにして自室で聴いている。そこにヴィンセントを呼んだのだ。

すると、何度も同じ個所を彼に聴かせて、マイルスがアドヴァイスを始めたではないか。しまいには、紙切れにリズム譜を書いて、テープに合わせて一音一音について教えることまでするようになった。まさに熱血指導である。マイルスはレコーディングのときでもサウンド・チェックのときでも、他のミュージシャンにはほとんどアドヴァイスなどしない。しかし、このときの行為は、そうした話とまったく違っていたから、こちらもびっくりしてしまった。

「いつもそうだよ。必ず部屋に呼ばれて、その日のテープを一緒に聴く。それから、いろいろとアドヴァイスされる。たまには、他のメンバーのこともいわれるね。それを、ぼくが彼らに伝える。マイルスは直接メンバーには指示しないけど、ぼくがメッセンジャーの役割を果たしている」(13)

ヴィンセントはこう語ったが、マイルスはそれだけ甥のことを可愛がっていたのだろう。このヴィンセントが中心になって、彼の復帰計画が具体性を帯びてくる。

いよいよ、マイルスはカムバックをする気になったのだ。心の中での契機がなんだったのか、本人に聞いたことがある。

「1979年のクリスマス前後だ。このころから本格的にトランペットを吹くようになった。久しぶりにジャズ・クラブに出かけて、ミュージシャンのチェックをしたり、飛び入りでトランペットを吹いてみたりもした。そうやって、自分の気持ちを徐々に高めていった」(H)

ジョージ・バトラーがマイルスから電話をもらったのもそのころだ。

「『OK、もう一度やる。準備は整った』。一方的にこれだけいうと、マイルスはすぐに電話を切ってしまった。最初は意味がよくわからなくて、茫然としたけれど、すぐにレコーディングのことだと気がついた。ついにこのときが来たんだ！ わたしは幸福な気持ちで、しばらく手にした受話器を眺めていたよ」(14)

レコーディングを開始

マイルスが5月にレコーディングを開始した——1980年6月に発表されたこのニュースはまたたく間に浸透していった。それまでにも何度かカムバックの噂は流れていた。しかし、今回はこれまで以上に信憑性があった。ニュースを伝えたのが、コロムビアのアソシエイト・ディレクター（コンテンポラリー・ミュージック部門）であるジム・フィッシエルだったからだ。

それでも、これまでのようにテスト・レコーディングで終わってしまうのでは？　という危惧が、ひとびとの間では囁かれていた。ちょうど1年前の1979年5月下旬にも、マイルスはレコーディングを前提にしたリハーサルをしていたからだ。このときは、結局、トランペットをオーヴァーダビングすることなく、プロジェクト自体が立ち消えになってしまった。

そのセッションで重要な役割を演じたのは、イギリス出身の作・編曲家ポール・バックマスターだ。1972年の『オン・ザ・コーナー』にも彼は深く関わっていた。そのバックマスターをイギリスから呼び寄せ、そこにギル・エヴァンスも加えた3人で、ニュー・レコーディングのアイディアが練られたのだ。

これが、例の〈トスカ〉のレコーディングだったのかどうかはわからない。5月のリハーサルに集まったのは、のちにマイルスのバンドに参加してプロデューサーまで務める、エレクトリック・ベースのマーカス・ミラーを中心にした6人編成のグループだ。リハーサルの指揮をとったのはバックマスターで、この段階でマイルスはまだ参加していない。

「曲の形にはなっていなかった。リズムの断片をいろいろ試しただけのリハーサルだった。マイルスのセッションだといわれてスタジオに行ったものの、彼は最後まで来なかったし、なんだかよくわからないセッションだった」(15)

こう語るのはマーカス・ミラーだ。ただし、マイルスはバックマスターと密に連絡を取り合い、7月に予定されていたレコーディングはかなりの現実味を帯びていた。しかし、このときも彼は体調を崩し、レコーディングは実現しないままに終わってしまう。それでも、わざわざイギリスからバックマスターを呼び寄せたことからして、マイルスが真剣にレコーディングを考えていたことは間違いない。

それから1年、今度はいったいどうなるのだろうか？ そんなムードの中で、世界中のジャズ関係者やファンが固唾を呑んで動向を見守っていた。「マイルスがついにトランペットをスタジオで吹いた」と、ジム・フィッシェルは伝えたのだ。

それに先だつ4月、マイルスは「セヴンス・アヴェニュー・サウス」に出演していたマーカス・ミラー＝バディ・ウィリアムス（ds）・バンドに飛び入りしている。同じ時期には、ディスコの「ダンステリア」に出演していたヴィンセント・ウィルバーン・ジュニアのグループにも加わり、1〜2曲を吹いたという。そこからも、今回はこれまでになく本気になっている姿が窺われた。

「まるで新人の気分だった。吹こうと思えばいつだって吹けると思っていたが、指は動かないし、唇はすぐに疲れてしまう。体力も落ちていた。一から出直しの気分だった。だからあの年の春は、気持ちが少し落ち込んでいた」（H）

幸運な共演ができたバディ・ウィリアムスは、そのときのことを、こう語っている。

「当日になって、マイルスが来るかもしれないって、マーカスがいい出した。それでも、まさかトランペットを吹くとは思わなかった。だから、彼がケースからホーンを出したときには鳥肌が立ったよ」(16)

マイルスが飛び入りをしたのは、レコーディングとライヴのためにグループを結成しようと考えていたからだ。漠然とだが、長期の療養前に共演していたアル・フォスターとピート・コージーを入れたいとか、以前と違う音楽にするためにはまったくの新人にしたいとかいう考えは持っていた。しかし、具体的なアイディアについてはまったく白紙の状態だった。

そんなときに、ふとヴィンセント・ウィルバーン・ジュニアのバンドを使うことを思いついたのである。彼がシカゴで結成していたバンドには、シンセサイザーとギターとヴォーカルのランディ・ホール、キーボード奏者で作曲もできるロバート・アーヴィング三世、ベースのフェルトン・クリューズがいた。そこで、先にも触れた飛び入りが実現する。

ヴィンセントの話だ。

「はっきりいわなかったけれど、マイルスはぼくたちを試していたと思う」(17)

このときのことは、アーヴィングもこう語っている。

「ぼくたちのバンドは、ファンクや、のちになって〈ゴー・ゴー〉と呼ばれるリズムが主体だった。マイルスがすんなりとバンドに溶け込んできたことがびっくりだった。独特のビートだから、飛び入りで入れる音楽じゃなかったのにね」(18)

マイルスは、アーヴィングの助けを借りて、4月中に新作アルバムのための〈ザ・マン・ウィズ・ザ・ホーン〉を書き上げ、さらにいくつかの曲を完成させている。あとはサックス奏者を決めればいい。そうした時期に、デイヴ・リーブマンが弟子のビル・エヴァンスを紹介する。ビル・エヴァンスといっても、あのピアニストのことではない。こちらは1958年生まれの新進サックス奏者だ。

「西77丁目のマイルスの家に行ったのは、1980年の5月初めだった。そこにはヴィンセント・ウィルバーン・ジュニアなんかがいて、マイルスが『テナーを吹いてみろ』っていうから、なにを吹いたらいいのかわからなくて、適当なフレーズをバラバラと吹いてみた。しばらく吹いたら、『すごいじゃないか、オレがサックス奏者なら、やっぱり同じように吹くだろうな』なんていわれたもんだから、舞い上がってしまった。それで、あとはヴィンスのバンドでリハーサルをやったけど、ほとんどうわの空でね。で、次の日にコロムビアのスタジオでレコーディングするから来いといわれて、指定された時間に行ったら、マイルスがトランペットを吹いていたんでびっくりした」(19)

カムバックの計画は着々と進行していた。ジョージ・バトラーがスタジオのセッティングを仕切り、とうとうレコーディングが始まったのだ!

　このときのセッションは、コロムビアに残された資料によれば、5月1日から6月にかけて何度か行なわれたことになっている。メンバーも日によって若干の変更があった模様だ。判明しているパーソネルは、マイルス、ビル・エヴァンス、ヴィンセント・ウィルバーン・ジュニアのバンド、それに女性シンガー数人というものだ。レコーディングされたのは11曲で、そのうち発表されたのはカムバック作のタイトル曲となった〈ザ・マン・ウィズ・ザ・ホーン〉だけである。このときのことを、マイルスは次のように話してくれた。

「バンドも急造だったし、リズム・セクションとオレのコンセプトにもずれがあった。オレ自身、まだ納得できるプレイになっていないと痛感した。本当は、このときにアルバムを完成させて、11月に発表し、新作に合わせてツアーに出ることも決めてあった。ジョージ（ウエイン＝プロモーター）がツアーのお膳立てをすべてしていたんだ。しかし、この内容じゃアルバムは作れない。それで、計画はすべて中止にした」（H）

　復帰計画は青写真の段階から大きく前進していたものの、マイルスには音楽的に納得できないところがあった。ときどきシカゴからやって来るヴィンセントのバンドとリハーサルは続けていた。しかし、レコーディングは遅々として進まない。

　ボクシング・ジムに通い、会員制のスポーツ・クラブで泳ぎ、トランペットを吹くためのコンディション作りに励むのがマイルスの日課だった。54歳の彼が、30代並みの体力を求め、トレーニングに集中していた。自信がなかったマイルスは、ひたすら汗を流すことで、気持ちの高ぶりを鎮めていたのかもしれない。

2度目のセッションは年が明けた1981年1月に行なわれる。ジョージ・バトラーがプロデューサーでカムバック作をレコーディングしようと考えていたマイルスだが、さまざまな事情や思惑から、再び旧知のテオ・マセロにプロデュースを任せ、このときのセッションは行なわれた。

ウィルバーン・ジュニアのバンドとは自宅でリハーサルを繰り返していたものの、どうしてもしっくりしない。そこで、テオと話し合った結果、今度はメンバーを入れ替えようということになり、彼の紹介でギターのバリー・フィナティとパーカッションのサミー・フィゲロアがスタジオにやって来る。

レコーディングに参加したメンバーは、このふたりとビル・エヴァンス、それにマーカス・ミラーとアル・フォスターだ。このときは、〈バック・シート・ベティ〉〈アイーダ〉〈ウルスラ〉のベーシック・トラックが録音され、これらはいずれもカムバック作品で発表されることになった。

2月には、それら3曲と、1回目のセッションで録音された〈ザ・マン・ウィズ・ザ・ホーン〉に、もう一度マイルスがオーヴァーダビングを試みている。しかし、ライヴのためのバンドは依然として決まっていなかった。そのため、ウォームアップも兼ねて、マイルスが再びジャズ・クラブに顔を出し始める。

驚いたのは、この月に、「ヴィレッジ・ヴァンガード」に出演していたサド・ジョーンズ（tp）＝メル・ルイス（ds）のジャズ・オーケストラに飛び入りしたことだ(20)。このときのテープは、熱心なファンがこっそりと録音していた。それを聴く限りでは、音も出ていないし、ミス・トーンも多く、内容は散々だった。しかし、これでマイルスは発奮し、練習にもいっそう熱を入れるようになったという。

3月には、ギタリストのマイク・スターンが、エヴァンスによって紹介されている。「ビルから、『今夜、マイルスとザ・ボトム・ラインに行く』という連絡を受けてびっくりした。マイルスといえば、最大のアイドルだからね。彼が来たのはセカンド・セットで、ドキドキしながら演奏したことを覚えている。でも、ステージが終わったら姿がなかった。気に入られなかったんだとがっかりしていたら、そのときのリーダーだったビリー・コブハム（ds）に、『明日の昼、コロムビアのスタジオにギターを持っていけ、マイルスからの伝言だ』といわれて、飛び上がってしまった」(21)

このときは、マイルス、エヴァンス、マーカス、スターン、そこにフォスターとサミー・フィゲロアを加えた6人で〈ファット・タイム〉が録音されている。

ようやくアルバムの全体像が見えてきた。これで、コロムビアもカムバック作の発売に確信が持てたのだろう。3月のセッションが終わった直後に、同社はタイトルを

『ザ・マン・ウィズ・ザ・ホーン』とし、6月の第2週に発売と発表している（実際は6月末に延びた）。

アルバムの仕上げは、5月6日のレコーディングだ。今回は1年前と1月のセッションをかけ合わせたようなメンバーがスタジオに集められた。しかし、何度もテイクを重ねた結果、このグループでは〈シャウト〉をようやく完成させることしかできなかった。それでも、これで『ザ・マン・ウィズ・ザ・ホーン』の全6曲が完成したのである。

復帰ライヴに向けて

この時点で、マイルスはライヴ・バンドに、エヴァンス、スターン、マーカス、フォスターを起用することに決めていた。新生マイルス・バンドで最後のメンバーとなったパーカッション奏者のミノ・シネルは、5月にマイルスからバンド加入の誘いを受けてびっくりしたと語っている。

「5月の初めごろだった。ぼくはシビリー・ジョーダン&フォークスっていうヴォーカル・グループの伴奏者として『ミケールズ』に出ていた。そこにマイルスが突然やって来て、電話番号を聞かれた。それから1週間も経たないうちに、彼から直接電話がかかってきて、エイヴリー・フィッシャー・ホールに出ないかっていうじゃないか。当時のぼくは、ベルナール・ルバ（key）と3ヵ月間のヨーロッパ・ツアーに出る予定もあったんで、すぐには返事ができなかった。そうしたら、マイルスが『とにかくリハーサルに来い』といい出して、それで彼の家に毎日通って3週間くらいみっちりとリハーサルをやった。そうなれば、ヨーロッパ・ツアーどころじゃない。マイルスのグループに入るしかないじゃないか」(22)

演奏活動に必要なメンバーは揃った。ライヴ活動に関しては、前年にワールド・ツアーを計画したジョージ・ウエインが「いまだかつて誰にも払ったことのない破格のギャラで『クール・ジャズ・フェスティヴァル・ニューヨーク』出演の契約をマイルスと結んだ」と、5月に発表している。その前渡し金で、マイルスはさっそくお気に入りの黄色いフェラーリを手に入れてご満悦だったとのエピソードまで、このニュースは伝えていた。

いよいよ、本当にいよいよマイルス復活のお膳立てがすべて整ったのである。

『スイングジャーナル』誌の1981年7月号「世界のニュース」欄には「マイルス・デイヴィス、クール・ジャズ祭に出演！」の記事が掲載されている。以下に内容の抜粋を紹介しておく。

「マイルスの劇的カムバックの舞台となるのは、今年度の『クール・ジャズ・フェスティヴァル・ニューヨーク』で、マイルスは7月5日の夜7時と10時半の2回、エイヴリー・フィッシャー・ホールに出演することが決まった。なお、マイルスのマネージャーを務めるマーク・ロスバウムによると、マイルスはエイヴリー・フィッシャー・ホール出演に先だち、ボストンでカムバック第一声を上げたい意向を示しているといわれ、本稿締め切り時に確認はされていないが、マイルスが、その約1週間前に、ボストンのジャズ・クラブに出演するという情報がもたらされている」(23)

ここまでくれば間違いはない。いくらドタキャンが得意なマイルスであっても、アルバムは予定どおりに発売されるだろうし、フェラーリまで買ってしまったのだから、コンサートにも出てくることは確実だ。心配は、果たして彼にどれくらいトランペットが吹けるのか、そして興味は、どのような音楽を聴かせてくれるのか、にあった。

日本にいるぼくとしては、居ても立ってもいられない気分だった。しかし、ニューヨークに行くことはできない。というのも、8月から2年間の予定でニューヨーク大学の大学院に留学することになっていたからだ。こんなことなら、7月からニューヨークに移ることにすればよかった。悔やまれたが、仕事の都合でどうにもならない。だからこその、居ても立ってもいられない気持ちだった。

しかしアルバムは、ニューヨークでマイルスが「エイヴリー・フィッシャー・ホール」のステージに立っているころ、日本にも輸入盤が入荷してきた。懇意にしているジャズ・レコードの専門店から、2~3日前に、「もうすぐ入荷」の情報は寄せられていた。その数日間がなんと待ち遠しかったことか。新譜の発売が待ち遠しいと思ったことは、これまでにも幾度となくある。しかし、『ザ・マン・ウィズ・ザ・ホーン』の待ち遠しさは、他のアルバムの何十倍にも思われた。

【第10章：ロング・ブレイクと奇蹟のカムバック　注】

1. ギル・エヴァンス　1986年、ニューヨーク
2. 1と同じ
3. アル・フォスター　1982年、ニューヨーク
4. 1と同じ
5. マイルスは友人のエレナ・スタインバーグ家に療養のため滞在していたことがある。エレナの家はコネティカットにあり、そのときに近所のコリエル夫妻と知り合ったという話もある。
6. ラリー・コリエル　1989年、ニューヨーク
7. 6と同じ
8. 菊地雅章　1983年、ニューヨーク
9. 6と同じ
10. アル・フォスター　1994年、ニューヨーク
11. ジョージ・バトラー　1993年、ニューヨーク
12. ブルース・ランドヴァル　1994年、ニューヨーク

13. ヴィンセント・ウィルバーン・ジュニア　1985年、東京
14. 11と同じ
15. マーカス・ミラー　1984年、東京
16. バディ・ウィリアムス　1984年、東京
17. 13と同じ
18. ロバート・アーヴィング三世　1992年、シカゴ
19. ビル・エヴァンス　1982年、ニューヨーク
20. 6月という説もあるが、さまざまな理由から、それは考え難い。
21. マイク・スターン　1993年、ニューヨーク
22. ミノ・シネル　1983年、ニューヨーク
23. 「世界のニュース」『スイングジャーナル』1981年7月号、39頁

第11章 独自の境地へ

ついにカムバック

とうとう待ちに待ったカムバック作品『ザ・マン・ウィズ・ザ・ホーン』が発売された。輸入盤の専門店に入荷したその日、さっそく手に入れた彼の新作を一刻も早く聴きたくて、急いで家に帰ったことを覚えている。そして、アルバムに針を降ろしたその瞬間から、完全にノックアウトされてしまった。

全体にリズムは強力だが、ぐっとシンプルになっている。その中で、マイルスはびっくりするほどの音で吹いているではないか。どうも無意識のうちに、病人をいたわる気持ちで新作に耳を傾けていたようだ。しかしそこには健康そのもの、潑剌としたマイルスがいた。

この作品を聴くまではいろいろなことを考えていた。以前にも増してファンク色が強くなっているのだろうか？　いや、もっとロック寄りのサウンドなんじゃないだろうか？　メンバーもほとんど知らないひとばかりだし、これまでとまったく違う音楽になっているかもしれない。それから、こうしたこと以上に気になっていたのが、マイルスが本当にトランペットをきちんと吹いているのだろうか？　ということだった。

あとで冷静にこの作品を聴き直してみれば、久々のレコーディングで、しかも産みの苦しみもかなりあったと考えてしかるべき内容だ。正直な感想をいえば、彼が残した諸作の中で、この作品が傑出した一枚とはいい難い。それでも、リアル・タイムで聴いていたあのときは、安堵の気持ちや待ち遠しかった思いなどが交錯し、不思議な感動がこみ上げていた。そして、かなりの歳月が流れた現在も、このアルバムを耳にすれば、そのときの思いが鮮明に甦ってくる。

マイルスがぼくたちの前に戻ってきた！　そうなると、あとは気になるのがカムバックのステージだ。レコードに関しては安心ができた。ニューヨークのステージはどうだったのだろう？　その前に、ボストンのライヴ・ハウスでも演奏したという情報が入っている。そちらもおおいに気になるところだ。

「ステージに立てる気分になったのは１９８１年の5月に入ってからだ。バンドの陣容も整ったし、リハーサルも繰り返していく中で、エイヴリー・フィッシャー・ホールで演奏する前に、ウォーム・アップがしたくなった。それで、マネージャーのマーク・ロスバウムに電話をして、ボストンのプロモーターに話をつけるようにいったんだ。カムバックを聞きつけて、しばらく前から『キックス』というクラブで演奏しないかって声をかけられていた。ボストンでやるのも気に入ったし、4日間の出演でかなりのギャラも保証してくれた。本気でカムバックするには、それなりの金額が必要だ。ギャラを前払いしてくれるならやってもいい、という条件で出演することにした」(E)

マイルスがついにカムバックを果たす！

「エイヴリー・フィッシャー・ホール」のステージに先だち、ビル・エヴァンス(ts)、マイク・スターン(g)、マーカス・ミラー(elb)、アル・フォスター(ds)、ミノ・シネル(per)のメンバーで、彼は1975年9月以来のライヴを、ボストンはケンブリッジの近くにあったライヴ・ハウス「キックス」(450人収容)で行なった。

そのときの模様を、『スイングジャーナル』誌は、特約寄稿家のコンラッド・シルバートの言葉で次のように伝えている。

「外壁には〈Legend Is Back / Miles Davis〉と大書されたサインが掲げられ、6月26、27、28、29日の4日間とも立錐の余地もないほどの混雑ぶりだ。各日とも8時と11時の2回。各1時間の演奏を行なったマイルスは、終始笑みを絶やさず、上機嫌。ソロイストたちをずっと見つめ、バンドの若いメンバーたちに、みずからの持てるものすべてを教え伝えようとするかのようだった。中でも、28日の2ステージ目がハイライトで、バンドはテンションが漲り、異常なほど互いにインスパイアされ、マイルスの指の動き、フェンダー・ピアノで弾き出されるコードなどできわめてスムーズに曲が流れると同時に、非常にリラックスした雰囲気が音楽を支配した」(1)

マイルスがカムバックを果たした！

このときの気持ちを、本人は次のように語ってくれた。

「ステージであがるなんてことは、高校時代に演奏して以来なかった。バードと初めてステージに立ったときも平気だった。そのオレが、ボストンではあがりまくっていた。最初の10分くらいはなにがなんだかわからなかった。そんな自分にびっくりもした。それも初日の話で、次からそんなことはなかった。体のことやビジネスのことを考えるとうんざりだったが、音楽の世界に戻ってこられて感激してたんだろう。素直に嬉しかった。ボストンでは、友人や知り合いがこぞってやって来て、祝福してくれた。音楽の世界に戻れた喜びと誇らしい気持ちでいっぱいだった。あんな気持ちが味わえるなら、また引退してもいいと、冗談で思ったほどだ」(E)

7月1日には、マンハッタンの43丁目にある高級ディスコ「ジノン」でコロムビア主催のプレス・パーティが開かれた。マイルスはこの席にも登場し、元気な姿を見せている。

「エイヴリー・フィッシャー・ホール」で5日に行なわれる2回のコンサートは、25ドルという、当時としてはかなりの高値だった。それにもかかわらず、チケットは早々にソールド・アウトになっていた。マイルスの準備も万端だ。そうして、いよいよ当日を迎える。

このときの様子を、再び『スイングジャーナル』誌の記事で紹介しよう。

「待望久しい新作『ザ・マン・ウィズ・ザ・ホーン』を発表したジャズ界の帝王マイルス・デイヴィスは、去る7月5日、全世界のファン、ジャズ・ジャーナリズムの注目を一身に集めながら、『クール・ジャズ・フェスティヴァル』の最終公演に登場。2セット、延べ2時間半にわたる白熱の演奏を繰り広げ、ニューヨークでの劇的なカムバックを果たした。この日、新調した黄色のフェラーリ308GTSで会場のエイヴリー・フィッシャー・ホールに乗りつけたマイルスは、2セットともほとんど予定された時刻に演奏を開始し、第1セットでは60分、第2セットではなんと90分、それぞれまったく休憩なしでブローし続けた。最初、真深にかぶった帽子とゲリラ部隊を思わせるパンツ、そして軽やかにステージ中央に歩み寄る姿に、一瞬マイルスかどうかが確認できないほどだった。そのサウンドは、いっさいのエフェクト類を使わず、まったくストレートでアコースティック。愛用するマーチン社製トランペットの左手元部分にFM送信機を取りつけたマイルスは、歩くのもままならないのでは？　という大方の心配を見事に覆し、ステージを右へ左へと歩き回りながら、ジョン・コルトレーンを擁した1950年代後半、ウエイン・ショーターを迎えた1960年代中期を思わせるフレーズを随所にちりばめ、圧倒的な演奏を繰り広げていった。とくに、最初のステージ、スタート後の約10分間は、6年間のブランクを一挙に埋めるかのような壮烈なソロを展開し、超満員のファンを瞠目させた。演奏は、両セットともに、いっさい曲の切れ目がなく続けられ、曲はマイルスがフェンダー・ピアノで弾き出すキューや手で空を切るようなサインで見事にスイッチしながら展開。その都度、リズムがロック、レゲエ、アフリカ風に変化。その間、4ビートが随所に挿入されるなど、ヴァラエティに富んだステージとなった」(2)

このときの演奏は、「キックス」でのライヴや、このあとに来日して新宿西口広場で披露したパフォーマンスとともに、復帰2作目となった『ウィ・ウォント・マイルス』(コロムビア)に一部が収録されている。それを聴くと、たしかにこの記事のとおり、マイルスは予想以上に溌剌としたプレイをカムバックのステージで聴かせてくれたようだ。

賛否両論を呼んだカムバック・コンサート

マイルスのカムバックは、ジャズ・ファンの間だけでなく、一般紙までが大きく取り上げるニュースとなった。ただし、そのパフォーマンスが賛否両論を呼んだことも長期療養前と同じだ。

彼の演奏や音楽は、とくにエレクトリック時代になってからは、常に賛否両論を呼んできた。今回もそうした意見が出てきたことで感じたのは、「やっぱり」とか「以前とまったく変わってないな」という思いだった。

あれだけカムバックが待望されていたひとに対し、ぼくは、「細かいことなんかどうでもいいじゃないか」の心境になっていた。しかし、評論家と呼ばれるひとたちは、どうもすんなりとは納得しないようだ。

マイルス本人のプレイは、評論家筋でもおおむね好評だった。しかし、彼が率いたグループに対しては、「よし」とするひとと、「音が大きいだけのロックと同じ」というひとがいて、意見がまっぷたつにわかれてしまった。

これは、マイルスが１９５０年代にジョン・コルトレーンやフィリー・ジョー・ジョーンズ（ds）を迎えてクインテットを結成したときと同じではないか。あの時代は、コルトレーンの加入ですら批判の矢面に立たされていた。マイルスの新しい試みは、いつの時代も、最初はなかなか理解されないのだろう。

『スイングジャーナル』誌は、１９８１年9月号でマイルスの大特集を組んでいる。

「ギターのマイク・スターン、サックスのビル・エヴァンス、パーカッションのミノ・

シネルは、マイルス・スクールの卒業生がすわる、あの若いミュージシャンにとっての栄光の座には、どうも相応しくないと思われる。コンサートに失望したのは、期待しすぎた結果かもしれないが、いずれにせよ、マイルスのトランペッターとしての見事な腕前が依然として衰えていないことだけは確認することができた」(3)

ニューヨークの週刊情報新聞『ヴィレッジ・ヴォイス』でジャズの記事を書いているゲイリー・ギディンズの寄稿だ。

同じ特集に原稿を寄せたアイラ・ギトラーも、「マイク・スターンのギター・ソロは願い下げだ」とつれない。

少しだけスターンの味方をさせてもらうなら、彼は、事前にマイルスから「ジミ・ヘンドリックスのようにギンギンのロック・ギターを弾きまくれ」と指示されていたのだ。そして、スターンのプレイはマイルスを満足させるものだった。

「オレはマイクにひとつのヒントを与えただけだ。どんなふうに弾いてほしいとかはいわずに、弾いてほしくないと思うことはわからせておいて、あとはあいつが考えて、自由にやれってことだ。でっかい音でパワフルに弾けばいい」(4)

ナット・ヘントフの好意的なコメントも紹介しておこう。

「マイルスの、あの凄絶きわまりないトランペットが聴けただけで、わたしは十分に満足した。それにしても、なんというコントラスト、なんというドラマチックな演奏だっ

たことか。わたしは再起を心から喜ぶ。あの若いテナー・サックス奏者も大発見だと思う」(5)

マイルスのカムバックはさまざまな点で大反響を巻き起こした。しかし、これでひと段落するような彼ではない。マイルスはそのままライヴ活動を継続していく。それでこそ完全復帰というものだ。この劇的な「クール・ジャズ・フェスティヴァル」出演に続いて、2週間も経たない7月17日と18日の両日、彼のグループは早くもニューヨークの「サヴォイ」に出演している。

「サヴォイ」は、その年にミッドタウンでオープンした客席が約1200のナイト・クラブだ。マイルスは、ソールド・アウトとなった5日のコンサートに来られなかったひとも多いと考え、急遽「サヴォイ」への出演を決めている。

事前の告知は、15日に発行された『ヴィレッジ・ヴォイス』紙のみだった。それでも、2日で4回行なわれたライヴの前売り券はあっという間に売り切れて、ひとびとのマイルスに寄せる関心の高さを窺わせた。そして、このあとに彼は全米ツアーに打って出る。

「カムバック前後から、コンサートの依頼がどんどん舞い込んできた。日本からのオファーはかなり早い時期にあった。ただし、まずは国内ツアーだ。日本にも早く行きたかったが、その前にバンドのコンディションを最高のものにしておきたかった。なにし

ろ、日本のファンは耳が肥えている。誤魔化しはいっさいきかない。それだけに、こっちも気合いを入れなくちゃな」（E）

なんとも嬉しい言葉ではないか。それはともかく、マイルスは、それまでの沈黙をいっきに取り戻すかのように、全米を股にかけてのコンサート・ツアーを開始した。7月28日と29日にはワシントンDC、8月にはシカゴ、デトロイト、アトランタ、9月には西海岸のコンコードで大々的なコンサートを開き、大成功を収めている。

マイルスがアメリカ中を飛び回っている8月初旬、ぼくは留学のためニューヨークに移ってきた。ただし、7月にニューヨークで行なわれたライヴは見逃してしまったし、ニューヨークに来てみれば、全米ツアーの真っ最中で、当分はニューヨークでコンサートは開かないと多くのひとにいわれる始末だった。

さらについていなかったのは、マイルスが10月に日本公演を行なうニュースまで伝わってきたことだ。まさにすれ違い。なんたるツキのなさか。このダブル・パンチを受けて、ぼくは文字どおり無念の心境だった。

それはそれとして、マイルスは、7月、8月、9月と順調に全米ツアーをこなし、そのまま待望の来日を果たしたのである。

6年ぶりの来日

10月2日から始まるコンサート・ツアーのために、カムバック以来のメンバーで日本の土を踏んだのは9月29日のことだ。マイルスは、恋人のシシリー・タイソンを伴っての来日である。翌日は、宿舎の「京王プラザホテル」で記者会見が開かれたものの、出席したのはメンバーだけで、彼は姿を現さなかった。

「マイルスはシャイで喋るのが苦手でしょ。ひとを不快にさせてしまうことが自分でもわかってるの。だから、今日も出なかったのよ」（6）

シシリーのコメントだ。

10月1日には、NHKの509スタジオで、予定になかったリハーサルが午後7時から行なわれる。スタジオはなぜかすべての照明が落とされ、真っ暗に近い状態だった。カメラマンはシャットアウトだ。1時間半にわたったリハーサルでは『ゲット・アップ・ウィズ・イット』で発表された〈カリプソ・フレリモ〉が繰り返し演奏されたという。そしてこの日、ライヴを録音するためにプロデューサーのテオ・マセロが来日し、6年半ぶりの日本公演は準備がすべて完了した。

10月2日に新宿西口広場に特設されたステージで始まったマイルスの日本ツアーは、さしたるトラブルもなく、11日の「福岡サンパレス」のコンサートを最後に無事終了する。今回のスケジュールは以下のとおりだ。

10月2日：新宿西口広場特設会場
3日：新宿西口広場特設会場
4日：新宿西口広場特設会場
6日：中野サンプラザ・ホール
9日：名古屋市公会堂
10日：梅田扇町公園・大阪プール特設会場
11日：福岡サンパレス

しかし、実際に観ることができなかったぼくは、ニューヨークで居ても立ってもいられない心境だった。そんな日々を送っていた時期のことだ。正確には11月28日である(7)。何気なくテレビを観ていたぼくに衝撃が走った。マイルスが画面に映っているではないか！

NBCの人気番組『サタデイ・ナイト・ライヴ』で、彼は、『スイングジャーナル』誌の記事ですっかりお馴染みになった5人のメンバーを率いて〈ジャン・ピエール〉を演奏していたのだ。しかし、これはショッキングな映像だった。

その日の日記にはこんなことを書いている。

「マイルスは、やはり脚を引きずっている。しかも、マイクをトランペットに取りつけているため、パーキンソン病患者のように小刻みに歩き回りながらトランペットを吹く。その音は弱々しいし、フレーズも続かない。しかし、マイルスの存在感は圧倒的だ。バンドのサウンドはタイトでヘヴィー。彼がトランペットを吹いているだけで、バックのサウンドが締まってくる。以前のようにバリバリとは吹けないかもしれないが、彼がトランペットを吹いている事実だけで十分だ。早くコンサートが観たい！」

来日公演について書かれた『スイングジャーナル』誌の記事によれば、バンドに関しては賛否両論があったものの、マイルスは元気そのもの、演奏も凄絶だと紹介されていた。日本の友人から届いた手紙にも、新宿のコンサートは最高だったとか、「中野サンプラザ」でのマイルスは神がかっていたとか、テレビの印象とはまったく違う話が寄せられてきた。

一方、復帰直後に行なった「エイヴリー・フィッシャー・ホール」や「サヴォイ」のライヴと、『サタデイ・ナイト・ライヴ』に登場したマイルスの両方を観たひとに話を聞くと、テレビの彼は憔悴し切った感じで、ライヴとはだいぶ印象が違うという意見が多かった。すると、また具合が悪くなったのだろうか？　心配の種は尽きない。

しばらくしてわかったのは、日本でもマイルスは半病人のような姿でステージに現れたということだった。ただし、演奏はかなり素晴らしい内容だったという。そのことを伝えているのが、カムバック直後のライヴ音源を集めた『ウィ・ウォント・マイルス』

と、1992年になって日本のソニーから限定発売された『ライヴ・イン・ジャパン'81』(10月4日に新宿西口広場特設会場で収録)だ。『ウィ・ウォント・マイルス』の収録場所は、ボストンの「キックス」(6月27日)、ニューヨークの「エイヴリー・フィッシャー・ホール」(7月5日)、東京の新宿西口広場(10月4日)である。驚くのは、いずれのトラックでもマイルスがきわめて潑剌としたプレイを繰り広げていることだ。

この時期の彼は、まだ体調が完璧ではなかった。6年のブランクがマイナスの形でプレイに作用していたことも否めない。それらのことを考えると、いくらベスト・テイクを集めたとはいえ、この作品で認められる内容の素晴らしさは驚異的だ。当時のマイルスの実像と比べれば、別人のように張り切ったプレイをしている彼がここにいる。アルバムのプロデュースを担当したテオ・マセロの言葉だ。

「体調が悪くて、痛み止めも飲んでいる状態だった。しかし、ステージに現れると最高のプレイをした。マイルスはそういうひとだ」(8)

メンバーのビル・エヴァンスは、当時をこんなふうに回想している。

「ツアー中のマイルスはほとんど部屋にこもりっきりだったし、ぼくたちになにもいってくれない。移動のときも脚を引きずって辛そうだった。しかし音楽は最高で、ぼくたちは何度も何度もステージ上で至福の時間を味わっていた。あのコンディションでもク

リエイティヴィティを失わないからすごい」(9)

「日本に行ったころは最悪の状態だった。脚が痛くて何度もキャンセルしようと思ったほどだ。しかし、日本のファンはオレを待ち続けていた。そのことが強く伝わってきた。それが勇気を与えた。でなけりゃ、飛行場からUターンしていたかもしれない。最初にステージに立ったときは、そりゃあ感動的だった。全員がスタンディング・オヴェーションで迎えてくれたんだから。アメリカでも同じようなことは起こっていた。しかし、そんなものとは比べものにならないほどすごかった。ウォームだったし、あれで痛みなんかすっ飛んでしまった」(H)

　1990年8月、ニューヨークにある最高級ホテルのひとつ「エセックス・ハウス」で会ったマイルスが、こう振り返ってみせた。いまにして思えば、晩年ということもあって(当時は、本人も含めて誰もそんなことは思ってもいなかったはずだが)、表情からはかつての鋭さが消えていた。

　飲み物を勧めてくれる優しげな振る舞いに、強い感激を覚えたこともたしかだ。半面、険しい表情が消えていることにショックを受けたことも否定しない。その上で、彼は日本のファンに深い感謝の言葉を何度も繰り返したのである。

　そういえば、こんなこともあった。それより数年前のことだ。そのころのマイルスは、「メトロポリタン美術館」の斜め前、5番街に面した79丁目の高層アパートに住んでいた。昼下がりに訪ねたときのことだ。ひとしきりいろいろな話をしてくれたあとに、「お腹がすいた」といい出した。

これから食事に出かけるのも面倒くさいし、近くでサンドイッチでも買ってこようかと、彼は立ち上がったのである。そんなことをされたら、ぼくの立場がない。そこで、「買って来ますよ」といって、マイルスのリクエストを聞いた。

彼は、「コールド・ターキーのサンドイッチで、ライ麦パンで、レタスに、マヨネーズとマスタードは少しだけ」などと注文してくる。「ペリエも忘れるなよ」のひとことを背に、ぼくは外に出ていった。

角を曲がったマディソン・アヴェニューにちょっと気の利いたデリがある。マイルスから教わったその店で注文どおりのサンドイッチを作ってもらい、帰ろうとして外を見たら、シャワーのような大雨になっていた。少し待てばやむかな？と思い、そのまま店で雨宿りをしていた。すると、5分が経つか経たないうちに、マイルスが傘を持って迎えにきてくれたのである。あのマイルスが、だ。しかも大雨の中を、である。

こちらは緊張と恐縮のあまりひたすら謝ってしまった。すると彼はひとこと、こういい放ったのだ。

「風邪を引かれて、それでお前に訴えられたら、たまったもんじゃないからな」

こういう憎まれ口を叩くマイルスが大好きだ。これも彼の照れ隠しだった。優しい人柄が、マイルスならではの表現に滲み出ている。

妙な思いかもしれないが、そのときは、マイルスが傘を持っていることにも感動していた（ぼくの分もだ！）。そういう日常的な光景とカリスマ的なオーラを放っている彼とが、ぼくの中ではどうしても結びつかない。そこに偶像としてのマイルスと、彼も普通の人間であることを思わせる日常が交錯していた。これはこれで、絶対に忘れることができない体験であり、光景となった。

ニューヨークのマイルス

日本から戻ったマイルスは、フロリダ、セントルイス、シカゴなどを回り、大晦日に「ビーコン・シアター」で、7月の「サヴォイ」以来、約半年ぶりにニューヨークでコンサートを開く。

ぼくは、ここでようやく彼の演奏を実際に聴くことができた。この間の11月26日には、人気コメディアンで大親友のビル・コスビー宅（マサチューセッツ州）で、ジョージア州アトランタ市長のアンドリュー・ヤング（元国連大使）を立会人に、日本にも一緒にやって来たシシリー・タイソンと結婚式を挙げるという、めでたい出来事もあった。

さて、ようやくマイルスのプレイに触れることができた「ビーコン・シアター」のコンサートである。ここは、ブロードウェイの74丁目と75丁目の間にある、キャパシティ2000くらいの古いコンサート・ホールだ。そこで、ニュー・イヤーズ・イヴにマイルスがコンサートをするというニュースを知ったのは、12月12日(土)のことだ。

ぼくが住んでいた20丁目のアパートから「ヴィレッジ・ヴァンガード」に行く途中のパーク・アヴェニューに、そのコンサート・ポスターが貼られていた。迂闊にも、いつ発表になったのかまったく気づかずにいたが、この週の『ヴィレッジ・ヴォイス』紙には出ていなかったし、少なくとも数日前に通ったときにもそんなポスターは見かけなかった。また、この夜に発売された翌日付の『ニューヨーク・タイムズ』紙日曜版の「Art & Leisure」欄にも広告は出ていない。おそらく、ぼくが通る直前にでも貼られたのだろう。

「エイヴリー・フィッシャー・ホール」や「サヴォイ」のチケットがあっという間にソールド・アウトになった事実を思うと、チケットが買えるかどうか不安になってしまった。いまは土曜の夜だし、デパートの「メイシーズ」にあるチケットロン(チケットの前売り所)も「ビーコン・シアター」のボックス・オフィスも月曜まで開かない。

2日間をもどかしくすごしたぼくは、月曜の朝一番に「ビーコン・シアター」に行ってみた。そして、無事にチケットを買うことができたのである。不安は杞憂だった。かなり前の真ん中という絶好の席が手に入ったのだ。

当日は30分ほど前に会場に着いたが、すでに客席は9割方が埋まっていた。日本もそうだが、アメリカでもこんなにお客の出足が早いコンサートは経験したことがない。それだけ、マイルスに対する期待が大きいのだろう。そして、いよいよ待ちに待ったコンサートが始まった。

以下は、その日の日記から。

「定刻から10分ほど遅れて、ドラムのような音が場内に響きわたり、明かりが落とされる。その瞬間に大歓声と拍手が沸き起こって、メンバーがステージに出てきた。マイルスは、アル・フォスターに肩を抱かれ、幽霊がボーッと出てきたような感じでゆっくりと、まるでスローモーション映画のようにステージ中央に向かう。それだけで場内はスタンディング・オヴェーションの嵐だ。ぼくもその姿に感激していたが、こみ上げてくるこちらの思いを立ち切るかのように、バンドが演奏を始めた。

強力なリズムから入って、マイルスがすぐにテーマ・パートを吹き始める。すごくタイトなリズムだ。電気楽器もギターとベースだけで、余分なエフェクターなど用いていない。それだけに、とてもピュアな音楽になっている。バック・バンドの中では、アル・フォスターの存在感がひときわ光っている。彼なくして、現在のマイルス・バンドは成立しない。そこまで、フォスターはバンドを引っ張る原動力になっていた。

マイルスは音に力があまりなく、ミュートをつけているせいもあって弱々しい。それでも、バックの強力なサウンドに負けていない。演奏からあまりアグレッシヴなものが認められない点は気にかかる。しかし、彼がプレイしていると、バックの締まり具合が違う。

ただし、マイルスのプレイは物足りない。以前のようにバリバリとは吹けないのだろう。弱々しいし、背中も曲がっていて老人のようだ（たしかに歳だが）。それに、キューの出し方も以前は鋭かったが、いまは野球のスローインのようでかっこよくない。プレイにはバラード風の部分が出てきて、静けさがスペースを感じさせる」

マイ・ペインティングス

この時期のマイルスは、たしかに体調がよくなかった。そのため、マンハッタンにいるときは、週に数回、ニューヨーク・ホスピタルのフィリップ・ウィルソン医師によるリハビリテーションと、シシリーが紹介してくれたチャイナタウンのチン医師から鍼と薬草による治療を受けていた。日本から帰って、再び全身を走る激痛が出るようになっていたからだ。先に触れた『サタデイ・ナイト・ライヴ』収録のころは、それが最悪の状態だった。

「あのころはあちこちが痛くて、椅子にすわったらそのまま立ち上がれなくなるんじゃないかと思うほどだった。だからステージにいるときは、とにかく歩き回っていた。プレイしていないときでも、じっとしていられない。そのうち、今度は指が動かなくなってしまった。肘を枕にして寝たのがいけなかった。それで神経がマヒしてしまったんだ。それに、軽い脳卒中にもかかっていた。指が動かなくなったときは、さすがに焦った」(H)

マイルスはウィルソン医師の忠告もあって、煙草も、再び手を染めていた麻薬とも縁を切ることにした。「ビーコン・シアター」でのコンサートを最後に、1月に予定されていた西海岸のツアーをキャンセルした彼は、そうした悪癖と手を切り、リハビリに精を出し、健康な体に戻ったのである。

治療のため3ヵ月間の活動を休止したマイルスが、再びメンバーを集めてステージに立ったのは1982年4月1日のことだ。ボストンの「ブラッドフォード・ホテル」内のディスコに2日間出演し、続いて4月13日のアムステルダムを皮切りに、そのまま5月初旬まで、カムバック後に行なう初のヨーロッパ・ツアーに出発する。

このツアーのときから、マイルスは、その後の創作活動におけるもうひとつの重要な要素となった絵を本格的に描き始める。

「1年ぐらい前にシシリーがスケッチ・ブックを買ってくれたんだが、そのときはほとんど手をつけなかった。しかしこのヨーロッパ・ツアーで絵に目覚めた。脳卒中のリハビリにもなるからな。ツアーには、シシリーと彼女の女友だちも一緒だった。ところが、このふたりがやたらと買い物をしたり、ローディ(日本でいうバンド・ボーイ)にまでいろいろなことを要求してくるようになって、オレは腹を立ててしまった。それで、途中からシシリーとは別の部屋を取るようにして、暇潰しに絵を描き始めたら、のめり込んでしまった」(E)

1983年にリリースされた『スター・ピープル』(コロムビア)のジャケットからもわかるように、マイルスの絵は独特のタッチと色使いに特徴がある。彼にいわせれば、女性の筋肉美を表現しているとのことだ。マイルスは、ダンサーをこよなく愛していた。かつて結婚していたフランシスもダンサーだった。そんな姿を思い浮かべて、彼は絵を描いていた。

「ダンサーの下半身は最高にセクシーだ」(H)

絵を描きながら、こう呟いていたマイルスの姿を思い出す。彼は、画用紙をテレビのブラウン管に重ね、映像との溶け具合を見ながら絵を描いていることもあった。日本に来たときは、かけ軸のような細長い紙に絵を描き、それを何枚も天井から吊り下げ、絵の揺れ具合や重なり方を眺めては、その情景をスケッチしたりもしていた。そんなときのマイルスは、演奏中とはまた違ったクリエイターの顔をしていた。

そしてこのツアー中に、マイルスは、のちにもうひとつの重要な存在となる音楽と出会う。

プリンスに触発されて

マイルスは、1960年代後半からほとんどジャズを聴かなくなっていた。プライヴェートな場で聴いていたのは、ソウル・ミュージックやロックが中心である。その彼が、ヨーロッパ・ツアー中に、プリンスの音楽と出会ったのだ。

「ローマかどこかの飛行場だ。クールな音楽が流れてきた。プリンスだった。ヤツが大ヒットを飛ばす前のことだ。でも、こいつはすごい。そのうち大物になることがわかった。そのころはマイケル・ジャクソンが人気で、オレも興味を持っていたが、あんな音楽とは比べものにならなかった」(H)

マイルスとプリンスがいつどのような形で顔を合わせたのか、正確にはわからない。しかし、1980年代半ばであることはたしかだ。

先の言葉からもわかるとおり、プリンスの音楽に関心を向け始める前のマイルスは、マイケル・ジャクソンに大きな興味を持っていた。彼のコンサートにも出向いているし、1982年に発表されたメガ・ヒット・アルバムの『スリラー』(エピック)に収録されていた〈ヒューマン・ネイチャー〉を、マイルス自身、1985年の作品『ユーアー・アンダー・アレスト』(コロムビア)で取り上げているほどだ。

この曲をレコーディングしたことについては、こう語っている。

「オレはいつだってその時代の最高にクールな音楽をやりたいと思っている。だから、マイケル・ジャクソンやシンディ・ローパーの曲だって演奏する。いま最高にクールなのが、ヤツらの音楽だからな」(A)

マイルスとマイケル・ジャクソンのコンサートに行った友人で、1986年のアルバム『TUTU』のアート・ワークを担当した石岡瑛子には、次のように話したという。

「音楽も気に入っているが、オレは、どうしてこれだけの人間がヤツのコンサートに集まってくるのか、それが知りたい」(10)

マイルスは、自分がいかに注目されているのか、どれだけ人気があるのかに強い関心を寄せていた。裏を返せば、どうすればもっと注目を集めることができるのか、そのことに興味があった。それだけに、音楽的な関心に加え、マイケル・ジャクソンに匹敵するほどの人気を集めるようになったプリンスに興味を向けたとしても、おかしくない。

マイルスがエレクトリック・サウンドと取り組むようになったのは1968年前後のことだ。そのときに強く触発されたのが、ジェームス・ブラウン、スライ&ザ・ファミリー・ストーン、ジミ・ヘンドリックスたちの音楽だった。プリンスの音楽にはジミ・ヘンドリックス的な要素もある。ギター・ワーク、それにソウル・ミュージックでありながらロック的な志向などなどだ。

マイルスはこうも語っている。

「マイケルにも影響を受けそうになったが、そのうちにプリンスの存在を知って、ヤツの音楽に触発されるようになった。プリンスは『TUTU』に自分の曲を提供したくて作曲もしていた。だが、オレたちが送ったテープを聴いた結果、自分の曲がそのレコードに合わないと判断したんだろう。プリンスも、オレのように、音楽的にとても高い基準を持っている。それで、いつかなにか違うことが一緒にできるようにと、その曲を引っ込めたんだ」(H)

『TUTU』がレコーディングされたのは1986年初めのことである。このころには、マイルスとプリンスはなんらかの交流を始めていた。その年の11月29日と30日には、両者がリハーサルを行ない、その模様をテープに収めたという資料も残されている。

翌1987年の大晦日には、マイルスがグループのギタリスト、ジョー・フォーリー・マクリアリーと、プリンスが所有するミネアポリスのペイズリー・パーク・スタジオを訪ね、レコーディングも行なった。海賊盤の『Crucial』(H.T.B. CD-038001)に収録されている〈Crucial Love〉〈Fantastic〉〈Red Riding Hood〉は、このときに録音されたものといわれている(11)。

ふたりの共同作業で唯一公式に残されているのは、チャカ・カーンのアルバム『CK』(ワーナー)で聴ける〈スティッキィ・ウィックト〉だ。プリンスが作詞・作曲・

プロデュースをしたこの曲では、彼がトランペットとサックス以外のすべてを担当し、マイルスはトランペットと最後にちょっとした語りまで披露している。このレコーディングは1988年6月29日に行なわれている。そしてこれ以降、両者がリハーサルやレコーディングをした記録は残されていない。

もうひとつ、ふたりの接点に触れておこう。1988年の2月にマイルスが行なったヨーロッパ・ツアーから参加したベース奏者のベニー・リートヴェルドの存在だ。ジャズ界では無名の彼を紹介したのがプリンスだった。リートヴェルドがマイルスのグループに加入した事実は、それだけ、マイルスとプリンスの音楽に共通するものがあったということだ。

マイルスは、ステージのデザインについてもプリンスと相談していた。本格的な共演こそ実現しないまま終わってしまったが、マイルスはこの世を去るまで彼の動向を気にしていた。ふたりの友情や音楽的な交流がどんなものだったのか、それを思い描きながら彼らの作品に耳を傾けてみるのもいいではないか。

精力的なライヴ活動

話を1982年に戻そう。5月6日のボルドー公演で、マイルスは13回におよぶヨーロッパ・ツアーを終える。ボストン、ニューヨーク、そして新宿の演奏を収録した『ウイ・ウォント・マイルス』が発売されたのはその直後だ。

この作品とその後に年末（1981年）の「ビーコン・シアター」で聴いた演奏を比べてみると、アルバム収録の演奏のほうが出来はいい。

理由は、先に触れたとおり、日本公演後にマイルスの体調が再び悪化したからだ。そして、年明けから丸3ヵ月にわたるリハビリと麻薬からの脱却で、彼は心身ともに甦ったのである。そのことを伝えていたのが、7月に東部で行なわれたいくつかのコンサートだ。

独立記念日の7月4日、マイルスはいつものメンバーを引き連れ、ニュージャージー州にある「ジャイアンツ・スタジアム」に姿を現した。ここは7万人収容のフットボール場で、彼のグループはダイアナ・ロス・ショウのセカンド・アクトとしてステージに登場した。

42丁目のバス発着場、ポート・オーソリティからバスで約20分、ニュージャージーのメドウランドにある「ジャイアンツ・スタジアム」に着いたのは午後4時を回っていた。コンサートは5時半から始まり、まずはフランキー・ビヴァリー&メイズなるファンク・バンドが登場する。それが終わって1時間以上の休憩を挟み、8時からマイルス・グループの演奏が始まった。

ただし、会場が広すぎるのと、ステージまでの距離が遠いことから、音楽のディテイルまでを楽しむことはできなかった。それでも、「ビーコン・シアター」で聴いたときより明らかにバンドはタイトな響きを獲得しており、マイルス自身も快調な様子だった。このときも最高の出来を示したのがアル・フォスターだ。いまやフォスターは、彼を抜きにしてマイルス・バンドは存在し得ないところまで、演奏の要《かなめ》になっていた。

演奏時間が1時間弱と短いこともあって、レパートリーをダイジェスト的な形で披露していたのがこの日のステージだ。しかし、そうした物足りなさや音響上の問題があっても、演奏は強く印象に残るものだった。

取り上げた曲目は、〈バック・シート・ベティ〉〈ジャック・ジョンソン〉〈アイーダ〉〈ジャン・ピエール〉と、すっかりお馴染みになったものばかりだ。しかし、変幻自在なアプローチと全員がさまざまな形で絡み合うグループ・サウンドには、新鮮な響きが満ち溢れていた。

7月4日のステージに続いてマイルスが姿を現したのは、約1週間後の12日である。ボストンの「ボストン・コモン」(公園内にある8000人収容の屋外会場)に、パット・メセニー(g)・グループとダブル・ビルで出演するものだった。

「マイルスのカムバックは大きな話題になっていたから、興味を持っていた。体調がよくないという噂も聞いていた。でも、このときの彼は元気そのもの、とてもパワフルだった。音楽の展開も目まぐるしくて、自分のステージのことなんか忘れて、最初から最

後まで彼のパフォーマンスに釘づけだった」(12)

こう語るのは、同じ日のステージに立った人気ギタリストのパット・メセニーだ。

このときは事後にコンサートがあったことを知ったため、ボストンまで行くことはできなかった。ただし、それから5日後の17日に、マンハッタンの12番街44丁目にある「Pier 84(第84埠頭)」で開かれたコンサートは観ることができた。これは夏の間、この埠頭を会場に、さまざまなアーティストが週に数組登場する「ドクター・ペッパー・コンサート・シリーズ」のひとつとして行なわれたものだ。

この日のマイルスは、予想をはるかに超える素晴らしい演奏を聴かせてくれた。前回の「ジャイアンツ・スタジアム」も出来はよかった。しかし、巨大な会場や出演時間の短さもあって、物足りなく感じたことも事実だ。それだけに、今回のライヴはその分も埋め合わせてあまりあるものとなった。

この夜も、マイルスは〈バック・シート・ベティ〉や〈ジャン・ピエール〉といった定番的なレパートリーでステージを構成していた。しかし、それらは断片として全体の中で登場してくるにすぎず、1時間弱のステージ2回を通して聴けたのは、きわめて奔放な即興演奏の連続だった。

約7ヵ月前に「ビーコン・シアター」で観たライヴに比べると、このときのマイルス・グループは、コンサート全体の構成をよりアブストラクトなものにしていた。音楽がアブストラクトなときのマイルスは創造性に富んでいる。そしてなにより嬉しかったのが、プレイに力が漲っていたことだ。

『ウィ・ウォント・マイルス』は、この日と同じようにメドレー形式で演奏されたパフォーマンスを、曲ごとに区切って独立させたものだ。しかし「Pier 84」で聴いた演奏は、ひとつのステージが壮大な1曲になっていた。その中に、曲のモチーフがいくつか顔を覗かせる。したがって、それらはあくまで次なる展開へのキューのようなもので、曲としてそれぞれが独立してはいなかった。

マイルスが1975年に日本で実況録音した、アブストラクトの極致をいくような『アガルタ』や『パンゲア』を思い出してほしい。この夜のマイルスと彼のグループは、方法論であの世界と通ずる音楽に身を寄せていた。それは、ある意味で即興演奏における究極の形と呼べるものだった。

マイルスは復調し、バンドもベストの状態になっていた。そのことをさらなる形で示したのが、約6週間後の8月28日にロング・アイランドのジョーンズ・ビーチで聴けたパフォーマンスだ。これは、折から開催されていた「ジョーンズ・ビーチ・ジャズ・フェスティヴァル」の最終日を飾るコンサートで、マイルスはいつものメンバーをしたがえ、マンハッタンから少し離れたマンハセットにある「ジョーンズ・ビーチ・シアター」に登場した。

晩夏の夜とあって、野外の会場はかなり冷え冷えとしていた。それにもかかわらず、マイルスは上機嫌で、オープニングの〈バック・シート・ベティ〉から快調に飛ばしていく。「Pier 84」で聴いたときと同じように、この夜も各1時間弱のステージを2回、奔放な演奏の連続で、彼ならではの世界を描出してみせたのである。

注目すべきは、その中で、新曲と思われるメロディがいくつか混ざっていたことだ(13)。セカンド・ステージでは、途中からスロー・ブルースを吹き始める。あわや、マイクに近づいて歌い出すのでは？　という格好までしたときは、会場から割れんばかりの拍手と声援が起こった。そのときは、「アーアー」とふた声を発しただけで終わってしまったが、こんな姿からもマイルスが好調なことは窺えた。

これまでは、エレクトリック・ピアノしかステージに用意されていなかった。それがこの日はシンセサイザーも置かれ、マイルスは両方をトランペット・プレイの合間に弾き、かたときも演奏から身を離さない姿勢を示した。その結果、たいていはサックスと持ち替えで何度かエレクトリック・ピアノでソロを取っていたビル・エヴァンスのパートがなくなり、彼はほんの少しコードを押さえるだけにとどまった。

こんなにはしゃいでいるマイルスを見たのは、あとにも先にもこのときだけだ。それだけ調子もよければ、音楽にも納得していたのだろう。

しかし、充実しているときには必ず次の展開を起こすのが彼だ。それは、これまでに何度となく体験してきた。案の定、不動のメンバーと思われたグループにメンバー交代の兆しが見えてくる。

次なる変化に向けて

「1982年2月に、『セヴンス・アヴェニュー・サウス』でデイヴ・リーブマン（ss）のグループに入って演奏していたときだ。そうしたら、毛皮を着たサングラスの男が途中から入ってきて、ステージのまん前に立ち、最後まで聴いていた。マイルスだった。てっきり、デイヴに会いに来たものとばかり思っていた。しかし、ステージが終わったときに声をかけてきたのは、ぼくにだった。『Sound good!』とあの声で囁かれたときにはぞくぞくした。それから半年ぐらい経って、スタジオに呼ばれた。リムジンを回してくれたのには驚いたね。そして、しばらくあとからツアーに加わるようになった」（14）

新メンバーのジョン・スコフィールド（g）がマイルスのグループでツアーに出るようになったのは、この年の11月からだ。マイルスは、ジョーンズ・ビーチでのライヴを終え、9月初旬から全米ツアーに入っていた。

バンドは、デトロイト、シカゴ、ニュージャージー、シラキュース、バークレイ、クリーヴランド、ピッツバーグ、ニュー・ヘイヴン、フィラデルフィアなどを回り、大晦日にニューヨークの「マディソン・スクエア・ガーデン」内にある3000人収容の「フェルト・フォーラム」まで、ほぼ4ヵ月におよぶツアーに出発した。ツアー中の11月17日、コネティカット州ニュー・ヘイヴンにあるエール大学内「ウーズレイ・ホール」で行なわれたコンサートからスコフィールドが参加してくる。これによって、グループは2ギター編成になった。彼を加入させた理由は、マイルスがサウンドに厚みをつけたかったからだ。

その前から在籍していたギタリストのマイク・スターンは、バンドがオフになると、ソーホーにあったライヴ・ハウスの「55グランド」に出演していた。同じビルの階上に自分のアパートがあったし、この店の経営にも絡んでいたからだ。

スコフィールドも「55グランド」には常連のように出演していた。そして、客としてこの店によくやってきたのがギル・エヴァンスだ。そのギルが、マイルスにスコフィールドを推薦したのも、彼の加入をあと押しする一因になった。

ギルの言葉だ。

「ジョンのプレイはあちこちで聴いていた。それで、マイルスから『彼はどうだ?』と聞かれて、『入れるべき』と答えた。マイルスは音の厚みをほしがっていた。スペースができるのがイヤなんだ。それでシンセサイザーも弾くようになったからね。今度はそれを2ギターでやってみたくなったんだろう。サウンドの密度を濃くしたかったのさ」

当事者であるスコフィールドの話も聞いてみよう。(15)

「バンドは本当に自由だった。リハーサルもやらなければ、サウンド・チェックにも彼はやって来ない。それでも、演奏が始まればピタッと決まる。マイルスのマジックにかかった感じといえばいいかな？　彼がひとつの音を吹くだけでバンドが引き締まったからね」(16)

大晦日にロバータ・フラックとのダブル・ビルで登場した「フェルト・フォーラム」でこのグループを聴いたが、バンドのサウンドはさらにテンションの高いものになっていた。スリリングな局面の連続と表現すればいいだろうか。そのことに大きく貢献していたのがスターンとスコフィールドの2ギターである。

彼らは、ソロにバッキングにと多彩なプレイを示し、明らかにマイルスを触発するまでになっていた。マイルスが狙った「サウンドの厚み」が自然な形で現実のものになったのである。

マイルスは、オープニングの〈バック・シート・ベティ〉からいっきに全開で吹きまくり、一方、リズム・セクションが生み出すヘヴィーなビートが彼のプレイを何重にも包み込んでいく。バンドは一丸となってクライマックスに到達し、それが何度も何度も襲ってきた。

演奏はノン・ストップで1時間半近く続いただろうか。ジョーンズ・ビーチで聴いたときのように、テーマ・メロディは断片的だ。それでもドラマチックに局面が推移し、サウンドが次々と変化していく。まるで万華鏡を覗いているように、ひとつの形に集積したかと思えば、まったく違う姿に離散し、再び新しい形を作ることを繰り返す。

1年半前に誕生したマイルスのニュー・バンドは、スコフィールドを加えるにいたって創造性がピークに達し、音楽もこれ以上の発展が望めないほど強力で多彩な広がりを示すようになっていた。彼の加入に伴い、さらなる変化の兆しを示したマイルスは、このメンバーでやるべきことはやり尽くしたようだった。

このあとの彼は、軽い心臓発作を起こしたため、しばしの休息を取り、1983年1月28日から2月11日まで、中西部の短期ツアーに出発する。そして、このツアーでベース奏者がマーカス・ミラーからトム・バーニーに交代したのである。マイルスの音楽は変化しつつあった。新加入のトム・バーニーは、日野皓正（tp）がニューヨークで結成していたフュージョン・バンドのベーシストとして注目を集めていた。

「マーカスに頼まれたんだよ。自分のプロジェクトが忙しくなって、1月末からのツアーに出られなくなってしまったのさ。それで、彼が電話をかけてきた。もちろんびっくりだ。マイルスは憧れのひとだったからね。取るものも取り敢えず、リハーサルに向かった。マイルスはいなかったけれど、『彼がいるつもりでプレイしろ』って、ジョン

（スコフィールド）にいわれたことは覚えている。そのときのテープを、マイルスはあとで聴いているんだ。そうやって、メンバーにするかどうかを判断したんだろうね。彼と初めて会ったのは、ツアーに出るニューヨークの飛行場でだった。最初のうちはなにがなんだかまったくわからなくて、みんなに必死でついていくだけだった」(17)

バーニーは、このツアーだけの参加と思っていた。ところが、その後もマーカスはグループに復帰することなく、バーニーがそのままメンバーとしての活動を続けていく。

2月11日に中西部ツアーが終わると、グループはカナダに飛び、トロント(15日)とオタワ(17日)でコンサートを行なう。その後はロスに戻り、23日の「グラミー賞」授賞式に出演している。

この模様はテレビで観たが、ポップ・カントリーの人気シンガー、ジョン・デンヴァーの紹介で登場したマイルスは、客席に背中を向けたスタイルで、すぐに次回作の『スター・ピープル』に収録される〈スピーク〉を演奏し始めた。バーニーが加わったグループは、短い演奏の中でもファンク色が以前より濃くなっていた。続いて、プレゼンターのマンハッタン・トランスファーとエラ・フィッツジェラルド(vo)が「最優秀ジャズ器楽ソロ賞」の受賞者を呼び上げる。マイルスのことだ。彼は、この賞を『ウィ・ウォント・マイルス』で受賞したのだった。

その後もマイルスは多忙を極めていた。3月末からはヨーロッパ・ツアーに出発し、

5月にはギル・エヴァンス・オーケストラとのダブル・ビルで、1981年に続く来日を果たしている。

この来日とほぼ同時期に、新作の『スター・ピープル』もリリースされた。これは、前年の夏からライヴとスタジオで収録した演奏を6曲集めたものだ。

このアルバムが登場するまで、すなわち1982年の夏ごろから83年の春にかけて、マイルスのレコーディングに関しては、さまざまな情報が流れていた。中でも、大きな関心が寄せられたのは、J・J・ジョンソン（tb）との共演と、ギル・エヴァンスとのコラボレーションだった。

前者については、レコーディングに立ち会ったギルの証言が『スイングジャーナル』誌の1983年1月号に掲載されている。ただし、コロムビアから公表された資料にジョンソンと共演した記録は見当たらない。エヴァンスの話からも曲名や日時が明らかにされていないことから、これはレコーディングでなくリハーサルだったとも考えられる。

こうしたことからもわかるように、クレジットこそされていないものの、マイルスが行なったこの時期のレコーディングに、ギルは深く関わっていた。

こんな話も聞いたことがある。

「リハーサルにはいつも呼ばれていた。そこでは、マイルスとバンドが延々と演奏する。わたしはそのテープを持ち帰って、使えるところをまとめたり、テーマ・メロディになりそうなフレーズがあると、それを書き出しておく。そうした資料を使って、マイルスがレコーディングすることもあった。わたしの名前をアルバム・ジャケットにクレジットしてくれたことはほとんどなかったけれど、マイルスのレコーディングに大きく関わっている誇りが大切だからね」(18)

「リハーサルを覗きながら、興が乗ってくると、ギルはキーボードでコードとメロディを弾き始める。マイルスに、『この曲は覚えているか』とかいいながらね。ときどき、彼はそういうことをやって、マイルスにヒントを与えていた。それでいつだったか、マイルスが『ビートを強調しよう』といってしばらく演奏したことがある。それで出来上がったのが〈ジャン・ピエール〉だ」(19)

〈ジャン・ピエール〉は、このころからマイルスがこの世を去るまで、常にライヴで取り上げていた主要レパートリーのひとつだ。その誕生の瞬間を教えてくれたのがミノ・シネルだった。

そのギルとマイルスのコラボレーション話が持ち上がったのは1982年の後半である。当初は、これが『ウィ・ウォント・マイルス』に続く新作になると目されていた。第一報を伝えたのは、『スイングジャーナル』誌の1982年11月号に掲載された「マイルス・デイヴィス、ついにギル・エヴァンスと共演へ!!」と題された特集記事だ。

そこには、ふたりがプッチーニのオペラ〈トスカ〉を題材に近々レコーディングするという、ギルのインタヴューが掲載されていた。〈トスカ〉は、マイルスが長い療養中にもギルと構想を練っていた題材だ。その話がここにきて再浮上したのである。記事によれば、まだ準備段階とのことだったが、ギルもマイルスもプロジェクトの具体化に向けて動き出している様子だった。

続いて同誌の1983年1月号にも、ギルの言葉として、「まだなにも決まっていない。まあ、少しずつ曲は書いているんだがね。ひとつはトランペットとフレンチホーンをフィーチャーしたアコースティック・オーケストラ用の曲だ」というコメントが寄せられている。となると、〈トスカ〉ではなく、オリジナルを録音するつもりだったのだろうか？　しかしこうした話とは別に、マイルスは着々とレギュラー・バンドによるレコーディングを進行させていた。それが、1983年の来日時にリリースされた『スター・ピープル』だ。

この作品には、音楽のほかにも話題を呼ぶものがあった。本人の描いたイラストがジャケット・カヴァーを飾っていたのだ。アルバムのクレジットには「All Drawings, Color Concepts and Basic Attitudes by Miles Davis」とあり、これは彼が絵にも並外れた才能の持ち主であることを初めて世に知らしめるものとなった。

この新作を手土産に、マイルスは5度目の来日を果たす。いまやライヴで絶好調のマイルス・バンドである。そして、今回はギルのオーケストラとのダブル・ビルだ。両者の共演は誰もが願うところだった。しかし残念ながら、コンサートは1部がギルのオーケストラ、2部がマイルスのグループという構成で、その夢はかなわずに終わってしまう。

このときは絶好調だったはずなのに、なぜか大絶賛とはいかなかった。5月18日の北海道「厚生年金会館ホール」から始まったツアーは5月28日の東京・よみうりランド内「オープン・シアターEAST」まで、全部で8コンサートが行なわれている。最終日の会場アンケートが『スイングジャーナル』誌の1983年7月号に載っているが、それによれば、「前回よりよかったが、昔のほうがよかった」「マイルスの音には鋭さがあったものの、サイドメンに不満」「マイルスは一時期よりいいと思うが、面白くなかった」などと、否定的な意見が認められる。もちろん、「マイルスは文句なし、音も最高」「メンバーのインタープレイに感動した」「完全に復活したと思う」と、好意的なものもあった。

マイルスのグループは、このあとオーストラリアのツアーを経て、6月初旬から全米20カ所で開かれる「クール・ジャズ・フェスティヴァル」の全プログラムに出演することになっていた。そしてこの間に、注目すべきレコーディングとメンバー・チェンジが行なわれる。

【第11章：独自の境地へ　注】

1．コンラッド・シルバート「世界のニュース」『スイングジャーナル』1981年8月号、39頁
2．「世界のニュース」『スイングジャーナル』1981年8月号、39頁
3．ゲイリー・ギディンズ「マイルスはとにかく帰ってきた」『スイングジャーナル』1981年9月号、146頁
4．児山紀芳「マイルス・デイヴィス　日本で語る」『モダン・ジャズ読本'82』スイングジャーナル社　1981年12月臨時増刊号、69頁
5．児山紀芳「マイルス・デイヴィスを追った17日間」『スイングジャーナル』1981年9月号、141頁
6．シシリー・タイソン『スイングジャーナル』1981年11月号、104頁
7．11月21日にオン・エアーされたが、評判を呼んだので翌週再放送された。
8．テオ・マセロ　1985年、ニューヨーク
9．ビル・エヴァンス　1982年、ニューヨーク
10．石岡瑛子　1990年、東京
11．翌年の2月録音説や、トランペッターはマイルスでなくアトランタ・ブリスという説もある。
12．パット・メセニー　1985年、東京
13．次回作の『スター・ピープル』に収録された〈カム・ゲット・イット〉はこのときの演奏。

14. ジョン・スコフィールド　1986年、ニューヨーク
15. ギル・エヴァンス　1986年、ニューヨーク
16. 14と同じ
17. トム・バーニー　1983年　ニューヨーク
18. 15と同じ
19. ミノ・シネル　1983年、ニューヨーク

第12章　さらなるサウンドを求めて

限りなき探求

東海岸でいくつかのコンサートを終えたあと、グループはニューヨークに戻ってきた。直後の1983年6月16日には、同地のヒット・ファクトリー・スタジオで、ジョージ・アダムス（ts）とヴィンセント・ウィルバーン・ジュニア（ds）を加えてレコーディングが行なわれる（現在まで未発表）。アダムスは、5月の日本ツアーで、ギル・エヴァンス・オーケストラに参加していたサックス奏者だ。これは、そのときの演奏が認められての起用だった。

「結局、マイルスのレコーディングには一度しか呼ばれなかった。アル（フォスター）（ds）がなかなか来なくて、彼を抜いて何曲かレコーディングした。だから、完璧なレコーディングとはいえない。その後に声がかからなかったところをみると、気に入ってもらえなかったんだろう。どんなプレイをしたかって？　かなりファンクなサックスを吹かされた。元々そういう音楽を演奏していたから、ぼくの本質をマイルスはちゃんと見抜いていたんだ。さすがだよ」（1）

アダムスの参加も、ギル・エヴァンスの推薦によるものだった。ギルによれば、マイルスは演奏をもっとファンクなものにしたくて、彼をレコーディングに呼んだらしい。しかし、あまりにフリーキーなプレイだったことに納得がいかず、アダムスとのレコーディングはこれ1回で終わってしまう。

直後には、日本ツアーの前から退団が噂されていたマイク・スターン（g）とトム・バーニー（elb）が抜けている。そのため、ギタリストはジョン・スコフィールドひとりになり、ベース奏者にシカゴで活動していたダリル・ジョーンズが抜擢される。

「演奏仲間のロバート（アーヴィング三世）（key）から、『マイルスのオーディションを受けてみないか』といわれて、6月半ばにニューヨークに行った。どこかのスタジオでリズム・セクションだけのリハーサルに参加して、ホテルに戻ったら、マイルスからのメッセージが入っていた」（2）

それは、数日後に「エイヴリー・フィッシャー・ホール」で行なわれるコンサートへの参加要請だった。飛び上がったのはダリルだ。

「だって、それまではせいぜい数百人のディスコやライヴ・ハウスで演奏していただけなんだから」（3）

やがて、スティング、マドンナ、そしてローリング・ストーンズのツアーに参加するダリルも、この時点ではローカルで活躍するミュージシャンのひとりにすぎなかった。彼が加入したのは、マイルスがカムバックする際に何度かセッションを重ねたロバート・アーヴィング三世と、そのバンド仲間でマイルスの甥でもあるヴィンセント・ウィルバーン・ジュニアの推薦だった。ビル・エヴァンス（ts）、ジョン・スコフィールド（g）、ダリル・ジョーンズ、アル・フォスター、ミノ・シネル（per）の布陣となった新バンドは、6月26日の「エイヴリー・フィッシャー・ホール」でお披露目されている。

続いて、6月30日には、ゲストを入れずにニュー・グループだけで初のレコーディングが行なわれた。このときに、エヴァンスとスコフィールド抜きの4人で収録されたのが、次回作『デコイ』（コロムビア）で発表される〈フリーキー・ディーキー〉だ。

7月2日には、ブランフォード・マルサリス（ss）がスタジオに呼ばれる。しかし、この日の録音からは、アルバムに収録される演奏は完成しなかった。7月7日には、「モントリオール・ジャズ・フェスティヴァル」に出演するため、グループはカナダに飛ぶ。『デコイ』に収録された〈ホワット・イット・イズ〉と〈ザッツ・ホワット・ハプンド〉はこのステージでの演奏だ。

このあと、ブランフォードは8月29日と9月10、11日にもスタジオに呼ばれ、結局、最終日に吹き込まれた〈デコイ〉〈コードMD〉〈ザッツ・ライト〉の3曲が次回作で発表されたのだった。この作品には、以上で紹介した6曲のほかに〈ロボット415〉も収録されている。こちらは、マイルス～アーヴィング～ミノの3人で9月（日にちは不明）に録音されたものだ。

「ブランフォードを初めて聴いたのは、セントルイスでだった。ハービー（ハンコック）のバンドで吹いていた。ジョン・コルトレーンをモダンにしたようなプレイをしているんで、すっかり気に入ってしまった。そのときに、『コルトレーンみたいに吹けるか？』って聞いたら、『そんなにうまくは吹けない』と答えやがった。ちょっとからかってやろうと思って、『それじゃ、駄目だな』っていったんだ。すると、なんていったと思う？『コルトレーンの次ぐらいにはうまく吹いてみせますよ』ときたもんだ。そりゃ、そうだ。コルトレーンを超えるヤツなんかいないんだから。オレはその答えが気に入った。自分の息子のように若いヤツにこういわれて、その晩は、最後まで気分がよかった」（E）

「ウイントン（マルサリス）（tp）のバンドでロスにいた（1983年の）5月か6月のことだ。ある朝早く、電話で叩き起こされた。例のしわがれ声が『レコーディングに参加しないか？』というじゃないか。朝の6時とか7時にだよ。こちらは寝ぼけていたし、てっきり誰かのイタズラかと思った。マイルスの声色を真似するヤツは多いからね。だから、『冗談はいい加減にしてくれ』といって電話を切っちゃった。するとすぐに、彼のマネージャーから電話がかかってきた。それで、さっきの電話がマイルスからのものだとわかった。真っ青だよ。自分からわざわざ電話をくれたのに、けんもほろろに切ってしまったんだから。すぐにお詫びの電話を入れたけどね。レコーディングが終わると、今度はツアーに誘われた。でも、1年くらい先までウイントンのバンドでスケジュールが入っていたから、残念だけど、それは無理な相談だった」(4)

この言葉から推測できるのは、マイルスがサックス奏者も替えようとしていたことだ。劇的なカムバックを果たした2年前とは音楽的に違うものが追求されるようになっていた。メンバーの交代劇は、マイルスが方向性に変化を求め始めたからにほかならない。

カムバックに合わせて発表された『ザ・マン・ウィズ・ザ・ホーン』は、彼がロックにこだわった結果の内容である。当時のマイク・スターンは、マイルスに「ジミ・ヘンドリックスのように弾け」、あるいは「ハード・ロックのギターが必要だ」といわれ続けていた。事実、カムバック時のメンバーによって1981年に吹き込まれたふたつのライヴ・アルバム『ウィ・ウォント・マイルス』と『ライヴ・イン・ジャパン'81』を聴くと、グループはひたすらロック的なサウンドを追求していたように思われる。

そのサウンドに変化が出てきたのは、曲によってトム・バーニーやジョン・スコフィールドが参加した『スター・ピープル』からだ。ロック寄りの演奏があるかと思えば、ファンク的なサウンドの萌芽も認められる『スター・ピープル』は、それゆえ混沌としたサウンドが聴ける作品となった。そして『スター・ピープル』に続いてレコーディングされたのが『デコイ』だ。

先にも触れたとおり、〈デコイ〉〈コードMD〉〈ザッツ・ライト〉の吹き込みに集まったのはツアー・バンドの面々だが、そこにエヴァンスの姿はなく、代わってブランフォードがいた。さらには、キーボード奏者のロバート・アーヴィング三世も久々に加入していた。

「カムバックしたときにもマイルスから誘われたけど、そのときはプライヴェートな理由でシカゴを離れることができなかった。彼はロックとファンクを混ぜ合わせた音楽を演奏したがっていた。それで、音楽仲間のダリルを紹介したのさ。その後に、マイルスのツアーに参加できる状態になったんで、1983年の10月に合流した」(5)

アーヴィングのコメントだ。

『スター・ピープル』もそうだが、『デコイ』の場合も、マイルスにはアルバムを作る意識が希薄だった。グループは解体しつつあったし、その時期にいくつか行なったレコーディングを、あとからまとめてひとつのアルバムにしたというのが『デコイ』の実情だ。

アーヴィングは〈デコイ〉と〈コードMD〉の作曲者で、〈ホワット・イット・イズ〉〈ザッツ・ライト〉〈ザット・ホワット・ハプンド〉はマイルスとスコフィールドが共同で書き、〈ロボット415〉はマイルスとアーヴィングの共作である。結局、マイルスが単独で書いたのは〈フリーキー・ディーキー〉1曲だった。しかもこれらの曲の多くには、ギル・エヴァンスが構成とアレンジで深く関わっていた。

こうした事実は、ここにきて、ギルやバンドのメンバーがマイルスの音楽に大きな貢献を果たすようになったことを伝えている。この状況は、1964年にウエイン・ショーターが加入したことで〈黄金のクインテット〉が結成されたときと似ている。

旧来のツアー・バンドは末期に差しかかっていたものの、まだ存在はしていた。しかしそうした時期に、マイルスが敢えてメンバーを替えてまでレコーディングしていたのは、次なるツアー・グループの予告編的な意味合いを、このセッションで示したかったからだ。

レギュラー・バンドから離れて

マイルスは「エイヴリー・フィッシャー・ホール」でのコンサート後も、精力的に全米ツアーをこなしていく。ぼくは、そのコンサートが行なわれた1ヵ月後の7月28日に、丸2年の留学生活を終えて帰国した。

帰国が決まっていた時期に観た「エイヴリー・フィッシャー・ホール」のコンサートは、それだけに感慨もひとしおだった。今後もマイルスのステージに触れられるチャンスはあるはずだ。それでも、彼にまつわるこの2年間の思いが心を巡り、ひときわ強い印象を覚えるコンサートになった。

マイルスにとって次なるビッグ・イヴェントは、11月6日にニューヨークの「ラジオ・シティ・ミュージック・ホール」で開催された『マイルス・アヘッド』と題されたコンサートだ。これは、彼の偉大な業績を称えるためにBMI（黒人音楽協会）が主催したものである。

出演したのは、前月から加わったロバート・アーヴィング三世を含む7人編成によるマイルス・グループをはじめ、クインシー・ジョーンズ指揮のトリビュート・オーケストラ、マイルス・バンドOBによるオーケストラ、ハービー・ハンコック・トリオ（ロン・カーター、トニー・ウィリアムス）、セヴン・トランペット・イン・トリビュート（アート・ファーマー、ジョン・ファディス、ウォレス・ルーニー他）、ジョージ・ベンソン（g）、グローヴァー・ワシントン・ジュニア（as）、サミー・デイヴィス・ジュニア（vo）、シャーリー・ホーン（vo）など、総勢75名にのぼる豪華な面々だ。

留学したときもタッチの差でマイルスのライヴをいくつか見逃してしまったし、帰国したら帰国したで、こんなに重要なコンサートがニューヨークで行なわれてしまうのだからついていない。午後8時から深夜の1時まで行なわれたこの日のコンサートは、とにかく内容が充実していたようだ。

「圧倒的だったのは、〈トリ〉を飾ったマイルスの新セプテットだ。バンドからは、ロバート・アーヴィングを加えた2キーボードによって、さらに微妙なニュアンスが生まれていた。新曲は東洋的なメロディで、その演奏は、ベンソンやクインシーやハービーの熱演があたかも前座であったかのように思わせる強烈なインパクトを与えた」（6）

この夜は、マイルスが音楽シーンで〈超〉の字がつく重要人物であることを、改めて満天下に示すものとなった。ただし、彼の創造性はこれでひと区切りがつくこともなく、ますます前に向かっていく。

その後の半年間はコンサート活動を休止し、マイルスは頻繁にニューヨークのレコード・プラント・スタジオに入っている。次回作の『デコイ』は、この時点で収録曲がすべて録音済みになっていた。そのことを考えると、アルバムが発売されないうちに、彼は先を見据えて、次のレコーディングを始めていたことになる。

その1回目のスタジオ入り（1983年11月17日）からビル・エヴァンスが抜け、グループはサックスなしのセクステットになる。そして、パーカッション奏者のミノ・シネルもスティーヴ・ソーントンに替わったのである。ただし、年が明けた1984年2

月中旬まで続いた10回以上におよぶこのときのレコーディングで完成したのは、シンディ・ローパー作の〈タイム・アフター・タイム〉1曲にすぎない（7）。

このころのマイルスは、全米ヒット・チャートを賑わすソウル・ナンバーやポップ・チューンにも大きな興味を抱くようになっていた。セッションでは、マイケル・ジャクソン、ケニー・ロギンス、ディオンヌ・ワーウィック、ギャップ・バンド、ティーヴァーズなどのヒット曲や、リチャード・ドレイファス主演の映画『コンペティション』（1980年）のテーマ曲、さらには1970年に録音した『ジャック・ジョンソン』の〈シャッフル・パート〉を再録音したという情報も入ってくる。しかし、これらもすべて未発表のままだ。

その後は、4月末からサックス奏者のボブ・バーグが参加し、グループは再びセプテットに戻っている。マイルスのバンドは、『デコイ』のリリース（5月末、日本盤は7月21日発売）に合わせ、6月1日のカリフォルニア州サンカルロスからツアーに出発する。

このときは、ヨーロッパ（5週間）も含む8月末までのロング・ツアーとなった。ハイライトを飾ったのが、1年ぶりの6月22日に行なわれた「エイヴリー・フィッシャー・ホール」のステージだ。「クール・ジャズ・フェスティヴァル」に組み込まれたこの夜のコンサート（これまでの同ホールで行なわれたコンサートもすべて「クール・ジヤズ・フェスティヴァル」の一環）は、日本でも前年に実現したギル・エヴァンス・オーケストラとのダブル・ビルとなった。

「カムバック後に聴いたマイルスの中ではこの日が最高だった。コロムビアが録音しなかったなんて本当に残念だ。バンドもよかったし、マイルスも創造的だった。マイルスが自分の音楽を安心して託せるのがいまのバンドだ。だから、彼は自分のことだけを考えていればいい。ボブ・バーグとダリル・ジョーンズがどんどんよくなってきているし、マイルスのバンドは完全にオリジナルな音楽を演奏するようになった。もっとも新しい音楽の姿がそこにあるし、だからわたしもおおいに触発される」（8）

マイルスとステージをわけたギルの言葉だ。

8時と12時の2回公演となったこの夜のコンサートで、マイルスのグループは各ステージ1時間強の演奏を披露した。もちろん、いつもと同じメドレー形式である。近作からの曲を中心に、早くも次回作の『ユーアー・アンダー・アレスト』で発表される〈サムシングズ・オン・ユア・マインド〉や〈タイム・アフター・タイム〉を披露していた点が興味深い。ぼくも、取材を兼ねて客席で聴いていた。もっとも感動した瞬間は、〈タイム・アフター・タイム〉のメロディがマイルスによって提示されたときだ。

久々に聴くメロディアスなフレーズに、思わず聴き惚れてしまった。それまではハード・ロックとファンクが混在したような演奏が続いていた。それが一転、美しいバラードになったのだ。マイルスの歌心健在なり——かつてのバラード・プレイで認められたリリシズムが、1980年代のスタイルで甦ったのである。

場内がシーンと静まり返り、聴衆が一音も聴き逃すまいと、マイルスのプレイに耳を傾けている。演奏は徐々に熱気を帯び、リズムを強調したサウンドに変貌を遂げていく。心憎いまでの巧みな局面展開に、思わず息を殺して耳をそばだてていたのはぼくだけでなかったはずだ。

マイルスのニュー・バンドは、ギルの言葉ではないが、かけ値なしに素晴らしかった。バンド単位で考えるなら、カムバック後に彼が結成したグループの中では、このときのメンバーが一番創造的な音楽を追求していた。レギュラー・バンドとして、真の意味で実体を伴っていたのがこのユニットだ。

マイルスはメンバーを固定したままレギュラー活動を続けていく。ただし、その後はこれまでのようにレギュラー・メンバーへのこだわりを見せなくなってもいた。都合が悪ければ代役でも構わないし、以前のメンバーを復帰させてもいい——そういった様子が窺われたからだ。バンドへの執着心が薄れたといえばいいだろうか。ただしその分、これまで以上に自身の演奏にはこだわりを示すようになっていく。

カムバック当初こそ、マイルスはメンバーのプレイに細かな注意を払っていた。それがここにいたり、彼らのプレイや音楽性に安心できるようになったのだろう。このグループ以降は、これまでにも増してバンドにサウンドを委ねる姿が顕著になっていった。その存在感には圧倒的なものを示しながら、バンドの中のマイルス色を希薄なものにしていったのだ。それが、これ以降のライヴ・バンドである。

実際はどうだったのか？

「マイルスはめったにリハーサルに来なかった。コンサートのサウンド・チェックだってぼくたちだけでやっていたから。でも、マイルスがステージに上がると、一緒にリハーサルをやっていたとしか思えないほど、グループの音楽はひとつになった。そこがすごい。コンサートのテープは必ず聴いて、次の日にはアル・フォスターを通して修正すべき点が伝えられる。直接アドヴァイスされたことはほとんどなかったけれど、マイルスはたしかな形でバンドをコントロールし、思いどおりのサウンドを作り上げていた」(9)

ビル・エヴァンスの後任として参加したサックス奏者のボブ・バーグがこう教えてくれた。

マイルスは放任主義の体裁を取りながら、その裏で、バンドを的確にコントロールしていた。無頓着なところは徹底的に無頓着で、締めるところはしっかりと締める。そこがすごいところだ。だからこそ、メンバーが結束したのも頷ける。

「レオニド・ソニング賞」

マイルスはこの年の12月、北欧の地デンマークのコペンハーゲンで「レオニド・ソニング賞」を受賞する。そのニュースを最初に伝えたのは、1984年の暮れも押し迫ったある日の『朝日新聞』だ。

その時点で、これは彼が受賞した数ある賞のひとつくらいにしか日本では思われていなかった。しかししばらくして、この賞が実はストラヴィンスキーやレナード・バーンスタインなども受けたもの、ということが判明する。ジャズ界からは、マイルスが初の受賞者だった。式典には彼が単独で出席し、28人編成のオーケストラをバックに記念の演奏会が行なわれたことを知ったのも、しばらくのちのことだ。

これには驚いた。マイルスがビッグバンドと共演することなど、当時の彼からは考えられなかったからだ。マイルスがビッグバンドと最後に演奏したのは、1968年4月にカリフォルニア州バークレイの「グリーク・シアター」で行なわれたギル・エヴァンス・オーケストラとのコンサートだ。

以来、マイルスはコンボでの演奏しかしていない。そんな彼が「ソニング賞」を受賞し、記念式典で地元のダニッシュ・ラジオ・ビッグバンドをバックに、パレ・ミッケルボルグ（tp）が作曲した組曲『オーラ』を演奏したという。しかもいったん帰国したマイルスは、再びコペンハーゲンで、年が明けた1985年1月31日から2月4日にかけて『オーラ』（コロムビア）をスタジオ録音したのである。

アルバムには、録音されたのが1985年の2月から3月とクレジットされていた。これは明らかに間違いだ。1985年3月2日、ぼくはマイルスの口から、このレコーディングについての話を、偶然にも聞いていた。

彼に会うため、マリブの別荘を訪ねたときだ。これがマイルスとの初会見だった。この時点（1985年3月）で、『デコイ』に続く作品として発売が決まっていたのは『ユーアー・アンダー・アレスト』だ。そのことを聞くのが目的のひとつで、マイルスの別荘を訪ねたのである。

録音を終えたばかりの『ユーアー・アンダー・アレスト』を聴きながら、彼は突然『オーラ』というオーケストラ作品をレコーディングしたといい出したのだ。最初は、なんのことだかさっぱり理解できなかった。マイルスによれば、コペンハーゲンで録音を済ませたばかりの組曲だという。発表は夏以降の予定で、その前に『ユーアー・アンダー・アレスト』が出ると、彼は教えてくれた。

マイルスが語ってくれた話はこうだ。

「ソニング賞」は、デンマークにあるレオニド・ソニング財団が主催し、毎年、音楽の世界で顕著な業績を残した人物に与えられるものだという。表彰式では、財団が委嘱した作曲家の作品を演奏するのがしきたりで、マイルスも式典でダニッシュ・ラジオ・ビッグバンドをバックに演奏したのだった。

その日は、コペンハーゲンにいたジョン・マクラフリン（g）も飛び入りで参加している。同ビッグバンドのピアニストであるカティア・ラベックとマクラフリンが結婚していたからだ(10)。この模様は、テレビとラジオを通じて放送された。マイルスはその演奏がいたく気に入り、正規の録音として残そうと考えたのである。

好都合だったのは、年が明けた1月から2月にかけて、マイルスの予定にヨーロッパ・ツアーが組まれていたことだ。その間を縫って録音することが計画され、そのためにマクラフリンも再びコペンハーゲンに呼ばれたのである。

マクラフリンにとっては、「ソニング賞」での演奏が、12年ぶりにマイルスと行なうセッションとなった。そして、この再会がきっかけで、直後に行なわれた『ユーアー・アンダー・アレスト』のレコーディングにも参加したのである。同作に収められた〈カティア・プレリュード〉と〈カティア〉（どちらもマイルスとロバート・アーヴィング三世の共作）は、いうまでもなくカティア・ラベックにちなんでタイトルされた曲だ。

こうして、1985年早々に『オーラ』は録音されたのだった。彼によれば、年内にも発表される予定だったこの作品だが、結局、リリースされたのは1989年になってからだ。どうしてすぐに陽の目を見なかったのか？『ユーアー・アンダー・アレスト』を最後に、マイルスがワーナー・ブラザースへ移籍したからだ。

それに伴い、契約上の問題で発売が延期されたのである。しかし、この間にも『オーラ』に関する情報はいくつか耳に入っていた。中でも一番明確なニュース・ソースが、組曲の作者であるパレ・ミッケルボルグだった。

パレは1988年1月に、ベース奏者のニールス・ヘニング・エルステッド・ペデルセンとピアニストのケネス・ヌドセンで結成したグループ、ハート・トゥ・ハートの一員として初めて日本にやって来た。〈北欧のマイルス・デイヴィス〉と異名を取るほど、マイルスの音楽に傾倒しているトランペッターが彼だ。滞在中のある日、そのパレに会うことができた。直接『オーラ』作曲の真相を聞いてみたかったからだ。

「1984年の3月か4月ごろじゃなかったかな？　ソニング財団から、マイルスをソロイストにしたオーケストラ作品を書いてくれないか、と申し出があった。驚いたよ。いくらぼくがマイルスを研究しているからといっても、そんな話が来るとは思ってもいなかったからね」(11)

いきさつはこうだ。

「彼らがいうには、マイルスにうかがいをたてたら、『ギル・エヴァンスがいい』との返事だったそうだ。そこで、さっそくギルにあたってみたが、彼は毎週月曜日に『スウィート・ベイジル』で演奏をしていて、『とても曲を書き下ろす時間がない』と答えたらしい。それで、代わりにぼくを推薦してくれたという。そこで財団は、ぼくが以前デクスター・ゴードン（ts）のために作・編曲をした作品（スティープルチェイスからリリースされた『モア・ザン・ユー・ノウ』と思われる）をマイルスに送り、彼の意見を聞くことにした。マイルスがそのアレンジを気に入ってくれて、それからぼくのところに話がきた」(12)

マイルスは、コペンハーゲンのラジオ・オーケストラと簡単なリハーサルを行なっただけで「ソニング賞」のステージに立った。

「コンサートが終わって、彼はぼくにこういった。『絶対にレコードを作ろう。こんなオーケストラは、お前とオレ以外にできない』。それから、マイルスとミュージシャンのスケジュールを調整して、あの時点で集められる最高のメンバーをスタジオに押さえて録音したのさ」(13)

この作品に聴くマイルスの演奏は、ギル・エヴァンスとのコラボレーションでリリシズムの限りを表出したそれとはかなり趣が違う。時代の推移を考えれば、当然だ。『オーラ』では、いつものマイルス・バンドに通じる音楽がオーケストラとともに演奏されていた。彼が、久々にオーケストラと共演した点では興味深いし、大きな意義も認められる。ただし、オーケストラとの共演によって、マイルスがいつもと違う音楽性を示すことはなかった。

きついい方をするなら、単にマイルスのプレイにオーケストラが伴奏をつけただけで、それによってクリエイティヴななにかが追求されるにはいたっていない。したがって、音楽の発展という視点で見れば、『オーラ』の前後に行なわれたセッションで構成された『ユーアー・アンダー・アレスト』が、『デコイ』に続くものと考えるべきだ。

ところで『デコイ』の吹き込みから兆しを見せ始めたのが、レコーディング・スタジオではレギュラー・バンドから離れてメンバーを集める方式だ。1955年に最初のレギュラー・グループを結成して以来、マイルスは、多くの作品を、そのときどきのレギュラー・グループで録音してきた。唯一といっていい例外が、『マイルス・イン・ザ・スカイ』から始まった〈エレクトリック・マイルス〉時代の初期に行なわれた一連のレコーディングだ。

レギュラー・バンドから離れ、ライヴとは違う音楽を追求したい——そうした思いが、マイルスの中で再び高まってきた。この試行錯誤がライヴに反映されることで、彼はさらなる飛躍を遂げようとしていた。マイルスがレギュラー・グループに固執しなくなったと書いたのも、こうした姿勢が顕著になりつつあったからだ。そのことをいっそう明瞭な形で示してみせたのが、1985年に発表された『ユーアー・アンダー・アレスト』だった。

マリブにて

「なにが飲みたい？　オレンジ・ジュースか？」(A)

マイルスの声は、想像以上に明瞭で力強いものだった。１９８５年３月２日、ついに会うことができた彼の最初の言葉である。この日、ぼくは、ロサンジェルスのマリブにあるマイルスの別荘にいた。当初、会見は２月23日にニューヨークで行なわれる予定だった。しかし、やむをえぬ事情から一時は中止と決定したものの、コロムビアの熱意と協力によって、ようやく実現したのである。

３月２日未明、ニューアークの飛行場からロスに向けて飛び立ったジャンボ・ジェットは、予定より１時間遅れて11時30分にロサンジェルス・インターナショナル・エアポートに到着した。マイルスとの取り決めでは、11時に彼のアンサリング・サーヴィスに電話を入れてこちらのロスにおける所在地を告げたのち、マイルス本人からそこに電話がかかってくることになっていた。しかし、その11時はとうにすぎ、時計の針は12時近くを指している。

コロムビアのＬＡオフィスで待機していた国際部のシャーリー・ブルックスに取りあえず連絡を入れてみた。キャンセルされても仕方のない状況だ。なにしろ、連絡もせずに帝王を待たせてしまったのだから。

しかし、彼女はマイルスと連絡を取ることに成功していた。こちらからの電話がないので、航空会社に問い合わせていたのだ。そして、「飛行機が遅れていることを知るや、彼のマネージメント・オフィスにその旨を告げ、12時から2時間の予定だった会見を、少し遅らせてくれるように頼んでいた。シャーリーの機転でLA行きが無駄にならずに済んだのだ。実際、マイルスは「今回はキャンセルだ」と彼女に告げていた。シャーリーにはいくら感謝をしてもし足りない。

コロムビアのオフィスでシャーリーと合流し、彼女が運転するホンダ・アコードでサンタモニカ・ブールヴァードをマリブに向かってひた走る。やがて、海岸づたいに道が開け、あたりは高級リゾートといった地域に入った。マリブまで数マイルの標識が目に入る。いよいよ、マイルスの別荘が近づいてきた。やがてフリー・ウェイから左に折れ、さらに海岸寄りの小道に入る。マイルスの家はもうすぐらしい。家の前に出ているハウス・ナンバーをシャーリーが確認していく。

そして、ついに車が止まった。左手に目指すハウス・ナンバーの家がある。とうとうやって来た。この家にマイルスがいるのだ。

はやる心を抑えてブザーを鳴らすと、しばらくしてドアが開き、初老の女性がぼくたちを迎えてくれた。お姉さんのドロシーだ。聞けば、彼女もこの週末をすごすため、シカゴからやって来たのだという。かつて、マイルスにアーマッド・ジャマル（p）の存在を教え、息子のヴィンセント・ウィルバーン・ジュニアをマイルスと共演するまでに育てたドロシーが、ぼくたちを招き入れてくれる！

居間に通され、待つこと数分。マイルスは明るいレンガ色のジャンプ・スーツ姿で登場した。2階から階段を降りてくる姿を見て、ぼくは思わず拍手をしそうになった。20年近く憧れ続けてきた人物が、目の前でニタリと笑いながら立っている。そのマイルスが、ぼくらにオレンジ・ジュースを用意し、自分はペリエをグラスに注ぎ、いきなり、「今日はなにをさせようっていうんだ。写真を撮るのか？ それじゃ洋服を替えなきゃ駄目だな」などと一方的に喋り始めた。

レコードで何度も耳にしていたあの声だ。押し潰されたような、しわがれたかすれ声で、マイルスがぼくたちに向かって喋っている。威圧感をひしひしと感じるものの、思いのほか雰囲気は和やかだ。温かい空気がぼくたちを包んでいる。大きな窓を通して見える太平洋が勇気を与えてくれた。

「まずは、絵を描いているときの表情や手の動きを撮りたいんです」

思い切って切り出してみる。こちらのリクエストに対し、マイルスは画用紙の束をぼくに無言で渡す。封を切って1枚渡すと、「よく見てろよ」といわんばかりにこちらに目をやり、緑、赤、黒といった色のペンで、女性をモチーフにした、彼ならではの絵を描き始めた。マイルスの絵は、演奏同様、躍動的でリズム感があり、空間を効果的に利用している。またたく間に簡単な絵を3枚仕上げると、「さあ、持っていけ」といわんばかりに差し出した。

次に、カメラマンが「ほかの部屋でも写真を撮りましょう」というと、それには答えず、すかさず「車が見たいだろ」と返事が返ってくる。マイルスはいまも車を運転しているのだろうか？　こういう素朴な疑問を持っていたが、ガレージに案内され、彼自身が運転するニューヨーク・ナンバーをつけた黄色のフェラーリを目のあたりにしたとたん、彼が本当に健康を取り戻した実感がこみ上げてきた。

車から降りると、「今度のレコーディングは最高だった。聴きたいか？」とポケットから1本のカセット・テープを取り出す。こちらからいい出さなくても、彼は希望をかなえてくれる。こうした振る舞いは、その後に会ったときも同様だった。

マイルスは自分なりに会見の段取りを考えているのだ。彼は、まるで子供が自分の宝物を自慢するかのように、次から次へとこちらが喜びそうなものを持ち出してくる。こんなにサーヴィス精神が旺盛とは思わなかった。

転機となった『ユーアー・アンダー・アレスト』

ニューヨークに着いて早々、不完全ながら新作のテープは入手していた。しかし、全部は聴いていない。カセット・デッキにマイルスがテープをセットした。

そこで、「これはビル・ラズウェル（elb）のプロデュースしたものですか？」と質問してみる。しばらく前に、「マイルスの次回作はビル・ラズウェルがプロデュースする」という噂が流れていたからだ。「ビルとはレコーディングしたが、今度のレコードとは違う。それはこっちのカセットに入っている」ともうひとつのカセットを取り出した。そのテープのケースには、たしかに「Miles Davis = Bill Laswell」とペンで走り書きがされていた（これは未発表）。

『ユーアー・アンダー・アレスト』では、これまでの作品に比べて多くの変化と実験的な試みが認められる。まず注目すべきが、アルバムのオープニングを飾る〈ワン・フォーン・コール〜ストリート・シーンズ〉に、スティングが参加していることだ。ただし、ヴォーカルや演奏の参加ではなく、フランス語を喋る警官役として声の出演をしたのである。しかもそのトラックでは、マイルスもセリフを喋っているではないか。

当時のマイルスを思い返すと、彼はヒップホップのサウンドに強い関心を寄せていた。ハービー・ハンコックを介してビル・ラズウェルと接触したり、ブルックリンで活躍する無名のラッパーを家に呼んだりしていたのがこの時期だ。それだけに、この曲は、そのことを窺わせる内容と考えていい。しかし、それでもスティングの起用は意外だった。スティングが参加したのは、彼のレコーディングにつき合っていたベース奏者ダリル・ジョーンズの紹介があったからだ。

「スティングは大のジャズ好きでね。あのときは、ぼくがマイルスのレコーディングに参加するって聞いて、スタジオに遊びに来たんだ。そのときに、飛び入りでセリフを喋ったのさ」(14)

マイルスは、ヴォイスの入るシークエンスを、英語がわからない異国人の設定で考えていた。最初はミノ・シネルかジョン・マクラフリンが候補だった。どちらもフランス語が喋れるからだ。そのために、フランス語のスクリプトが用意されていた。そこに現れたのが、ダリルと一緒にやって来たスティングだった。

挨拶をして帰るつもりの彼だったが、スクリプトを見て、みずから立候補したのである。スティングは奥さんがフランス人で、フランス語を喋るのに問題はなかった。マイルスにも断る理由はない。こうしてフランス語を喋る警官が誕生した。

マイルスによれば、自身もそのパートを録音したという。ただし、例のダミ声のため、フランス語だとなにをいっているのかわからない。それが理由でボツにしたそうだ。

ところでもうひとつ、この曲には裏話がある。それを教えてくれたのは、タイトル曲の〈ユーアー・アンダー・アレスト（あなたは逮捕されました）〉を書いたジョン・スコフィールドだ。

「この曲のタイトルにヒントを得て、マイルスは〈ワン・フォーン・コール〜ストリート・シーンズ〉にセリフを入れようといい出した。そこで、麻薬所持の疑いで警官に逮捕されるストーリーが、彼によって設定された。マイルスは、その昔、セロニアス・モンク（p）と車に乗っていて、麻薬所持の疑いで逮捕されそうになったことがある。そのときの体験が頭に浮かんだのかもしれない」（15）

スティング演じる警官が話しているのは「ミランダ条項」で、逮捕されるにあたって1回だけ好きなところに電話がかけられるとか、不利だと思えば黙秘権が行使できるといった被疑者保護に関する説明のことだ。〈ワン・フォーン・コール〉はそのことを表している。

また〈ストリート・シーンズ〉は、黒人ながらピカピカのフェラーリを乗り回すマイルスに、警官がしょっちゅう職務質問することからつけられたタイトルだ。この曲の前半部のリズム・パターンは、マイルスがかつて『ジャック・ジョンソン』の〈ライト・オフ〉の中間部で使用したものと同じだし、後半部には『スター・ピープル』の〈スピーク〉のリフが用いられている。

『ユーアー・アンダー・アレスト』でふたつ目の話題となるのは、マイルスがポップ・チューンを取り上げていることだ。マイケル・ジャクソンのメガ・ヒット・アルバム『スリラー』に入っていた〈ヒューマン・ネイチャー〉、マイルスのオリジナル〈MD1〉と〈MD2〉の間にサンドイッチされた形で挿入されるDトレインの〈サムシングズ・オン・ユア・マインド〉、それにシンディ・ローパーの大ヒット曲〈タイム・アフター・タイム〉である。

これらは『デコイ』の前半（LPでいうならA面）でマイルスが試みていたメロディックなアプローチを、さらに前進させるために取り上げたものだ。そしてこれは、なにより彼自身が最近のポップ・チューンに親しんでいる姿を浮かび上がらせた点で興味深い。

〈タイム・アフター・タイム〉を聴きながら、マイルスはこう説明してくれた。

「いつだって、その時代で一番クールと思う曲を取り上げてきた。いまは再びメロディックなものに興味がある。ここしばらくは強力なリズムに身を置いていたから、ちょっと変化がほしくなった。メロディとビートの関係をもう少し追求してみたくて、レコーディングでもライヴでも、それに適したメンバーを選んでいる」（A）

かつてバラードを次々と録音したのも、アーマッド・ジャマルやフランク・シナトラ（vo）の大ファンだったからだ。彼らのレコードを聴いては自分のレパートリーに加えていた話に、この言葉は繫がっている。

「あのころは、シナトラのレコードが出ればいち早く手に入れて、その週のうちにレパートリーに加えていた。シナトラの表現、アーマッド・ジャマルのタッチを自分なりのニュアンスで吹いてみたかった。歌心がどれだけ自分にあるかなんて知らないが、シナ

トラの歌は大好きで、彼が歌うすべてのフレーズに耳を傾けていた」（A）

繰り返しになるが、マイルスに接して驚いたのは、問わず語りで昔話をいろいろとしてくれることだ。しかも、彼は素晴らしい記憶力の持ち主だった。そうした昔話に花を咲かせているときのマイルスからは、決して過去を振り返らなかったという伝説も、ちょっと違うものに思えてくる。もちろん、彼が過去を振り返らないのは、過去の音楽を繰り返さないということで、昔話をするのとは意味が違う。

しかし、マイルスは音楽面でも過去を切り捨てていなかった。常にこれまでのことを思い返すことで、いまの音楽をより創造的なものにしていたのである。それだけに、彼が昔話をするときは、現在の自分と対比することが少なくなかった。

たとえば、チャーリー・パーカーの思い出を語るときは、現在のバンドのサックス奏者と自分の関係に照らし合わせてみたり、ビル・エヴァンス（p）のプレイを語るときは、マイルスのために弾いたコードを、いまも超えることができないと打ち明けたりもした。マイルスは過去の話をしながら、常に前を見つめていた。その点で、彼は過去を振り返らない人間だった。

いつも前向きで、どんなときでも音楽を考えているひと──それが初めて会ったときの印象だ。2時間の予定がこちらの遅刻で1時間に短縮されることになったが、マイルスは問わず語りでいくらでも話をしてくれた。結局、別荘には3時間ほどいただろうか。最後は、マイルスにリハビリテーションのアドヴァイスまでして、彼の家をあとにした。ニューヨークに戻る飛行機の出発時刻が迫っていたからだ。

思い出はこのくらいにして、『ユーアー・アンダー・アレスト』に話を戻そう。『デコイ』とその前作『スター・ピープル』の間にある大きな変化としては、リズムに対するコンセプトの違いが挙げられる。『デコイ』では、リズム・マシーンを使用することで、前作よりも今日的なサウンドが追求されていた。次の『ユーアー・アンダー・アレスト』では、ヴィンセント・ウィルバーン・ジュニアを起用したことで、そこにヒューマンな味つけが加えられた。

そのために、『ユーアー・アンダー・アレスト』では、長年マイルスの音楽的かつ精神的な支柱だったアル・フォスターが9曲中で3曲にしか参加していない。残りの曲ではヴィンセントがドラムスを担当している。その結果、マイルス・ミュージックは徐々にブラック・コンテンポラリー色の濃いスピード感のある音楽に変貌を遂げていく。

「ぼくのドラミングは4ビートがベースで、そこに修飾音を加えてポリリズムを生み出す仕掛けになっていた。しかしこのころになると、マイルスの音楽にそれでは対応できなくなってきた。質の違うビートを追求するようになったからだ。それまでは、どんなにファンクな演奏をしても、ルーツにジャズの響きがあった。しかし1984年の終わりごろには、まったく違う音楽からビートを引き出すようになっていた。当時はライヴをしばらく休んでレコーディングを続けていた。そのときから、違いがはっきりとわかるようになった。理由かい？　ロバート・アーヴィングとダリルの参加だ。彼らがまったく違うビートとメロディ・ラインをグループに持ち込んだのさ。だから、ぼくの代わりに彼らと一緒にやっていたヴィンスが加入した」(16)

1972年から行動をともにしてきたフォスターが、1984年末をもってマイルスとの共演に終止符を打ったのである。マイルスの音楽は、さらなる変貌を遂げようとしていた。その象徴が、彼の退団だ。

「ファンクでも、マイルスはありきたりなものとは違うビートを求めていた。スペースを感じさせつつ粘りのあるビート、みたいなものかな？　コンサートが終わると、毎晩マイルスの部屋に行って、その日のプレイについてアドヴァイスを受ける。ダリルもボブ（ロバート・アーヴィング三世）もシカゴで一緒にやっていた仲間だから、マイルスのアドヴァイスを彼らにも伝えて、翌日のサウンド・チェックでそれを試すんだ」(17)

マイルス・バンド参加直後にヴィンセントから聞いた話だ。

彼が加わったことで、グループのリズム・セクションはシカゴ派のファンク・ミュージシャンにすべてが置き換わった。同時に、マイルス・ミュージックにおけるサックス奏者の役割も、それまでとは異なるものになってきた。

そのことを伝えていたのも『ユーアー・アンダー・アレスト』だ。この作品では、ジャズのサックス奏者であるボブ・バーグのプレイまで、きわめて非ジャズ的な内容になっている。ジャズ的志向の強いサックスの必要性が感じられないところにまで、マイルスの音楽は到達していた。

それについてはボブ・バーグが語っている。

「マイルスから、一度だけリズム・パターンの譜面を渡されたことがある。びっくりした。小節がないんだ。だから、正確には譜割りじゃないよね。それを用いて演奏すると、自然にジャズとはまったく違う響きになった。ジャズのノリや手法じゃ、あのリズムはこなせない。どこからあんなアイディアが出てきたのか、いまでもときどき思い出しては、首をひねっている。マイルスはユニークだった。彼の考えていることが少し理解できるようになってからは、こちらも大胆なプレイをするようになった。ぼくも、いつの間にかジャズ・ミュージシャンの意識から解放されていた。マイルスのバンドにいたときは、いろいろな意味で自由になれた。音楽だけでなく、食事や服装なんかも含めて、日常生活も解放されていたからね。彼には、ひとに影響を与える強い力が備わっていた。ああいうのをカリスマっていうんだろう」(18)

『オーラ』で12年ぶりに共演したジョン・マクラフリンの参加も、マイルスの音楽にいつもとは違う幅広さを加えている。

「1970年代後半にマハヴィシュヌ・オーケストラを解散してからは、エレクトリック・サウンドの反動みたいなもので、アコースティックなサウンドを追求するようになっていた。インド音楽にも傾倒していた。マイルスと再会したのは、またエレクトリック・サウンドに興味を持ち始めていたときだ。だから、彼との共演はとても触発された。久々にフレッシュな気分でプレイができたしね」(19)

別れ、再会、新たな音楽性への志向、そしてポップ・チューンの採用など、さまざまな局面を孕んでいたのが『ユーアー・アンダー・アレスト』だ。この作品は、マイルス・ミュージックがさらなる飛躍を遂げつつあることの予兆だった。間もなく59歳の誕生日を迎える彼が、いまなお幅広い音楽をクリエイトしている姿をとらえたのがこのアルバムだった。

マイルス・イン・トーキョー

マイルスが6度目の来日を果たしたのは1985年7月のことだ。それに合わせて『ユーアー・アンダー・アレスト』も日本で発売された。そしてこのツアー中に、ぼくは、マイルスと決定的な親交が結べたのである。

マリブでの取材は、その来日を睨んでマイルス特集で別冊を出そうというスイングジャーナル社の意を受けてのものだった。そして、マイルスが到着した日に、完成したその本を手渡そうと、マリブにも一緒に行った編集長(当時は副編集長)と滞在先のホテルに向かった。

マイルスは、ロックのスーパースターと同じで、レコード会社の担当者もおいそれとは近づけない。プロモーター側も、機嫌を損ねてはたいへんと、インタヴューはおろか、大半のひとを彼から遠ざける気の配りようだ。本来なら、レコード会社を通してマイルスとの会見をセッティングしてもらうのが筋である。しかし、正攻法はよほどのことがない限り通じない。触らぬ神に祟りなしとばかりに、関係者が勝手に拒否してしまうのだ。

そこで、ゲリラ戦法とばかりに、来日した日を狙ってホテルのロビーで待機することにした。マイルスがやって来たら、できたての特集号を差し出す魂胆だ。一行は夕方になって到着した。そのまま、彼は一群のひとと一緒にエレヴェーター・ホールへと向かう。ここで手渡せなければ、ほかにチャンスはない。それで、こちらもエレヴェーター乗り場に向かった。

気配を察してか、マイルスがこちらを向く。すかさず、編集長が『Oh! MILES』と題された別冊を彼に向かって示す。距離は5メートルほどだ。ぼくは、どうなることかとヒヤヒヤしながら見守っていた。すると、マイルスが周りのひとの耳元になにかを囁いた。それを合図に、ひとびとが少し横に動いたのだ。ぼくたちの前にマイルスへの道が開けた。

編集長が『Oh! MILES』を渡す。そのタイミングでエレヴェーターのドアが開いた。ぼくたちもそのまま一緒に乗り込む。そして、マイルスが滞在する部屋のフロアに着いた。なにも考えないまま、一緒に降りる。どうしようかと編集長と顔を見合わせていたところに、マイルスが囁いた。

「お前、あのときのドクターだろ？　気がつかないか？」

もちろん、気がついていた。ホテルに入ってきたときから、気がついていたのだ。

「ほら、お前のメニューどおりにやったんだ」

脚を引きずるようにしていたマイルスが、ほとんど普通に歩いている。しかし、彼は、カウンターパンチも忘れない。

「あれはきつかったぞ。それで悪化したら、お前は訴えられていたな。ラッキーなヤツだ」

これこそ、マイルスだ。彼に憎まれ口まできいてもらったことに、ぼくはすっかり有頂天になってしまった。きつかった「あれ」とは、初対面のときに手渡したリハビリ・メニューのことだ。

マリブで会ったときのマイルスは、心底この苦しみから解放されたいと願っていた。その後、リハビリ専門の病院を訪ね、そこで時間があるときは毎日のように運動療法を受け、家ではぼくが書いたメニューと病院で教わったやり方を取り入れ、一所懸命に努力を続けたのである。マイルスはストイックな性格だ。その熱心さもあって、約半年後に会ったときには、だいぶ痛みも取れて、歩き方もしっかりしていた。さぞかしたいへんな努力を重ねたに違いない。

マイルスは、この日、スウェーデンから十数時間をかけて日本にやって来た。驚きは、さらに続く。普通なら、長旅でヘトヘトなはずだ。それなのに、彼はぼくたちを部屋に誘ったのである。これにはびっくりした。

こんなチャンスは二度とない。そこで、遠慮もなにも考えないことにした。しかし、驚きはこれだけでなかった。5時ごろホテルに入ったマイルスは、ぼくたちを相手に、夜中の2時近くまで、いろいろなことを話し、食事をし、絵を描き、音楽を聴いてリラックスしていたのだ。この元気さにはびっくりした。

そして帰りしなに、彼がぼくに囁いた。

「鍼ができるヤツを知ってるか？　英語ができなきゃ駄目だぞ」

「チャイニーズのドクターで鍼のできるひとなら知っています。英語もできますよ」

「そいつはうまいのか？　ナンバー・ワンか？」

そんなことをいわれても困る。そこで、1番とはいえないから、2番と答えてみた。

するとマイルスは、がっかりした声で「うーん」と唸った。

「2番じゃ駄目……ですよね、やっぱり」

「いや、5番目くらいまでならいいぞ。明日の朝、9時に来られるのか?」

いまは夜中の2時に近い。しかし、彼は同じ病院で働いている同僚だから、明日のスケジュールはわかっている。病院で直接交渉すれば大丈夫だろう。ただし、9時は無理だ。

「10時なら、大丈夫だと思いますが」

「それなら、それまでにひと泳ぎしておくか」

そんなことを、ひとりごとのようにいいながら、マイルスは、あとは勝手に帰れと、ベッドルームに入ってしまった。ぼくたちも退散である。

それにしても驚きだ。スウェーデンから東京に入り、そのままぼくたちと10時間近くも話し込み、翌日は朝から水泳だという。このエネルギーには圧倒された。

この一件は、マイルスが気を許してくれた徴《しるし》かもしれない。こう勝手に解釈して、それから地方を回って再び東京に戻ったタイミングを見計らい、彼の部屋に電話を入れたのである。マイルスとの3回目にして初めての単独会見(カメラマンはいたが)となったのが、このときだ。

ところで、後日、鍼治療を頼んだドクターに聞いたところ、マイルスは非常に礼儀正しい振る舞いをしたとのことだった。ちなみに、彼はマイルスがどんなひとなのかほとんど知らなかった。

日本から帰ったマイルスは、9月に南アフリカのアパルトヘイトに反対するミュージシャンたちとキャンペーン・ソングの〈サン・シティ〉を録音している。このレコーディングでは、オーヴァーダビングながら、ハービー・ハンコック、ロン・カーター、そしてトニー・ウィリアムスとの共演が久々に実現した。

ツアーもそのまま継続され、10月後半まではアメリカ国内、その後は11月末まで、この年2回目となるヨーロッパ・ツアーをこなしている。

日本のツアーまではジョン・スコフィールドが参加していたが、その後はマイク・スターンが復帰し、ダリル・ジョーンズもスティングのツアーに参加するため、これまたシカゴで活躍していたアンガス・トーマス（elb）と交代している。そしてヨーロッパ・ツアーから、マイルスのバンドはアダム・ホルツマンを加え、ロバート・アーヴィング三世との2キーボード編成になった。

【第12章：さらなるサウンドを求めて　注】

1．ジョージ・アダムス　1987年、ニューヨーク

2．ダリル・ジョーンズ　1992年、シカゴ

3．2と同じ

4. ブランフォード・マルサリス　1985年、ニューヨーク
5. ロバート・アーヴィング三世　1985年、東京
6. 『スイングジャーナル』1983年12月号、100頁
7. 『デコイ』に続いて発表された『ユーアー・アンダー・アレスト』に収録。
8. ギル・エヴァンス　1986年、ニューヨーク
9. ボブ・バーグ　1992年、ニューヨーク
10. ただしコンサートにカティアは参加していない。
11. パレ・ミッケルボルグ　1988年、東京
12. 11と同じ
13. 11と同じ
14. 2と同じ
15. ジョン・スコフィールド　1987年、ニューヨーク
16. アル・フォスター　1987年、ニューヨーク
17. ヴィンセント・ウィルバーン・ジュニア　1985年、東京
18. 9と同じ
19. ジョン・マクラフリン　1997年、モナコ（電話インタヴュー）

第13章 新天地での試行錯誤

移籍

ツアーで多忙を極めていたマイルスだが、問題をひとつ抱えていた。スティングのギャラのことだ。いかに好意による飛び入りとはいえ、そこはスーパースターの彼である。スティングの名前を使うならそれなりのギャラを支払うようにと、マネージメントから申し入れられてしまう。

しかし、コロムビア側はそんな突発的な出費は予算に計上できないという。そこで、マイルスは自腹を切ることにした。ただし、プライドの高い彼のことだ。レコード会社のつれない返事に傷ついた結果、『ユーアー・アンダー・アレスト』の吹き込みを最後に、ワーナーへ移籍する。コロムビアとの契約が1985年末に切れたのだ。同社は継続を希望したものの、スティングの一件でわだかまりもあったし、ワーナーにはプリンスも在籍していることから、マイルスは30年間在籍したコロムビアを離れることにした。

移籍後、最初の作品となった『TUTU』は、年が明けた1986年1月から3月にかけてレコーディングされている。前作の『ユーアー・アンダー・アレスト』から1年後の吹き込みとなったこの作品は、新天地に移ったマイルスが新機軸を打ち立てた作品でもあった。

いくつかの例外はあったものの、コロムビア時代の彼はレギュラー・グループを中心にレコーディングをしていた。端的にいえば、バンド・サウンドを追求していたのだ。しかし『ユーアー・アンダー・アレスト』で兆しを見せ始めていたが、ワーナーに移ってからのマイルスはバンドを離れ、個人のプレイに徹するようになった。

こういうことだ。『TUTU』では、ほとんどの楽器をプロデューサーのマーカス・ミラー（elb）が担当している（1）。そうやって、最初にベーシック・トラックを完成させ、その後にマイルスがトランペットをオーヴァーダビングして演奏を仕上げていく。それ以外のミュージシャンは必要最低限のところだけに参加する。しかも、レギュラーのメンバーにはこだわっていない。

これは、ロック系のアーティストがソロ・アルバムを作るやり方に準じたものだ。こうした手法を、ジャズ（この時点でマイルスの音楽をジャズと呼ぶのは不適切かもしれないが）のレコーディングで初めて取り入れたのが『TUTU』だった。

「移籍する際にマネージャーを替えた。シシリーのマネージャーで黒人だった。白人のマネージャーにはうんざりしてたからな。しかし、ヤツがドジを踏んだんだ。契約金をできるだけ高くするため、オレの著作権をワーナーに渡してしまった」（D）

これが理由で、以後のマイルス作品には、オリジナル曲がほとんど収録されていない。

「悔しいから、他人の曲ばかり録音してやった」（D）

ワーナーのプロデューサーであるトミー・リピューマの言葉だ。

「マイルスは、違うタイトル（『パーフェクト・ウェイ』）を考えていた。それがピンとこなかったので、『TUTU』はどうだろう？　と提案した。ノーベル平和賞をもらったデズモンド・ツツ司教のことだ。マイルスはアパルトヘイトに関心を持っていたし、アルバムにはマーカスが書いた〈フル・ネルソン〉という曲も含まれていた。これは、ネルソン・マンデラから取られた曲名だ。タイトルは、彼も気に入ってくれたようだ」（2）

アルバムを実質的な形でプロデュースしたマーカス・ミラーはこう振り返る。

「最初は、マイルスからジョージ・デューク（key）の曲を渡され、アレンジするようにいわれた。結局、使わなかったけれど、それを基にいくつかの曲を書いてみた。そのあとで、マイルスとそれらを完成された演奏に仕上げていった」（3）

マイルスがカムバックしたときのベーシストだったマーカスは、その後、プロデューサーとしての活動も開始し、この作品でマイルスと再会したのである。

マイルスはどう思っていたのだろう？

「面白いと思った。手直しすれば、オレの考えている音楽に近づく。それでマーカスとスタジオに入った。シンセサイザーで音作りをするから、メンバーのアダム・ホルツマン（key）にも声をかけた。マーカスのテープを聴いた時点で、次のレコーディングはバンドでやる気がなくなっていた。しかし、アルバムが完成したら、次はライヴでその音楽を演奏しなくてはならない。それを考え、アダムを呼んだんだ。ステージで演奏することになるから、ヤツの協力があったほうがいい。シンセサイザーのオーソリティだし、音作りに関してはマーカスやオレ以上だからな。アダムの協力を得て、ある程度のサウンドに仕上げた。あとはシンセサイザーで作れない音を何人かのミュージシャンにつけ足してもらって、最後にトランペットを吹いた。これでアルバムが完成した」（D）

タイトル曲の〈TUTU〉では、冒頭で独特のシンセサイザー・サウンドが印象的に響く。その音を作ったのがアダム・ホルツマンだ。

「1984年から85年にかけては最悪の時代だった。ロスの楽器店で新型シンセのデモンストレイターをして、店にやって来た音楽関係者の誘いでいくつかのセッションに参加してた程度だ。そこにマイルスが来て、ニューヨークのツアー・リハーサルに誘われた。マイルスと会うのは初めてだった。ありったけの楽器を持ってニューヨークに飛んださ。リハーサルが終わったときに、『パスポートは持ってきたか？』といわれた。会ってから5日後には、マイルス・バンドの一員としてヨーロッパ・ツアーに参加してたから、驚きだ」（4）

個人的な話で恐縮だが、ぼくは1990年代にレコード・プロデューサーとしていくつかのレコード会社からレーベルを任されていた。そのひとつがパイオニアLDCのグラスハウスだ。これは、密かに「マイルス・チルドレンのレーベル」と位置づけていたものである。

アダムの『イン・ア・ラウド・ウェイ』が第一弾だ。このタイトルでピンとくるひともいるだろう。マイルスの『イン・ア・サイレント・ウェイ』にヒントを得ているからだ。この作品には、ケニー・ギャレット（as）、ダリル・ジョーンズ（elb）、デニス・チェンバースが参加している。デニスはフュージョン系の代表的なドラマーだが、それ以前はファンク・ミュージックの大物、ジョージ・クリントンのバック・バンドでドラムスを叩いていた。その時期に、マイルスからバンドに誘われたこともあったという。

2作目は、アダムの作品が縁で、デニスのリーダー作をプロデュースした。その『ゲッティング・イーヴン』には、ジョン・スコフィールド（g）、ボブ・バーグ（ts）、ダリル・ジョーンズが参加している。

3作目の『トライラテラル・コミッション』は、ニューヨークのスタジオ・シーンで活躍していたギタリストのジミ・タンネルをリーダーにしたものだ。この作品には、『TUTU』をはじめ、ワーナーに残された一連のスタジオ作品でドラムスを叩いたオマー・ハキムに参加してもらった。

次の『ESP』はシカゴの4人組によるユニット名をタイトルにしたものだ。メンバーは、ロバート・アーヴィング三世（key）とダリル・ジョーンズ、それにマイルスが1987年春に行なった全米ツアーでギターを弾いたボビー・ブルームと、4人中3人までがマイルス・バンドの出身者である。そのほかにも、テープの買い取りで菊地雅章（key）の『DREAMACHINE』もグラスハウスではリリースしている。

このレーベルは、参加してくれたアーティストとぼくがマイルスにトリビュートしたい気持ちから始まった。残念ながら2年ほどで活動を停止したが、その思いは、レーベルが消滅しても永遠に変わらない。

ところで、〈TUTU〉のイントロにはエピソードがもうひとつある。ひところのスティーヴィー・ワンダーが、ステージでメンバー紹介をする際に、このパートを完璧にコピーして使っていたのだ。

「マイルスの音楽はすべて好きだね。若いころのストレートなジャズもいいし、最近のファンク調も好きだ。彼の音楽から、常に触発されてきた。時代を意識すると同時に、永遠なものも感じる。これらふたつを両立させることは本当に難しい。ぼくもそうありたいと思っている。マイルスは、だから、ぼくの目標でもある」(5)

チック・コリア(key)のドキュメンタリー・ビデオをロスで撮影していたときに、彼と仲よしのスティーヴィーに登場してもらったことがある。撮影の合間に、〈TUTU〉のサウンドをコピーして使っている理由を聞いた答えがこれだ。

マイルスにとって『TUTU』は完成度の高いものだった。それでも彼には納得できない部分がいくつか残されていた。音楽的にはかなり満足のいく音作りができた。しかし、スタジオ・ワークを駆使したため、ライヴ・バンドの持つ熱気が薄れてしまったのだ。そこにマイルスは不満を抱いていた。あちらを立てればこちらが立たず、といったところか。

「レギュラー・グループでレコーディングしていたときはメンバー個々のプレイに納得できないところがあった。それを解決したのがマーカスとのセッションだ。しかし、エネルギーの点では物足りない。だから、いま考えているのは、ライヴを録音して、そこにマーカスとふたりで必要な音をつけ加えることだ」(C)

残念ながら、このアイディアは実行されずに終わってしまった。マイルスは試行錯誤のひとである。「過去は振り返らない」とカッコをつけているものの、裏では過去も含めてさまざまなことを考えていた。『TUTU』も、結局のところ試行錯誤の産物である。そして、この試行錯誤は、続く『シエスタ』や『アマンドラ』(どちらもワーナー)へと受け継がれていく。

I am tired.

1986年のマイルスは、『TUTU』のレコーディングを終えると、直後の3月から全米ツアーを開始している。これは6月いっぱいまで続く長期のものとなった。このツアーから、ベーシストがカムバック作の『ザ・マン・ウィズ・ザ・ホーン』に参加していたフェルトン・クリューズに交代し、4月からはギタリストもロベン・フォードにバトン・タッチされる。6月15日にはニュージャージーの「ジャイアンツ・スタジアム」で開催されたアムネスティ・インターナショナルのマラソン・コンサートにメイン・アクトとして登場し、このときはコンサートのホストを務めたカルロス・サンタナとの共演も実現した。

「マイルスがこんなにツアーをするひとだとは思わなかった。ぼくはブルースをベースにしたギタリストなんで、そういうプレイを中心にしていた。驚いたのは、彼と演奏しているうちに、自分の演奏スタイルが少しずつ変わっていったことだ」(6)

ロベン・フォードは、1974年に行なわれたジョージ・ハリスンの全米ツアーにも参加したギタリストだ。彼の言葉どおり、6月21日に「エイヴリー・フィッシャー・ホール」で聴いたステージは、いつものマイルス・サウンドにブルージーな要素も加味されていた。

この年はいつになくツアーに明け暮れている。その後も、休む間もなく7月の1ヵ月間をヨーロッパ・ツアーにあて、帰国後は再び全米ツアーに突入したのである。9月にはブラジルでコンサートを開き、そのまま再度ヨーロッパに向かい、月末まで各地をツアーして回った。

「忙しすぎてシシリーともすれ違いになってしまった。このころは別居してたのかな？だから、ますます音楽にのめり込んでいった」(H)

9月には『TUTU』が発売されている。ジャケットには、鋭い目つきをしたマイルスのポートレイトが浮き出る感じで写し出されていた。撮影を担当したのは、世界的なフォトグラファーのアーヴィング・ペンだ。

「マイルスの要望は、『誰が見てもドキッとするもの、ひとびとの目を奪うものにしてくれ』、それだけだった」(7)

こう振り返るのは、アルバムのアート・ディレクションを務めた石岡瑛子だ。彼女はそれに応え、顔写真だけでマイルスの人間性と音楽が語れるほどインパクトの強いジャケットを完成させている。ジャケットには、タイトルもなければ、「マイルス・デイヴィス」の文字もない。眼光鋭い彼がこちらを向いているだけだ。そしてこのジャケットは、翌年の「グラミー賞」で〈ベスト・アルバム・パッケージ賞〉を石岡にもたらしている。

「あのジャケットはいいだろ。オレも気に入っている。だが、音楽もいいぞ」(H)

マイルスが〈過去〉を振り返る。

「あのアルバムには、それまでのオレがすべて凝縮されていた。ギルとのセッション、『カインド・オブ・ブルー』、『ビッチズ・ブリュー』、ジミ・ヘンドリックス、ジェームス・ブラウン、それにコルトレーンの響きだってある」(H)

コルトレーンの響きがこのアルバムから聴き取れるとは思えないが、それでもこの作品はマイルス・ミュージックを総括する内容だった。しかも、単に総括するだけでなく、それ以上の形で次なる動きを示していた。そこに、マイルスのマイルスたるゆえんが強く感じられるアルバムだ。

ツアーに明け暮れた1986年だが、それ以外のことでも、この前後でマイルスはさまざまなことをしていた。人気テレビ番組の『マイアミ・バイス(シーズン2)』に2回にわたって重要な役で出演したことにも驚かされたし、1985年12月8日に放映されたテレビ番組の『アルフレッド・ヒッチコック・プレゼンツ/プリズナーズ』の音楽を担当したり、日本のホンダが新しく発売したスクーターのCFに出演したりと（音楽はいっさいなく、マイルスの「I'll play it first, and I'll tell you about it later, maybe.」というセリフがフィーチャーされていた）、多くの話題を提供してくれたのがこの時期だ。

１９８７年には、「ライヴ・アンダー・ザ・スカイ」に出演するため、2年ぶり、7度目の来日を果たしている。このときは、「ライヴ・アンダー・ザ・スカイ」が10周年を迎えるということで、それに先だつ5月に、ニューヨークのホテル、「ル・パーカー・メリディアン」で盛大なパーティが開かれることになった。マイルスもゲストとして登場したこのパーティで、ぼくはひとことだけ彼からラジオのためのコメントをもらうことができた。

「日本ツアーの抱負は？」

それに対し、マイルスは「I am tired.」と答えたのだ。これには二の句が継げなかった。たしかに、ここ数年はツアーの連続である。しかし、マイルスはマーカス・ミラーというよき理解者を得て、コロムビア時代とは一線を画すレコーディングを始めるようになっていた。ぼくは、彼が満足しているとばかり思っていた。同じころに「I am not a monster.」という言葉も聞いているし、その思いとも関連したものだろうか？それとも、これはマイルス一流のジョークなのか？

どう解釈したらいいのかわからないこの言葉は、しばらくぼくの心に残っていた。単に肉体的な疲れなのか、クリエイティヴな活動に対する思いなのか？

この1年で、ツアー・バンドのメンバーはかなり変更されている。サックスはボブ・バーグからゲイリー・トーマスを経てケニー・ギャレットになっていたし、ギターには、ロベン・フォード、ガース・ウェーバー、ドウェイン・ブラックバード・マクナイト、ハイラム・ブロック、ボビー・ブルーム、ジョー・フォーリー・マクリアリーと、さまざまなひとが去来した。エレクトリック・ベースは、フェルトン・クリューズが抜けてダリル・ジョーンズが復帰している。ドラマーも、来日前の3月に、ヴィンセント・ウィルバーン・ジュニアからリッキー・ウェルマンに交代したばかりだ。

これまでにないほど短いサイクルで頻繁に繰り返されるメンバー交代。それも、心の揺れを現したものなのか？

ボビー・ブルームの意見だ。

「1987年1月から3月にかけてのツアーに参加した。その間にも、サックス奏者がケニー・ギャレットだったり、ゲイリー・トーマスだったり、前に参加していたボブ・バーグだったりと、一定しなかった。マイルスの音楽は十分に強力だった。でも、いろいろなことを試して、それまでの音楽を変えようとしていたんじゃないかな？」（8）

同じ時期に参加したゲイリー・トーマスは、そのころのマイルスをこんなふうに見ていた。

「なにもいわなかったけれど、バンドを改造しようとしていたことはたしかだ。もっと違ったビートの演奏がしたかったんだろう。それで、ヴィンスにいろんなリズムを聴かせていた。ぼくと同じボルティモア出身のデニス・チェンバースをグループに入れようとしたこともあったね。彼はファンカデリックやパーラメント（ともにファンクの人気バンド）でドラムスを叩いていたから、そういうリズムがほしかったのかもしれない」(9)

そのデニス・チェンバースは、先にも書いたが、マイルスの誘いを断っている。

「マイルスの申し出は魅力的だったが、あのころのぼくは、もうファンクはやりたくない気分だった」(10)

あとになって、「あれはもったいなかった」と残念がるデニスだが、彼が断ったことから、マイルスは、ワシントンDCのゴー・ゴー・バンド（ファンクの一種）で活躍していたリッキー・ウェルマンをグループに迎え入れる。

「最初にいわれたのが、『オレを刺激するリズムを叩け』だった。〈ゴー・ゴー〉のリズムは多様で、ひとことでは説明できない。マイルスは耳が鋭いし、こっちがびっくりするほどリズムに敏感なんで、まったく気が抜けない。いまの課題は、スペースをいかに作るかだ。マイルスのプレイを生かすも殺すも、バックのスペース次第だからね」(11)

バンドに参加した直後にリッキー・ウェルマンが話してくれた言葉だ。

1982年から翌年にかけては、マイク・スターンとジョン・スコフィールドの2ギターで、マイルスはスペースを埋めようとしていた。それに違いが出てきたのである。彼の狙いはストレートだ。

「リッキーを加えたのは、ゴー・ゴー・ビートをやるためだからな」(12)

ゴー・ゴー・ビートは、ワシントンDCのクラブ・シーンから流行り始めたファンク・ミュージックの一種で、最大のスターがチャック・ブラウン&ソウル・サーチャーズだった。そのバンドでドラムスを叩いていたのがウェルマンだ。

メンバー交代を重ねながら、マイルスは望みどおりのサウンドを目指していた。「I am tired.」と思わず漏らしたひとことは、それがうまくいかずにジレンマに陥ったことから出てきたものかもしれない。ケニー・ギャレット、ロバート・アーヴィング三世、アダム・ホルツマン、ジョー・フォーリー・マクリアリー、ダリル・ジョーンズ、リッキー・ウェルマン、ミノ・シネル(per)となった陣容で行なわれた1987年の日本ツアーは、しかしながら、ここ数年と比べて、サウンド的に大きく違うものではなかった。

まだマイルスの音楽は、望むものになっていなかったのだろう。レコーディングとライヴ演奏のギャップにも、彼は納得していない。これは、マイルスにつきまとって離れない課題だ。

「レコーディングは、どこまでやっても完璧なものにならない。過去を振り返らないのは、完璧なものが残せなかった後悔が半分、先のことを考えていると昔のことなど振り返る暇がないのが半分といったところだ。レコーディングはひとつの通過点だ。完成した形でなくてもいい。それでも納得したものができなければ、アルバムを吹き込む意味はない」(F)

1988年に、マイルスはこう語っている。あれだけ内容の濃いレコーディングが残せていながら、彼はまだこんなふうに考えていたのだ。レコーディングで完璧なものを追求することではマイルスも人後に落ちない。その点はギル・エヴァンスと同じだ。そのギルの死が、彼にこういう言葉をいわせたのかもしれない。このときの話は、彼の死からそれほど間がないときに聞いたものだ。

マイルスの音楽に多大な貢献を果したギル・エヴァンスは、1988年3月20日、療養先のメキシコで帰らぬひとになった。直前の1月に、マイルスは『TUTU』に続くワーナーからの作品『シエスタ』をリリースしている。この作品は、『ジャック・ジョンソン』に続く、久々のサウンドトラック・アルバムとなるものだ(13)。そのことを聞くつもりで彼と会ったのだが、話はギルのことに移ってしまった。

マイルスはギルに、次のような弔辞を寄せている。

「彼はメロディを決して無駄にしない。ギルとデューク・エリントンは、それこそ、音楽全体を変えてしまった。それは説明のしようがない。なぜなら、この地球上に、こんなことができる人物はもう誰もいないからだ。ギルが残したポップ・ソングのオーケストレーションは、オリジナルそのものだ。学生たちは、彼の存在をこれからも知ることになるだろう。彼らは、ギルの音楽にひとつひとつわけ入っていかなければならない。それが、まさしく天才だったことを知る唯一の方法なのだから」(14)

生前のギルは、「マイルスが自分の名前をアルバムにクレジットしてくれたことはほとんどなかったが、彼のレコーディングに関われたことを誇りに思っている」と語っていた。死後に発表された『シエスタ』には「This Album Is Dedicated To GIL EVANS, The Master.」のクレジットが認められる。

新生面を切り開く

1988年にリリースされた『シエスタ』は、エレン・バーキンが主演し、マーカス・ミラーが音楽を担当した映画のサウンドトラック盤である。全曲がマーカスのオリジナル(1曲のみマイルスと共作)であることを考えれば、これは彼の作品に、マイルスがソロイストとして参加したものととらえたほうがいいかもしれない。

それはともかくとして、この作品は、映画から離れて、アルバムだけでも十分に訴えかける内容になっていた。そして、この作品が吹き込まれる前後から、マイルスは盛んに他流試合をするようになってきた。それも、ロックやポップス系のレコーディングまでを含む多岐にわたるものだ。そんなところにも、なにか思うところがあったのだろう。

『TUTU』を録音したほぼ同じころ、ロック・グループTOTOのレコーディングに参加したのが始まりだ。そのほかにも、サンタナ、ソウル系のキャメオとチャカ・カーン、パンク・ロックのスクリッティ・ポリッティ、ブルースのジョン・リー・フッカー、フュージョン系では、バンド・メンバーのケニー・ギャレットをはじめ、クインシー・ジョーンズ（arr）、パオロ・ルスティケリ（ds）、マーカス・ミラー、そしてジャズ・シンガーのシャーリー・ホーンと、考えられないほどの幅広さで、彼はゲストとしてレコーディングに名を連ねている。

「マイルスは、わたしがニューヨークに出てきたときの恩人なの。1961年だから、古い話ね。『ヴィレッジ・ヴァンガード』のマックス・ゴードンに紹介してくれて、彼の前座で歌わせてもらったわ。それが、わたしのニューヨーク・デビューなの。今度のレコーディングも、ふたつ返事でOKしてくれた。『シンガーの伴奏なんてめったにないチャンスだ』なんていって喜んでくれたわ」(15)

まさにシャーリー・ホーンの言葉どおりだ。

ジャズ・ヴォーカルのバックを務めたレコーディングとなれば、1962年のボブ・ドロー以来である。しかも今回は、スタンダードの〈ユー・ウォント・フォーゲット・ミー〉を、マイルスがミュートを用いて吹いているのだ。録音されたのは1990年8月13日である。死の1年前というのもなにかの予兆だったのか。

『シエスタ』を発表した1988年に話を戻そう。マイルスのグループは、6月に札幌で開催された「食の祭典」で演奏するため、前年に続く来日を果たした。北海道には聴きに行けなかったが、直後にニューヨークの「エイヴリー・フィッシャー・ホール」で行なわれたコンサートは観ることができた。メンバーは、プリンスとシーラ・Eの推薦で加入したベーシストのベニー・リートヴェルド、それにパーカッション奏者がミノ・シネルからマリリン・マズールに交代した以外は前年と同じだ。

そしてこのメンバーで、翌月も「ライヴ・アンダー・ザ・スカイ」出演のため、再び日本の土を踏んだのである。

新加入のリートヴェルドはこう語る。

「1984年にシーラ・Eのツアー・バンドに参加した。そのときのメイン・アクトがプリンスで、ふたりからファンク・ベースを徹底的に仕込まれた。マイルスのバンドでは、自分の持ち味を発揮することで、彼の音楽に貢献できると思っている。曲も書くようにといわれているし、なんらかの形でマイルスの音楽にコミットできたら最高だ」

(16)

この時期の演奏は、従来のファンクな響きから離れ、ビートを強調した、なんとも表現し難いものになっていた。その中で斬新なビートを提示していたのが、プリンス一派のリートヴェルドと、ワシントンDCで流行していたゴー・ゴー・ビートをグループに持ち込んだリッキー・ウェルマンだ。

「いまは、ビートよりサウンド・カラーに関心が向いている。音楽全体がどのように響けばいいのか、そのことを考えながらドラムスを叩いている。ビートはベニーのベースに任せておけばいい。なにもいわないけれど、マイルスの狙いもそこにあるんじゃないかな?」(17)

先に紹介した1年前のウェルマンによるコメントとこの言葉を比較してみれば、マイルスの音楽が変わってきたことはわかるだろう。

同じときにギタ一・プレイヤーのフォーリーも次のように語ってくれた。

「マイルスのなにがクールかって、スペースの取り方だよ。あれが音楽を独特のものにしている」(18)

マイルスは、この1年で望むサウンドに近いものが出せるようになってきた。スタジオ録音もそうだが、ライヴでも聴くたびに変化が認められたのである。1年前に「I am tired.」と口走った彼だが、その音楽はこれまでになく現代的な響きを獲得するまでになっていた。サックス奏者を別にすれば、いまやほとんどがジャズとは関係のないところで活動するミュージシャンがマイルスを囲んでいた。

「ぼくたちがやっているファンクは、間を生かすところに特徴がある。マイルスはそういうビートが好きだった。だから、ぼくもできるだけ音数を減らして、余韻でムードを増幅させるプレイに徹した。日本に行ったころは、グループのサウンドが以前にも増してひとつのものに向かうようになっていた」(19)

ベニー・リートヴェルドのコメントである。

そのことを伝えていたのが『シエスタ』の次に発表された『アマンドラ』だ。この作品は、1988年暮れから翌年初めにかけての録音である。

そのレコーディングが行なわれる直前の1988年12月16日から3日間、マイルスは久々のクラブ・ギグを行なった。マンハッタンにオープンしたばかりの「インディゴ・ブルース」に出演したのだ。メンバーは、ケニー・ギャレット、アダム・ホルツマン、ジョー・フォーリー・マクリアリー、ベニー・リートヴェルド、リッキー・ウェルマン、マリリン・マズール、そしてロバート・アーヴィング三世に代わって加入したジョーイ・デフランセスコ(key)である。

ジョーイが参加したのは、10月に始まった秋のツアーからだ。この時点で、彼はわずか17歳だった。前年に行なわれた「セロニアス・モンク・インターナショナル・コンペティション」(20)で4位に輝き、コロムビアと契約を結んでいたのがジョーイである。

彼が、当時の演奏について語ってくれた。

「ぼくはトランペットも吹くんで、トランペッターとしてのマイルスに憧れていた。その彼からキーボード奏者として誘われたんだから、びっくりするやら感激するやらで、しばらくは気持ちがうわの空だった。マイルスの音楽は、どんなときでもなんらかのルーツから派生している。ぼくが参加していた時代は、ファンク・ミュージック、それもニューオリンズや南部をルーツにしたリズムの最新ヴァージョンみたいなものまで追求していた。バンドのリズム・セクションは、ゴー・ゴー・ビート、プリンスのミネアポリス・ファンク、前に参加していたロバートやダリルが残していったシカゴ・ファンク、そしてマイルスとぼくのニューオリンズ・ファンクが混在したグルーヴを生み出していた。ライヴではそれがホットに響くけど、スタジオではクールな音楽に変身する。これがマーカスとマイルスのマジックだ」(21)

「インディゴ・ブルース」のライヴを実際に見た評論家のマイク・ブルームは、その感想をこう語ってくれた。

「糖尿病の悪化から、前月のヨーロッパ・ツアーを途中でキャンセルしたと聞いていたが、マイルスのプレイからは体調の悪さなど微塵も感じられなかった。2回聴いた彼のステージは、いずれも長時間におよび、エネルギッシュでホットなプレイに終始していた。新加入のジョーイが、早くも自分のスタイルをグループの中で表現していたことも注目していい。彼は、オルガンやアコースティック・ピアノの響きをシンセサイザーで生み出し、これまでとは違うサウンドをグループにつけ加えていた。前任者のアーヴィングがサウンド・カラーを主体としたプレイだったのに対し、ジョーイにはソロイストとしてのスポットが与えられていた」(22)

直後に行なわれた『アマンドラ』のレコーディングに参加したレギュラー・メンバーは、ギャレット、フォーリー、ウェルマン、ジョーイの4人だ。そこでは、再び『TUTU』と同じトミー・リピューマとマーカス・ミラーがプロデュースを担当することになった。ただし、実質的なプロデューサーはこのときもマーカスである。

『アマンドラ』で注目すべきは、全員ではないが、コロムビア時代のようにレギュラー・グループの面々を中心に吹き込みが行なわれたことだ。ただし、基本的なサウンド作りにマーカスが大きく関わっていたのは『TUTU』や『シエスタ』と同様である。この折衷案こそ、「ライヴを録音して、そこにマーカスとふたりで必要な音をつけ加えよう」というマイルスの言葉を現実化したものかもしれない。

マイルスは、再びグループが醸し出すサウンドをメインに、スタジオ・レコーディングを開始したのだろうか？　しかし、これは結論が出ないままに終わってしまう。以後の彼が残した作品を発売順に並べると、『ディンゴ』『ドゥー・バップ』『ライヴ・アット・モントルー』『ライヴ・アラウンド・ザ・ワールド』『ハイライツ・フロム・ザ・コンプリート・マイルス・デイヴィス・アット・モントルー』（すべてワーナー）となる。『ドゥー・バップ』を除く3作は、いずれも通常のスタジオ・レコーディングとは趣旨が違う。簡単に説明するなら、『ディンゴ』（1990年録音）は映画のサウンドトラック盤で、ミシェル・ルグラン（arr）と共演したオーケストラ作品である。『ライヴ・アット・モントルー』（1991年録音）は「過去を振り返らなかったマイルス」が、ギル・エヴァンス・オーケストラのスコアを再演したコンサート・ライヴだ（バックを務めたのはクインシー・ジョーンズ指揮によるオーケストラ）。

そして、晩年のライヴを集めて（1988〜91年録音）死後の1996年に発売されたのが『ライヴ・アラウンド・ザ・ワールド』で、『ハイライツ・フロム・ザ・コンプリート・マイルス・デイヴィス・アット・モントルー』は1973年から1990年にマイルスのグループがスイスの「モントルー・ジャズ・フェスティヴァル」で残した演奏を8曲収めたものだ。これは、20枚組（！）の『コンプリート・マイルス・デイヴィス・アット・モントルー』として間もなく発売されるボックス・セットの予告編的な作品である（筆者注＝2002年にリリースされた）。

当時の演奏（1980年代後半）について、興味深い感想を述べてくれたのがアルト・サックス奏者のオーネット・コールマンだ。1960年代に〈フリー・ジャズの闘士〉として知られたコールマンは、マイルスが新主流派ジャズをクリエイトする際に、ジョン・コルトレーンの演奏とともに啓示を与える存在だった。

「わたしもファンク・ミュージックに興味を持っていろいろ聴いているが、マイルスのサウンドは通常のファンクとはまったくビートが違う。シンプルでアブストラクト。これら相反するふたつの要素が自然な形でブレンドされている。2拍目と4拍目を強調したかと思うと、1拍目と3拍目にスライドしたり、最後まで定型が出てこない。それがきわめて自然に行なわれているので、聴いていて違和感がない。しかし、それをやっているミュージシャンは慣れるのにたいへんだったと思う」(23)

かつてはマイルスに多くの示唆を与えたコールマンが、今度はマイルスの音楽からヒントを得ている口ぶりだった。彼は、マイルスならではの創造的な姿勢に感服していた。マイルスがチャーリー・パーカーから同じようなことを学んだと語っていたことも見逃してはいけない。パーカーのユニークなリズムに対するアプローチを、マイルスは忘れていなかったのだろう。

それでは、もう少し時系列に沿ってマイルスの動きを紹介していこう。

1989年には、春のツアーからアダムとジョーイが抜け、ケイ赤城とジョン・ビーズリーがキーボード奏者の座にすわった。仙台出身の赤城は、長らくロサンジェルスをベースに活躍してきたミュージシャンで、マイルス・バンドに迎えられた日本人としては菊地雅章（key）に続くものだ。

「マイルスの音楽は昔から研究していた。それもあって、最初から違和感はほとんどなかった。ありきたりかもしれないけれど、彼から学んだのは、常に前を向いて進んでいくことだった。いまを生きて、いまを表現することが大切だ。しかし、それが難しい。マイルスが何十年もそうした人生を送ってきたことだけで、圧倒されてしまう」（24）

そして、恒例となった6月の「エイヴリー・フィッシャー・ホール」コンサートを最後にケニー・ギャレットが退団する。後任は新鋭のリック・マーギッツア（ts）だ。

このときは、取材にかこつけて、ホールの楽屋に入ることができた。マイルスと会うためだ。コンサートは、ウイントン・マルサリス（tp）・カルテットとのダブル・ビルだった。できれば、マイルスとウイントンの2ショットが撮りたい。そう考えて、ユニオンに高いフィーを払い、取材の許可を取ったのである。しかし、ふたりは最後まで顔を合わせることがなかった。

もうひとつ、このときは、日本で発売されたマイルスのレーザー・ディスク（25）を本人に届ける役目も仰せつかっていた。しかし彼は、レーザー・ディスクというメディアを知らなかった。ジャケットからディスクを取り出し、奇妙な目つきで銀色に輝くディスクを眺めている。そして、こういい放ったのだ。

「海賊盤か？」（G）

慌ててレーザー・ディスクの説明をするものの、彼はほとんどわかっていなかった。翌日、マイルスのアパートを訪ねたところ、案の定レーザー・ディスクがプレイヤーの上に載っていた。

「アダプター（シングル盤などセンター・ホールの大きなレコードをプレイヤーにかけるときの補助具）がないじゃないか」（G）

説明するのは諦めた。

マイルスを取り巻く多彩な話題

クインシー・トループとの共著で『マイルス・デイビス自叙伝』が発刊されたのは、7月のヨーロッパ・ツアーから戻り、引き続き全米ツアーを行なっていた9月のことだ。赤裸々な内容がセンセーショナルな評判を呼び、ジャズ・ミュージシャンの伝記本としては異例のベストセラーを記録する。本書でも、この本から示唆を受けて、参考にさせてもらった点が少なくない。

アメリカでこの自叙伝が発売された時期に、ぼくはロサンジェルスとニューヨークにいた。そのときにいくつかの書店を覗いてみたが、どこでも店頭の一番目立つところに平積みされていた。それだけ大きな話題を呼んでいたのだ。自叙伝は、『ニューヨーク・タイムズ』の「ブック・レヴュー」でも大きく取り上げられた。また、CBS-T

Vの人気番組『60ミニッツ』でも、マイルスのインタヴューが大々的に放映されたことが思い出される。

マイルスのバンドには、8月下旬に始まった全米ツアーからケニー・ギャレットが復帰してくる。新メンバーだったリック・マーギッツアが、8月末に山中湖で開催された「マウント・フジ・ジャズ・フェスティヴァル・ウィズ・ブルーノート」に出演することになったからだ。しかし、マイルスのツアーを袖にしてまで参加した「マウント・フジ」だが、彼の出演日は台風17号に見舞われ、中止になってしまう。

「マイルスのバンドは辞めたくなかったけれど、ブルーノートと契約したこともあって、どうしてもフェスティヴァルに参加しなければならなかった。しかし、それが台風で中止とは……」(26)

踏んだり蹴ったりである。マーギッツアの代役として全米ツアーに参加したギャレットは、引き続き10月から始まったヨーロッパ・ツアーにも加わり、そのまま再びレギュラー・メンバーに定着したのだった。

ところで、しばらく前（1986年）にマイルスは人気テレビ・シリーズの『マイアミ・バイス』に売春婦の元締め役で出演し、大きな反響を巻き起こしていた。どこまでが地で、どこからが演技なのかわからない、いかにも彼らしい怪優ぶりを発揮したのだ。この演技がきっかけとなって、彼は映画にも出演することになった。

1989年から翌年にかけて撮影された仏・豪合作映画の『砂漠の犬〜ディンゴ』がそれだ。監督のロルフ・デ・ヒーアは、『マイアミ・バイス』を観て、存在感ある演技をしていたマイルスに興奮する。大のジャズ・ファンでもある彼は、なんとかマイルスで映画を撮りたいと考えるようになった。しかし、相手は〈帝王〉と呼ばれるジャズ界の超大物だ。

そこで自分の考えを、以前から仕事を通じて懇意にしていたミシェル・ルグランに話してみた。すると、彼も、マイルスともう一度アルバムを作るのが年来の夢であることがわかった。それならマイルスに出演してもらって、サウンドトラックは彼とルグランで作ろうではないかという、勝手なプランが出来上がる。

交渉を買って出たのはルグランだ。結果はふたつ返事でOKである。マイルスもルグランと共演するのが夢だったという。それと彼は、この時期、映画やブロードウェイのステージに立ちたいとも考えていた。なんという意欲だろう。そんな前向きな姿勢が、最晩年でありながら映画出演という結果を生み出したのである。

映画は、もちろん見逃せない一作となった。準主役のビリー・クロスという伝説的なトランペッター役で出演しているのがマイルスだ。例のしわがれた声で話すセリフは、ひとことひとことがマイルス流の哲学に溢れていた。ひょっとしたら、彼は即興で喋っているのではないだろうか？　そう思うほど自然だった。

この映画が製作された1990年に、マイルスは2回の来日を果たしている。最初の来日では、前年にニューヨークで大きな話題を呼んだジャズ・クラブでのギグが日本でも実現した。東京・目黒にできた「ブルース・アレイ・ジャパン」のオープニング・アクトとして、彼のグループが9月に4日間（17、18、20、21日）登場したのである。立ち見も合わせて200人も入ればいっぱいになってしまう小さな店に、マイルスが出演したのだから、大きな評判を呼ぶことになった。

テーブル席が4万円（食事つき）、立ち見でも1万5000円の高値だったが、当然のことながら連日立錐の余地もないほどの満員となった。至近距離で初めて聴いたマイルスのサウンドは感動を新たにするものだった。

そのときのことを、ぼくは『スイングジャーナル』誌の「コンサート・レヴュー」で次のように書いている。

「場内が暗転するや、プリペアードされたシンセサイザーによる演奏が始まり、客席の後方からマイルスがひとりステージに登場。スタンディング・オヴェーションこそないものの、一挙手一投足を見逃すまいと、聴衆全員の目が彼に向けられる。トランペットの調子を図るようにマイルスがちょっと音を出しただけで、場内は興奮の坩堝に叩き込まれた。

レパートリーはほとんどがここ1年半くらいで演奏されているものだった。『ユーアー・アンダー・アレスト』から『アマンドラ』までの曲が大半だ。しかし、コンサート・ホールでの演奏と違い、バラードではいかにもバラードらしいマイルスのリリカルなプレイが直接肌を伝わってきて、それはなんとも表現し難い感動を覚えるものだった。

マイルスの息遣いや、ときおり彼が発する『イェー』とか『オー』といった感嘆詞まで聞こえてくる繊細なサウンド——その中で聴く〈ヒューマン・ネイチャー〉や〈TUTU〉は、かつて彼のリリシズム溢れるプレイが〈卵の殻の上を歩いているようだ〉と形容されたとおりのものだ。

『ブルース・アレイ・ジャパン』の4日間は、バックのサウンドがエレクトリックになろうがシンセサイザーになろうが、マイルスがあくまで昔ながらのマイルス・サウンドを持ち続けていることを、改めてリアリティ溢れるサイズのステージで実体験することができるものだった。最終日に聴かせてくれた新曲（バラード）の美しさ——そこに現在の境地が集約されていると感じたファンも多いはずだ。マイルスがいまだ少年のように純粋な気持ちで音楽に対峙していることを伝えてくれたその演奏は、いまもぼくの耳に響いて忘れることができない」(27)

そして、もう一度、暮れも押し迫った12月21日と22日に、彼はケニー・ギャレットだけを伴い、「東京ドーム」のステージに立った。これは、オノ・ヨーコが提唱した

「Greening Of The Worldコンサート」に出演したものだ。驚くべきことに、このときのマイルスは、ビートルズの〈ストロベリー・フィールズ・フォーエヴァー〉を、ケニー・Gと一緒にカラオケをバックに演奏したのである。しかし、マイルスにしてはあまりに空虚なパフォーマンスで、大方のファンをがっかりさせる内容だった。そして、このなんとも空しいステージが、日本における最後の姿となる。

残された時間はそれほど多くなかった。しかし、彼はかたときも休まずにクリエイティヴなエネルギーを放散し続けたのである。

グレイト・フェアウェル

『ドゥー・バップ』は、マイルスにとって最後の年となる1991年1月にスタジオでレコーディングが始まった。これは彼がラップとサンプリングを本格的に導入した最初の作品だが、このあとのマイルスがどのような音楽を目指していたかはわからない。アルバムには、彼が再びレギュラー・グループから離れて音楽を追求してみせた姿が記録されている。こうした音楽を、マイルスはライヴでも行なおうと考えていたのだろうか？

しかし、1991年初めにレコーディングされてから約半年ほど続いたライヴ活動では、それまでと同様の内容、敢えていうなら『アマンドラ』とほとんど変わらない音楽がステージで演奏されていた。

この年の6月21日、ニューヨークの「エイヴリー・フィッシャー・ホール」で聴いたマイルスのグループは、ケニー・ギャレット、デロン・ジョンソン(key)、ジョー・フォーリー・マクリアリー、リチャード・パターソン(elb)、リッキー・ウェルマンのパーソネルで、取り上げられた曲目も『アマンドラ』で紹介された〈ハンニバル〉〈ミスター・パストリアス〉をはじめ、〈TUTU〉〈スター・ピープル〉〈タイム・アフター・タイム〉〈ヒューマン・ネイチャー〉〈パーフェクト・ウエイ〉〈ペネトレーション〉など、ここ数年の間に演奏されてきたお馴染みのものだった。『ドゥー・バップ』からの曲はひとつも含まれていなかったし、それはこの前後に行なわれたコンサートでも同様だ。

ベニー・リートヴェルドに替わって、前年の春からメンバーになっていたベーシストのリチャード・パターソンは、「エイヴリー・フィッシャー・ホール」で行なわれたコンサートの直後にこう語っている。

「マイルスは体調が悪かったから、新曲のアイディアはあったみたいだけれど、リハーサルもしなかったし、ステージで演奏する気持ちにもなれなかったんだろう」(28)

このことを考えると、『ドゥー・バップ』のために録音した曲目は、ライヴで演奏する準備ができていなかったようだ。この時点ではアルバムも完成していなかったし、マイルスはライヴでもレコーディングでも、まだなにかをつけ加えるつもりだった。

「ライヴ・バンドにもラッパーを入れようと考えていた。サンプリングの多用で、これまでとはかなり違う音楽をステージでもやろうとしていたんだ」(29)

ケニー・ギャレットが明かしてくれたこの言葉を聞くと、ここにもブラック・ミュージックの最先端を突き進んでいたマイルスの面目躍如たる姿が窺える。そのことにぼくは圧倒されてしまう。同時に、彼の底知れぬ創造力のすごさにも改めて驚いてしまった。

マイルスは、『ドゥー・バップ』でラッパーのイージー・モー・ビーをプロデューサーに起用している。マイルスとラップ——思えば当然の結びつきだ。プリンスとのレコーディングを行なったほどのマイルスが、ブラック・ミュージックの先端をいくラップに関心を持たないほうがおかしい。常に時代の流れを敏感に察知し、自身の音楽にそれを取り込んできた彼のことだ。そのマイルスが、ラップやヒップホップに刺激を受けないはずがない。

彼がラップに通じる試みを最初に行なったのは、1985年に発表した『ユーアー・アンダー・アレスト』でのことだ。ヒップホップ的な演奏も、その後のレコーディングやライヴで少しずつだが実践に移されていた。しかしそれらはあくまで演奏の一部で、全体のバランスから考えれば、味つけ程度にすぎなかった。

そうした試みを、大胆な形で初めて全面的に取り入れてみせたのが『ドゥー・バップ』だ。プロデュースを担当したイージー・モー・ビーには、他のケースと同様、マイルスからコンタクトが取られている。彼は、興味を持ったミュージシャンには、自分から電話をかけることにしていた。このときも例外でない。

多くのひとと同じで、モー・ビーも突然の電話に戸惑ったひとりだ。なにがなんだかわからないまま、自分の作品をいくつか携え、取りあえずマイルスのところに行ったという。そこで初めての出会いとなるが、マイルスはたったひとこと「普段やってるお前のラップが聴きたい」といったそうだ。

モー・ビーは、自分のやっている音楽とマイルスのそれとは隔たりがありすぎて、絶対に合うはずがないと思っていた。しかし、マイルスには霊感のようなものが備わっている。彼は、モー・ビーとのコラボレーションがどのような結果を生むのか、すでにわかっていたのかもしれない。

アルバムの作り方や出来からして、この作品は、モー・ビーの才能というか感性が際立つ形で表出されるものとなった。マイルスは、彼が作ったサウンドの中で気持ちよさそうにトランペットを吹くだけだ。これはマーカス・ミラーがプロデュースした『シエスタ』と同じである。そして、そのプレイがバックのサウンドと溶け合い、極上のグルーヴが生み出されていく。

『ドゥー・バップ』のレコーディングと並行して、マイルスは断続的ながら、レギュラー・グループのメンバーを中心にした吹き込みも行なっている。当初の彼は、新作のレコーディングにあたり、レギュラー・グループにゲストを迎える予定だった。プリンス、ゲイリー・トーマス、菊地雅章、アダム・ホルツマンなど、マイルスゆかりの面々を迎え、レコーディングは継続されることになっていた。これも「過去を振り返らない」マイルスにとっては異例のことだ。

一方で、イージー・モー・ビーとのコラボレーションも行なわれていく。こちらは比較的短時間である程度の作業が進んだようだ。しかし、アルバム1枚分の量にはならず、そこで8月になってニューヨークのユニーク・スタジオでセッションが再開された。スタジオのエンジニアによれば、このときはイージー・モー・ビーや他のラッパーに混ざって、マイルスもラップをしたという。

これはミックス・ダウンの段階でカットされたが、あのダミ声でラップをやったらかなりの聴きものになったはずだ。とにかく、マイルスは最後の最後まで、レコーディングを継続していた。

しかし、その直後に力尽きて入院してしまう。この時点で『ドゥー・バップ』は完成していない。曲が1枚分に満たなかったのだ。当初、ワーナーから届けられたテープの最後には、ライヴ・ヴァージョンの〈タイム・アフター・タイム〉が入っていた。曲数が足りないための苦肉の策だったのだろう。

しかし、その後に内容は変更される。モー・ビーは、マイルスが1985年に吹き込んでいた旧録音から〈ファンタジー〉と〈ハイ・スピード・チェイス〉を選び、それを基に新たな音楽を作り上げ、追加したのだ。こうして、マイルスにとって最後のスタジオ・レコーディングを収めたアルバム『ドゥー・バップ』が完成した。

この作品には、ジェームス・ブラウンからマイルスと同世代のテナー・サックス奏者ジーン・アモンズまで、多くのひとのサンプリングが用いられている。参加したミュージシャンは、マイルスのほかにはキーボードのデロン・ジョンソンだけだ。ダンス・ミュージックやラップがそうであるように、イージー・モー・ビーはさまざまな音源を駆使し、それらとマイルスの演奏を合成させることで、まったく新しい音楽をクリエイトしてみせた。

「普段どおりにやってほしい」といったマイルスは、こうした手法やサウンドをイージー・モー・ビーに望んでいたのだろう。この姿勢こそ、彼の尽きぬクリエイティヴィティを見事に示すものだ。

そして、それから約1ヵ月後の9月28日、マイルスは突如ぼくたちの前から去ってしまう。享年65。彼は最後の最後まで創造の手を緩めなかった。

マイルスはもういない。しかし、彼の音楽と演奏にかけた限りのない創造性は、ぼくたちの心の中で永遠に生き続けるに違いない。

チャーリー・パーカーの時代から発展と変貌を繰り返してきたマイルス・ミュージックは、結局のところ『ドゥー・バップ』で終わってしまった。その生涯において、最後のステージとなった1991年8月25日の「ハリウッド・ボウル」で演奏されたレパートリーも、「エイヴリー・フィッシャー・ホール」のそれとほぼ同じだった。

【第13章：新天地での試行錯誤　注】

1．トミー・リピューマとジョージ・デュークもプロデューサーとしてクレジットされているが、実際的な形で音楽をマイルスと作り上げたのはマーカス・ミラーだった。
2．トミー・リピューマ　1999年、ニューヨーク
3．マーカス・ミラー　2001年、東京
4．アダム・ホルツマン　1991年、ニューヨーク
5．スティーヴィー・ワンダー　1989年、ロサンジェルス
6．ロベン・フォード　1992年、ロサンジェルス
7．石岡瑛子　1990年、東京
8．ボビー・ブルーム　1992年、シカゴ
9．ゲイリー・トーマス　1989年、ニューヨーク

10. デニス・チェンバース　1991年、ニューヨーク
11. リッキー・ウェルマン　1987年、ニューヨーク
12. 池上比沙之「an interview with MILES DAVIS」『Jazz Life』1993年10月号、16頁
13. アルバム化されていないが、マイルスは1987年にクリストファー・リーヴが主演した映画『NYストリート・スマート』のサウンドトラックにも参加している。ただしこのときの音楽は、メンバーのロバート・アーヴィング三世とアダム・ホルツマンが担当し、マイルスはプレイヤーとしての参加だった。
14. マイルス・デイヴィス『マイルス&ギル・コンプリート・スタジオ・レコーディングBOX』(SRCS 7945〜50) ライナーノーツ　1992年
15. シャーリー・ホーン　1992年、ニューヨーク
16. ベニー・リートヴェルド　1988年、東京
17. リッキー・ウェルマン　1988年、ニューヨーク
18. ジョー・フォーリー・マクリアリー　1988年、ニューヨーク
19. 16と同じ
20. 次代のスターが何人も登場してきたことからジャズの登竜門的なコンテストとして知られる。年度によって対象となる楽器が変わり、過去の優勝者にはピアノのマーカス・ロバーツ(1987年)、トランペットのライアン・カイザー(1990年)、テナー・サックスのジョシュア・レッドマン(1991年)、ピアノのジャッキー・テラソン(1993年)、ギターのジェシ・ヴァン・ルーラー(1995年)などがいる。
21. ジョーイ・デフランセスコ　1994年、ニューヨーク
22. マイク・ブルーム　1989年、ニューヨーク
23. オーネット・コールマン　1989年、ニューヨーク

24. ケイ赤城　２００１年、東京
25. 『マイルス・アット・モントルー１９８５』（パイオニアＬＤＣ）
26. リック・マーギッツア　１９８９年、山中湖
27. 小川隆夫「マイルス・デイヴィス・アット・ブルース・アレイ・ジャパン」『スイングジャーナル』１９９０年11月号、２２７頁
28. リチャード・パターソン　１９９１年、ニューヨーク
29. ケニー・ギャレット　１９９１年、ニューヨーク

第14章 マイルスは永遠なり

ウッドローン墓地

曇り空だが、穏やかな風が静かに漂っている。

2002年4月29日。ぼくは、マイルスのお墓があるウッドローン墓地にいた。ニューヨーク市、ブロンクス、ウッドローン。

42丁目のグランド・セントラル駅からハーレム・ラインに乗ると、各駅停車で7番目の駅がウッドローンだ。電車は、最初の駅であるハーレムの125丁目駅近くになって地上に出る。そのまま北上してハーレム・リヴァーを越えると、そこがサウス・ブロンクスだ。以前は殺伐としていた地域だが、いまでは再開発が進み、比較的整然としている。グランド・セントラル駅から26分。ウッドローンの街は、典型的なニューヨークの郊外を思わせる、穏やかなたたずまいを見せていた。

ようやくここに来た。ぼくにとっては近くて遠かった場所だ。

マイルスに、「あなたの本を書きたい」と打ち明けてから14年がすぎていた。自分の区切りとして、マイルスのお墓に行くのは、その本が出ると決まったときにしようと勝手に決めていた。そして、ようやく完成の目処が立ったこの日、はやる気持ちを鎮めながらウッドローン墓地に向かった。

マンハッタンの喧騒から離れたウッドローンでは、ゆっくりと時間が流れていく。墓地の路を歩きながら、さまざまな思いが浮かんでは消えた。目指すマイルスのお墓はもうすぐだ。ここには、マイルスがニューヨークに出てきたときに入学したジュリアード音楽院のオーガスタス・D・ジュリアード、少年時代に影響を受けたデューク・エリントン、〈ホワイト・クリスマス〉をはじめ、マイルスも録音した〈ハウ・ディープ・イズ・ジ・オーシャン〉など、多くのスタンダード・チューンを作曲したアーヴィング・バーリン、さらには野口英世も眠っている。エリントンのお墓を訪ねたのは１９８７年のことだった。奇しくも、今日はエリントンの誕生日だ……。

マイルスのお墓は、路を隔てた向かいにあった。エリントンとマイルスが並んで眠っている！　言葉ではいい表せない光景だ。

「やっと来ましたよ」

心の中で呟いた。

マイルスの墓石は周囲を圧倒するように大きい。さすが、帝王だ。墓石には「In Memory Of Sir Miles Davis 1926-1991」と刻まれ、その下に〈ソーラー〉の数小節が彫られている。


マイルスの音楽は、ぼくの青春そのものだった。

なにもわからぬまま、彼のライヴを観たのが中学2年のときだ。高校2年でその音楽にのめり込み、『マイルス・スマイルズ』からリアル・タイムで聴いてきた。もっとも多感な時代に出会ったマイルスから、ぼくはさまざまに触発をされた。どんなときでも前を見つめて歩いている姿に、影響を受けたのだ。

そのマイルスが、ここに眠っている。


「ようやくあなたの本が出せることになりました」

彼が話したひとことひとことが脳裏をよぎる。そういえば、「本ができたら50冊寄越せ」といわれていた。「日本語ですよ、読めないでしょう」と生意気な口をきいたことが思い出された。そのときのマイルスは苦笑していたっけ。

『マイルス・スマイルズ』——決して笑顔を見せないといわれたことから、逆説的につけられたアルバム・タイトルだ。しかし、彼の笑顔はいつも素晴らしかった。苦笑も含めて、マイルスの笑顔は相手の気持ちを明るくさせる。繊細で優しくて、気を許せばなんでも話してくれた。そんなマイルスの素顔が、あの笑顔にあった。

「なんていわれるか心配だけれど、次は本が出版されたら来ますね」

心の中でそう呟いてから、ゆっくりと帰路についた。去り難い気持ちだが、今度からはいつでも来ることができる。

「妙なことを書いていたら、訴えてやるからな」

ニヤリと笑って、マイルスがそういっている姿が心に浮かんだ。とても満たされた、幸せな昼下がりだった。

マイルスが遺してくれたもの

マイルスは偉大なタレント・スカウトだとよくいわれる。たしかに彼のグループからは、その後のジャズ・シーンを揺り動かす人材が数多く巣立っていった。ジョン・コルトレーン、レッド・ガーランド、フィリー・ジョー・ジョーンズ、ウエイン・ショーター、ハービー・ハンコック、ロン・カーター、トニー・ウィリアムス、チック・コリア、キース・ジャレット、ジョン・マクラフリン、ジャック・デジョネット、マーカス・ミラー、マイク・スターン、ケニー・ギャレット……挙げていけばきりがない。

しかし、考えてみれば、こうしたミュージシャンの大半は、彼が見つけ出したわけではない。誰かの推薦で、マイルスはグループのメンバーを集めていたのだ。もっとも顕著な例が、1950年代に結成された最初のクインテットだ。このときは、自分で決めたのがポール・チェンバースだけだった。コルトレーン、ガーランド、フィリー・ジョーは、いずれもマイルスの念頭にはなく、ほかのひとの推薦である。

しかし、彼には才能を見極める目と耳が備わっていた。どれだけ多くの若手がマイルスのグループから育ち、その後のジャズ・シーンをマイルスとともに牽引していったことか。これは瞠目に値する。その点で、彼は紛れもなく偉大なリーダーであり、才能を伸ばす能力に長けた人物だった。

そのマイルスが余命いくばくもない。ショッキングなニュースを耳にしたのは、1991年9月5日のことだ。この日は、ピアニストのミッチェル・フォアマンのアルバムをプロデュースするため、チック・コリアが所有していたロスのマッド・ハッター・スタジオにいた。そのレコーディングでドラムスを叩いてくれたテリ・リン・キャリントンが、この知らせをもたらしたのだ。

その日からの経過を紹介していこう。

9月5日——マイルス重体のニュース。ロスのスタジオでテリ・リンが教えてくれた。

彼女は、ウエイン・ショーターからの電話でこのニュースを知ったという。ショーターによれば、マイルスの死は時間の問題らしい。6月にニューヨークで聴いたマイルスは、たしかに体調が悪そうだった。ニューヨーク以前のコンサートをいくつかキャンセルした——そんな話をケニー・ギャレットがしていたことを思い出す。

9月8日——ニューヨークのスタジオ。マイルス・バンドのメンバーだったキーボード奏者のアダム・ホルツマンが訪ねてきた。彼によれば、マイルスは集中治療室にこそ入っていないものの、糖尿病と脳卒中を併発して、かなり危険な状態にあるらしい。

9月10日——ケニー・ギャレットと電話で話す。マイルスは病院を退院したとの由。危篤と聞いていただけに半信半疑だが、本当らしい。やはり、マイルスは不死身だったのか。ひとまず胸を撫で下ろす（のちに判明した事実によれば、マイルスは自分の希望で一時帰宅したが、再び症状が悪化して数日後に再入院となっている）。

9月13日——日本のスポーツ新聞にマイルス重体の記事が載る。ニュース・ソースはロサンジェルスのテレビ局がトップ・ニュースとしてマイルス入院を伝えたことによる。病状に関してはいっさい報道されていないのが気にかかる。新聞によっては快方に向かっているというものもあったが、真偽のほどは不明。

9月20日——アダム・ホルツマンの連絡によれば、マイルスは糖尿病の悪化から昏睡状態に陥った由。ニューヨークの音楽シーンでは、連日マイルスの話題ばかりが語られているという。

9月28日――アメリカの3大ネットワークが一斉にマイルスの死を報道。直接の死因は肺炎と呼吸不全。コロンビア大学のジャズ専門FM局WKCRは、同日から72時間にわたってマイルスの音楽を連続放送する。奇蹟は起こらなかった。いまさらながらにマイルスの存在の大きさを感じる。この日からニューヨークのライヴ・ハウスでは、多くのミュージシャンがマイルスに捧げる演奏を開始。

10月5日――ニューヨークの「セント・ピータース教会」でマイルスのメモリアル・サーヴィスが行なわれる。会場の混乱が予想されたため、一般のひとは出席できず。このあと、故郷のイースト・セントルイスでもメモリアル・サーヴィスが執り行なわれた。

マイルス・デイヴィスの死は全世界に衝撃を与えるものだった。本国アメリカは元より、日本でもヨーロッパでもトップ・ニュースの扱いで彼の死亡を報じている。ことにアメリカでは、3大ネットワークが夕方のニュースで大きな時間を割いて詳しい報道を行なったし、ニューヨークの新聞や雑誌は、ミュージシャンとして異例のスペースを割いて彼の死亡記事を掲載した。

日本では土曜の夜ということもあって、彼のニュースが報じられたのは日曜の昼間になってからだ。月曜の新聞各紙には、トップ・ニュース級の扱いとともに、さまざまな分野のひとたちがコメントを寄せていた。

マイルスの死は、アメリカや日本のみならず、世界のあちこちでこれまでのジャズ・ミュージシャンの死とは比べものにならないほどの大ニュースとして扱われた。ルイ・アームストロング（tp）やベニー・グッドマン（cl）は彼以上に人気があった。しかし、彼らよりマイルスの死の報道は大きかった。それは、マイルスがあらゆる意味でジャズをクリエイティヴな芸術として大きく進歩させた最大の功労者であったからだ。

ジャズはそれほど多くのひとに受け入れられた音楽ではない。ロックや歌謡曲に比べれば、ファンの数もまったく少ないし、マーケットとしてもたかが知れている。マイルスの存在は、そうした中で突出したものだった。とりわけ、ミュージシャンの間には絶大なものがあった。ニューヨークではその死が報じられるや、ありとあらゆるライヴ・ハウスで、マイルスにちなんだ曲がなんらかの形で演奏されている。それは、ジャズとは普段縁のないミュージシャンにまでおよんでいた。

日本では、『スイングジャーナル』『Jazz Life』『レコード・コレクターズ』の各誌がこぞって最新号をマイルスの追悼号としたし、テレビやラジオではさまざまな形でトリビュート番組が組まれた。これはちょっとした社会現象ともいえる動きだった。

しかし、悲しい思いをしているのはファンだけではない。指導者を失った現場のミュージシャンも思いは同じだ。

マイルスが率いた最後のグループでサックスを吹いていたケニー・ギャレットは語る。

「ジャズのみならず、ポップスの動きにまで大きな影響を与えたミュージシャンは、あとにも先にもマイルスしかいない。彼はずっと昔から音楽のジャンルという垣根を取り払い、グローバルな視点でものを見続けていた。あれほどスケールの大きな音楽家をほかに知らない」(1)

マイルスのグループで4年間をすごしたキーボード奏者のアダム・ホルツマンは、直後にこう話してくれた。

「マイルスからは有形無形の刺激を受けた。彼のような存在がいなくなったことは、若いミュージシャンにとって大きな損失だ」(2)

家族の死と同じように大きなショックに打ちひしがれたミュージシャンもいる。

「だんだんわたしの世代の仲間が消えていく。マイルスはいまだ音楽の最前線を歩んでいただけに、彼の死がまだ信じられない」(3)

言葉少なげにコメントを寄せてくれたのは、無名時代からの音楽仲間だったソニー・ロリンズだ。

1960年代にマイルスのクインテットで活躍したジョージ・コールマン(ts)はこう振り返る。

「マイルスはどんなときでも音楽のことを考えていた。飯を食っていても女性といても、頭の中には音楽のことしかなかった」（4）

マイルスの追悼曲〈アイ・リメンバー・マイルス〉を書いたベニー・ゴルソン（ts）の言葉も心に沁みる。

「大きな損失だ。これで若いプレイヤーが目標を失わないといいけれどね。彼の存在自体が、音楽を志すひとの拠りどころだった。それは、若いひとだけでなく、わたしたち同世代の人間にとっても同じだ」（5）

多くのミュージシャンや関係者の悲しみを誘ったのがマイルス・デイヴィスの死だった。しかし、彼はやりたいことをすべてやり遂げ、永遠の旅に立ったのではないだろうか？　マイルスを失った悲しみは大きいが、それがせめてもの救いだ。

彼が残した膨大な量の作品は、この40年間のジャズの動きを端的に伝えるものだ。1960年代半ばから、その演奏をリアル・タイムで聴いてきたぼくは、マイルスの演奏を通してジャズの最新動向を知ることができた。そのことを考えただけでも、同時代に彼の音楽を共有できたことは幸せであり、それを生涯の誇りとしたい。

マイルスは65年の人生で多くのことを成し遂げた。すべてをやり尽くした彼は、天国で、ひと足先に行ったギル・エヴァンスやジョン・コルトレーンたちとセッションを楽しんでいるかもしれない。

「誰がオレのレコードを買おうと気にしない。死んだときに、黒人の仲間がオレのことを覚えていてくれるように、黒人の仲間にもレコードがゆきわたっていたらいい」（6）

マイルスがこの世を去って十余年の歳月がすぎた。そして、その言葉どおりのことがいまでは起こっている。それは黒人だけにとどまらない。あらゆるひとに受け入れられているのが彼の音楽だ。マイルスが肌の色に関係なく多くのひとと接してきたことを思い出さずにはいられない。

【第14章：マイルスは永遠なり　注】

1. ケニー・ギャレット　1991年、ニューヨーク
2. アダム・ホルツマン　1991年、ニューヨーク
3. ソニー・ロリンズ　1991年、ニューヨーク
4. ジョージ・コールマン　1992年、ニューヨーク
5. ベニー・ゴルソン　1992年、ニューヨーク
6. Rolling Stone, December 12 1969

終章〜あとがきにかえて

「マイルスが亡くなった」

このニュースを最初に教えてくれたのは、トランペッターの五十嵐一生だ。彼は仕事で大阪にいたが、ラジオ局のひとから聞いたといって、日曜の早朝に電話をくれたのだった。

呆然自失とはこういうときの気持ちをいうのだろう。刻々と情報は入っていたので、この瞬間がもうすぐやって来ることはわかっていた。しかし、いざそのときが来ると、自分には心の準備がまったくできていないことに気がついた。

ぼくは、しばらくの間、マイルスはおろかジャズも聴きたくない心境だった。周りのひとたちは、彼を追悼する気持ちから盛んにアルバムに耳を傾けていた。しかしぼくはまったくその反対で、拒絶反応みたいなものを起こしてしまった。いくつかのメディアから追悼文やコメントも求められたが、それにも応える気持ちはなかった。

これはどういうことだったのだろう？　悲しみがそうした気持ちにさせたのだとは思

うが、自分にもそのときの心情は説明がつかない。ぼくの中で、ひとつの大きなものが終わったことだけはたしかだった。これを境に、しばらくジャズから遠のいてしまったことも事実だ。あれほど心血を注いでいたレコードのコレクションにも力が入らなくなり、それから数ヵ月後には大半を処分してしまった。ジャズは自分にとってどうでもよくなっていた。

マイルスの死がきっかけとなって、ジャズとの距離や関係は大きく変わった。しかし、いつかはマイルスとの約束を果たさなければならない。そう思い、ぼくは、『スイングジャーナル』誌に、これまでに調べてきたことや、本人を含むさまざまな関係者のインタヴューを基にして、マイルスの生涯を自分なりの視点で書くことにした。タイトルは『マイルスがすべてだった〜Echo Of Miles』。ぼくの思いを精いっぱいに表したつもりだ。

そして、それから足かけ8年がすぎて、連載も終わりに近づいてきた。その間に、再びジャズに向ける情熱も甦ってきた。マイルスに一歩でも近づきたい8年間だった。それが、ジャズへの思いを再生させたのである。

本書は『スイングジャーナル』誌の連載（1994年12月発刊の『モダン・ジャズ読本'95』を1回目に、2002年10月号まで全66回）をベースにしたものだ。しかし、書き終えた回のあとにも、次から次へと新しい情報が入ってきたり、インタヴューも増えていった。連載という制約もあって、書き残した部分も少なくない。そうしたもろもろの心残りがあったので、今回は思い切って全編を見直し、大半を書き直すことにした。『スイングジャーナル』誌の連載を愛読して下さった方々に読んで頂いても、新しい発見や、さらなる興味の広がりがあれば幸いだ。

自分なりに振り返ってみただけでも、マイルスの人生はたいしたものだった。偉大なストーリーといっていいだろう。その一端でも紹介できていれば、と願うばかりだ。

しかし、こうやって最後まで書いたものの、心残りはまだまだある。マイルスからはもっと話が聞きたかった。期限を決めて話を聞いていたわけではない。チャンスがあれば、少しずつマイルスの話に耳を傾けていた。それだけに、重要なことを聞かないうちに、彼はあの世に旅立ってしまった。おいしいものはあとに取っておく。そんな性癖が裏目に出てしまった。

マイルスは多くのひとから愛されていた——彼に関わったさまざまなひとから話を聞いて、そのことを強く感じた次第だ。それは、ぼく自身の体験からもいえる。ただの傲岸不遜な人物なら、ここまで音楽の世界で長きにわたって活躍はできなかっただろう。

多くのひとに助けられ、愛されて、マイルスは音楽を発展させてきた。それは本人の努力と感性がなければ現実のものにはならない。本人の話に耳を傾け、周辺のひとたちからいろいろな事実を知らされるにつけ、その思いを強くする。

さまざまなひとにインタヴューをしたが、多くのひとはマイルスに関して非常にクリアな記憶や思い出を持っていた。それだけ、彼の存在にはインパクトがあったということだろう。ただし、ディテイルに関しては、はなはだ心もとないひともいた。その際に、こちらが該当する資料を指し、誘導尋問ではないが、ある程度、記憶の確認をしたケースもあった。

記憶というものは曖昧である。その記憶の片隅に残っている思い出を一所懸命に思い出してくれたひとたちには、いくら感謝してもしきれるものではない。また、執筆の都合で、インタヴューを引用できなかった方たちには、ここで深くお詫びをしたい。それから、多くの貴重な意見を語って下さったにもかかわらず、その一部しか引用できなかったことにもお詫びをしたい。いずれにしても、この本が出来上がるまでには多くのひとの協力と支えがあった。

参考文献や資料、およびインタヴューから引用した文章・文言は、一部、筆者の独断で、句読点を入れたり、本書に共通した表記の変更を行なったりしている。それによって問題が生じるとすれば、すべての責任は筆者にある。また、本文中では敬称を省かせて頂いたが、それで失礼が生じたとしたら、謹んでお詫びをしたい。なお、本文中のいかなる問題点もすべての責任は筆者にあり、どんな場合においても、筆者以外の人物に責任はないものとする。

マイルス・デイヴィス氏には、言葉ではいい尽くせない感謝の気持ちをどう表せばいいのだろう。そのもどかしさが頭から離れない。ボキャブラリーの貧困な筆者が知り得るすべての言葉を用いても伝えられないほど、彼は偉大な人物だった。

次に、一度ならず何度も快くインタヴューを受けて下さった多くの関係者の方々には深くこうべを垂れたい。とくに、ギル・エヴァンス氏とアート・ブレイキー氏には、ニューヨーク留学中、本当にお世話になった。なんとなくふたりからマイルスの思い出話を聞いていたことが、本書執筆の端緒になったのかもしれない。

文中には敢えてあまり名前を出さなかったが、音楽的な分析には、かつてのよき隣人であるウイントン・マルサリス氏とブランフォード・マルサリス氏の協力があったこともいい添えておきたい。1982年からの約1年間、マンハッタンのブリーカー・ストリートですごした日々は一生忘れるものではない。音楽の仕事をするきっかけが彼らとの交友であったことを考えるとき、あの1年間はことさら重要なものに思えてくる。

マイルスとの接点を作って下さった元『スイングジャーナル』誌編集長の中山康樹氏にも、言葉ではいい尽くせない深い感謝の気持ちを捧げたい。

本書執筆の機会を最初に作って下さった前『スイングジャーナル』誌編集長の故村田文一氏にも、氏の冥福を祈るとともに、心からのお礼を申し上げたい。

また、イアン・カー氏とクインシー・トループ氏による2冊の伝記本からも得ることが多かった。これら2冊がなければ、本書は中味の薄いものになっていたはずだ。

　本書を完成させるにあたり、何度も拙稿を読み、そのたびに貴重なアドヴァイスと励ましを頂いた堀込多津子さん、さまざまな点で貴重な情報を教えてくださった、マイケル・カスクーナと藤岡靖洋の両氏、平凡社の編集者で小学校以来の親友でもある及川道比古君、拙稿を少しでも見映えのいいものにしようと努力を重ねて下さった装丁者の海野幸裕氏と宮本香氏、そして貴重な写真の数々を提供して下さった中平穂積氏と内山繁氏にはいくら感謝をしてもしきれない。

　最後に、多くのひとのインタヴューを実現させる上で協力して下さった各レコード会社、雑誌社、プロモーター、ライヴ・ハウス、そのほかの関係各位にもお礼を申し上げたい。

　ここまでくるのに、多くのミュージシャンや関係者、そして友人や家族の協力と応援があったことも明記しておこう。振り返ってみると、ぼくは周りのひとになによりも恵まれたと思う。これらのみなさんがいなければこの本は完成しなかった。そのことを心に刻み、改めてこの場をお借りしてすべての方々に深く感謝する次第だ。

　２００２年９月　　　　　　　　　　小川隆夫

あとがき～文庫化にあたって

本書は2002年に平凡社から出版した『マイルス・デイヴィスの真実』を文庫化したものだ。マイルスがこの世を去ったのは1991年のことである。65歳の死はあまりに早いとしかいいようがない。この原稿を書いている現在、ぼくはその65歳をすぎて、66歳の誕生日を迎えたばかりだ。マイルスの波乱に富んだ65年と平凡なぼくの65年。

そんなぼくが、ほんの短い期間とはいえ、マイルスの人生に触れることができたのは、神の思し召しとしか思えない。ジャズの歴史上もっとも偉大なひとりである彼と出会い、その口からさまざまな出来事を聞かせてもらった5年間は、これまでの人生でもっとも幸せで充実していた。

その死から、今年は25年目を迎えた。あっという間の25年だったと思う反面、この25年でジャズが大きく様変わりしたことも実感できる。しかし、多様化を遂げた現在のジャズの多くにもマイルスの影は認められる。そこに唯一無二の存在だった彼の偉大さを思わずにいられない。

文庫化するにあたっては、最初の本が出たあとに判明したいくつかの事実もつけ加えることにした。マイルスの人生を追うぼくの旅はまだ終わっていない。彼の死後もさまざまなひとへのインタヴューと新事実の調査は続けているし、未発表演奏がいろいろと陽の目を見ているのも嬉しいことだ。いずれ、どこかの時点で大幅に書き直したいとは思っているが、現時点では本書が『マイルス・デイヴィスの真実』の最新版である。

本書を出版するにあたり、解説執筆を快諾してくださった作家の平野啓一郎氏には深く感謝をしたい。氏のマイルス・デイヴィスについての造詣の深さは知るひとぞ知るものだ。文庫化にあたっては講談社の新井公之さんのあと押しもありがたかった。新井さんもマイルス好きでは人後に落ちないひとりである。そして、2015年1月28日にこの世を去った盟友の中山康樹さんに本書を捧げたい。マイルス好きのひとに囲まれてマイルスの本を出す——なんと幸せなことだろう。この幸せを、本書をお読みになったすべてのマイルス好きの方たちと分かち合いたい。

2016年10月　　小川隆夫

解説　偉大さと親近感と

平野啓一郎（小説家）

マイルス・デイヴィスという、二〇世紀の最もクリエイティヴな音楽家の一生。そして、それをかくも壮大な構想で、緻密に描ききった小川隆夫氏の言葉。——両者は、この一冊の本の中で、美しく感動的な均衡を保っている。

『マイルス・デイヴィスの真実』という本書のタイトルを、私は二つの意味で受け止めた。

まず一つに、これはまさしく、「真実」に迫ろうとする「ジャーナリズム」の仕事である。

ジャズを巡る言説には、様々なタイプがある。

音楽は、何はともあれ、感じたままを言葉にすべきで、印象批評は批評にあらずという考え方もあるが、率直な「感想」なくしては、どんな楽曲も社会的に共有されることはない。他人の語る言葉には、共感も反発もあるが、いずれにせよ、それらは自身の音楽体験を言語化するための刺激である。

本書に於いても、例えば著者は、マイルスの一九七三年の来日公演に対する油井正一氏の批判を紹介し（ｐ４８４）、部分的には賛同しながらも、マイルスの試みを肯定し、擁護する言葉を対置している。こうした論戦はあるべき健全なものだが、それぞれが、自らの言説の優越性を誇示し、権威主義的に音楽の良し悪しをジャッジし始めると、その言説空間は忽ち萎縮してしまう。ジャズはこの手の鬱陶しさのために、実際、新規のリスナーを獲得する上で、大いに損をしてきたところがある。

他方で、より技術的、音楽的な解説がある。オモチャを見れば、解体したくなる子供のように、私たちには〝仕組み〟を知りたいという抑え難い欲求があり、本書でウイントン・マルサリスが、『マイルス・イン・ベルリン』のウエイン・ショーターについて、「フラッテッド・フィフスをほとんど使っていない。それが新しい響きに繋がった。」（ｐ３３２）と語っている件などは、その好例だろう。著者のファンは、こうした音楽家ならではの専門的な指摘を、『ジャズマンが愛するＪＡＺＺ隠れ名盤１００』や『ジャズメン、ジャズを聴く』といった諸著作で、存分に堪能しているはずである。

本書もまた、これらに属する言説を各所で要としている。しかし、主題は飽くまで、二〇世紀の音楽的な〝事件〟とも言うべきマイルスの活動の軌跡を丹念に辿り、現場でその時々に何が起きていたのかを——つまりは「真実」を——客観性を担保しつつ明らかにすることである。

この時、その「真実」という言葉は、必然的にもう一つの意味を帯びて来る。——『マイルス・デイビス自叙伝』との関係である。

マイルスについて知ろうとする人にとって、『自叙伝』が、今以て最重要文献であることは疑いを容れない。のみならず、それは、ジャズの歴史自体を知るための第一級の史料であり、その面白さ比類なく、私も座右の書として、何度繰り返し読んだことかしれない。共著者のクインシー・トループの功績は大きく、また日本人の読者にとっては、中山康樹氏の名訳も幸いした。

しかし、後にトループの『マイルス・アンド・ミー』という著書を読んだ私は、そのあまりの自意識過剰ぶりに少々うんざりし、『自叙伝』は大丈夫なんだろうか？と、不安を抱かないでもなかった。全篇に亘って、いかにもマイルスらしい口調であり、内容だが、大部の本であるだけに、かなり編集の手が入っているはずだし、本人の記憶違いや誇張、韜晦もあるだろう。

実際、『クインシー・ジョーンズ自叙伝』には、こんな件がある。

「マイルスは自叙伝のなかで、私とマーロン・ブランドが揃いも揃ってフランシスにうつつを抜かしていた、さらには私が彼女に婚約指輪まで贈ったと語っている。私は自叙伝を読んでマイルスに言った。『おい、マイルス、俺、フランシスに指輪を贈ったことなんてないんだよ』。するとマイルスは例の低いハスキーな声で言った。『ああ、そうだな、クインシー。話としてはあのほうがおもしろいぜ』。」

ウエイン・ショーターは、長く活動を共にした経験から、マイルスは、「自分さえOKなら、他のメンバーが少しくらいミスっても（略）問題にしない」（p330）と語っているが、音楽のみならず、それは『自叙伝』の描き方に関しても同様だったのかもしれない。

本書『真実』は、無論、『自叙伝』の存在を前提とはしているものの、それを相対化した上で、再評価するための貴重な視点に富んでいる。結論的に言うと、『自叙伝』の信憑性は揺るがないと私は感じたが、小川氏がここで、「真実」を探るために採用した方法は、本人と関係者への根気強い取材であり、更にはライヴ、レコーディングの日時と場所に関するデータの徹底した整理だった。

その意味で、『自叙伝』が、クインシー・トループによるモノフォニーの「マイルス・デイヴィス」であったとするなら、『真実』は、同じ「マイルス・デイヴィス」という〝スタンダード〟を、マイルス・ミュージック宜しく、ポリフォニーで再アレンジし、演奏し直した、とも言えるだろう。

例えば、七〇年代後半のセミリタイアの時期についても、『自叙伝』では、「オレは、一九七五年から一九八〇年の初めまで、一度も、ただの一度もだ、トランペットを持たなかった。指一本、触れなかった。」とされているが、本書を読むと、嘘とも言い切れないが、やや誇張されているらしいことがわかる。しかし、その異同から読み取るべきは、真偽というより、マイルスの中では、そのように語られるべき過去だったという、インタヴュー当時の心境なのかもしれない。

『カインド・オブ・ブルー』については、『自叙伝』ではキャノンボール・アダレイ参加の意味が特に説明されていないが、本書では、「ブルースに根ざしたキャノンボールのアルト・サックスを、和声的でフリーなアプローチを取っているトレーンのテナー・サックスと対比させてみたかった」(p251)と、その狙いが、マイルス本人の言葉で明快に説明されている。従来、ファンの間では、キャノンボールは、「モード・イディオムを理解しているかどうかが疑わしかった」(同)と否定的に語られてきたが、汚名返上といったところだろうか。

その他、『真実』は、『自叙伝』を否定するというより、多くの点でその記述に厚みを加え、マイルスの存在を一層立体的にしているが、私が殊に印象的だったのは、一九五三年のヘロイン中毒の記述だった。マイルスは当時、かなり危機的な状態にあったことが知られていて、『自叙伝』には、クラーク・テリーのこんな逸話が載っている。

「クラークも住んでいたホテル・アメリカの辺りで、どこでどうやって金を手に入れたものかと考えながら、道に座っていた時のことだ。オレの鼻はたれ、目は真っ赤だった。そこにクラークがやって来た。彼は朝飯を食わせてくれ、オレを彼の部屋まで連れていって、『少し休んでいけ』とも言ってくれた。」

この時のことを、本書で、クラーク・テリー自身はどう回想しているか。

「ブロードウェイにハム・エッグとトースト専門のコーヒー・ハウスがあった。あるとき、店の前の車道にマイルスがすわり込んでいた。顔つきを見て、これはいけないと思った。それで彼を抱えて、わたしが泊まっている47丁目のホテルに担ぎ込んだ。」（p185）

この後どうなったかを含めて、両者の話は概ね合致しているが——ただし、テリーの証言では、最終的にマイルスを親元に帰るように説得したのは、チャーリー・パーカーだったとされている——、本書のこの「顔つきを見て、これはいけないと思った。」という短い一言には、ハッとさせられるものがある。

マイルスは、この時、テリーと偶然会わなかったなら、恐らくここで——つまり一九五三年に死んでいたのではないか。そう思わせるような緊迫感が、この傍目から見た、さりげない表現にはこもっている。これは、『自叙伝』にはなかったニュアンスである。

もしそうだったなら、その後の『カインド・オブ・ブルー』も黄金のクインテットもエレクトリック時代もなく、ジャズの歴史はまったく違ったものになっていた。『自叙伝』もこの『真実』も存在せず、マイルス・デイヴィスという、才能はあったが、ファッツ・ナヴァロやクリフォード・ブラウン、リー・モーガンと同様の早世のトランペッターのためには、別の誰かがもっと短い、憐憫に満ちた伝記を書いていただけかもしれない。

小川氏は、無類のレコード・コレクターとしても有名で、また知る人ぞ知るデータ・マニアだが、本書ではその資質が存分に生かされ、マイルスの音楽活動の推移が、『自叙伝』以上に詳細に、非常に鮮明に描き出されている。

マイルスは、パーカーと一緒に演奏していた頃から、一貫して、次のような考えを持っていた。

「ただのジャム・セッション・バンドなんかやりたくなかった。どこを向いてもジャム・セッション・バンドばかりじゃないか。ミュージシャンが集まって、ブルースやスタンダードを演奏する。ワーキング・バンド（レギュラー・グループのこと）も、やっていることは同じだ。そんなものをやってどんな意味がある。オレはごめんだね。」（p109）

「ビバップのときもそうだったが、単にソロを吹き流すプレイにはうんざりだった。も

っとフォーメーションがあって、内容も吟味されたソロを吹きたいと思っていた。」（p233）

「出たとこ勝負」の腕自慢的な音楽の演奏家としてではなく、常に新しいサウンドを創造し続ける演奏家として生きようとしていた。「かっこいい音楽」（p449）というのが、彼が自分の音楽に与えた、簡潔な、決して揺らぐことのない定義である。

しかし、この「出たとこ勝負」の濃密な世界で鍛え上げられたジャズ・ミュージシャンたちは、職能集団としては、歴史上、他のどんな地域にも見出せないほどの恐るべきレヴェルに達していた。

マイルスのレコーディングについては、『ラウンド・アバウト・ミッドナイト』の時のことを語ったレッド・ガーランドの次のような証言が典型的である。

「いつものように、なにも知らされないままスタジオに呼ばれた。その日は3曲ぐらいレコーディングしたと思うが（略）、最後に〈ラウンド・ミッドナイト〉を録音したんじゃないかな？　譜面もなにもなかった。マイルスが口頭で指示して、ちょっとピアノでハーモニーを弾いてみせただけだった。曲はよく知っていたから、簡単に終わった記憶がある。」（p216）

そして、「マイルスは、常にファースト・テイクが最高だと思っていた。」（p220）とも付している。

小川氏は、こうしたスタイルを、マイルスは「パーカーから受け継いだ」と指摘する（p104）が、驚くべきは、その結果が、あのマンネリズムとは無縁の、革新的な音楽の数々だったという事実である。

マイルスも凄いが、その要求に即応できたミュージシャンたちも途轍もなく凄い。そこで起きていることは、後にジョン・スコフィールドが語る通り、一種の「マジック」だった。

エレクトリック時代になり、いよいよ、その音楽が実験的なものになってゆくと、さすがにそうすんなりとはいかなかったが、それでも、マイルス自身は、自分が何をやろうとしているかを常に明確に把握していたし、そのことが共演者らにも感じ取られていた。

デイヴ・ホランド曰く、「マイルスが曲を書くようになったのは、そのときにやろうとしていたことが、彼にしか見えなかったからだ。あのひとの考えていることをきちんと理解できたひとなんて、誰もいなかった。」（p381）

ジャック・デジョネット曰く、「たいへんだった。マイルスが目指しているものはなんとなく理解できていたけれど、それを実際の音にすることがどうしてもできない。そんなに難しいことを要求されたわけじゃないのにね。」（p410）

そして、アル・フォスター曰く、「頭では理解しているが、どこかで誰かと合わせてしまう。しかし、マイルスのいっていることも理解できたし、試みとしては興味深かった。だから、みんなが必死になって彼が考えているサウンドを出そうとしていた」（p476）

どんな時でもそうだった。しかし、だからこそ、セミリタイア中のセッションについて語る次のようなラリー・コリエルの証言は、間違って滴った黒いインクのシミのような強い印象を残す。

「彼自身、どんな音楽をやりたいのか、わかっていない様子だった。とにかく音を出して、そこからなにかヒントを掴もうとしていたんだろうね。」（p521）

類似の戸惑いは、この時期、セッションに参加した他のミュージシャンらの証言からも窺える。——が、カムバック後、しばらくすると、私たちは再び、ジョン・スコフィールドの次のような証言に触れるのである。

「バンドは本当に自由だった。リハーサルもやらなければ、サウンド・チェックにも彼はやって来ない。それでも、演奏が始まればピタッと決まる。マイルスのマジックにかかった感じといえばいいかな？」（p578）

マイルスのセミリタイアは、本人の言う通り、体調不良や音楽業界の問題、あるいは年齢的なものと、様々な要因が絡んでいたであろうが、私は小川氏の「音楽的に行き詰まっていたのでは？」（p517）という指摘にも説得力を感じた。

「オレだってモンスターじゃないんだから」（p518）という一言は、小川氏が個人的に聴くことのできたマイルスの言葉の中でも、とりわけ忘れがたいものだろう。

元々、マイルスのオリジナリティの原点は、ビバップとは違う何かを演奏したい、というところにあった。モードへの展開にせよ、ハード・バップからの離反というのが、大きな動機になっている。

フラストレーションの溜まる状況に置かれ、それに反発することで新しい音楽が生まれる、というのがマイルスの一つのパターンだったとすると、なるほど著者の言う通り、「理想のリズム・セクションを得たことで、それに安住していた」（p518）状況は、次に進むべき方向性の発見を困難にしていただろう。これは無論、鶏が先か卵が先か、というような話で、方向性を探りかねていたからこそ、「安住」していたとも言えようが。音楽自体も急速に多ジャンル化し、その変化の速度も増していた時期で、さすがのマイルスの目配せにも、限界があったのかもしれない。

元々は、ただ、自分のやりたい音楽をやっていたに過ぎなかった。しかし、「30年間もトップを走ってきた」挙げ句、いつの間にか、「常に注目され、期待され」て、『マイルスなら次はどんなことをするんだろう？』と、時代の牽引車と目されるようになっていた。普段の強がりにも似ず、珍しく感傷的に「そんなことをいわれ続けていたら、誰だって心配になってしまう……」と語ったのは、ある程度、本音だったのではないかと思う。

それにしても、マイルスは、小川氏だったからこそ、つい気を許して、こんな言葉を漏らしたのに違いない。

マイルスは傲慢というより「シャイな性格」（p195）だというのは、恐らくその通りなのだろう。その会話が、音楽同様、「きわめて緊張を強いられる心理ゲームで、知的な言葉遊びでもあった」（p198）というのも想像がつく。私は、小川氏のマイルスとの交流が羨ましくて仕方がないが、しかし、いざマイルスにインタヴューしろなどと言われれば、すっかりたじろいで辞退してしまうかもしれない。

本書『真実』の貴重さは、だからこそ、幾ら強調してもし足りない。

マイルスに「お前は、オレのことならなんだって知ってるじゃないか。」（p5）と言われるほどの知識は言うに及ばず、小川氏の人柄も、またそのマイルス愛の深さも、信頼される要因だっただろう。

私は、七三年の二度目の来日時、小川氏が「東京で行なわれるすべてのコンサートを最高の席で観たい」と思い、「少しでもいい席を取ろうと、招聘元に電話し」た（p481）という箇所を読んで、『ああ、小川さんはこの頃から、もう、業界にコネがあったのか。』と思ったのだが、続く「どこのプレイガイドに一番いいチケットが入るかも教えてもらった。そして売りに出された当日、早朝から新宿のプレイガイドに並んで買った」という件を読んで、目を丸くした。しかし、小川氏ならばさもありなんである。あの当時、もし仮に、マイルスと今後、個人的に親しくつきあうことのできるジャズ・ファンを、オーディションをして決めたとしても、結局は小川氏が選ばれていたのではないか。マイルスの手術痕の医学的な解説を読んでいても、小川氏がマイルスと接した時間は、一種の運命的な必然であったように感じられる。

著者の描出するマイルスの姿は、どんな些細な仕草でも興味深いが、私が初読時よりずっと好きなのは、マイルスのために、その自宅からサンドイッチを買いに行ったという逸話である（p560）。

急に雨が降り出して、店の軒先で立ち往生していたところに、なんとマイルス本人が、傘を二本携えて迎えに来た、というのであるが、その光景は、意外であるにも拘らず、私のように直接はマイルスを知らない人間の脳裡にも、なぜかありありと浮かんでくる。その場面だけでなく、アパートの自室で、彼がふと窓の外に目を遣って、ソファから立ち上がる瞬間に始まって、土砂降りの中、傘を差して歩いて、サンドイッチを抱えて立ち尽くす若き日の小川氏を見つけるところまで、何もかもが鮮明に。――なぜだろうか？　マイルスは、勿論、小川氏がびしょ濡れになるのを心配したであろうが、同時に、自分がわざわざ傘を持って迎えに行ったら、アイツはどんなに驚いて恐縮するだろうかと、ちょっとそのことも面白かったのかもしれない。マイルスの人間的な魅力が滲むが、どことなく、「帝王」の孤独が垣間見えるようなエピソードでもある。

飽くまで憶測に過ぎない。しかし、本書を読むと、マイルスの偉大さに改めて圧倒される一方で、そんなふうに、自分はマイルスのことを知ってる、というような不思議な感覚になる。そうした彼の人間的な愛おしさにも溢れている。

いつか翻訳され、世界中で読まれるべき本だと思うが、まずはいの一番に読むことのできた我々日本の音楽ファンは幸せである。

【インタヴュー一覧】

ジョージ・アダムス　1987年、ニューヨーク
ケイ赤城　2001年、東京
ドン・アライアス　1990年、ニューヨーク
チェット・ベイカー　1987年、東京
トム・バーニー　1983年　ニューヨーク
ゲイリー・バーツ　1993年、ニューヨーク
ジョー・ベック　1999年、福岡
ジョージ・ベンソン　1987年、東京
ボブ・バーグ　1992年、ニューヨーク
ウォルター・ビショップ・ジュニア　1983年、ニューヨーク
アート・ブレイキー　1982年、ニューヨーク
アート・ブレイキー　1987年、山中湖
アート・ブレイキー　1988年、ニューヨーク
ボビー・ブルーム　1992年、シカゴ
マイク・ブルーム　1989年、ニューヨーク
リチャード・ボック　1986年、東京
レイ・ブライアント　1986年、東京
ジョージ・バトラー　1993年、ニューヨーク
ドナルド・バード　1987年、ニューヨーク

ベニー・カーター　1991年、東京
ロン・カーター　1987年、東京
デニス・チェンバース　1991年、ニューヨーク
ミノ・シネル　1983年、ニューヨーク
ウィリアム・クラクストン　2002年、東京
ジミー・コブ　1987年、東京
ビリー・コブハム　1989年、ニューヨーク
ジョージ・コールマン　1982年、ニューヨーク
ジョージ・コールマン　1992年、ニューヨーク
オーネット・コールマン　1989年、ニューヨーク
チック・コリア　1989年、ロサンジェルス
チック・コリア　1998年、ニューヨーク
ラリー・コリエル　1989年、ニューヨーク
ピート・コージー　1983年、ニューヨーク
マイケル・カスクーナ　2000年、コネティカット
ドロシー・デイヴィス・ウィルバーン　1986年、ニューヨーク
マイルス・デイヴィス　1985年、マリブ
マイルス・デイヴィス　1985年、東京（2回）
マイルス・デイヴィス　1986年、ニューヨーク
マイルス・デイヴィス　1987年、ニューヨーク

マイルス・デイヴィス　1988年、東京
マイルス・デイヴィス　1988年、ニューヨーク
マイルス・デイヴィス　1989年、ニューヨーク
マイルス・デイヴィス　1990年、ニューヨーク
ジョーイ・デフランセスコ　1994年、ニューヨーク
ジャック・デジョネット　1987年、香港
ケニー・ドリュー　1985年、東京
ビリー・エクスタイン　1987年、東京
ビル・エヴァンス　1982年、ニューヨーク
ギル・エヴァンス　1983年、ニューヨーク
ギル・エヴァンス　1985年、ニューヨーク
ギル・エヴァンス　1986年、ニューヨーク
アート・ファーマー　1992年、ニューヨーク
レナード・フェザー　1985年、ニューヨーク
ヴィクター・フェルドマン　1982年、ニューヨーク
トミー・フラナガン　1993年、ニューヨーク
ロベン・フォード　1992年、ロサンジェルス
ソニー・フォーチュン　1975年、東京
アル・フォスター　1982年、ニューヨーク
アル・フォスター　1987年、ニューヨーク

アル・フォスター　1994年、ニューヨーク
レッド・ガーランド　1982年、ニューヨーク
カルロス・ガーネット　1983年、ニューヨーク
ケニー・ギャレット　1991年、ニューヨーク
ディジー・ガレスピー　1985年、斑尾
アイラ・ギトラー　1986年、ニューヨーク
ベニー・ゴルソン　1992年、ニューヨーク
デクスター・ゴードン　1982年、ニューヨーク
ロレイン・ゴードン　1989年、ニューヨーク
マックス・ゴードン　1983年、ニューヨーク
スティーヴ・グロスマン　1986年、東京
アル・ヘイグ　1978年、ニューヨーク
ピート・ハミル　1986年、東京
ハービー・ハンコック　1986年、山中湖
ハービー・ハンコック　1989年、ロサンジェルス
ビリー・ハート　1982年、ニューヨーク
ティム・ハウザー　1992年、東京
ロイ・ヘインズ　2000年、富良野
ジミー・ヒース　1982年、ニューヨーク
パーシー・ヒース　1982年、ニューヨーク

ジョー・ヘンダーソン　1986年、山中湖
マイケル・ヘンダーソン　1975年、東京
日野元彦　1999年、東京
日野皓正　1983年、ニューヨーク
デイヴ・ホランド　1986年、ニューヨーク
デイヴ・ホランド　1998年、東京
アダム・ホルツマン　1991年、ニューヨーク
シャーリー・ホーン　1992年、ニューヨーク
ロバート・アーヴィング三世　1985年、東京
ロバート・アーヴィング三世　1992年、シカゴ
石岡瑛子　1990年、東京
ミルト・ジャクソン　1986年、山中湖
イリノイ・ジャケー　1984年、斑尾
アーマッド・ジャマル　1987年、東京
キース・ジャレット　2001年、ニューヨーク（電話インタヴュー）
ダリル・ジョーンズ　1992年、シカゴ
ハンク・ジョーンズ　1987年、ニューヨーク
フィリー・ジョー・ジョーンズ　1983年、ニューヨーク
デューク・ジョーダン　1991年、東京
アシュリー・カーン　2002年、ニューヨーク

菊地雅章　1983年、ニューヨーク
リー・コニッツ　1985年、ニューヨーク
ブルース・ランドヴァル　1994年、ニューヨーク
ジョン・ルイス　1990年、ニューヨーク
デイヴ・リーブマン　1999年、東京
ホルスト・リーポルト　1990年、ニューヨーク
アルフレッド・ライオン　1986年、山中湖
トミー・リピューマ　1999年、ニューヨーク
レジー・ルーカス　1975年、東京
レジー・ルーカス　1982年、ニューヨーク
テオ・マセロ　1985年、ニューヨーク
リック・マーギッツア　1989年、山中湖
ブランフォード・マルサリス　1997年、ニューヨーク
ウイントン・マルサリス　1983年、ニューヨーク
ウイントン・マルサリス　1995年、ニューヨーク
デヴィッド・マシューズ　1995年、ニューヨーク
ベニー・モウピン　1988年、ボストン
ジョー・フォーリー・マクリアリー　1988年、ニューヨーク
ジョン・マクラフリン　1997年、モナコ（電話インタヴュー）
ジョン・マクラフリン　2001年、ニューヨーク

ジャッキー・マクリーン　１９８６年、山中湖
ジャッキー・マクリーン　１９９１年、東京
ジャッキー・マクリーン　１９９９年、東京
パット・メセニー　１９８５年、東京
パレ・ミッケルボルグ　１９８８年、東京
マーカス・ミラー　１９８４年、東京
マーカス・ミラー　２００１年、東京
ジェームス・ムーディ　１９８７年、斑尾
アイアート・モレイラ　１９８８年、ニューヨーク
サム・モリソン　１９８２年、ニューヨーク
ポール・モチアン　１９９３年、ニューヨーク
エムトゥーメ　１９７５年、東京
エムトゥーメ　１９８２年、ニューヨーク
ジェリー・マリガン　１９８３年、ニューヨーク
ビッグ・ニック・ニコラス　１９８２年、ニューヨーク
リチャード・パターソン　１９９１年、ニューヨーク
セシル・ペイン　１９８２年、ニューヨーク
ベニー・リートヴェルド　１９８８年、東京
サム・リヴァース　１９８７年、斑尾
マックス・ローチ　１９８３年、ニューヨーク

マックス・ローチ　1987年、東京
ショーティ・ロジャース　1992年、東京
ソニー・ロリンズ　1986年、東京
ソニー・ロリンズ　1991年、ニューヨーク
ソニー・ロリンズ　1997年、ニューヨーク
ソニー・ロリンズ　2001年、ニューヨーク
ウォレス・ルーニー　1993年、ニューヨーク
ウォレス・ルーニー　1996年、ニューヨーク
ジョージ・ラッセル　1983年、ニューヨーク
ガンサー・シュラー　1989年、ボストン（電話インタヴュー）
ジョン・スコフィールド　1986年、ニューヨーク
ジョン・スコフィールド　1987年、ニューヨーク
バド・シャンク　1992年、東京
ウエイン・ショーター　1987年、東京
ウエイン・ショーター　1989年、ロサンジェルス
ウエイン・ショーター　1992年、ロサンジェルス
ウエイン・ショーター　1992年、東京
ホレス・シルヴァー　1985年、東京
マイク・スターン　1993年、ニューヨーク
ソニー・スティット　1982年、ニューヨーク

アート・テイラー　1991年、ニューヨーク
クラーク・テリー　1986年、東京
クラーク・テリー　1993年、ニューヨーク
サー・チャールス・トンプソン　1992年、横浜
ゲイリー・トーマス　1989年、ニューヨーク
アーゴンヌ・ソーントン（サディク・ハキム）　1980年、東京
ミロスラフ・ヴィトゥス　1987年、東京
チャーリー・ワッツ　1990年、東京
リッキー・ウェルマン　1987年、ニューヨーク
リッキー・ウェルマン　1988年、ニューヨーク
フランク・ウエス　1984年、ニューヨーク
レニー・ホワイト　1992年、ニューヨーク
ヴィンセント・ウィルバーン・ジュニア　1985年、東京
バルネ・ウィラン　1991年、東京
バディ・ウィリアムス　1984年、東京
トニー・ウィリアムス　1987年、ロサンジェルス
スティーヴィー・ワンダー　1989年、ロサンジェルス
ジョー・ザヴィヌル　1992年、ロサンジェルス
ジョー・ザヴィヌル　1994年、ニューヨーク

【参考文献・資料】

＊Leonard Feather,THE ENCYCLOPEDIA OF JAZZ IN THE SEVENTIES,Horizon Press,1960

＊Michel Ruppli,PRESTIGE JAZZ RECORDS 1049-1969：a discography,Carl Emil Knudsen,1972

＊ロバート・ジョージ・ライズナー『チャーリー・パーカーの伝説』片岡義男訳、晶文社、１９７２年

＊Leonard Feather & Ira Gitler,THE ENCYCLOPEDIA OF JAZZ IN THE SEVENTIES,Horizon Press,1976

＊植草甚一『マイルスとコルトレーンの日々』晶文社、１９７７年

＊Ｊ・Ｃ・トーマス『コルトレーンの生涯』武市好古訳、スイングジャーナル社、１９７５年

＊Dizzy Gillespie with Al Fraser,to BE or not to BOP,Doubleday,1979

＊アート・ペッパー『ストレート・ライフ』村越薫訳、スイングジャーナル社、１９８１年

＊マックス・ゴードン『LIVE at the VILLAGE VANGUARD（ジャズの巨人とともに……ビレッジ・バンガード）』中江昌彦訳、スイングジャーナル社、１９８２年

＊『ジャズ批評45号』ジャズ批評社、１９８９年

＊イアン・カー『マイルス・デイビス物語』小山さち子訳、スイングジャーナル社、１９８３年

＊Jack Chambers, Milestones I：The Music and Times of Miles Davis to 1960,University of Toront Press,1983

＊『Oh! MILES』スイングジャーナルＭＯＯＫ　１９８５年夏号

＊Michel Ruppli,THE CLEF/VERVE LABELS：A Discography VOLUME I,Greenwood Press,1986

＊Ian Carr,Digby Fairweather & Brian Priestley,JAZZ The ESSENTIAL Companion,GRATION BOOKS,1987

＊Michael Cuscuna & Michel Ruppli,THE BLUE NOTE LABELS,Greenwood Press,1988

＊『ジャズ批評63号』ジャズ批評社、１９８９年

＊山下邦彦『キース・ジャレット』立東社、1989年
＊小川隆夫『MILES DAVIS COMPLETE DISCOGRAPHY』CBSソニー（非売品）、1991年
＊マイルス・デイビス、クインシー・トループ『完本マイルス・デイビス自叙伝』中山康樹訳、JICC出版局、1991年
＊小川隆夫『激白JAZZ TALKIN'』スイングジャーナル社、1992年
＊Jan Lohmann,The Sound of MILES DAVIS-The Discography. 1945-1991,JazzMedia Aps,1992
＊『Jazz Life』1993年10月号 立東社、1993年
＊クロード・フォーラン『アメリカの黒人』野沢協・山口俊章訳、白水社、1994年
＊猿谷要『物語 アメリカの歴史』中公新書、1995年
＊Leonard Feather & Ira Gitler,THE BIOGRAPHICAL ENCYCLOPEDIA OF JAZZ,OXFORD UNIVERSITY PRESS,1999
＊ピーター・ペッティンガー『ビル・エヴァンス～ジャズ・ピアニストの肖像』相川京子訳、水声社、1999年
＊『GQ Japan』1999年12月号 嶋中書店、1999年
＊カール・ウォイデック『チャーリー・パーカー～モダン・ジャズを創った男』岸本礼美訳、水声社、2000年
＊中山康樹『マイルスを聴け！ 2001』双葉文庫、2000年
＊アシュリー・カーン『カインド・オブ・ブルーの真実』中山啓子訳、プロデュース・センター出版局、2001年
＊そのほか、『スイングジャーナル』、『ジャズ批評』、『Jazz Life』各誌の関連記事、各種CDおよびレコード添付のライナーノーツを参考にした。

本書は２００２年10月、平凡社より刊行された『マイルス・デイヴィスの真実』を文庫収録にあたり、加筆、修正したものです。

小川隆夫―1950年、東京生まれ。音楽ジャーナリスト、整形外科医。77年東京医科大学卒業。81〜83年、ニューヨーク大学大学院留学。留学中に、アート・ブレイキー、ギル・エヴァンス、デクスター・ゴードン、ウイントン・マルサリスなどのミュージシャンや、マックス・ゴードン（「ヴィレッジ・ヴァンガード」オーナー）、マイケル・カスクーナ（プロデューサー）といった関係者の知己を得る。帰国後ジャズを中心とした原稿の執筆、インタビュー、翻訳、イヴェント・プロデュースなどを開始。レコード・プロデューサーとしても多くの作品を制作。『ブルーノートの真実』（東京キララ社）、『証言で綴る日本のジャズ』（駒草出版）、『ジャズメン、ジャズを聴く』（シンコーミュージック）など著書も多数。
公式ブログ：http://blog.excite.co.jp/ogawatakao/

講談社＋α文庫 マイルス・デイヴィスの真実《しんじつ》

小《お》川《がわ》隆《たか》夫《お》 ©Takao Ogawa 2016

2016年10月20日第1刷発行
2020年12月14日第2刷発行

発行者――――渡瀬昌彦
発行所――――株式会社 講談社
東京都文京区音羽2-12-21 〒112-8001
電話 編集(03)5395-3522
販売(03)5395-4415
業務(03)5395-3615

デザイン―――鈴木成一デザイン室
カバー印刷――凸版印刷株式会社
印刷――――株式会社新藤慶昌堂
製本――――株式会社国宝社
帯写真――――内山繁／ウイスパーノット

落丁本・乱丁本は購入書店名を明記のうえ、小社業務あてにお送りください。
送料は小社負担にてお取り替えします。
なお、この本の内容についてのお問い合わせは
第一事業局企画部「＋α文庫」あてにお願いいたします。
Printed in Japan ISBN978-4-06-281691-5
定価はカバーに表示してあります。

講談社+α文庫 Ⓖビジネス・ノンフィクション

ロべた・あがり症のダメ営業が全国トップセールスマンになれた「話し方」 菊原智明
できる人、好かれる人の話し方を徹底研究し、そこから導き出した66のルールを伝授!
700円 G 249-1

小惑星探査機 はやぶさの大冒険 山根一眞
日本人の技術力と努力がもたらした奇跡。「はやぶさ」の宇宙の旅を描いたベストセラー
920円 G 250-1

「売れない時代」に売りまくる! 超実践的「戦略思考」 筏井哲治
PDCAはもう古い! どんな仕事でも、どんな職場でも、本当に使える、論理的思考術
700円 G 251-1

〝お金〟から見る現代アート 小山登美夫
「なぜこの絵がこんなに高額なの?」一流ギャラリストが語る、現代アートとお金の関係
720円 G 252-1

仕事は名刺と書類にさせなさい 「目立つが勝ち」のバカ売れ営業術 中山マコト
一瞬で「頼りになるやつ」と思わせる! 売り込まなくても仕事の依頼がどんどんくる!
690円 G 253-1

女性社員に支持されるできる上司の働き方 藤井佐和子
日本一「働く女性の本音」を知るキャリアカウンセラーが教える、女性社員との仕事の仕方
690円 G 254-1

武士の娘 日米の架け橋となった鉞子《えつこ》とフローレンス 内田義雄
世界的ベストセラー『武士の娘』の著者・杉本鉞子と協力者フローレンスの友情物語
840円 G 255-1

誰も戦争を教えられない 古市憲寿
社会学者が丹念なフィールドワークとともに考察した「戦争」と「記憶」の現場をたどる旅
850円 G 256-1

絶望の国の幸福な若者たち 古市憲寿
「なんとなく幸せ」な若者たちの実像とは? メディアを席巻し続ける若き論客の代表作!
780円 G 256-2

今起きていることの本当の意味がわかる 戦後日本史 福井紳一
歴史を見ることは現在を見ることだ! 伝説の駿台予備校講義「戦後日本史」を再現!
920円 G 257-1

＊印は書き下ろし・オリジナル作品

表示価格はすべて本体価格(税別)です。本体価格は変更することがあります

講談社+α文庫 Ⓖビジネス・ノンフィクション

ネットと愛国 安田浩一 現代が生んだレイシスト集団の実態に迫る。反ヘイト運動が隆盛する契機となった名作 900円 G 264-1

モンスター 尼崎連続殺人事件の真実 一橋文哉 自殺した主犯・角田美代子が遺したノートに綴られた衝撃の真実が明かす「事件の全貌」 720円 G 265-1

アメリカは日本経済の復活を知っている 浜田宏一 ノーベル賞に最も近い経済学の巨人が辿り着いた真理！ 20万部のベストセラーが文庫に 720円 G 267-1

警視庁捜査二課 萩生田勝 権力のあるところ利権あり——。その利権に群がるカネを追った男の「勇気の捜査人生」！ 700円 G 268-1

角栄の「遺言」「田中軍団」最後の秘書 朝賀昭 中澤雄大 「お庭番の仕事は墓場まで持っていくべし」と信じてきた男が初めて、その禁を破る 880円 G 269-1

やくざと芸能界 なべおさみ 「こりゃあすごい本だ！」——ビートたけし驚嘆！ 戦後日本「表裏の主役たち」の真説！ 680円 G 270-1

*世界一わかりやすい「インバスケット思考」 鳥原隆志 累計50万部突破の人気シリーズ初の文庫オリジナル。あなたの究極の判断力が試される！ 630円 G 271-1

誘蛾灯 二つの連続不審死事件 青木理 上田美由紀、35歳。彼女の周りで6人の男が死んだ。木嶋佳苗事件に並ぶ怪事件の真相！ 880円 G 272-1

宿澤広朗 運を支配した男 加藤仁 天才ラガーマン兼三井住友銀行専務取締役。日本代表の復活は彼の情熱と戦略が成し遂げた！ 720円 G 273-1

巨悪を許すな！ 国税記者の事件簿 田中周紀 東京地検特捜部・新人検事の参考書！ 伝説の国税担当記者が描く実録マルサの世界！ 880円 G 274-1

*印は書き下ろし・オリジナル作品

表示価格はすべて本体価格（税別）です。本体価格は変更することがあります